国家骨干院校重点建设专业校企合作教材

Qinghai Lüyou Dili
青海旅游地理

甄小明　主　编

韦彩萍　杨成才　副主编

范钟庆［青海师范大学］主　审

人民交通出版社
China Communications Press

内 容 提 要

本教材在现代职业教育教学观引领下，根据旅游企业岗位的实际需要选取教学内容，突出区域旅游特色和地理性，在兼顾理论知识和实践知识的同时，突出高等职业教育特色，注重实用性。内容编排上，既考虑到内容的完整性、系统性，又突出重点。本教材结合旅游企业岗位的需要，以工作为导向，以项目为引领，以任务驱动为主线，围绕旅游管理专业重点培养的职业岗位群的综合能力为目标来设计教学内容，注重学习中学生的主体性，强化知识应用和实践操作，提高学生分析和解决问题的能力，力求培养和提高学生的创造能力、创新精神和解决实际问题的职业能力。

本教材适用于高等职业学院、高等专科学校、成人和民办高校旅游管理专业使用。

图书在版编目(CIP)数据

青海旅游地理／甄小明主编．—北京：人民交通出版社，2014.9

国家骨干院校重点建设专业校企合作教材

ISBN 978-7-114-11202-7

Ⅰ．①青…　Ⅱ．①甄…　Ⅲ．①旅游地理学－青海省－高等职业教育－教材　Ⅳ．①F592.99

中国版本图书馆 CIP 数据核字(2014)第 032460 号

国家骨干院校重点建设专业校企合作教材

书　　名：青海旅游地理
著 作 者：甄小明
责任编辑：刘　君　闫吉维
出版发行：人民交通出版社
地　　址：(100011)北京市朝阳区安定门外外馆斜街 3 号
网　　址：http://www.ccpress.com.cn
销售电话：(010)59757973
总 经 销：人民交通出版社发行部
经　　销：各地新华书店
印　　刷：北京市密东印刷有限公司
开　　本：787×1092　1/16
印　　张：15
字　　数：390 千
版　　次：2014 年 9 月　第 1 版
印　　次：2014 年 9 月　第 1 次印刷
书　　号：ISBN　978-7-114-11202-7
定　　价：45.00 元

青海交通职业技术学院

旅游管理专业校企合作教材编审委员会

序

根据教育部2006年第16号《关于全面提高高等职业教育教学质量的若干意见》等文件精神，高等职业院校要及时跟踪市场需求的变化，主动适应区域、行业经济和社会发展的需要，把工学结合作为高等职业教育人才培养模式改革的重要切入点，带动专业建设与发展。基于此，与高等职业教育对应的教材也必须有自己的体系和特点，体现高等职业教育的职业性，凸显教材的实践性、应用性和针对性。

青海交通职业技术学院旅游管理专业作为国家骨干高职院校重点建设专业，围绕服务区域经济和社会发展的目标，主动适应青海旅游经济发展的要求，为此，通过与省内外大型旅游企业进行多层次合作，构建、创新并实施了"校企融通、五段递进"的人才培养模式。为满足这一新型人才培养模式的教学需要，适应高职教育发展及其对教育改革和教材建设的需要，青海交通职业技术学院组织青海省从事高等职业教育教学第一线的骨干教师以及长期工作在行业、企业一线的具有丰富经验的专家，共同编写了《青海旅游地理》《青海旅游景点综述》《青海旅游英语》三本具有工学结合特色的旅游教材。

本套工学结合教材，以培养适应职业岗位需求的高端技能型人才为目标，依据"工作导向、项目引领、任务驱动"总体要求选定内容，突出以学生为本的特点，贴近学生，贴近岗位，贴近职业环境要求，注重将行业标准渗透到教材体系中。教材编写组对教材结构进行了重构，教材内容体系力求反映高职高专课程体系改革方向，反映当前学科的新成果、教学的新内容，突出理论知识的应用和实践技能的培养；在兼顾理论和实践内容的同时，以应用为目的，把握基础理论以必要、够用为尺度的原则；尽量体现新知识和新方法，以利于培养学生综合素质的形成和科学思维方式和创新能力的培养，并促进学生就业，从而达到"以就业为导向"和因材施教的目标要求。

青海交通职业技术学院

国家骨干院校重点建设专业校企合作教材编审委员会

旅游管理专业建设委员会

2013年11月

前　言

旅游地理涵养成为旅游业一线从业人员职业素质的一个重要方面,《青海旅游地理》教材的开发对培养、提升青海旅游类高职学生的职业能力有积极而直接的意义。《青海旅游地理》教材的建设则是青海交通职业技术学院为适应飞速发展的青海省旅游业对旅游人才的需求,依据教育部2006年第16号《关于全面提高高等职业教育教学质量的若干意见》等文件精神,在青海交通职业技术学院教学改革,创新"校企融通、五段递进"旅游人才培养模式的基础上,结合青海区域旅游特色,组织青海省从事旅游高等职业教育教学第一线的骨干教师以及长期工作在行业、企业一线的具有丰富经验的专家编写的。

本教材以培养适应职业岗位需求的高端技能型人才为目标,按照项目导向、注重实践技能的原则,根据具体的旅游管理专业所属的行业领域和职业岗位(群)的任职要求,与相关职业资格标准相结合,以工学结合的现代化高职教育教材编写理念,探索具有旅游管理专业的工学结合特色教材的编写模式,搭建了旅游企业管理人员与一线教师交流的平台。本教材主要围绕着旅游管理专业重点培养的职业能力来设计教学内容,知识、素质、能力三位一体。通过设计的环节,让学生进行积极讨论、调查、设计旅游路线等,侧重强化知识应用和实践操作,锻炼学生的职业技能。通过本教材,满足了为企业"量身定制",培养人才的需要。因此,具有一定的新颖性、职业性、实践性和示范性。

本教材基于工作过程系统化的课程开发思路编写,采用项目、任务式架构,全书设置了6个项目、15项任务。每个项目由若干个真实的工作任务与应用训练组成,每个任务均由工作任务描述、完成任务必备知识、工作任务完成等内容组成。

本教材由青海交通职业技术学院甄小明担任主编并负责设计编写教材大纲和全教材统稿工作。青海交通职业技术学院韦彩萍、青海康辉国际旅行社杨成才担任副主编,青海师范大学生命与地理科学学院旅游系教授范钟庆担任主审。具体编写分工如下:甄小明编写项目一、项目二(任务二)、项目三、项目四(任务一)、项目五、项目六(任务四、任务五、任务六);韦彩萍编写项目二(任务一);杨成才编写项目五(任务二);西宁市第一职业学校许玲玲编写项目六(任务三);青海夏都国际旅行社黄海东编写项目六(任务二)、青海大自然旅行社宋啟红编写项目六(任务一)。西宁市第一职业学校许玲玲参与了教材文字校对、学习指导编写和测试题库的建设工作以及《青海旅游地理》课件的制作。

本教材在编写过程中参阅了大量的专著、书籍、论著、文献网络资料等,未能在参考文献中一一列出。在此,我们向所有这些论著的作者表示真诚的谢意。同时,本教材在编写过程中,青海交通职业技术学院的领导和老师,西宁市第一职业学校许玲玲老师等都提供了许多帮助,谨此一并致谢。本教材能在人民交通出版社出版,全依赖于人民交通出版社编辑的具体指导,感激之情难于言表。

限于编者学术水平和实践经验,书中的错漏在所难免,诚恳欢迎各位同仁批评赐教。同时,本教材尝试以全新的项目导向任务驱动的模式组织教材体系,如何适应教学实践并在实践中不断完善,仍需要有关专家、师生使用和审阅本教材后提出宝贵意见。

编　者
2013年9月

目　录

项目一　青海旅游业发展历程解读和大美青海的视觉印象描述

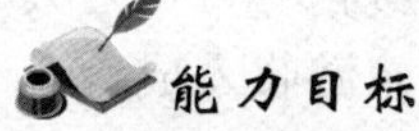

能力目标

(1)描述大美青海的视觉印象;

(2)能解读青海旅游业发展历程,从而对青海旅游业特色和优势有一深刻的认识。

知识目标

(1)理解青海旅游业发展历程,从而能深刻认识青海旅游业特色和优势;

(2)掌握大美青海的由来、内涵;

(3)体验大美青海的独特魅力。

素质目标

(1)培养学生分析、归纳建设美丽中国与建设大美青海之辩证思维能力;

(2)培养学习能力、资料的查阅能力;

(3)培养分析和解决问题的能力。

任务一　青海旅游业发展历程解读

工作任务描述

由于青海特殊环境的影响,人们对青海旅游业发展规律的认识有一不断深入的过程,因而青海的旅游业在不同时期呈现出不同的特点。请分析不同时期青海旅游业发展的特点。

任务分析

从不同时期青海旅游业发展体现出的不同特点,正确认识青海旅游业的发展规律,从而得出科学结论,用以指导青海旅游业稳健、快速、健康的发展。利用下面提供的相关知识,完成此项任务。

完成任务必备知识

一、起步阶段

青海旅游业同全国比较,起步晚,发展水平低,但发展势头较快。1982 年,青海省旅游局成立,当年全省接待游客 825 人,均为海外游客。

1995 年前,青海旅游以海外游客为主,游客有明显起伏变化的特点。过境旅游是青海旅游的一大优势,也是一个显著特点。

二、稳步发展时期

1995～2006 年是青海旅游业的稳步发展时期，但海外游客数量增长较缓慢。青海境外客源市场由外国游客和港澳台同胞组成。外国游客中以日本、新加坡、美国、英国、德国、法国、加拿大为主。1995 年后，国内游客呈明显上升趋势，青海神秘的旅游风光、盛夏季节凉爽宜人的气候条件及相对优越的区位条件，对内地游客有着较强的吸引力。2001 年，青海接待国内游客人次比 1995 年增长 8 倍多，说明青海开展国内旅游前景广阔。2004 年，全省旅游接待人数突破 500 万人次，2005 年达到 600 万人次。2006 年，全省接待国内外游客达到 814.56 万人次，实现旅游总收入 35.69 亿元人民币，分别较 2005 年增长 28% 和 38.7%。旅游收入成为青海省非贸易创汇收入的重要组成部分。

此间，政府主导力度加大，旅游产业地位提高。青海省逐步认识到发展旅游业的比较优势，党政高度重视旅游业的发展，大力实施政府主导型发展战略，积极培育旅游业这个国民经济新的增长点。从西部各地对旅游业的产业定位来看，青海省对旅游业进行了明确的产业定位，青海省各级地方政府通过加快旅游业发展的决策，明确了为加快旅游业发展而采取的各项政策，为旅游业的健康成长提供了动力和保障，并努力将旅游业培育为支柱产业。1998 年，青海省发布了《关于加快旅游资源开发的若干决定》。此外，青海省政府在不同程度上对旅游业进行了政策、财政、信贷和资金的支持。随着西部大开发战略的实施，近年来，西部的旅游基础设施建设步伐加快，旅游生产力初具规模，尤其是旅游饭店、景区设施和区域旅游交通条件有显著改善。

以省会、旅游城市为核心，以机场和高等级公路、程控电话为重点的区域旅游交通、通信设施建设取得突破性进展。青海省的高等级公路和大部分国道、省道提级改造相继完成，兴建了一批通往景区的旅游公路。重要交通基础设施的相继建成为旅游业的发展提供了物质基础。特别是近年来旅游直达列车、旅游包机、豪华旅游客车、游轮开通数量增加，青海省旅游可进入性显著增强，旅游发展的交通“瓶颈”制约现象得以缓解。青海省县级以上城镇和重要景区大都开通了程控直拨电话，省区内外旅游进出条件和旅游投资环境显著改善。随着政府主导作用的加强，旅游景区景点的建设和接待设施建设也不断加快。在配合国家旅游产品开发的基础上，青海省已开始普遍注意形成自身的旅游特色和优势，加大旅游资源的开发力度，在特色旅游产品、重点旅游景区和区域旅游热线开发三个层面上都不同程度地取得较大进展。青海省业已形成了自己的王牌旅游产品，如塔尔寺、青海湖，又成功推出了世界屋脊汽车探险游、藏传佛教朝圣游等旅游品牌。

然而，此间青海旅游业发展总体水平仍很低。由于多方面原因，青海旅游业发展在全国仍处于后进水平，见图 1-1-1。以 1999 年而论，无论是按海外游客接待规模，或旅游创汇收入排序，除云南、陕西进入前 10 位外，其他省区排序均在 20 位以后，处于全国后进状态，尤其是甘肃、西藏、青海、宁夏分居倒数第四、第三、第二、第一位。在列入全国统计的 60 个旅游城市中，也仅成都、重庆、贵阳、西安、昆明、拉萨、兰州、银川、西宁、乌鲁木齐 10 个城市入选。1999 年，全国旅游外汇收入为 141 亿美元，而西部 10 省区外汇收入仅占全国的 7.4%，还不到北京、上海市旅游创汇的 1/2，更不到广东省创汇的 1/3。又如，1999 年，西北 5 省（自治区）接待海外游客合计只有 82.75 万人次，仅占全国的 3.77%；创汇合计只有 3.64 亿美元，仅占全国 2.89%。这种状况与青海占全国国土面积的第四位和拥有丰富的旅游资源是极不相称的，说明青海的旅游资源优势还没有转变为经济优势，旅游业基本上处于温冷状态。即便青海同西部其他省份相比,西部的旅游业发展很不平衡,发展差异较大。云南和陕西是西部的两个旅游大省,两省的创汇总和比其他8省、自治区的创汇总和还要多,云南1998年的旅游创汇是宁夏创汇的183倍。宁夏、青海、甘肃、西藏的旅游业规模还很小,排在倒数后四位。1999年,陕西接待的海外游客占西北5省(自治区)总量的54.05%,占了西北地区的半壁江山,旅游外汇收入更是占了西北5省(自治区)总量的67.9%。

青海是一个特色突出、品质高雅、潜在优势资源深厚、尚不为人知的旅游资源"大省",也是旅游资源开发小省和旅游经济弱省。总体来说,青海省旅游业的现状可以概括为:一流资源,二流知名度,三流开发,四流交通,五流经营。

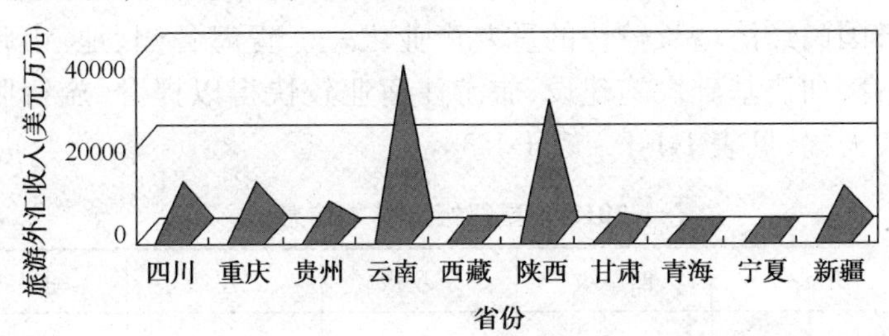

图1-1-1　1999年西部地区旅游创汇比较

三、跨越式发展时期

2006年7月1日青藏铁路开通运营,使青海的可进入性极大提高,为青海旅游业的发展提供了新的机遇。在2007年8月召开的全省第二次旅游发展大会上,青海省委、省政府高屋建瓴,确定了建设高原旅游名省的发展战略,提出树立科学的发展观,高度重视旅游业的发展,把旅游业作为第三产业的龙头、新的经济增长点和特色产业着力加以培育。全省旅游业从小步滚动到跨越式迈进,已进入了高速发展的新时期。2007年,全省共接待国内外游客首次突破1000万人次,实现旅游总收入47.4亿元,同比分别增长23%和32.8%。其中,接待入境游客5万人次,旅游外汇收入1591万美元,同比分别增长18.5%和20%;接待国内游客996.6万人次,国内旅游收入46亿元,同比分别增长23%和33.2%。

"十一五"期间,青海省委、省政府高度重视旅游业发展,先后连续召开四次全省旅游发展大会,出台了《关于加快建设高原旅游名省的若干意见》,提出了加快旅游业的一系列发展政策措施,专门设立旅游发展基金助推旅游业发展,创新旅游管理体制机制,成立了青海湖和坎布拉保护利用管理局,设立了贵德旅游综合开发示范区和黄南热贡文化生态保护实验区。

针对青海旅游业供需矛盾突出的问题,在2008年高起点构建起全省旅游规划体系的基础上,将2009年确定为全省旅游项目建设年,2010年确定为"加快旅游重点项目建设、打造大美青海形象品牌、提升旅游服务质量"三位一体的全省旅游建设年,着力加快旅游基础和配套服务设施建设,打造旅游品牌,提升旅游服务质量,努力增加旅游有效供给。"十一五"期间,青海全省累计接待国内外游客5054万人次,是"十五"时期的2.2倍,年均增长14%;累计实现旅游总收入262亿元,是"十五"时期的2.9倍,年均增长22.5%。2009年,青海全省接待国内外游客1108.61万人次,增长22.5%;实现旅游总收入60.15亿元,增长26.6%。提前超额完成了"十一五"末年旅游收入50亿元的目标。2010年接待国内外旅游人数1226.2万人次,比2009年增长10.6%,旅游总收入71.02亿元,比2009年增长18.1%。与此同时,旅游业对社会就业的促进和带动作用更加明显。"十一五"末,青海全省旅游直接从业人数约5.66万,间接从业约28万,从业总人数为33.66万。

"十二五"期间,国家加大了对青海基础设施建设的投资,立体式交通大格局的出现为青海旅游的跨越式发展奠定了坚实基础。2011年青海全年接待国内外游客1412.37万人次,比2010年增长15.18%,旅游总收入92.3亿元,增长30.0%,其中国际旅游外汇收入2658.5万美元,增长30.0%。2012年,青海累计接待国内游客1576.75万人次,同比增长12.1%,完成年计划102%;国内旅游收入达到122.16亿元,同比增长34.9%,完成年计划112%;接待入境游客为47257人次,旅游外汇收入2432.44万美元,实现旅游总收入123.75亿元,同比增长34.1%,完成年计划112%。青海旅游业实现了持续快速健康发展,旅游业阔步迈入百亿元产业时代,已成为我省国民经济增长较快的重要产业之一。青海各州、地、市政府纷纷把旅游业作为支柱产业来培育,加快基础设施建设,旅游住宿业较快得以提升,旅行服务业得以整合做强,接待服务能力大大提,见表1-1-1~表1-1-3。

2012年星级饭店基本信息 表1-1-1

星　级	五星级	四星级	三星级	二星级	一星级	合　计
户数(家)	2	15	66	47	4	134
客房数(间)	766	2074	6036	2546	293	11715
床位数(张)	1226	3670	11555	5169	608	22228
从业人数(人)	906	3430	4755	1706	135	10932

2012年旅行社基本信息(单位:家) 表1-1-2

出境组团社	境内旅行社	合计
13	216	229

2012年全省住宿设施基本情况 表1-1-3

项　目	户数(个)	客房数(间)	床位数(张)	星级饭店客房出租率(%)		
				全年	淡季	旺季
星级饭店	134	11715	22228	49.89	39.83	57.69
社会(个体)宾馆	1657	38608	73020	—	—	—
合　计	1791	50323	95248	—	—	—

据统计,"十一五"期间,全省旅游完成建设投资金额72.82亿元。其中政府到位资金24.13亿元,企业到位资金22.07亿元,外资到位资金0.793亿元,银行贷款到位资金6.13亿元,其他到位资金19.7亿元。目前,全省新建成原子城纪念馆、王洛宾音乐艺术馆、高原明珠、湟源丹噶尔古城、青藏高原野生动物园、循化骆驼泉、格尔木昆仑圣泉景区、贵德南海殿、丹霞地质公园、航运码头、生态农业观光园,互助土族园、彩虹故乡农业生态园、精品度假区、青稞酒工业旅游,塔尔寺藏文化馆,生物园区博物馆群,湟源丹噶尔古城等一批旅游项目。"十二五"期间,青海旅游业有了大的发展,截至2012年青海省有A级景区73个,其中5A级2个(2011年青海湖景区荣获5A景区,2012年塔尔寺旅游景区荣获5A景区),4A级17个,3A级49个,2A级5个。

"十二五"期间,青海旅游业在青海省委、省政府的正确领导下,在国家旅游局的大力支持下，深入贯彻落实科学发展观，以高原旅游名省建设为目标，以“大美青海”品牌为核心，大力实施旅游倍增计划，青海旅游业的产业集约化程度不断增强，产业市场化发展机制逐步确立，产业发展模式不断创新，产业功能趋于综合，产品结构不断优化，旅游供给增加，旅游服务质量提升，可持续发展能力逐渐增强，青海旅游业已进入快速增长和转型升级新阶段。

四、青海省旅游业需要重点解决的问题

青海省的旅游业虽然有了长足的发展，但也存在着一些长期制约青海旅游发展的深层次问题。

1. 交通基础设施滞后仍然是旅游发展瓶颈

青海的交通基础设施建设取得巨大成就，“十二五”还将迎来新一轮的交通基础设施快速发展期，进一步缩短青海与主要客源市场的距离。但是，交通仍然是制约青海旅游发展的主要因素，直接服务旅游的交通网络还没有形成。青海到各省会的国内航线还有空缺，全省还没有国际航线，入境旅游包机不能实现常态化运营。每年入省旅游的交通饱和量为700万人次，成为旅游发展的瓶颈因素。景区与旅游集散中心之间缺乏快速交通连接，景区内部交通发展滞后，断头路较多，通达性和舒适性没有完全解决。缺乏加油站、餐馆、汽车旅馆、厕所等配套服务设施以及旅游交通标识系统，游客赴景区旅游比较困难。各景区与旅游集散中心之间的交通连接呈放射状分布，环绕旅游集散中心的交通环线没有形成。自驾车服务体系的建设还处于起步阶段，有待进一步完善。

2. 高海拔制约游客数量的持续增长

青海海拔较高，冬季漫长、缺氧，使有些国家和地区的人们将其视为畏途，担心高原反应导致身体不适。制约了游客数量的增加和冬季旅游的发展，影响旅游招商的成功和对景区、饭店的投入。

3. 核心旅游产品和旅游目的地建设严重滞后

青海旅游的核心产品和目的地建设严重滞后，还未形成像九寨沟、张家界那样在全国有重大影响力和竞争力、对全省旅游发展有很大带动能力的大型旅游区和目的地。全省仅有2个获国家5A级景区，4A级景区也只有17个。旅游产品结构层次低，基本属于单纯的观光旅游，缺少休闲度假等高端旅游产品。青海湖、塔尔寺等相对成熟的景区也仅需半天时间就游览结束，产品精细化程度较低，景区配套服务设施建设落后，旅游产品缺乏较强的市场带动力和号召力。全省缺乏功能完善的综合旅游目的地，不能有效地吸引游客并延长游客停留时间，制约了青海旅游的效益提升和长期可持续发展。由于处于过境地(或顺访地旅游)地位，旅行社串线路时还有“快餐化”趋势。旅游产业链条短，旅游商品开发严重滞后，游客用于旅游购物消费比重低于全国平均水平。

4. 旅游发展的大市场尚未真正形成

青海省游客市场以到西藏的过境游客和周边短程市场为主，入境游客、休闲度假游客等高端客户群较少，支撑青海省旅游跨越式发展的大市场格局尚未真正形成。具体主要表现在：国内游客多，入境游客少，2012年接待入境游客为47257人次，仅占游客总数的0.3%；旅游外汇收入2432.44万美元，旅游发展的国际化程度较低；周边省份游客多，远程游客少，旅游吸引力的辐射范围有限，东部发达地区市场没有得到充分开发；观光游客多，休闲度假游客少，游客的消费能力有限；过境游客多，过夜游客少，游客在青海的停留时间有限。

5. 各类旅游人才极度缺乏

青海省发展旅游的人才支撑严重不足，成为深层次的制约因素。全方位缺乏旅游人才，表现为旅游规划人员、旅游行政管理人员、酒店服务人员、旅游从业人员、农家乐从业人员这“五支人才队伍”严重不足，制约了青海旅游的跨越式发展。民俗旅游、文化旅游、体育旅游、医疗旅游、特种旅游等特色旅游是青海旅游未来的重点发展方向，对于旅游人才的综合素质提出了更高的要求，新兴人才更为短缺。旅游教育培训资源也比较短缺，旅游人才供给严重不足。一方面是旅游专业院校毕业生就业困难，另一方面是各地各景区旅游专业人才匮乏。同时，由于经济社会发展水平相对较低，环境也相对较差，旅游人才流失严重。

6. 旅游业发展方式粗放

近年来，青海的旅游业虽然增长迅速，但发展过程中重速度规模、轻质量效益，重硬件景区建设、轻软件配套服务，重战略宣传、轻转化落实，旅游业的综合效益不高，产业内部结构不合理，可持续发展能力不强，人才和科技的支撑作用不明显，体制机制建设相对滞后，旅游业还停留在粗放增长的阶段，旅游企业弱小、效益比较低。青海旅游业在扩大旅游经济规模的同时，更要注重旅游经济发展的质量和效益，注重旅游产业的可持续发展，实现旅游业发展方式从粗放型向集约型转变，使旅游业加快发展，成为国民经济的战略性支柱产业。

7. 旅游大产业发展机制没有理顺

青海省旅游大产业发展的机制尚未完全建立，统筹全省旅游发展的手段不足，整合全省旅游资源的力度不够。在整合旅游资源打造高端旅游产品，整合宣传促销资源共同开发市场，挖掘地方特色品牌共同打造旅游形象，建立统一的旅游安全保障机制、旅游投诉受理机制、旅游公共信息服务机制，推动政府高层沟通合作等方面都还需要大力推进。在全省范围内还不能完全实现无障碍旅游，不能实现区域资源、市场和信息共享，旅游线路、门票收费、导游服务、车辆通行等在区域外还不能享受同等待遇。青海旅游业应该建立旅游产业发展协调机制，切实构建旅游大产业发展机制。

青海旅游业即将进入的下一个航程，又是一个新的开始。全省将立足于加快旅游发展方式转变，打造“大美青海”旅游品牌新形象，科学制订发展规划，加快推进旅游项目建设，培育壮大市场主体，加强宣传促销，提升整体形象，提升产业素质，提升服务质量，建设全国高原旅游名省，将旅游业培育成为推动青海实现跨越发展、绿色发展、和谐发展、统筹发展的战略性支柱产业，把青海建设成为新兴的国际性、复合型的西部旅游特色旅游目的地和我国重要旅游目的地。

工作任务完成

(1)认真学习完成本任务的必备知识，青海省旅游业起步阶段的特点、青海省旅游业快速发展阶段的特点、青海省旅游业跨越式发展时期的特点。

(2)收集相关资料，以小组为单位阐述青海省旅游业起步阶段、青海省旅游业稳步发展时期、青海省旅游业跨越式发展时期需要重点解决的问题。

巩固和提高

(1)分析青海省旅游业不同时期的主要特点。

(2)试述青海省旅游业稳步发展时期的不足、青海省旅游业跨越式发展时期需要重点解决的问题。

任务二　大美青海的视觉印象描述

工作任务描述

青海，在人们心目中是怎样的一种印象？唐代大诗人杜甫在《兵车行》中这样写道："君不见青海头，古来白骨无人收。"柳中庸在《凉州曲》中这样感叹："青海城头空有月，黄沙碛里本无春。"明代郭登在诗中发出这样的感叹："青海四年羁旅客，白发双泪倚门亲。""青海"这一地理名词，曾经注释了太多的荒凉、寒冷、遥远、贫瘠、落后、愚昧、原始……自古以来，这里都是和"边关""征战""风沙""羁旅""充军""发配""流放"等词汇联系在一起的。直到20世纪60、70年代，许多人还闹出青海与青岛相去不远的笑话，可见，历史上的青海，曾长期被人们误读。请分析：是什么原因让古人发出这样的感叹？青海，在现在人们心目中又是怎样的一种印象？

任务分析

分析历史上的青海曾长期被人们误读的原因，收集资料揭示"大美青海"的深刻内涵，分析青海旅游资源的神圣、神奇和神秘，从而得出结论。学习下面的相关知识，完成此项任务。

完成任务必备知识

一、"大美青海"的来历及其含义

"大美青海"的来历：此语出自《庄子》，"天地有大美而不言"。

青海正是集大为美，大江大河大山大川大草原大湖泊都体现了一个"大"字；众美为大，多元景观、多元文化、多元历史和多元宗教在青海大集中。近年来，青海经济社会发展很快，社会的和谐度、人民的幸福感不断提高，青海人表现出的淳朴、热情和善良与自然之美和谐交融，使中外游客非常喜欢。

苍茫与雄浑的青海，它体现的是一种磅礴的气质和野性的追求，是生命意义上的终极追寻和皈依，一种更高层面上的精神之旅。人类的发现之旅终于开始注视这里的高山大川，这时，人们才发现，"自然、古朴回归、纯洁"这些词汇与这块土地有着更紧密的联系。人们发现，这块土地和生活在这里的各族同胞本身就是对追求、虔诚、信仰和生命的最好诠释。青海是宽厚博大的，青海人是热情坦荡的，他们毫无顾忌地包容和承袭了历史的选择，他们没有久旱逢甘露的狂喜，更没有委屈后的悲悲戚戚，展现的只是厚重和宽宏，这是他们的天性，也是他们的凝重所在。

2013年3月1日，"大美青海旅游形象标识"展现在世人面前，其整体配色中的绿色代表着"大美青海，生态家园"概念，形象标识由大美青海英文首写字母"TMQ"（THE MAGNIFICENT QINGHAI）变形组成，变形形象中凸显出雪山、哈达、青海湖、飞鸟形象等，显现青海旅游特色的元素，体现了绿色青海、生态青海、文化青海概念，寓意着向心凝聚，体现民族团结奋进、共创未来的时代精神，和谐安康、太平吉祥的美好愿景。见图1-2-1。

图1-2-1　大美青海旅游形象标识（作者：马亮）

"大美青海"的核心内涵,不仅是壮观之美、大气之美、粗犷之美,令人心旷神怡,心胸豁然开朗之美,也符合人们追求天人合一的大美的需求和回报社会的人间大爱,其含义更加丰富。

二、青海的地理位置

青海省位于我国西北地区,地处青藏高原东北部。青海省地域辽阔,介于东经89°35′~103°04′,北纬31°9′~39°19′之间,东西长1200多公里,南北宽800多公里,面积72.23万km^2,约占全国总面积的7.5%,仅次于新疆、西藏、内蒙古,列全国各省、市、自治区的第四位。青海省境内有我国最大的咸水湖——青海湖,青海省由此得名,简称"青",省会西宁。"青海"一词,原指青海湖,只是在1928年审议建省时取其名作为省名,为便于区别,原"青海"加了一个"湖"字,便成了今天的青海湖。青海省北部和东部同甘肃省相接,西北部与新疆维吾尔自治区相邻,南部和西南部与西藏自治区毗连,东南部与四川省相望。

三、青海省的行政区划

青海高原长期处在封建割据统治之下,历史上的行政建置复杂多变。自汉代起,青海东部农业区行政建置基本上与内地同步发展,西部和南部广大地域由于地理、民族等特殊因素,实行着一些特殊的政治制度,在行政区划上表现出明显的区域特色。

20世纪50年代以来,对青海省的行政区划曾作过多次较大的调整和变动。截至2013年12月,全省共有2个省辖市,6个民族自治州,46个县级行政单位(3个州属市、7个民族自治县、5个市辖区、28个县、3个行政委员会),396个乡级行政单位(137个镇,201个乡,28个民族乡,30个街道)。见表1-2-1。

青海省行政区划一览表(截至2013年年底)　　表1-2-1

州、地、市名称及驻地	县级行政数	县(区、市)名称
西宁市	7	城东区、城中区、城西区、城北区、大通回族土族自治县(桥头镇)、湟中县(鲁沙尔镇)、湟源县(城关镇)
海东市[①](乐都区)	6	平安县(平安镇)、乐都区(碾伯镇)、民和回族土族自治县(川口镇)、互助土族自治县(威远镇)、化隆回族自治县(巴燕镇)、循化撒拉族自治县(积石镇)
海北藏族自治州(海晏县西海镇)	4	门源回族自治县(浩门镇);祁连县(八宝镇);刚察县(沙柳河镇)、海晏县(三角城镇)
海南藏族自治州(恰卜恰镇)	5	共和县(恰卜恰镇)、贵德县(河阴镇)、兴海县(子科滩镇)、同德县(尕巴松多镇)、贵南县(茫曲镇)
黄南藏族自治州(隆务镇)	4	同仁县(隆务镇)、尖扎县(马克塘镇)、泽库县(泽曲镇)、河南蒙古族自治县(优干宁镇)
果洛藏族自治州(大武镇)	6	玛沁县(大武镇)、班玛县(赛来塘镇)、甘德县(柯曲镇)、达日县(吉迈镇)、久治县(智青松多镇)、玛多县(玛查理镇)
玉树藏族自治州(结古镇)	6	玉树市[②](结古镇)、囊谦县(香达镇)、称多县(称文镇)、杂多县(萨呼腾镇)、治多县(加吉博洛镇)、曲麻莱县(约改镇)
海西蒙古族藏族自治州(德令市)	8	都兰县(察汗乌苏)、乌兰县(希里沟镇)、天峻县(新源镇)、格尔木市(昆仑路街道)、德令哈市(河西街道)和茫崖、冷湖、大柴旦行政委员会

注:①资料来源:中华人民共和国民政部编.中华人民共和国行政区划简册2014[M].北京:中国地图出版社,2014.

2013年2月8日经国务院批准,撤销海东地区行署设地级海东市,撤销乐都县设乐都区。

②2013年7月3日经民政部批准,撤销玉树县设县级玉树市。

四、青海省的人口状况

2011 年 5 月 6 日，全国第六次人口普查工作通报的主要数据表明，青海省常住人口为 562.3 万人。全省常住人口中，汉族人口占 53.02%，各少数民族人口占 46.98%。

（一）青海省人口的变化趋势

1. 人口增长进入低生育水平阶段

全国第六次人口普查登记的全省常住人口为 562.3 万人，同 2000 年 11 月 1 日第五次人口普查相比，十年间共增加了 445162 人。数据表明，人口增长已进入低生育水平阶段。常住人口中，男性人口占 51.78%，女性人口占 48.22%。

2. 家庭户规模继续缩小

青海省常住人口中共有家庭户 1529040 户，平均每个家庭户的人口为 3.46 人，比 2000 年第五次人口普查的 3.95 人减少了 0.49 人。家庭户规模继续缩小，主要是坚持计划生育政策，控制人口以及住房条件改善所产生的效果。

3. 老龄化进程加快

青海省常住人口中，0～14 岁的人口为 1177107 人，占 20.92%；15～64 岁的人口为 4094933 人，占 72.78%，65 岁及以上的人口为 354682 人，占 6.30%。与 2000 年第五次人口普查相比，0～14 岁人口的比重下降了 5.7 个百分点，15～64 岁人口的比重上升了 3.73 个百分点，65 岁及以上人口的比重上升了 1.97 个百分点。人口年龄结构的变化表明，随着全省经济的快速发展，人民生活水平和医疗卫生保健条件的巨大改善，以及积极贯彻计划生育政策，生育率持续保持较低水平，老龄化进程加快。

4. 少数民族人口增长较快

十年间，少数民族人口增长了 12.08%，少数民族人口比重由 45.51% 提高到 46.98%。青海省常住人口中，汉族人口占 53.02%，各少数民族人口占 46.98%。

（二）青海省人口呈现的四大变化

青海省第六次人口普查主要数据显示，青海省人口十年间发生了如下四大变化。

1. 人口增长速度放缓

数据显示，十年间青海省人口增长了 8.59%，年平均增长率为 0.83%。比 1990 年到 2000 年的年平均增长率 1.47% 下降 0.64 个百分点，人口增长速度放缓。

2. 城镇化水平提高

青海省常住人口中，居住在城镇的人口占 44.72%；居住在乡村的人口占 55.28%。同 2000 年第五次人口普查相比，城镇人口比重上升了 9.96 个百分点。表明 2000 年以来青海省社会经济的快速发展极大地促进了城镇化水平的提高。

3. 人口素质大大提高

青海省常住人口中，具有大学（指大专以上）文化程度的 484794 人，具有高中（含中专）文化程度的 586714 人，具有初中文化程度的 1427738 人。同 2000 年第五次人口普查相比，每万人中具有大学文化程度的由 330 人上升为 862 人，接近全国平均水平。文盲人口减少 358510 人，文盲率下降了 7.8 个百分点。这一变化，反映了十年间青海省坚持科教兴青战略，大力普及九年制义务教育、加快发展高等教育以及扫除青壮年文盲等措施取得了明显成效。

4. 少数民族人口增长速度明显高于汉族

全省常住人口中,汉族人口占53.02%;各少数民族人口占46.98%。同2000年第五次人口普查相比,汉族人口增长了5.67%;少数民族人口增长了12.08%。少数民族人口增长速度明显高于汉族。

五、青海省的主要世居民族

青海省是个多民族聚居的省份,有53个民族成分,其中世居民族有6个,分别是汉族、藏族、回族、土族、撒拉族、蒙古族。土族、撒拉族是青海独有的少数民族。到2010年末,青海省常住人口为562.3万人,其中少数民族人口256.4万人,占46.22%,占全省总人口的近一半,少数民族人口比重居全国第三位,仅次于西藏和新疆。

六、青海省的社会经济

青海是自然资源大省,经济小省。按我国三大经济带理论,青海位于我国西部经济带;按经济大区而言,青海位于西北经济大区;按主体功能区理论划分,青海大部分处于禁止开发和限制开发的地区,是蕴藏巨大发展潜力的资源大省。但青海具有潜在的经济区位优势,青海接近我国版图的中心,有助于开展经贸活动;地处我国西北民族地区的核心,有利于区域合作;又处于国际区域经济合作的过渡带,具有开展国际经贸合作的区位优势。

在青海省委省政府的坚强领导下,全省践行科学发展观,经济发展步入了快车道。2010年以来,面对玉树突发强烈地震和复杂多变的国内外经济环境,全省全面贯彻中央加强和改善宏观调控的各项政策措施,努力克服金融危机及玉树地震带来的不利影响,抢抓机遇,开拓进取,全省经济呈现速度加快、质量提高、民生改善的良好态势。

经国家统计局核定,2010年全省地区生产总值1350.43亿元,比上年增长15.3%,增速为30年来最高。其中:第一产业增加值134.92亿元,增长5.9%;第二产业增加值744.63亿元,增长19.3%;第三产业增加值470.88亿元,增长12.1%。

2011年,面对复杂多变的宏观经济环境,全省上下认真贯彻落实中央决策部署,牢牢把握科学发展主题和加快转变经济发展方式主线,以"四个发展"为主要路径,以"四个坚持"为重要方法,积极处理保持经济发展、调整经济结构、管理通胀预期的关系,全省经济呈现出增长较快、物价趋稳、效益提升、民生改善的良好态势,实现了"十二五"良好开局。

青海2011年全省生产总值1634.72亿元,按可比价格计算,比上年增长13.5%。分产业看,第一产业增加值155.44亿元,增长5.0%;第二产业增加值939.10亿元,增长17.3%;第三产业增加值540.18亿元,增长9.7%。第一、第二和第三产业对生产总值的贡献率分别为3.7%、71.1%和25.2%,分别拉动生产总值增长0.5、9.6和3.4个百分点。三次产业结构由2010年的10.0:55.1:34.9转变为2011年的9.5:57.5:33.0。见图1-2-2、图1-2-3。

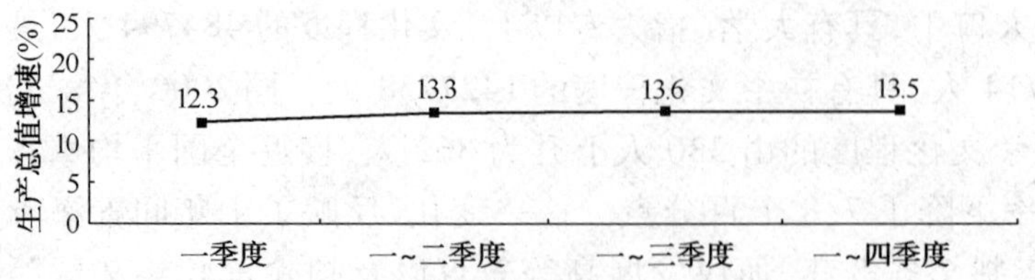

图1-2-2　2011年生产总值增长速度

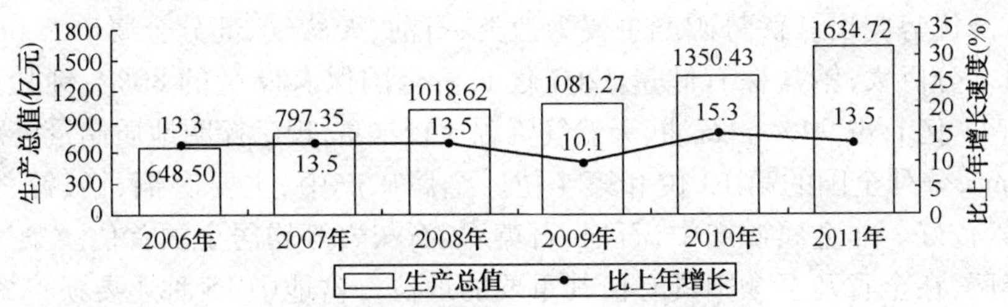

图 1-2-3　2006 ~ 2011 年生产总值及增长速度

七、悠久的历史，多元文化同乳共生

青海地处黄河、长江、澜沧江的源头，是华夏民族的摇篮。早在距今三万年前的旧石器时代晚期，羌人的祖先就在今柴达木盆地、昆仑山一带狩猎游牧，活动生息。青海境内考古发现了新石器时代仰韶文化的大量彩陶，证明青海的开发至少已有五六千年的历史。而在这历史长河的演变过程中，多民族迁徙往来，分分合合，形成了多元而相互融合的独特形态。青海地区的文化种类、民族数量呈现出"你中有我，我中有你"的融合状态，从而孕育了瑰丽多姿、内涵极为丰富的民族文化，如此大量的多元民族文化在这里相互碰撞，相互交融。青海是一个具有民族多样性、宗教多样性、生物多样性、地理景观多样性的省份，更是一个有着深厚的文化积淀、悠久的文明历史、丰富的人文风情的省份，其原始性、多样性在全国乃至全世界都是绝无仅有的，于是得到了"对内地，它像边疆；对边疆，它像内地"这样的评价。

八、青海具有重要的生态安全功能

青海南部地处素有"中华水塔"之称的三江源。三江源是我国目前海拔最高、面积最大、高原生物多样性最为丰富、生态最为脆弱的自然保护区。它包括可可西里、江河源地区在内的许多无人区，其境内分布着我国特有的高原生物资源，是我国重要的生物基因资源宝库。黄河、长江、澜沧江从青海境内出境的径流量分别约占其总量的 50%、25%、15%。因此，青海生态环境的优劣不仅关系到区域内社会经济的可持续发展和人民生活水平，而且关系到黄河、长江、澜沧江中下游地区的生态环境质量。鉴于其独特的地位，其重要性是显而易见的。因而，素有"中华水塔"之称的三江源对周边和亚洲的许多国家，乃至全球的环境质量都有巨大的影响。研究发现，青藏高原生态系统每年创造的服务价值达 9363.9 亿元，占我国生态系统年均总服务价值的 16.7%，占全球生态系统年均总服务价值的 0.61%。

九、青海省的自然资源

青海资源十分丰富，许多矿藏储量在全国居于首位。

1. 青海省的矿产资源

青海省矿产资源有四大特点：一是地域分布呈北煤、南砂金、西盐类和油气、东非金属矿产。二是矿床、矿点多，矿种全，潜在价值大。截至 2009 年年底，全省累计发现各类矿床、矿点和矿化点 2600 余处，其中探明储量的矿床和矿点 704 处，累计发现各类矿产 125 种，占全国已发现各类矿产 168 种的 74.4%；探明有储量的矿产 105 种，占全国已探明储量矿产 151 种的 69.5%。青海省有 54 种矿产的保有储量居全国前 10 位，有 23 种排在前 3 位。在国民经济建设中占重要地位的 45 种矿产中，青海 32 种，其中有 18 种矿产保有储量居全国前 10 位。三是盐类等矿产资源优势突出。优势矿产主要为盐类、石油、天然气、部分金属矿产和非金属矿产。盐湖资源储量十分巨大，钠盐保有储量3263亿t，占全国保有储量的80%；钾盐4.43亿t，占97%；镁盐48.11亿t，占99%。石油、天然气资源比较丰富，现已探明地质储量分别为2.08亿t和1343.4亿m^3，分列全国的第10位和第4位。金属矿产中，主要有铜、铅、锌、钴及金矿，储量大、开发前景较好。非金属矿产中，石棉、石英岩、石灰岩等均居全国首位。柴达木盆地是矿产资源的富集区，在全省乃至全国具有极其重要的地位。盆地中15种主要矿产资源保有储量的潜在价值达159843.83亿元，占全省矿产资源潜在总价值的90%以上。四是共伴生矿产多，资源组合好。如察尔汗钾镁盐矿床，既是大型钾盐矿，又是特大型的镁盐矿、盐矿、锂矿、铷矿及硼矿，还是大型溴矿和碘矿；再如德尔尼铜矿床，既是大型铜矿，又是大型钴矿、金矿、伴生硫矿及硒矿，还是中型锌矿和银矿。

2. 青海省的水能资源

水能资源是青海能源最大优势，理论蕴藏量达2165万kW，可开发利用的为1800万kW，外流河占92.4%，年发电量770亿kW·h。水能资源以黄河干流及支流蕴藏量最大，达1363万kW。黄河水能资源富集区在龙羊峡—寺沟峡段276km河段上，水流落差大，地质条件好，淹没损失小，投资省，造价低，水电站单位造价比全国平均水平低20%～40%。自上而下有龙羊峡、拉西瓦峡、左拉峡、松坝峡、李家峡、公伯峡（谷什群峡）、积石峡、寺沟峡八个峡谷，初步规划可建设6座大型电站和7座中型电站，总装机1100万kW，年发电量368亿kW·h，是我国水能资源的“富矿”带，可装机1129.5万kW，年发电量可达484.7亿kW·h。长江和澜沧江水能理论蕴藏量637.2万kW。内流河164.6万kW。如果将理论蕴藏量全部开发利用，可装机1798.1万kW，年发电量771.6亿kW·h。

3. 草场资源

青海天然草原辽阔，是我国五大牧区之一，这里辽阔的天然草场，具有面积大、类型多、草质好的特点，适宜放牧各类牲畜，具有发展牧业的先天优越条件，可利用草场面积5亿亩（1亩＝666.6m^2），占全省面积的50.54%，占全国草原面积的10%，仅次于内蒙古、西藏和新疆，居全国第四位。其中可利用草地面积3161万hm^2。天然草场以高寒草甸为主体，莎草、禾草比重大，草群低矮，产草量低，但耐牧性强，营养丰富，发展畜牧业物质基础雄厚，约占全省总土地面积的46.39%。青海省的草食畜中牦牛与藏系羊是最为重要的畜牧品种。青海草原是全国有名的牦牛之乡，青海省牦牛的数量始终保持在500万头左右，占全国总数的40%以上，超过世界总数的1/3。藏系羊是青海草原上另外一种重要牲畜，近年来的存栏量一直保持在1200万只以上，这种羊是我国三大原始绵羊品种之一，其肉、毛以及皮张都具有很高的经济价值。由于青海广大牧区地处高寒，紫外线光照强，生活在这里的藏系羊为了适应恶劣的自然环境，其羊毛耐酸耐碱，纤维长、弹性大、拉力强，是加工高级地毯、毛毯及长毛绒的最佳原料。早在19世纪末期，青海的优质羊毛资源就以“西宁毛”之称在国际羊毛市场独领风骚。

4. 野生动植物资源

青海的野生动植物资源十分丰富，是被公认的野生动植物王国。这里地广人稀的环境为野生动植物提供了广阔的生存空间，大部分地区接近原始的自然风貌，使得许多珍稀物种得以栖息延续下来，其中有许多是青藏高原地区特有的物种。种类繁多、数量庞大的野生动植物资源使这里成为一个生机盎然的生态乐园。据统计，全省共有鸟类292种，兽类110种，分别占到全国鸟兽种类的1/4和1/6。根据国务院批准的《国家重点保护野生动物名录》，列为国家重点保护的一级、二级野生动物有257种，其中主要分布于青海境内的有69种。野骆驼、野牦牛、藏野驴、藏羚羊、盘羊、白唇鹿、梅花鹿、麝、雪豹、黑颈鹤、藏雪鸡、天鹅等国家濒危野生动物都在青海寻觅到了理想的栖息之所。

青海河流湖泊众多，水面类型多样，有鱼水面达到 1600 多万亩（1 亩 $=666.6\text{m}^2$），拥有巨大的水产资源蕴藏量。由于以高寒水体为主，鱼的种类主要为青海裸鲤、花斑裸鲤、光唇重唇鱼、哲罗鲑等鲤科裂腹鱼亚科的冷水性鱼。其中，青海湖盛产的裸鲤（俗称青海湟鱼），是青海最主要的鱼类，曾经的资源量十分巨大。由于生态环境恶化和过量捕捞等因素，加之这种鱼生长缓慢，繁殖能力低，一条 500g 左右的鱼需要生长大概 10 年时间，目前资源量锐减，已被列入国家保护的重要水产资源名录。

青海共有各类野生经济植物 75 科、331 属、947 种。其中有各类药用植物约 680 种，著名中药材有 50 余种，如冬虫夏草、西宁大黄、雪莲、贝母、羌活、佛手参、甘草、藏茵陈、黄芪、麻黄、枸杞等均是畅销国内外的名贵药材。此外，还有纤维类、油料香料类、食用观赏类植物数百种，其中蕨菜、蕨麻、沙棘等以产量大、品质高而成为久盛不衰的土特产品。

5. 新能源资源

（1）青海省属“风能较丰富区”。全省 90% 以上的地区年平均风速在 3m/s 以上，2005 年可利用风能时间在 3000h 以上，年平均可用风能密度在 $65\sim100\text{W/m}^2$ 以上，其中年平均风速 3.5 ~4m/s 以上，2005 年可利用风能时间在 4000h 以上，年平均风能密度在 $100\sim150\text{W/m}^2$ 以上的地区占全省总面积的 70% 以上，年风能资源理论值折合 7854 万 t 标准煤，相当于电能 1745 亿 kW · h。

（2）太阳能资源。青海省地处中纬度地带，平均海拔 4000m 左右，高原大气层相对稀薄，日光透过率高，加之气候干燥、降雨量少，云层遮蔽率低，太阳能资源十分丰富。2005 年日照时数达 2500 ~3650h，柴达木盆地更为突出，年日照时数可达 3600h 以上。年平均日照率 60% ~80%，年辐射总量达 $586\times10^4\sim754\times10^4\text{MJ/m}^2$，年直接辐射值为 $419\times10^4\text{MJ/m}^2$。总辐射量中直接辐射量的比重约占 62%。年接受的太阳能折合标煤 1623 亿 t，合电量 360 万亿 kW · h。

工作任务完成

（1）认真学习完成本任务的必备知识，尤其是“大美青海”的来历及其含义、青海省的行政区划“大美青海旅游形象标识”的内涵、青海省的自然资源状况以及多元文化同乳共生格局的相关内容。

（2）收集相关资料，以小组为单位描述“大美青海”的来历及其含义、青海省的行政区划、“大美青海旅游形象标识”的内涵以及同乳共生多元文化格局。

巩固和提高

（1）描述“大美青海”的含义。

（2）试述青海省的行政区划。

（3）描述“大美青海旅游形象标识”的内涵。

（4）试述青海省的自然资源状况。

项目二　青海旅游地理和青海旅游资源特征认知

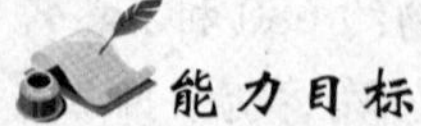

能力目标

（1）能认知青海旅游地理知识的掌握对提升青海旅游从业人员素质的意义；

（2）能认知青海旅游资源特征，会分析青海旅游资源的特色。

知识目标

（1）掌握青海旅游资源的特征；

（1）理解具备青海旅游地理素养的重要意义，从而能深刻认识青海旅游资源的特色和优势。

素质目标

（1）培养学生分析、归纳能力；

（2）培养学习能力、查阅资料的能力；

（3）培养分析和解决问题的能力。

任务一　青海旅游地理认知

工作任务描述

青海旅游地理是中国旅游地理的重要组成部分，请解读学习青海旅游地理的重要意义，分析青海旅游地理的学科性质、特点及本学科的研究方法。

任务分析

分析青海旅游地理的研究对象及内容，进而分析青海旅游地理的学科性质、特点及本学科的研究方法。利用提供的相关知识，完成此项任务。

完成任务必备知识

一、旅游资源的概念

旅游资源在国外被称作旅游吸引（物）（Tourist Attraction），是指旅游地吸引旅游者的所有因素的总和。

在我国，随着旅游业的发展，“旅游资源”这一名词已被人们认同，并得到广泛的应用，许多学者对这一概念进行了有益的探讨。然而,到目前为止,由于人们着眼点的不同,对旅游资源这一概念的具体界定还存在着不同的认识,因而提出了许多关于"旅游资源"概念的阐述,例如:

"凡是能够造就对旅游者具有吸引力环境的自然因素、社会因素或其他任何因素,都可构成旅游资源"(李天元、王连义);

"旅游资源是在现实条件下,能够吸引人们产生旅游动机并进行旅游活动的各种因素的总和"(陈传康、刘振礼);

"凡是能为人们提供旅游观赏、知识乐趣、度假疗养、娱乐休息、探险猎奇、考察研究及人民友好往来和消磨闲暇时间的客体和劳务,都可称为旅游资源"(郭来喜);

"凡是对旅游者产生吸引力,并具备一定旅游功能和价值的自然与人文因素的原材料,统称为旅游资源"(卢云亭);

"目前已经利用和尚未利用的、能够吸引人们开展旅游活动的有关自然过程、人类活动以及它们在不同时期形成的各种产物之总称"(阎守邕等);

"凡是经过开发能够吸引游客的东西都可称之为旅游资源"(何礼罚);

"能够使旅游者发生兴趣,有足够的力量吸引他们前来,并由此可获得经济效益的各种要素的集合"(晓鞍);

"旅游资源是指在自然界或人类社会中凡能对旅游产生吸引向性、有可能被用来规划开发成旅游消费对象的各种事与物(因素)的总和"(苏文才、孙文昌)。

可以看出,在众多的阐述中,其共同之处都表述为旅游资源必须对游客具有一定的吸引力,其不同之处主要是对旅游资源具体内容的概括与表述的差异。随着旅游业的不断发展,对旅游资源认识的深化,对于旅游资源的概念必将会取得较为一致的认识。

总之,我国学术界由于所持观点和所依据的原则不同,对旅游资源的概念众说纷纭,其定义有三四十种之多。但学者们公认一点,即强调旅游资源具有吸引旅游者这一属性。因此,它包括使旅游活动得以实现的"客体"(自然与人文景观)和"载体"(基础设施和旅游服务),因为它们是吸引旅游者的对象。没有客体,旅游活动便是无源之水;而没有载体,旅游者就难以达到目的,得不到预想的物质与精神享受。在旅游活动中,因旅游接待设施和旅游服务水平低所导致的"只此一次,绝不再来"的情况屡有发生。反之,由于接待设施良好,尤其接待人员素质高、服务周到,而使旅游者产生再次旅游的动机和强烈欲望的情况也比比皆是。可以说,在构成"旅游生产力"的两大要素,即旅游生产资料(自然、人文景观资源以及旅游接待设施)和旅游"生产者"(旅游专业人员)中,后者是最活跃和最能动的因素,是对旅游者产生吸引力的诸因素中不可或缺的。作为一个科学概念的定义,应该体现其基本属性与内容,阐述准确,语言简练。基于上述要求,本教材把旅游资源的概念定义为:在自然界和人类社会中凡能对游客产生吸引力、可以为旅游业所开发利用,并能产生经济效益、社会效益和环境效益的各种事物和因素。

二、青海旅游地理的研究对象与内容

(一)青海旅游地理的研究对象

青海旅游地理的主要研究对象是青海旅游资源,因而其研究内容也必然围绕青海旅游资源的开发来确定。旅游资源的范畴确定了,以青海旅游资源为主要研究对象的青海旅游地理这门学科的研究内容也就可以随之确定了。

旅游地理学作为地理学的一个分支,可以不断发展、不断创新,形成属于自己的学科体系,但无论如何也不能完全地脱离地理学而独立存在,因此地理学所研究的对象就必然要影响甚至规定着旅游地理学的研究对象。不过旅游地理学既然已经成为地理学的分支,它的研究对象毫无疑问要有自己的特点。

青海旅游地理的研究对象是在考虑到诸多因素,分析了深刻的青海旅游历史与旅游资源的基础上而总结出来的。因此,青海旅游地理是以青海不同等级旅游区域的旅游活动作为研究对象,以一般规律为指导,着重研究青海旅游地域系统运行的特殊规律,即青海各特定地域内旅游及各组成要素的特征及其形成环境,强调青海旅游的地方特色。简单地说,青海旅游地理的研究对象就是青海旅游活动与青海地理环境、社会经济的关系,即青海旅游资源的地域分布及其组合规律。青海旅游地理的研究核心应该是青海不同等级旅游区旅游各组成要素地域分布及组合的空间特征,研究的重点是青海旅游地理环境、社会环境对旅游活动的空间结构、地域差异及其区际联系的影响。在研究青海旅游地理的同时,可以不断补充、丰富和完善旅游地理学的理论和知识系统,促进旅游地理学的发展。具体来讲,青海旅游地理的研究对象就是青海旅游资源的形成与分布规律;青海旅游资源的调查评价与区划;在评价与区划基础上的区域旅游规划,其中包括旅游交通、旅游信息系统和旅游线路的设计,旅游环境保护与旅游资源的可持续开发利用,以及旅游人力资源的开发等。另外,要开发利用好青海的旅游资源,研究旅游客源市场和区位条件也是必要的。

(二)青海旅游地理的研究内容

1. 旅游地理学的研究内容

旅游地理学是一门应用型学科，其研究内容应是与旅游业发展相关的多种地理问题，即从综合性、地域性的观点出发，去探讨这些地理事物的形成、演变和发展的基本规律，从而指导旅游业的发展。具体地说，旅游地理学的研究内容包括旅游的起因及其产生的地理背景、旅游者的地域分布和移动规律、旅游资源的类型与地域组合、旅游资源的评价与开发利用论证、旅游通道的可进入性与交通方式的匹配研究、旅游环境容量的确定、旅游区(点)布局与建设规划方案的制订、旅游路线设计与旅游区划、旅游流量预测的研究(包括最适宜的预测模型、旅游地图的研究、旅游业发展对地域经济综合形成的影响)等重要方面。

2. 青海旅游地理的研究内容

青海旅游地理属于区域旅游地理，研究青海各地区旅游活动地域分布及其组合在时间和空间上发展变化的规律性。它是从旅游地理学的角度来研究青海各类旅游资源、青海发展旅游的地理环境和地理特征、青海旅游区(点)布局等问题，从而正确地评价青海的旅游资源，为开发利用青海旅游资源，建设旅游区提供科学依据。通过以上青海旅游地理主要研究内容的确定，本学科的研究任务可以概括为：研究青海旅游资源的分类、地理分布规律、形成条件，青海旅游资源的评价、开发、保护和环境容量；研究青海旅游区划与旅游客源市场，客流的地理分布；青海区域旅游发展战略与规划，规划青海旅游业生产力布局；研究青海旅游资源开发与保护的举措，为青海旅游资源的可持续开发利用提供理论依据和实践基础，以实现把青海省建设成高原生态旅游大省，把旅游业培育成支柱产业的目标。

三、青海旅游地理的学科性质及研究方法

(一)青海旅游地理的学科性质

在国外,有些学者把旅游地理学列入服务范畴的地理学,而另一部分学者则把它列入人口地理学领域,将旅游活动看成是人口迁移的一种形式。加拿大地理学家沃尔夫认为,旅游地理学是从经济地理学中分离出来的;日本地理学家浅香幸雄同样地把旅游地理学归于经济地理学的研究领域,甚至连日本旅游大辞典也是采用这种划法,当然也有一部分日本地理学者把它当成人文地理学的分支;英国地理学家 H. Robinson 则把旅游地理学当作应用地理学;法国有的学者把它当作建设地理学的一部分。

在我国,陈传康认为旅游地理学是产生于自然地理学、经济地理学和人文地理学(社会地理学)之间的一门综合性的部门地理学;保继刚则指出旅游地理学属于人文地理学的一个分支,但与自然地理学和经济地理学都密切相关,两者都是这门学科形成的前提和基础。越来越多的国内学者都认为旅游地理学是人文地理学的分支学科。但人类旅游活动是一项以不同地域间的人员流动为特征的,涉及经济及政治等许多方面的社会文化活动,而社会文化活动是与自然环境有着密切联系的社会经济文化现象,受到社会经济规律的制约,所以具有社会经济科学性质。地理环境包含着自然现象,涉及自然规律。既然旅游地理学是以地理环境作为自己研究的立足点,那么它必然具有自然科学的性质,因此现在普遍认为旅游地理学是一门兼自然科学和社会科学性质的多学科交叉的边缘学科。

1. 边缘性

青海旅游地理则是将旅游地理学的有关理论、方法运用于青海及其各旅游区的科学。所以青海旅游地理包含着旅游地理学的学科性质,既是一门从地域观点和综合观赏研究青海旅游活动与地理环境、社会经济关系的科学,又是一门兼具地理学与社会经济学性质、理论性与实践性都很强的边缘学科。但青海旅游资源有其自身的特点,研究中还会涉及青海自然、历史文化、社会经济、技术等诸多因素,同时这些因素又深刻影响着青海旅游业的发展,可见,青海旅游地理是一门直接服务于旅游业的实用性很强的应用学科。

作为一门边缘性学科,青海旅游地理在形成和发展的过程中形成了自己的特点,有别于旅游地理学和其他学科,对青海旅游业的发展起到了推动作用。

2. 地域性

青海旅游地理就是研究青海不同旅游资源区域内的旅游资源与景点线路。不同地域空间展现着不同的地理个性和风貌特征,根据地域性特征形成了每个地方各具特色的旅游景点,如因地理位置差异形成的旅游特色。不仅如此,地理环境还带来了不同城市的衣、食、住、行的差异,这些都是明显的地域分异现象。因此,青海旅游地理要因地制宜,发挥地区特色、优势来促进当地旅游业发展。

3. 综合性

青海旅游地理的学科性质表明这门学科具有高度的综合性,研究这门学科就要对相关的因素及学科进行综合的分析,这具有特殊的意义。青海旅游地理研究范围广泛,不同的区域具有不同的特色,不同的特色又需要不同的研究方法,而每一种研究方法又可能来自不同门类的学科,着眼于不同的研究角度,所以青海旅游地理在分析每个地区的景观、景点时,或是进行实

践任务研究时，都体现了本学科的综合性。

4. 实用性

青海旅游地理可以指导人们有计划地出游，可以指导旅游工作者更全方位地分析旅游目的地的收益，可以指导旅游部门更合理地设计游览线路，可以让更多喜爱旅游的人士了解大美青海美丽的河山、异彩纷呈的多元文化等。它的实用性是显而易见的，因此必须充分发挥它的作用，以促进旅游业的蓬勃发展。

(二)青海旅游地理的研究方法

马克思主义的唯物辩证法是旅游地理学研究的最根本的原则，也是一切科学最普遍遵循的原则。从我国旅游地理学的学科性质来看，它是一门错综复杂的学科，研究的内容和对象在时间和空间上处于不断发展变化之中，因此运用唯物辩证法来指导青海旅游地理的研究是十分必要的。

青海旅游地理作为一门青海地理与旅游学之间的交叉学科，因其所具有的独特学科性质，其适用的主要研究方法有如下几种。

1. 实地考察调查法

通过实地考察调查(包括全面考察调查、重点考察调查、抽样考察调查等)获得新鲜的、生动的第一手资料，然后按照《中国旅游资源普查规范》填写“基本类型调查表”，准确记录资源名称、所属行政区、经纬度和海拔高度、类型描述特征数据、环境背景与开发保护现状等，并配以照片和说明，有时还要采集实物标本，供分析、测试和鉴定。实地考察调查是获得最新、最准确、最具体资料的重要方法，是任何其他方法所无法代替的。

2. 分类比较法

分类比较法包括区域对比和类型对比，这是一种确定各级各类旅游地域综合体及其组成要素类型的相似性和差异性的方法。有的学者认为，近代自然地理学的产生，就是从比较自然地理学开始的，至今有些地理学家还认为，区域的差异性和相似性是地理学研究的基础。

3. 区域综合分析法

青海旅游地理的研究，必须根据青海不同的区域，对影响旅游地域分布及组合的各种因素进行综合研究、全面分析，既要抓住主要因素，又不可忽视其他有关因素，明察正确的因果关系，针对不同区域的旅游活动，采取相适应的、合理的布局形式。

4. 资料统计分析法

搜集、整理现有的文献资料(书籍、报刊、统计数据、工作总结、历史文献、考察报告、区域社会经济发展规划等)，分析、研究有关资料，如根据统计部门发布的有关旅游者、旅游接待设施和旅游服务的统计资料，了解青海及各地区旅游业发展的总体水平，从这些资料中获得相应的科学结论。

5. 地图辅助学习法

由于青海旅游地理的内容都与青海的一定地域紧密地联系在一起，青海各地域的地理位置、旅游地理环境对各地旅游特色的形成影响至深，以青海旅游地理地图及各地地图作为辅助学习工具，把课本的有关内容落实到图上，就会更为清楚明了，容易掌握。地图和图表是旅游地理学形象的语言和良好的表达形式。利用旅游地图和统计图可以了解重要内容，如各类旅游资源的地域分布、旅游景区(点)的地域分布、旅游线路、旅游交通、旅游基础设施等。旅游图的种类有旅游资源分布图、旅游景区(点)分布图、旅游热线分布图、旅游导游图、各旅游转向地图和旅游综合地图等。

6. 数量分析模型法

把计量地理学、运筹学和系统工程等一些理论和方法,运用到青海旅游地理的研究中,可以通过图形模式和数学模型等进行综合分析,简明扼要地把影响旅游活动的各个因素间的相互关系表达出来,主要体现在如下两个方面:一是数学分类方法,在旅游区域分析及旅游资源的分类与区划中应用广泛;二是统计预测方法,主要是通过游客数量与年份之间的回归分析,来预测游客的增长。还可以通过运用数理统计和运筹学方法,把定性分析与定量分析有机地结合起来,以数学计量方法进行理论归纳,采用可以操作的数学模型表达区域旅游现象的相互关系,有效地克服传统的描述和定性解释的局限。

还有一些高科技的研究方法,如遥感技术(RS)、地理信息系统技术(GIS)、全球定位系统技术(GPS)等,可以及时而全面地了解和掌握人类旅游地域分布及其组合变化的动态,及时调整旅游布局,使之不断趋向合理化。

工作任务完成

(1)认真学习完成本任务的必备知识,尤其是旅游资源的概念,青海旅游地理的研究对象与研究内容,青海旅游地理的学科性质和青海旅游地理的研究方法的相关内容。

(2)收集相关资料,以小组为单位,根据所学知识谈谈学习这门青海旅游地理学科的指导作用,解释青海旅游地理研究方法的作用。

巩固和提高

(1)青海旅游地理的研究对象与内容是什么?

(2)青海旅游地理的学科性质是什么?

(3)青海旅游地理的研究方法是什么?并解释其作用。

任务二　青海旅游资源特征认知

工作任务描述

随着“大美青海”旅游形象越来越深入人心,青海“绿色、生态、体验、运动、探险、避暑”的旅游产品,越发吸引着人们的眼球。请分析:青海“绿色、生态、体验、运动、探险、避暑”的旅游产品之所以能吸引人们的原因何在?

任务分析

青海“绿色、生态、体验、运动、探险、避暑”的旅游产品之所以能吸引人们,就在于青海旅游资源具有不同于其他地区的特征(图2-2-1),使得旅游者产生别样的愉悦,获得别样的旅游体验和经历。利用下面提供的相关知识,完成此项任务。

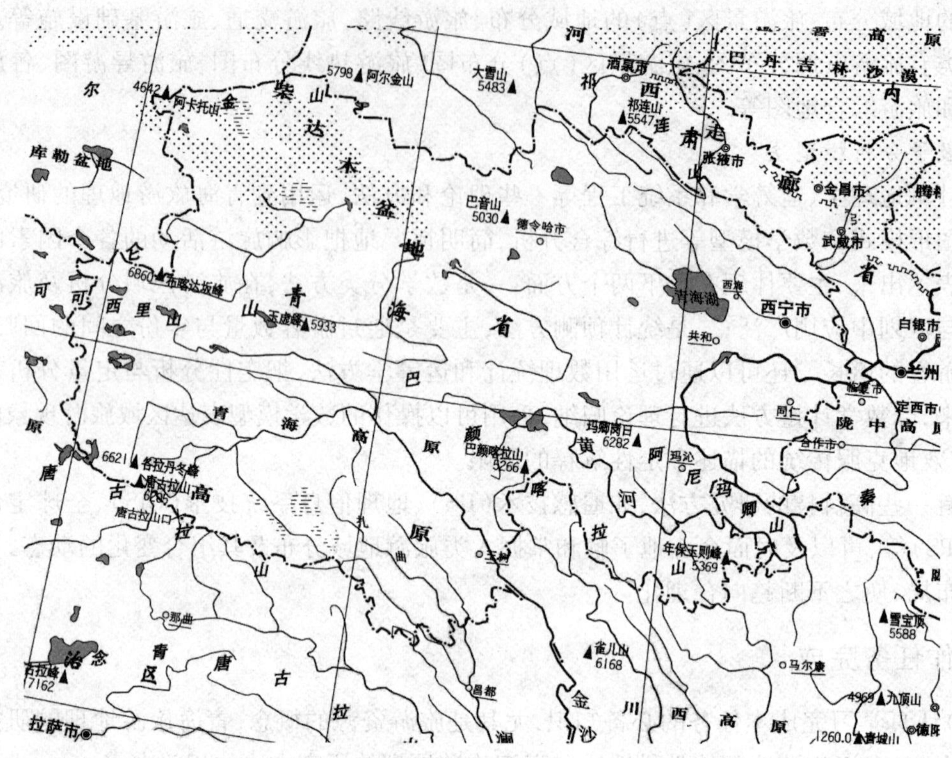

图 2-2-1　青海自然地理[审图号:GS(2008)1376 号]

完成任务必备知识

一、青海自然地理环境

1. 高山横亘的"世界屋脊"

青藏地区地势高峻,是世界上海拔最高的高原,也是地球上面积最大、年代最新,并仍在隆升的一个高原。绵延横亘的高耸山脉构成了高原地貌骨架,山脉之间分布有高原、盆地、谷地,其间还镶嵌着众多的湖泊、冰川、河流、温泉等。耸立在高原边缘的巨大山系,海拔多在 6000 ~ 7000m 以上,近东西向山系从南向北有唐古拉山、昆仑山和北西—南东走向的阿尔金山—祁连山系等。唐古拉山向东延伸发生转折变向,形成了近于南北向排列的巴颜喀拉山、阿尼玛卿山、横断山;在这些平行的山脉之间,分别挟持着金沙江、澜沧江和怒江的深切峡谷,构成世界上有名的平行岭谷地貌,显现出岭谷相间、峡盆相间的特征。

此外,还有许多耸立于雪线之上高达 6000m 以上的山峰,青海高原南部与西部、北部,拥有一批高知名度的探险山地景观,不仅青藏高原本身具有探险旅游功能,其周边的一大批名山更具风采。青海省对外开放山峰如表 2-2-1 所示。

2. 独特的高寒气候

虽然青海地处中低纬地带,但由于地势高,使这里形成独特的高寒气候,总体表现为:空气稀薄,气压低,含氧量少;光照充足,辐射强烈,是全国太阳辐射量最多的地区,年总辐射量值高达 5850 ~ 7950MJ/m^2,比同纬度东部平原高 0.5 ~ 1 倍,加之高原上空气稀薄洁净,尘埃、水汽含量均较少,透明度好,是名副其实的"阳光高原"。青海冷湖地区年日照时数 3000 ~ 3600h,

几乎每天平均 8～9h 有日照；年总辐射 690.8～741.1MJ/m^2，仅次于西藏，居全国第二位。

青海省对外开放山峰　　表 2-2-1

山峰名称	海拔(m)	地理坐标		位　置
		东经	北纬	
阿尼玛卿峰	6282	99°28′	34°48′	果洛州玛沁县西北部
各拉丹冬峰	6621	91°10′	33°30′	格尔木市唐古拉山乡
布喀达坂峰	6860	90°00′	36°10′	青海西部青新交界处
雅拉达泽峰	5215	95°44′	35°10′	海西州都兰县西南部
年保玉则	5369	94°16′	35°42′	果洛州久治县中南部
错日尕泽峰	4610	97°32′	34°55′	果洛州玛多县西部
玉珠峰	6178	94°16′	35°42′	海西州格尔木市
玉虚峰	5933	93°46′	35°45′	海西州格尔木市
马兰山	6056	90°44′	35°50′	玉树州治多县
湖北冰峰	5769	92°59′	35°50′	治多县与格尔木市交界处
五雪峰	5805	91°25′	35°53′	玉树州治多县西北
大雪峰	5863	91°56′	35°49′	玉树州治多县西北
唐古拉山	6205	91°11′	33°13′	格尔木市唐古拉山乡
龙亚拉峰	6104	92°03′	33°06′	格尔木市唐古拉山乡

3. 冰川广布，湖泊众多，江河源头

青藏高原高于雪线以上的山峰众多，在巨大的山岳之间，冰川及其雕塑的冰川地貌广泛分布。青海省是我国冰川分布的主要省区之一。全省冰川面积约 5225.38km^2，占全国的 9.2%，冰川总储水量 3705.92 亿 m^3，占全国的 12.5%。青海省的冰川属于大陆冰川，具有降水少、气温低、雪线高、消融弱的特点。冰川主要分布在祁连山、昆仑山、唐古拉山等高山的上部。冰川是青海省巨大的天然"固体水库"，长江、黄河就发源于青海省冰川融水地区。

冰川地貌广泛发育，现代冰川、刃脊、角锋、冰斗、冰蚀湖等规模巨大，雄伟壮观。雪线下冰塔林广布，其间还有幽深的冰洞、曲折的冰面溪流，景色奇特。

由于冰川广泛发育，加之高寒气候蒸发量小的特点，使青藏高原湖泊广布。据统计，面积大于 10.0km^{2}的湖泊青海省有 84 个。因此，青藏高原成为地球上海拔最高、数量最多、面积最大的高原湖群区，青海省的湖泊分布密度、数量仅次于西藏，位居全国第二。同时，由于地势高，高原向南、向东成为我国长江、黄河、怒江、澜沧江等大江大河的发源地。

4. 复杂多样的自然景观

高度对青海高原自然景观的分布有着深刻影响。从外围仰望高原，是一系列垂直结构鲜明的崇山峻岭。但登上高原又是一番景象：地表起伏和缓，辽阔广大，高原之上的山岭除少数比较高峻外，大多形态浑圆，坡度较小，相对高度只有几百米，可谓"远看似山，近看成川"的山原地貌。青藏高原垂直起伏大，自然景观随高度变化形成的垂直带状分布异常明显，而高原南北又分属于不同纬度气候带，自然景观在垂直分异的基础上又呈现纬度地带性分布，其自然景观与我国同纬度的东部地区亚热带和暖温带景观有着显著的差异。温度随纬度增高而降低，植被分布也随纬度增高而变化，构成了从东南向西北，气候由暖变冷、由湿变干，自然景观相应地从森林到荒漠的变化规律。青海省风光独特、地域色彩浓厚的景观格局对旅游者具有巨大吸引力。

5. 珍稀、多样的高原生物

青海高原地域辽阔，高山纵横，生态环境十分复杂，为各类生物的生存、繁衍提供了得天独厚的条件，青海高原特有生物种类非常丰富，反映出高原物种的多样性及其在我国物种多样性中的重要地位。为此，建立了可可西里、三江源等大面积的自然保护区，这些自然保护区是世界屋脊上生态环境最奇特、生物资源最丰富的自然资源宝库，具有极高的科学研究价值。

二、青海人文环境特色

1. 绵远悠长的历史

青海高原是以藏族为主体，多民族世代繁衍生息的一块神奇土地。青海历史悠久，据考古研究表明，在距今3万年的旧石器时代已有人类活动遗迹。《后汉书 · 西羌史》中已有青海东部定居农耕活动的记载，自汉武帝开始，青海纳入中原封建王朝的郡县体制，内地大批汉人迁入湟水流域，与先零等羌人杂居，屯垦开发，推进了青海农业的发展，形成大畜牧、小农业的经济格局，有些手工业技术也随之传入。公元前121年，汉代霍去病进军湟水沿岸，在西宁市以西置临羌县。西汉时设护羌校尉。公元4年，设西海郡。397～414年，鲜卑族在青海省东部建立南凉国，隋设西海、河源二郡，吐蕃与中原地区的频繁交往则始于唐代。公元630年，松赞干布平定内争，统一了青藏高原众多分散的部落，以逻些（今拉萨）为中心建立了新兴的奴隶制地方政权——吐蕃王朝。通过与唐和亲，汉藏两族在政治、经济、文化等方面建立了密切联系，其中尤以唐贞观十五年（公元641年）文成公主进藏与松赞干布成亲为汉藏友好交往的标志。公元783年，藏王赤饶巴巾与唐穆宗订立友好同盟，现立于拉萨大昭寺门前的“唐碑”则是两族友好的标志。元代东北部为贵德州，属甘肃行中书省，其余属吐蕃、朵甘思等处宣抚使司。明属西蕃地。清时东北部设西宁府，北属青海蒙古额鲁特部，南为玉树等土司属地。1929年设青海省，以其境内有青海湖而得名。

2. 古老的文化，神秘的宗教

藏族有悠久灿烂的文化和独具特色的宗教体系。青藏高原地区原土著居民信仰藏传佛教和苯教。公元7世纪，佛教传入西藏地区，且很快与当地原始宗教——苯教相融合，形成独具地方特色的藏传佛教体系，且陆续形成各种不同教派。其中，格鲁（黄教）、萨迦（花教）、宁玛（红教）、噶举（白教）四大教派有较大影响力并流传至今，而黄教影响最大，自15世纪以来一直居于统治地位。有学者认为，藏传佛教是藏民族文化的核心部分，它规定藏民族文化的性质与形式，决定其品格与价值。佛教和苯教对藏族的政治、经济、文化教育、对外交往、文学艺术、伦理道德、社会心理、思维方式、价值观念等方面均具有深刻而持久的影响。藏族有自己的语言和文字，7世纪初就有藏文文献传世。藏文大藏经纂成于元代，即闻名于世的“甘珠尔”（佛语部）、“丹珠尔”（论部）两大佛学丛书。此外还有哲学、韵律、文字、医药、历算寓言等著述，民间史诗《格萨尔王传》为世界最长的史诗，艺术地再现了古代社会的真实画面。

藏族医药、历算自成一格。藏医讲究望、闻、问、切，兼有针砭、按摩及外科手术。藏药博采动、植、矿物，讲求炮制技术，尤其在畜牧兽医方面有独到之处。

3. 原生态的民俗风情

青海地区以藏族为主体，此外还有汉、回、土、蒙古、撒拉等民族。各民族在长期的生产、生活过程中形成独具地方与民族特色的风俗习惯。由于高原环境相对闭塞，使这些民俗风情保持着相对的完整性和原始性。藏族无论男女老幼，均能歌善舞，歌曲旋律抑扬顿挫，伴奏乐曲宛转悠扬，舞步刚劲豪放。常有俗语形容藏族人是“会说话就会唱歌，会走路就会跳舞”。

藏族服饰是青海高原一道绵延流长的亮丽文化景观，而蕴涵其间的工艺技术、生活情趣、审美观念、道德伦理、宗教信仰都可成为研究藏文化的活化石。

饮食方面，独特的地理位置和气候特点决定了青海地区独特的膳食习惯。牧民以糌粑、牛肉、羊肉为主食，僧尼可食肉，喜饮酥油茶，还有酸奶、青稞酒、血肠、风干牛肉等传统特色美食。

藏族是个多节日的民族，按藏历计算，几乎月月有节日，如藏历新年、雪顿节、沐浴节、望果节、燃灯节、佛诞节等，草原上还有一年一度盛大的赛马会。

藏族的葬俗除最为普遍的天葬外，还有塔葬、火葬、水葬、土葬等多种类型。

三、青海旅游资源特征

根据国家旅游局资源开发司和中国科学院地理所合作制定的《中国旅游资源普查规范》（1997 年修订），以青海省现有各类旅游资源与其对照分析来看，青海实地调查的 408 个有代表性的旅游资源单体，涵盖全部 3 大景系，分属 10 种景类、75 个景型。其中，自然旅游资源单体 143 个，占 35.1%；人文旅游资源 233 个，约占 57.1%；服务资源 32 个，占 7.8%；景域共有 84 个，约占 20.6%；景段共有 184 个，约占 45.2%；景元 140 个，占 34.2%。

从现有的旅游资源种类数量上看，则是以地文景观类、水域风光类和生物景观类为多，而休闲求知健身类、古迹与建筑类及购物类则数量较少。呈现出该区域旅游资源以自然旅游资源为主的整体旅游资源特征。

1. 旅游资源的垄断性和丰富性

青海省旅游资源种类齐全、丰富多样，几乎拥有国家标准《旅游资源分类、调查与评价》（GB/T 18972—2003）155 种基本类型的全部，从高山峡谷、高原盆地至江河湖泊，从高山草原、高寒荒漠至温带荒漠，从山地森林至高山灌丛草甸、高山草甸、高山草原、高寒荒漠至冰川雪峰的各种自然带景观；从资源数量上看，地文景观、水域风光和生物景观类最多，其中，地质旅游资源数量居全国首位；从资源品质上看，青海拥有独特的宗教文化、历史文化、民族风情等优势人文旅游资源。

同时，青藏高原作为世界地势最高地区，其高海拔，致使许多旅游资源成为世界上同类旅游资源之最，例如世界最大的内陆咸水湖——青海湖；青海拥有世界第三大峡谷——黑河大峡谷。这些资源大多具有奇特、绝色、罕见的特点，在很大程度上具有不可替代性，是登山探险、地学研究、生态考察等旅游活动的最佳目的地。众多的“世界之最”，使青海成为世界顶级旅游资源地之一。

青海拥有许多旅游资源“中国之最”乃至“世界之最”，三江源、青海湖、鸟岛、昆仑山、塔尔寺、原子城、可可西里、隆宝滩、柳湾古墓群、结古新寨嘛呢石城、万丈盐桥等均是垄断性旅游资源。

2. 旅游资源的多样性

在青海这块神秘的土地上，既有大湖泊、大山脉、大草原、大雪山、大峡谷、大盐湖、大动物乐园等自然景观；还汇集了藏传佛教、伊斯兰教和道教的古老宗教文化，有柳湾古墓群、热水土藩古墓群、诺木洪文化遗址以及唐藩古道、丝绸南路等丰富的文物古迹；有大型水利工程——龙羊峡、李家峡，我国第一个核武器研制基地——“原子城”，盐湖万丈盐桥等现代化人文景观；也有青海“花儿会”、玉树歌舞、赛马节、那达慕大会等多姿多彩的民俗风情和多民族节庆活动；还有阳光明媚、干爽宜人、适宜盛夏避暑的高原气候。

3. 旅游资源的代表性

青海拥有高品位的生态旅游资源，生态旅游项目是青海旅游业发展的优势项目。青海湖、鸟岛作为国家风景名胜区和自然保护区，是我国最佳的观鸟基地；作为我国母亲河黄河、长江以及澜沧江的发源地的青海又被称为“三江源”。随着生态环境保护意识日益深入人心，越来越多的人开始关心三江源的生态问题。因此，三江源国家级自然保护区必将成为生态旅游的绝佳之处，位于青藏高原昆仑山脉与唐古拉山脉之间的可可西里则是闻名遐迩的无人区，生活在这块土地上的藏羚羊、野牦牛等珍稀野生动物吸引了不少国内外专家、学者来此探险、考察，昆仑山、祁连山等地也都繁育、栖息着大量的野生动物，是进行生态旅游的绝佳场所。

4. 旅游资源的宗教性与地域性

青海是古代中原通往西域、吐蕃的要道，因此其文化受到中原文化、印度文化以及阿拉伯文化的影响，加之青海民族众多，宗教的文化底蕴也非常浓厚。青海是一个多宗教的省份，藏传佛教、伊斯兰教、汉传佛教、道教、基督教、天主教都可以在青海找到自己的影子，青海同时也是一个多民族、多元文化、多宗教的融合之地，这是青海区别于其他省区的一个显著特点。

由于青藏高原特殊的地理环境的作用，严酷的自然环境对人类特别是生产力十分低下的古代人类生存产生了极大威胁，人们又无法摆脱自然的束缚，于是就在虚幻的神灵世界寻求精神寄托。这种强烈的宗教色彩是在地理环境与人文环境双重作用下，各族人民在适应自然与改造自然的过程中逐步形成的，也只有在青海高原这一特殊区域才会有如此特色的文化景观和旅游资源。

藏传佛教和苯教对藏族的政治、经济、文化教育、对外交往、文学艺术、伦理道德、社会心理等方面均具有深刻持久的影响，也规范着世居于此的人们的行为方式、性格气质、思维和价值观念，因此，许多旅游资源，特别是人文旅游资源不可避免地带有浓厚的宗教色彩。青海境内遍布数量众多、富丽堂皇的寺院，不论是从寺院内长明不灭的酥油灯、低沉的法号声，还是每天手拿转经筒、不停地念着经咒的转经者身上，均可领略到浓浓的宗教氛围。甚至自然的湖水、山峰也在藏族人民心中具有宗教色彩；每个村落周围最高的山峰被奉为神山，每年在此山峰举行插箭仪式，祭祀山神。神山附近的湖泊也被认为是“圣湖”，不得在湖中洗澡、游泳嬉水，更不能乱丢垃圾。藏传佛教这种深刻而广泛的影响，深深地影响了藏族、土族、蒙古族生产、生活的方方面面。

5. 文化与自然环境的原生态性与脆弱性

青海高原是我国一个相对独立的地理单元。由于高原四周高山林立，成为其与外界的天然屏障，加之封闭的、自给自足的农牧经济，减弱了其和外界的联系，因此，也就使青海的旅游资源较少受到外界工业文明的影响，保留了旅游资源原始的外形特征和内涵。但与此同时，青海高原大部分属于寒区，自然地理条件复杂，气候恶劣，动植物生长缓慢，属于生态状况极度脆弱区。青海又是许多名江大河的发源地，成为我国重要的“生态安全场”，加之经济落后，在文化影响中处于“劣势”地位，外来文化对其冲击力较大。因此，青海的旅游资源在保存自然与文化生态原始性的同时又具有脆弱性，一旦破坏，就难以恢复。在旅游开发和经济建设过程中，必须把资源保护和文化传承放在首位，才能实现旅游可持续发展。

6. 民俗风情旅游的独特性

青海是一个多民族聚居的省份，除汉族外，还有藏、回、土、撒拉、蒙古等少数民族，其中土族、撒拉族是青海所特有的少数民族。各民族在长期的生产、生活中形成了独特的风俗习惯和风土人情。青海“花儿”、玉树歌舞、土族“安昭舞”、那达慕、赛马会、藏戏等对广大游客有着强烈的吸引力。

工作任务完成

（1）认真学习完成本任务的必备知识，收集相关资料，以小组为单位归纳青海旅游资源的特征。

（2）小组成员进行讨论，将讨论结果在课堂上进行交流。

巩固和提高

（1）分析青海旅游资源特征形成的青海自然地理环境和青海人文环境特色。

（2）试述青海旅游资源的特征。

项目三 青海自然旅游资源认知

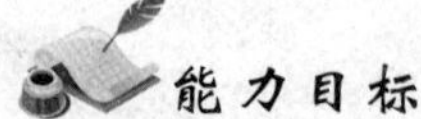

能力目标

(1)能描述青海自然旅游资源形成的地理环境;
(2)能准确判断青海自然旅游的主要类型;
(3)能分析青海主要自然旅游资源的成因;
(4)能对青海自然旅游资源进行调查和评价。

知识目标

(1)掌握青海各类自然旅游资源特征、成因;
(2)掌握青海各类自然旅游资源的典型代表和分布地区。

素质目标

(1)学习能力、资料的查阅能力;
(2)与人协作的能力、工作的责任心;
(3)分析和解决问题的能力。

任务一 青海自然旅游资源形成的地理环境

工作任务描述

在青海,不同的地域呈现出不同的自然旅游景观。请分析:影响青海自然旅游景观多样性的因素是什么?

任务分析

分析造成青海自然旅游景观多样性的原因,可以从观察青海的自然地理环境入手,分析青海各地的自然地理环境的差异,从而得出结论。利用下面提供的相关知识,完成此项任务。

完成任务必备知识

一、青海省的自然环境

地理环境是围绕人类的自然界现象的总体。地理环境由大气圈、水圈、岩石圈、生物圈等圈层构成,是地球表层各种自然要素、人文要素有机组合而成的复杂系统。旅游活动离不开旅游地理环境,是人类在一定地理环境中的特殊活动,受地理环境的制约并在一定程度上影响着地理环境。

自然地理环境是由岩石、地貌、土壤、气候、水文、生物等自然要素有机结合形成的自然综合体,具有复杂性、多样性、地带性的特点。没有任何两个地区的自然地理环境是完全相同的,不同地区的自然地理环境形成不同的旅游景观,许多自然旅游资源只能在特定的地理环境中形成,例如岩溶地貌、丹霞地貌、黄土地貌、冰川地貌等。

(一)青海自然环境概述

地处"世界屋脊"的青海,以其雄浑奇异的自然与人文景观而著称于世,富有与南国风光迥然不同的阳刚气势和恢宏壮美。青海是大江、大河的发源地,素有"中华水塔"之美誉,成为大湖泊、大草原、大雪山、大峡谷、大盐湖、大型天然动物乐园的荟萃佳丽之境。夏季,青海气候凉爽宜人,实为全球变暖形势下盛夏避暑和旅游理想之地。旖旎多姿的青海湖是国家风景名胜区,也是我国最大的内陆咸水湖,面积约 4500km^2。闻名遐迩的青海湖鸟岛是鸟的世界,其面积约 1km^2,每年 4 ~ 6 月约有 10 万多只斑头雁、棕头鸥、鸬鹚、海鸥等 20 余种候鸟在这里繁衍生息,十分壮观。青海湖鸟岛居全国八大鸟类保护区之首,堪称自然界一大奇观。湖中的鸟岛、海心山、海西山、三块石和沙岛可乘游船游览观赏。隆宝滩自然保护区是世界黑颈鹤繁育的地方。可可西里是高原野生动物的王国。

(二)青海高原隆起的原因

青海省地处青藏高原东北部,青藏高原素有"世界屋脊"之称。青藏高原是世界上最高的高原,也是世界上最年轻的高原。根据板块构造学说,青藏高原之所以成为世界上最年轻的高原,因为它的形成与地球上最近一次大规模的强烈地壳变化——喜马拉雅运动密切相关。喜马拉雅运动与印度板块和亚欧板块之间大规模地相向运动有关,它导致了青藏高原的强烈隆起。强烈隆起的时代开始于晚第三纪的上新世末,一直延续至今。上新世时青藏地区海拔仅 1000m,自上新世末距今 300 万 ~400 万年开始进入了整体性的大幅度隆起而形成的。印度板块地壳俯冲插入亚洲大陆之下,随着大陆下插,地壳的熔融,硅铝质从熔岩中分异上浮,促使地壳缩短、上层的硅铝大大加厚,导致了青藏高原整体上升。两大板块碰撞时,使大洋地壳地挤压,形成了沿雅鲁藏布江谷地出露的蛇纹岩、超基性岩和混杂岩带。印度板块向北俯冲,受到亚欧板块的阻力,并使亚洲大陆相应地向南仰冲,形成一条构造复杂、褶曲错断重叠和向南倒转的褶皱,在地貌上呈现为一条构造复杂的山带,不仅断层异常发育,地热显示也很明显。印度板块仍继续北移,使喜马拉雅山和青藏高原仍在不断上升。青藏高原的强烈隆起,是地球史上的一个重大事件,不仅削弱和破坏了低层行星风带,极大地加强了东亚季风环流的发展,使我国自然环境结构发生巨大变化,而且高原本身也逐渐形成了独特的高原气候和高原寒漠景观。见图 3-1-1。

二、青海省的地貌特征

1. 地貌基本格局呈北西西—南东东走向

受地质构造运动控制,青海省地貌基本格局呈北西西—南东东走向,地貌单元基本上沿纬线方向呈带状分布,自北向南依次为祁连山—阿尔金山、柴达木盆地—共和盆地—河湟谷地及黄南低地、东昆仑山脉、青南高原、唐古拉山脉。

总的表现为北部山地,中部盆地、谷地和低地,南部高原。高大山脉、山间盆地、高原相间排列，呈现马鞍形地貌格局。这些近乎东西走向的高大山脉，往往成为重要的自然地理分界线和行政区划的界山。

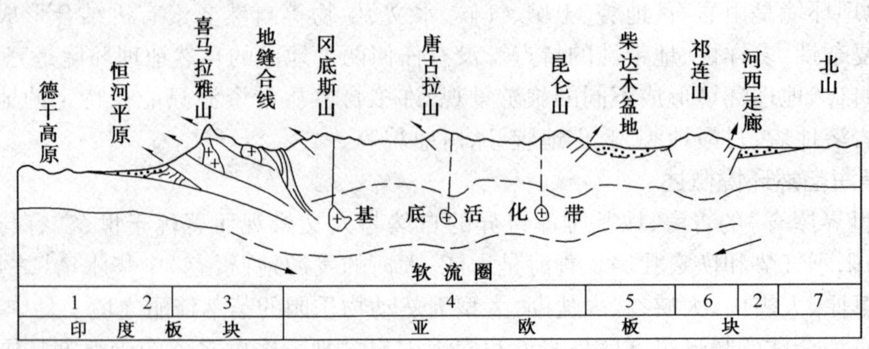

图 3-1-1 青藏高原隆起的理想模式（据李吉均，1983）

2. 地势高耸且高度悬殊，并自西向东逐渐倾斜

青海省平均海拔 3500m 以上，青南高原超过 4200m，高原西部 4700m 以上，布喀达坂峰 6860m，是青海省的最高点。省东部海拔大都在 3000m 以下，最低点位于湟水在民和下川口村出省处，海拔 1650m，全省地势自西向东倾斜，高差达 5200 多米。

西高东低，且地势高度悬殊，使得青海省内大河自西向东流；由于地势强烈下降、水量充沛，蕴藏着丰富的水力资源，因此青海省成为我国水力资源丰富的省份之一。这种地势有利于东南暖湿气流和西南暖湿气流伸入东部地区，形成一定的降水量，利于农牧业发展。

3. 地貌类型复杂多样

青海省地域辽阔，复杂的内外营力，造就了多样的地貌类型。基本的地貌类型有山脉、高原、盆地、丘陵等；还有特殊的地貌类型，如岩溶地貌、风成地貌、冰川地貌、冻土地貌、黄土地貌、丹霞地貌等。

4. 青海的地形

青海省地形存在着明显的地区差异，大体呈现出西北阿尔金山一条线，东北祁连山岭谷一大片，东南河湟谷地连成串，西部内陆高原盆地显，南部辽阔大高原无边际的分布格局。具体可将全省划分为三大地形区，即东部及北部平行岭谷区、西部柴达木盆地区、南部青南高原区。

（1）东部和北部平行岭谷区

本区地形的总特征是山岭和盆地、谷地相间平行排列，区内包括西北部的阿尔金山区、东北部的祁连山区和东南部的河湟谷地区。

①西北部阿尔金山区。阿尔金山是柴达木盆地与塔里木盆地的分界山。东端在当金山口附近与祁连山相连，西端在东经 87°附近与昆仑山的北支祁曼塔格山相并列，直至东经 86°附近。阿尔金山全长约 500km，在青海省境内约有 370km，山体西宽（50km）东窄（18 ~ 20km），走向为东东北—西西南。阿尔金山平均海拔 4000m，主峰阿尔金山海拔 5798m。因气候干燥，剥蚀作用强烈，岩石裸露，山坡多为岩屑坡，山麓地带分布着戈壁和沙漠。

②东北部祁连山区。“祁连”是蒙古语“天”的意思，形容山势挺拔、高耸云天。祁连山区西起阿尔金山的当金山口，东至甘肃的乌鞘岭，全长 1000km，在青海省境内约 800km。北靠河西走廊，南临柴达木盆地，南北宽 200 ~ 300km，山峰海拔多在 4000m 以上，最高峰为疏勒南山

的主峰——岗则吾结(团结峰),海拔5827m。

祁连山区西北部为高山区,岭谷排列呈七山夹六谷之势。海拔5000m以上的山峰终年积雪,有现代冰川发育。入夏山麓河谷地带油菜花儿黄,远眺山顶白雪皑皑,形成了一幅引人入胜的景色。祁连山区东南部属中低山区,岭谷相间分布特征明显。山谷间河流奔腾,湖泊镶嵌,山坡有着翠绿的草原、茂密的森林。山区蕴藏着丰富的铜、铅、锌、石棉和煤等矿产资源,有"万宝山"的美誉。

③东南部河湟谷地区。大通山—达坂山以南的广大地区,是湟水与黄河谷地范围,称为河湟谷地。该区海拔2500m左右,是青海省地势最低的地区。这里堆积了较厚的黄土,在流水的作用下,坚硬的变质岩区形成了许多峡谷和山岭。自北向南有大通丘陵盆地、哈拉古山地、湟水谷地、拉脊山、黄河谷地,呈三谷隔两山之状。

(2)西部柴达木盆地区

"柴达木"蒙语为盐泽之意,是我国海拔最高的内陆大盆地,是青藏高原上凹陷形成的构造盆地。盆地四周被阿尔金山、祁连山、昆仑山环抱,西北部宽阔,东部狭窄,似一个不等边三角形,面积近25万km^2,盆地海拔2600~3000m,最低处海拔2600m,是我国第三大内陆盆地。盆地呈现典型的环状地貌特征:从盆地边缘到中心依次为高山、风蚀丘陵、戈壁、山麓冲积—洪积平原、沙漠和湖泊。盆地沙漠面积大,主要分布在盆地南部和西部、流动沙丘较为常见。盆地有大小河流70余条,都呈向心状水系,属内流河。大小湖泊有90余个,大多为盐湖和咸水湖,我国最大的盐湖——察尔汗盐湖,即位于盆地中部。冲积—洪积平原面积辽阔,沿山麓向盆地中心倾斜,东西呈长条状,盆地北面剥蚀山脉与祁连山平行排列,如赛什腾山、柴达木山、锡铁山等。山间夹有许多小盆地,如大柴旦、德令哈、乌兰、都兰、泽令沟—野马滩等,是柴达木地区主要的农牧业基地。

柴达木盆地基本轮廓形成于中生代。新生代以来,受喜马拉雅运动的影响,盆地西部上升,地面以剥蚀为主;东部沉降,堆积了很厚的第四纪沉积物,使盆地地势呈现西北高、东南低的形势。盆地内部多咸水湖和盐泽,并有大面积沙丘分布。盆地自然资源丰富,是青藏高原上的"聚宝盆"。过去是"南昆仑、北祁连,山下瀚海八百里,八百里瀚海无人烟",如今随着工矿业的发展,人口的增长,新城镇的兴建,柴达木盆地的经济正在迅速发展。

柴达木盆地是我国最大的风蚀地貌发育区,西起旧芒崖,东至南八仙一带近300km^2范围内,风蚀区面积之广和残丘类型之多,足令国内其他风蚀区相形见绌。

(3)南部青南高原区

本区在地形上的一个重要特点是高原上的山脉绝对高度大,相对高度并不大。高原边缘部分,有高山环绕,地势陡峻,高原整体抬升与周围地貌单元以断层相接,切割程度大,高度悬殊。而高原面顶部却是起伏较和缓的波状高原,其上外力作用微弱,土壤、风化壳很薄,植物种属较少,动物贫乏。许多大高山成为大河巨川的分水岭,高山上丰富的冰雪融水为河流提供水源,使本区成为许多大河的发源地。

青海省南部广大地区,是青藏高原的主体部分之一,习惯上称作青南高原,它的面积约占全省总面积的一半。

青南高原上大小山脉很多,东西横亘着昆仑山及其支脉、唐古拉山等几组大山脉,气势磅礴但高差不大,它们构成了青南高原的骨架。高原海拔平均在4000m以上,许多奇岭险峰海拔在6000m以上,河谷海拔也在3200~4000m。高原地势由西北向东南倾斜,"是山不全山,是原不全原"是对青南高原地表形态的真实写照。

青藏高原是我国许多大江大河的发源地,浩浩荡荡东流的长江、黄河以及奔腾咆哮南下的澜沧江,都发源于这里,高原像一座巨型水塔,沐浴着中华大地,因而有“江河之源”之称。

三、青海高原的高原大陆性季风气候

(一)青海的三张脸

就自然区域而言,青海区别于我国其他省份的独特之处在于:青海处于我国三大自然区域的交汇地带,是我国三大自然区的缩影。东部河湟谷地受夏季风的影响明显,其自然景观与我国东部季风区有较大的相似性。这里地势较低,平均海拔在1800~2800m,加之气候适宜,自古以来就是青海人口、经济、文化的重心地带;也由于其特殊的区域环境,这里的每一寸土地都承载了青海民族历史变迁的渊源。西部柴达木盆地气候干旱,自然地理环境同新疆、甘肃西部、内蒙古西部地区有着极大的相似性,盆地周边雪山孕育了大小不等的绿洲;沙漠、戈壁、雅丹、红柳、胡杨、骆驼、油田等构成了一幅幅壮美的内陆干旱区域景观。位于青海南部的青南高原才名副其实地属于青藏高原,这里有“万山之宗,万水之源”的美称,高大的唐古拉山系、昆仑山系将这里组合成为高亢、辽阔、大美、稀有的“地球第三极”的壮美景观。

(二)青海高原大陆性季风气候的成因

作为青藏高原主要组成部分的青海高原使大气环流受到破坏,无论等压线、等温线,还是等湿度线,都是以高原主体为中心,呈近似闭合的分布,形成与高原以外其他地区截然不同的气候单元。青藏高原面在冬季为冷源,形成冷高压;在夏季为热源,形成热低压。在青海高原的近地层,冬季存在一个季风性冷高压,夏季存在一个季风性热低压,其盛行风场具有明显的季风性质。这种流场的分布形势表明:青海高原的存在,形成了有别于东亚季风和南亚季风的高原季风;高原地势的影响超过了纬度的影响,使高原成为独立的气候单元,有其独有的特征。由于高原地势高峻,温度低,人们还把青海高原特别是青南高原与南北极相比,称其为地球的第三极。青海高原地域辽阔,气候区域差异明显。

(三)青海高原大陆性季风气候的特点

1. 太阳辐射强、光照充足

年日照时数在2500h以上,是我国日照时数多、总辐射量大的省份。

2. 平均气温低

境内年平均气温在-5.7~-8.5℃,全省各地最热月份平均气温在5.3~20℃;最冷月份平均气温在-17~-5℃。

3. 降水量少,地域差异大

境内绝大部分地区年降水量在400mm以下。青海省深居内陆,远离海洋,又受地形影响,大部分地区属非季风区,降水量较同纬度的东部地区稀少,年降水量在50~450mm,其中冷湖镇仅为15mm。全省降水量最多的是久治县,多年平均降水量为774mm,1981年曾达到1030.8mm。年降水量集中于5~9月,从东南向西北递减,且降水多夜雨。夏季多雷暴和冰雹。地势起伏大、降水较多的祁连山东段和玉树州南部,雷暴和冰雹日数最多,分别达到60d和80d(囊谦)、15d和25d(清水河地方)以上。全省每年有几万公顷的农田受冰雹灾害减产或绝收。冬季青南地区常发生雪灾。

4. 雨热同期

青海属季风气候区,大部分地区 5 月中旬以后进入雨季,至 9 月中旬前后雨季结束,这期间正是月平均气温≥5℃的持续时期。

5. 气象灾害多,危害较大

主要气象灾害有干旱、冰雹、霜冻、雪灾和大风。

6. 冬寒夏凉,春秋相连

全省年平均气温在 -4 ~8℃,比同纬度的黄土高原和华北平原低 8 ~12℃,1 月份平均气温为 -8 ~ -18℃,与同纬度东部平原相比,冬季仍比较寒冷(华北平原 1 月平均气温高于 -8℃),而且持续时间长,青海省日平均气温≤0℃的日数在海拔 2000 ~4000m 的地区为 4 ~6 个月,4000m 以上的地区则要超过 6 个月。7 月平均气温为 6 ~20℃,显得比较温凉,是个良好的避暑胜地。

7. 日温差大而年温差小

青海省地面植被稀少,岩石裸露,增温散热都快,因此青海省成为全国日气温变化最大的地区之一。全年气温日较差为 12 ~16℃,比东部沿海平原地区高出一倍以上。年气温日较差 1 月为 14 ~22℃,7 月为 10 ~16℃,冬季大于夏季。最大日较差可达 25 ~34℃,海晏县三角城在 1955 年 3 月 16 日这一天,气温日较差竟达 36.6℃,实为罕见。青海省不少地方一日之内要经历"早春、午夏、晚秋、夜冬"四个季节。

青海省气温的年较差为 20 ~30℃,大致与长江中下游和淮河流域相近,比同纬度的平原地区低 4 ~6℃,其原因是夏季地面温度低,冬季又较少受冬季寒潮的侵袭。

(四)影响青海省气候的主要因素

影响青海省气候的主要因素有太阳辐射、地理位置和地形。

1. 太阳辐射

太阳辐射是造成气候差异最基本的因素。

青海省虽地处中纬度,但地势高,空气稀薄,干燥少云,太阳辐射被大气层反射和吸收的较少,因此日射强烈,阳光灿烂,日照充足。

青海各地年太阳总辐射在 5472.40 ~7581.29MJ/m^2,平均为 6771.95MJ/m^2,比同纬度的东部季风区高出 1/3 左右,仅低于西藏自治区,居全国第二位。全年日照时数长决定了太阳总辐射量高。平均每天日照时数为 6 ~10h,夏季长于冬季,西北多于东南。冷湖镇全年日照时数 3553.9h,比有名的"日光城"拉萨还要高,居全国各城镇之首。

2. 地理位置

青海省全境位于中纬度,如不考虑其他因素的影响,应属于温带气候,因此太阳辐射量较高,在地势相对低洼的地方,热量条件较好。但由于深居内陆,受海洋影响微弱,降水少,晴日多,蒸发强,大气中水分稀少,决定了其气候具有干旱的特性。降水的水汽主要来自印度洋,其次是太平洋,因而出现降水东南多、西北少的特点。

3. 地势高耸

青藏高原被称为地球的"第三极",青海省大部分地区海拔在 4000m 左右,高耸的地势极大地改变了受地理位置所制约的气候特性,在温带干旱气候的背景上,又重重地抹上了一层鲜明的高原气候色彩。例如全省年平均气温比黄土高原和华北平原低 8 ~12℃,同内蒙古及东北三省差不多,气温在水平分布上向北推移了 10 个纬度,这正是高原地势影响的结果。

从青海省气温分布图上，可以清楚看出气温随高度递减的趋势，无论 1 月还是 7 月，青海省最低气温均出现在青南高原和祁连山区等地势较高的地区，最高气温则出现在地势较低的柴达木盆地和河湟谷地。等温线总体呈封闭环状结构，大致与等高线相一致。气温的垂直变化明显。

青海省幅员辽阔，境内地形复杂多样，地势高低悬殊，因此形成了“八方各异气，千里殊风雨”的地方气候和小气候。气温的垂直变化十分明显，它对人们日常生产生活有着深刻的影响。每当百花吐艳、风和日丽的春夏季节，人们踏青郊游观赏高原风光，觅寻胜地美景时，放眼远望：低处炊烟缕缕，麦苗儿青菜花儿黄，山坡芳草如茵，牛奔羊咩；山顶却是白雪皑皑，冰峰峻峭。这种郊游常使人心旷神怡，流连忘返。在辽阔的牧区，则形成了“马放滩，羊放湾，牦牛上高山”的适应当地气候的放牧习惯。

四、矿产资源

青海省矿产资源丰富，截至 2009 年，全省累计发现各类矿产资源 127 种，探明储量的有 107 种。在全国的总储量中，有 54 种的储量居前十位，11 种居首位。已经国家审定上储量表的矿产有 70 余种，保有储量的潜在价值达 173319 亿元。

盐湖资源被誉为聚宝盆的柴达木盆地，共有 33 个盐湖，经济价值最大的是全国独一无二的锂矿区——东台吉乃尔湖和全国最大的钾镁盐矿区——察尔汗盐湖。已初步探明氯化钠储量 3263 亿 t，氯化钾 4.4 亿 t，镁盐 48.2 亿 t，氯化锂 1392 亿 t，锶矿 1592 万 t，芒硝 68.6 亿 t，上述储量均居全国第一位。其中，镁、钾、锂盐储量均占全国已探明储量的 90% 以上。而且，盐湖资源品位高，类型全，分布集中，组合好，开采条件优越。

目前共发现 17 个油田、6 个气田。石油资源达 12 亿 t，已探明 1.88 亿 t；天然气资源 5000 亿 m^3，已探明 663.29 亿 m^3。金属和黄金资源矿种多，品位高，产地遍布全省各地。有色金属矿产有：铜（储量 180 万 t）、铅（110 万 t）、锌（153 万 t）、镍、钴、锡、钼、锑、汞等。黑色金属矿产有：铁、锰、铬、钛、钒等。另有贵重金属矿产金、银、铂；稀有稀土金属和稀散元素矿产锗、镓、铟、镉、锶、铍等，保有储量占全国的 63%。

共发现非金属矿产资源 36 种，有 5 种位列全国第一。主要有石棉、石墨、石膏、溶剂石英石、石灰岩、白云岩、耐火石英岩、硅石、耐火黏土等。开发利用前景十分广阔。

五、河流

青海河流湖泊众多，占全国湖泊总面积的 15.8%。

青海省外流区与内流区大致以祖尔肯乌拉山、可可西里山、布尔汗布达山、布青山、鄂拉山、日月山、大通山为界，西北部为内流区，东南部为外流区。全省流域面积在 500km^2 以上的河流有 271 条，干支流总长度 27690km。青海省河流年径流总量 631.4 亿 m^3，占我国年径流总量的 2.34%。

1. 高原河流特征

外流区面积较小，但径流丰富。外流区面积约 35 万 km^2，占全省总面积的 48.2%，年径流总量 509.9 亿 m^3，占全省年径流总量的 80.8%，是内流区年径流总量的 4 倍。

水系分布受地形影响显著。外流河干支流的流向不仅与山脉走向一致，而且与地势的倾斜方向一致，多从西北流向东南，水系多成树枝状或羽毛状。内流河受盆地地形影响，以局部湖泊低洼地为中心，构成向心辐射状水系。

河流的补给形式多样。青海省河流的补给有雨水、地下水和高山冰雪融水等。外流河的补给以雨水为主,冰雪融水为辅;内流河多数是冰雪融水和地下水的综合补给,少数为雨水补给。

外流河水能资源丰富,含沙量由源头向下逐渐增大,内流河径流量虽少,但意义十分重大。外流河流经我国地势的第一级和第二级阶梯的分界区,落差大,水能资源丰富,源头多草原、草甸、湖泊、沼泽,地势起伏相对较小,河流含沙量较小。河流向下,地势相对高差越大,水流侵蚀能力加强,加之流经区域植被稀少,河流含沙量逐渐增加,唐乃亥至循化这一区间,是全省地表侵蚀最严重的地区。内流河径流量虽少,但它们为"聚宝盆"——柴达木盆地的工农业生产和人们的生活提供了必需条件。青海湖水系对于保持青海湖的生态具有重要作用。

2. 外流水系

外流水系由黄河水系、长江水系和澜沧江水系组成。

(1)黄河水系。黄河是我国的第二条长河,是青海省最长的河流,发源于巴颜喀拉山北麓各姿各雅山。正源卡日曲与约古宗列曲汇合称为玛曲,玛曲东流入扎陵湖和鄂陵湖,之后顺山脉地势向东南流去,在青海省及毗邻的川、甘两省,形成一个著名的"S"形河曲,为"黄河九曲第一曲"。黄河从青海省民和县官亭镇附近出境,在青海省境内的主要支流是湟水。黄河在青海省干流长约1693km,年径流总量171.6亿m^3,流域面积约12.1万km^2。

湟水是黄河上游一条重要的支流,它发源于海晏县的包忽图山,流经海晏、湟源、湟中、西宁、平安、互助、乐都、民和等县市,在甘肃省河口镇的达川汇入黄河。干流长374km,流域面积16100km^2,年径流总量约26.1亿m^3。湟水虽小,但落差大,水流湍急,所经地区是全省人口稠密、工农业发达的地区,意义十分重大。近些年来,随着工农业生产的发展,湟水已不能满足需求,加之河流的污染,供需矛盾日益严峻,因此青海省引大(大通河)济湟(湟水)工程迫在眉睫。

大通河是湟水最大的支流,它发源于祁连山支脉木里山,流经门源、甘肃连城等地,在民和县享堂汇入湟水。全长500km,流域面积12936km^2,年径流总量23.1亿m^3。落差大,水流湍急,水能资源丰富。

(2)长江水系。长江是世界第三长河,我国的第一大河,长江在青海省干流总长1206km,流域面积14.2万km^2,年径流总量129.6亿m^3。长江发源于唐古拉山峰各拉丹冬(海拔6621m)西南侧的姜根迪如冰川,源头地区由沱沱河、朵尔曲、布曲、当曲和楚玛尔河汇合而成,沱沱河为长江的正源,以下称为通天河。通天河向东南流至玉树县巴塘河附近的直门达,此以下称金沙江,继续向东南流,入川藏境界。

(3)澜沧江水系。澜沧江是一条国际河流,在青海省内称扎曲,发源于唐古拉山北侧加里荀孔桑公玛峰(海拔5500m)东南坡,向南流经西藏、云南等省区,流出国境则称为湄公河。

3. 内流水系

内流水系由柴达木水系、青海湖水系、茶卡、沙珠玉水系、哈拉湖水系、祁连山水系和可可西里水系组成。

柴达木水系位于青海省西北部,该水系由格尔木河、柴达木河、香日德河、巴音河等40余条河流组成。

格尔木河发源于昆仑山支脉阿克坦齐钦山(海拔5500m),它由奈曲郭勒河、修沟郭勒河汇合而成,向北流经柴达木盆地南部的绿洲、沙漠和盐滩,最后注入达布逊湖,全长270km左右。格尔木河对格尔木市的工农业生产和城市生活用水,以及盆地绿洲农业用水都有重要意义。

青海湖水系位于青海省东北部,该水系由布哈河、倒淌河、黑马河等 19 条河流组成。

布哈河发源于祁连山支脉果林那穆吉木全山,上游阳康曲,天峻县阳康以下称为布哈河,全长约 300km。布哈河是注入青海湖最大的河流,它对于保持青海湖的水位,提供湟鱼产卵场所意义重大。

茶卡、沙珠玉水系在青海湖水系以南,青海南山是两水系的分水岭。该水系由 19 条河流组成。

哈拉湖水系以哈拉湖为中心,由 16 条河流组成。

祁连山水系位于祁连山地,由黑河、疏勒河、党河等 16 条河流的上源组成。各河均流入甘肃省河西走廊。

可可西里水系位于青海省西南部地高天寒的可可西里山,由为数众多而各自独立的河湖(河流有 50 条)水系组成。

六、冰川

青海省是我国冰川分布的主要省区之一。全省冰川面积约 5225.38km^2,占全国冰川面积的 9.2%,冰川总储水量 3705.92 亿 m^3,占全国的 12.5%。

青海省的冰川属于大陆冰川,具有降水少、气温低、雪线高、消融弱的特点。青海省冰川主要分布在祁连山、昆仑山、唐古拉山等高山的上部。冰川是青海省巨大的天然"固体水库"。长江、黄河就发源于青海省冰川融水地区,冰川融水为绿洲农业、工业和城市用水提供了水源。

青海省冰川的分布如下:

(1)祁连山冰川。共有冰川 3306 条,面积 2062.7km^2,冰川主要集中在冷龙岭、走廊南山、疏勒南山、大雪山和土耳根大坂山。

(2)昆仑山冰川。西端公格尔山和慕士塔格山,有冰川 30 多条,面积 596.4km^2。和田以南玉龙喀什河上游,仅甜水海到克里雅山口一段,冰川面积超过 3000km^2,是我国几个大冰川之一。

(3)唐古拉山冰川。主峰各拉丹冬峰附近有冰川 40 余条,面积 600 多平方千米,长江源头的姜根迪如冰川长 12.5km,是唐古拉山最大的冰川。

七、湖泊

青海省是多湖泊的省份之一,共有湖泊 439 个,面积 13385.7km^2,为全省总面积的 1.85%,占全国湖泊总面积的 15.8%;仅次于西藏自治区,居全国第二位。高原湖泊千姿百态,各具特色,归纳起来具有湖泊多为构造湖;湖面海拔高、水温低;湖水清澈,湖面洁净;湖水的化学性质各异;水量蒸发多,汇入少;营养贫乏,生物种类少,产量低等重要特征。

内流区湖泊面积大,外流区湖泊面积小。内流区共有湖泊 212 个,面积 10908.7km^2;外流区有湖泊 227 个,面积 2463km^2。

按矿化度将青海省湖泊分为淡水湖、咸水湖和盐湖三类。淡水湖泊数量多,面积小,而咸水湖和盐湖数量较少,但面积大。全省共有淡水湖 286 个,面积 3454.9km^2,有咸水湖和盐湖 153 个,面积 9930.8km^2。

1. 淡水湖。

青海省的淡水湖主要分布在青南高原的外流区及柴达木盆地东北部。有扎陵湖、鄂陵湖、可鲁克湖等 286 个湖泊。扎陵湖和鄂陵湖是青海省也是黄河上游地区面积最大的两个淡水湖,鄂陵湖居东,扎陵湖居西,相距约 30km,大小相差不多,犹如镶嵌在黄河上游银链上的两颗明珠。两湖湖面海拔4000m以上。湖中鱼类单纯,鄂陵湖中有一面积1~2km²的鸟岛,每年有20多种候鸟来此繁衍生息。

2. 咸水湖。

青海省的咸水湖主要分布在可可西里山地区、柴达木盆地和青海湖盆地,有青海湖、可可西里湖等。

青海湖呈椭圆形,东西稍长,周长逾360km,面积4583km²,湖面海拔3195m,平均水深18m,最大水深33m,湖水总量742亿m³,矿化度15.5g/L,是我国最大的内陆咸水湖。湖中生物种类单纯,生产裸鲤(俗称湟鱼),湟鱼味美肉香,鲜嫩可口,享誉省内外。湖中有驰名中外的鸟岛,以及海西山、海心山、沙岛、弧插山(三块石)五个岛屿。近年来由于气候干燥,蒸发强烈,径流减少,导致水位下降,湖面缩小,原来的鸟岛已变成半岛。每年春夏季节有11种10万余只候鸟到鸟岛生育繁衍。鸟岛是我国八个鸟类保护区之一。

3. 盐湖

青海省的盐湖主要分布在柴达木盆地。著名的盐湖有察尔汗盐湖、茶卡盐湖、柯柯盐湖等。盆地盐湖面积占全国盐湖面积的近90%。

工作任务完成

(1)认真学习完成本任务的必备知识,尤其是青海高原的隆起原因、青海地貌特征、青海的地形以及青海气候的主要特征的相关内容。

(2)收集相关资料,以小组为单位描述青海地貌特征、青海的地形以及青海气候的主要特征。

巩固和提高

(1)分析青海自然旅游资源形成的地理背景。

(2)试述青海高原的隆起原因、青海地貌特征、青海的地形、青海气候的主要特征。

任务二　青海自然旅游资源的主要类型及判断

工作任务描述

青海是一个让驴友小徐魂牵梦绕的地方。已经去过我国很多地方的小徐一直对青海情有独钟,暑假即将来临,她收拾行囊,准备去实现她的梦想。在出游前,她咨询了西宁风之旅旅游咨询中心的前台接待李丽。如果你是李丽,如何完成此次接待任务?

任务分析

去青海旅游并没有想象中那么简单,由于它特殊的地理位置、独特的地貌地形、高寒的气候,给这条旅游线多少带来一些困难,所以,前台接待李丽建议小徐在出游前必须了解该地区的地理环境、气候等,同时推荐了极具看点的具有青海特色的自然旅游资源(图3-2-1)。请你判断图中的旅游资源应该属于何种类型的自然旅游资源,并以旅游咨询中心的前台接待的身份对这些自然旅游资源进行科学的讲解。利用下面提供的相关知识,完成此次任务。

图 3-2-1

图 3-2-1　青海自然旅游资源

完成任务必备知识

一、青海自然地理差异及形成背景

（一）自然地理差异

青海省是青藏高原的重要组成部分，位于青藏高原东北部，属中纬度地带，由于所处位置独特，其自然地理特征与同处青藏高原的西藏有相似之处，如高寒，广布的草甸、冻土、冰川等。青海自然地理特征也存在着明显的地域差异性。青海省东北部是黄土高原向青藏高原过渡的地带，黄土广布；西北部的柴达木盆地与西北内陆腹地相连，除高寒外，荒漠景观突出；南部位于青藏高原腹地，表现为典型的高寒景观特征。由于地势和海拔的影响超过了纬度的影响，青海的纬度地带性没有西藏典型，景观更多的是草甸、草原和荒漠，森林景观较少，自然地理具有脆弱性。

青海自然地理的差异主要表现为南北差异。以东昆仑山为界，北部形成了盆地、山地相间的地表结构和以高原温带为主的气候特征，南部呈现出青藏高原腹地台原的地表结构和以高原亚寒带为主的气候特征。北部海拔为 2000 ~ 5500m，地势起伏率大；南部海拔在 4000m 以上，相对高差小，冰川、河流、湖泊发育，由东南部的河谷地森林景观，向高寒草甸、草原过渡，至长江源头出现高原寒漠以及冻原环境，主体构成以流域为主要结构的自然环境区。

青海各自然要素在空间上以东昆仑山西部为中心，呈“同心弧状”的分布趋势，虽也含有纬向差异在内，但在更大程度上反映了地势结构和海拔高度等因素的影响。由于高原冬半年为高空西风带所制约，夏半年受湿润气流的影响，加上西北毗连极端干燥的亚洲中部荒漠，北来的可降水汽甚微。正是上述的地势格局和大气环流特点形成了青海温度、水分条件不同的地域组合，呈现从东南和东北湿润、半湿润、半干旱向西部寒冷干旱递变的大趋势，在自然景观上表现为森林、草甸、草原、荒漠的带状更迭，具有水平地带分异的特点。

但这种水平地带分异与低海拔地区的水平地带分异有着质的不同。青海平均海拔在 3500m 以上，单位体积平均大气质量相当于海平面的 1/2 ~ 3/5，由于大气洁净，水汽含量少，太阳辐射通过大气的光程较短，高原上大部分地区年总辐射量达 5680 ~ 7400MJ/m^2，是我国年总辐射量最大的地区之一，同样，有效辐射也很强，地表辐射平均值与同纬度低海拔地区接近。一月平均气温低至 -18 ~ -15℃，在最暖的 7 月也有大片地域平均气温低于 10℃，比同纬度低地低了 8 ~ 20℃；气温日较差则比同纬度低地高 1 倍左右。此外，降水、湿度等也有很大的不同。因此，高原上有一系列不同于低海拔区域的自然特点，如现代冰川发育，物理风化（寒冻及冰缘）较强，化学风化较弱，地面物质组成粗糙，土壤发育差，土层浅薄，主要植被是适应大陆性寒温气候的各类草原、荒漠和草甸，植物区系在本质上属于温带性质等。

青海多山，自然地带的水平分异和垂直变化犬牙交错、互相结合，显示出自然地域分异的独特性。

由于青藏高原自然历史发育的年轻性，第四纪以来地壳的强烈隆升活动和自然历史的变迁在高原自然界的形成中有重要的作用，如古冰川地貌、多年冻土、干缩湖盆、边缘深切峡谷等残留、遗留、消退和进展性因素往往以景观形态广泛分布，常与具有一定特点的大地貌单元相结合，有着明显的区域差异；而高原上寒冷干旱的大陆性气候的形成和发展也对现代自然地理过程有巨大的影响。这些都和自然地带的分异有着密切的联系。

（二）自然地理差异的形成背景

青海自然地理差异的形成，主要受地势结构和青藏高原大气环流特点的影响。作用于高原的大气环流大体上冬半年为高空西风气流所支配;夏半年来自印度洋和南海的湿润气流影响青南高原东部、东南部,向西北则逐渐减弱。每年 10 月至次年 4 月,高原主体为冷高压,在高空西风气流控制下,形成了晴朗、干燥、多大风的气候特点;受高原阻挡分成南北两支西风急流,于东部青、川、甘交界处汇合成冷性松潘低压。4 ~5 月,高原地表急剧加热增温,与周边大气相比成为"热岛",形成地面热低压并产生高空的青藏高压,使南亚副热带环流发生突变,高原上空西风带北撤,北边极地西风急流加强;6 ~9 月,来自印度洋和太平洋的湿润气流向北、向西伸入高原,大部分地区云量加大,降水增多,各地先后进入雨季。

就青海而言,东祁连山地受高空西风带支配,晴朗干燥,夏季由于北支西风急流北撤、副热带高压向北推进,高压后部偏南暖湿气流带来的较多水汽与西北方侵入的冷空气相遇,可形成较大范围的降水,具有山地草原和针叶林交替分布的特殊景观。东昆仑山和可可西里位于青藏高原北部地带,由于巨大山脉的屏障作用,南来湿润气流难以抵达,气候十分干旱,形成了高寒荒漠和半荒漠占优势的景观。柴达木盆地一带全年均受高空西风带的控制,晴朗少雨、十分干燥,发育着典型的山地荒漠,是整个青藏高原最干旱的地区之一,仅其东部受东南季风尾闾的余泽,降水稍多,具有半荒漠的自然景观。

综上所述,青藏高原以其高大突起的陆面所产生的热力、动力作用,不仅形成了高原季风,而且深刻制约着大气环流形势的变化,同时,通过大地势结构的不同对高原自然地域的分异产生了决定性的影响。

二、自然景观的地域分异规律

青海自然景观的地域分异规律是指在青海这一特定的地域范围内,自然地理综合体及其组成成分沿地理坐标确定的方向,从高级单位分化成低级单位的形成过程,或各最终结果中所表现出的空间组合规律。由于所处位置与地表结构(地势与海拔)的影响,青海自然景观南北有异,北部从东往西干旱程度逐渐增强,自然景观经向变化明显;南部除高寒特征外,自东南向西随降水的减少,景观带呈东北—西南向展布,由东南向西北递变。也就是说,青海境内,由青南高原到柴达木盆地,随着海拔降低,温度升高,纬向因素的作用逐渐减弱,景观的纬度地带性不甚突出,而经向地带性比较明显。

(一)水平地带性规律

1. 青海北部的经度地带性规律

(1)青东森林、草原景观地带

该地带位于祁连山东部边缘地带。由数条平行排列的北西西—南东东走向的山脉和谷地组成,许多山峰超过 4000m,谷地海拔 2000 ~3000m。由西北针茅、短花针茅和冷蒿组成的山地草原是主要的植被类型。以青海云杉和祁连圆柏为建群种的针叶林和草原分别生长在阴坡、阳坡,构成独特的森林草原景观,分别发育着山地棕褐土和山地栗钙土。

(2)环湖草甸、草原景观地带

该地带主要分布在中祁连地带。从哈尔科山—青海南山西端—鄂拉山一线以西到青东森林、草原景观地带相连的广大地区,中间有青海湖盆地。山地海拔大部分在 4000m 以上,山间谷地和盆地海拔约 3000m。景观为以针茅和芨芨草等为主的干草原和以蒿草为主的高寒草甸,土壤主要是栗钙土、暗栗钙土、山地草甸土和高山草甸土。

(3)柴达木荒漠、荒漠草原景观地带

该地带主要包括柴达木盆地、西祁连山、阿尔金山和东昆仑盆缘山地,是自东西向展布。

柴达木盆地海拔2600～3000m，地势自西北向东南倾斜，边缘洪积平原广布，中部湖成平原上形成大片盐壳和盐沼泽。盆地外围西祁连由近西北—东南走向的山岭和宽谷地组成，阿尔金山呈北东东—南西西走向。地带性植被以膜果麻黄、红砂、蒿叶猪毛菜、合头草及蒿属等旱生、超旱生灌木、半灌木占优势，还有白刺、怪柳等盐生灌丛。盆地东部呈现出草原化荒漠草原景观，西部为典型的荒漠草原景观，灰棕漠土及盐土等分布较广。东昆仑盆缘山地主要由祁漫塔格山、沙松乌拉山、布尔汗布达山组成，各山体近东西走向，景观与柴达木盆地相邻地区相近，以荒漠景观为主。

2. 青海南部的经度地带性规律

（1）青南高寒灌丛草甸景观地带

该地带分布在青南高原东南部，包括玉树藏族自治州的东南部、果洛藏族自治州的东南部以及黄南藏族自治州的泽库县和河南蒙古族自治县，海拔4000～4600m。由小蒿草、蓼、柳及杜鹃等组成的高寒草甸和灌丛是优势植被，发育着灌丛草甸土。土壤具有紧实草皮层。河汊、曲流发育，河滩低地分布着由大蒿草和西藏蒿草组成的沼泽草甸。

（2）青南高寒草原景观地带

该地带分布在唐古拉山和昆仑山东段之间，为长江、黄河上游，平均海拔4200～4700m。其上散布着东西向的线状山地，如可可西里山、风火山、开心岭等，相对高度不超过500m；通天河源的沱沱河、楚玛尔河与黄河上源将其自西而东切割成具宽阔谷地的波状起伏的高原面。紫花针茅组成的高寒草原是分布较广的类型，由小蒿草组成的高寒草甸在垂直带中也占有一定地位。由于湿度较高，草原类型的草甸化特点较明显，河滩洼地发育以藏蒿草为主的沼泽化草甸。

（3）青南高寒半荒漠与荒漠景观地带

该地带分布于东昆仑山西段南翼及其南支可可西里山一带，平均海拔5100m，其间的开阔湖盆海拔约4800m，以寒冻剥蚀作用为主并有连续的多年冻土分布。西部为现代冰川发育的高山，海拔多在6000m以上，东部起伏较缓。以垫状驼绒藜为主的高寒荒漠占优势，广布在湖相平原上。山麓洪积扇上为以青藏苔草为主的高寒荒漠草原，植株矮小，覆盖稀疏，发育高寒荒漠土和荒漠草原土，有机质含量很低，全剖面呈碱性反应。如图3-2-2、图3-2-3所示。

（二）垂直地带性分异规律

青海境内山地面积广阔，山地自然景观类型较多。山地垂直带谱，一方面受山地所在水平地带的制约，另一方面又受山体的高度、山脉走向、坡向、坡度等的影响。

从总体来看，青海垂直自然景观带仍以昆仑山为界，南北有异。北部从山麓至山顶，气温降低，而湿润程度在一定高度内逐渐增高，影响自然景观的主要因素是湿润状况，自东往西垂直带谱可分为高原半干旱森林草原和草原、高原半干旱荒漠草原、高原干旱荒漠和高原极端干旱荒漠等类型。南部从东南部的河谷地区，海拔高度相对较低，水热条件较好，出现森林和耕种土壤，往西海拔逐渐升高，气候逐渐干寒，植物种类减少，盖度小，乔木消失，高寒灌丛罕见，自然景观垂直带谱趋于简化。主要的特征如下：

山地自然景观垂直带谱的特点，取决于山地所处的水平地带的位置，一般以其所在的水平地带为山地垂直带谱的基带。如祁连山东段黄河流域2500m以下的基带是温性荒漠草原景观，基带以上依次出现温性草原—栗钙土景观带、山地草甸草原—黑钙土景观带、寒温性常绿针叶林—灰钙土景观带、高寒灌丛—高山灌丛草甸土景观带、高寒荒漠—高山寒漠土景观带。青南高原垂直地带性示意图如图3-2-2所示。青海北部垂直地带性示意图如图3-2-3所示。

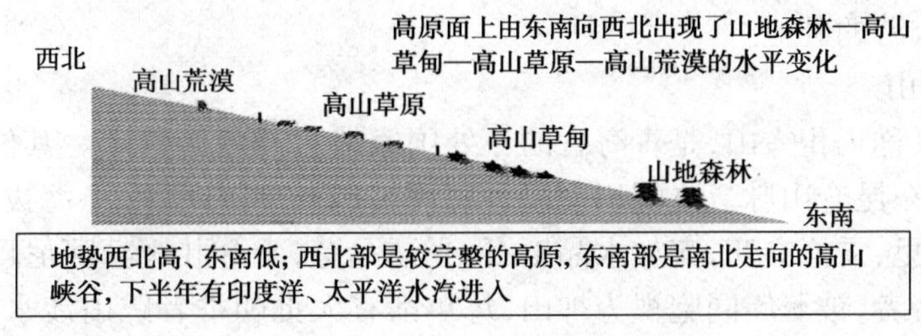

图 3-2-2　青南高原垂直地带性示意图

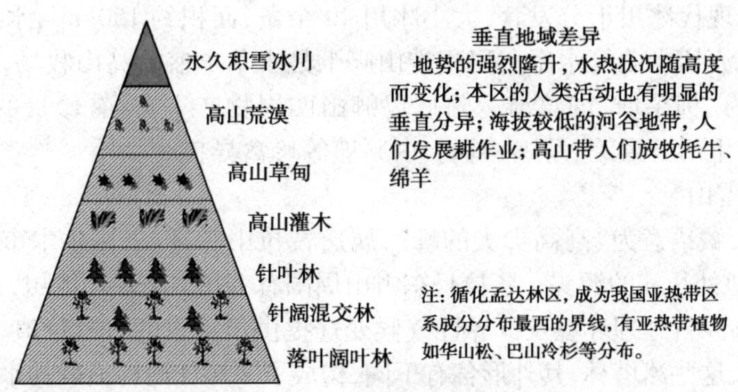

图 3-2-3　青海北部垂直地带性示意图

昆仑山以北从东到西，随干旱程度加大，相同自然景观带分布的高度逐渐升高，带谱结构趋于简化，如温性草原栗钙土景观带在东祁连的分布上限约 2400m，中祁连约 2800m，西祁连约 3200m。干旱程度越强，山地垂直带谱的结构越趋简化，如东祁连的阴坡地段包括六个带，而西祁连只有两三个带。干旱山地自然景观的坡向差异十分显著，例如，祁连山南麓东段的灰钙土、栗钙土在阳坡均比阴坡高些，黑钙土和山地草甸土带上限的海拔，阴、阳坡基本相等。

昆仑山以南从东南到西北，随着旱寒程度的加大，自然景观带分布的相对高度降低，带谱结构趋于简化。东南部的河谷地带，高山寒漠土一般位于垂直带谱的最高位置或在冰川带以下的部位，而在可可西里高山，寒漠却成为基带。东南部的垂直带结构较复杂，如阿尼玛卿共有六个带，而西北部往往只有一两个带。

三、青海自然旅游资源主要类型

自然旅游资源以其美感和欣赏价值吸引人们参观游览。青海疆域辽阔，地理环境复杂，孕育了千姿百态的自然旅游资源，这些自然旅游资源为青海的旅游事业的发展增光添彩。青海由于其所处青藏高原这一独特的地理位置，自然旅游资源得天独厚，特别是生态旅游资源独具魅力，主要包括高原风光旅游资源、森林旅游资源、湖泊景观旅游资源、山体旅游资源、特殊地貌旅游资源、江河旅游资源等。

(一)地文景观旅游资源

1. 山地旅游资源

1）登山探险胜地

登山探险胜地均在海拔 3500m 以上的高山和 5000m 以上的极高山上进行。在青海众多的山脉中有许多海拔 5000～6000m 以上的山峰，这些山地险峻峭拔，终年冰雪覆盖，冰川发育，山区天气变化不定，空气中严重缺氧。截至目前，青海对外开放的山峰一共有 6 座，它们是阿尼玛卿峰、各拉丹冬雪山、布喀达坂峰、年保玉则峰、玉珠峰和玉虚峰，因此，这些山地是登山探险和科学考察旅游的胜地。

（1）阿尼玛卿山

阿尼玛卿山又称玛积雪山，是青海省的一处国家级自然旅游景点。其位于果洛藏族自治州玛沁县境内，属东昆仑山脉。主峰玛卿岗日海拔6282m，四周有17座海拔5000m以上山峰。远远眺望，碧云万里，雪峰突兀，宛如水晶玉石，光洁晶莹，十分壮观。阿尼玛卿在藏文中意为活佛座前的最高侍者，被藏族同胞视为神山，每年都有大批朝举者跋山涉水、风餐露宿前去虔诚朝拜。

阿尼玛卿山区现代冰川十分发育，大小冰川40余条，面积约150km^2，水资源丰富，冰川融水分别汇入黄河支流切木曲等水系。玛积雪山脚下是水草丰盛的高山牧场，泉水交错，溪流蜿蜒，浇灌着无数称为"梅朵塘"的草滩。阿尼玛卿山四周物产丰富，有珍贵的虫草、雪莲等，高山草甸和森林地带生活着雪鸡、马鸡、雪豹、白唇鹿等珍禽异兽。

（2）各拉丹东雪山

各拉丹东雪山，藏语意为"高高尖尖的峰"，属唐古拉山脉，位于格尔木市，是唐古拉山脉的主峰，海拔662lm，地处长江的源头。各拉丹东雪山周围有130多条现代冰川，大规模冰川遗迹的存在，为研究青藏高原古地理环境及世界性气候变迁提供了宝贵的科考价值。这里到处是千姿百态的冰塔林世界，这些冰塔林，其外形各有不同，构成了一座如同神话般的水晶世界。

（3）布喀达坂峰

布喀达坂峰海拔6860m，是昆仑山的主峰，位于青海高原西北部，与新疆相邻，是青海境内海拔最高，地势最险峻的山峰。

（4）年保玉则峰

年保玉则峰海拔5369m，是果洛草原上的一座神山，其神秘在于这里的天气变幻莫测，严冬打雷，盛夏飞雪，风吹石鸣，山体重峦叠嶂，宁静的夜色中云轻星粲，给人以无限遐想，因此而闻名。

（5）玉珠峰

玉珠峰又称可可赛极门峰，是青海省的一处国家级自然旅游景点。位于格尔木市南160km的昆仑山口以东10km，是昆仑山东段最高峰，海拔6178.6m。山峰终年积雪，冰川纵横，南北坡均有现代冰川发育。玉珠峰的地形特点是南坡缓北坡陡，这种山形地貌对于登山者是非常理想的。玉珠峰南坡路线清楚明了，对于攀登技术要求较低，北坡则相对复杂，具有冰裂缝、冰塔林、冰陡坡、刃形山脊等种种地形，非常适合大部队的登山练习活动。登山爱好者在南坡可以获得高海拔地区的登山经历，而在北坡学到更多的冰雪技术和登山战术，因此玉珠峰是登山爱好者的探险胜地，也是国家登山队的训练基地。

（6）玉虚峰

玉虚峰是玉珠峰的姊妹峰，位于格尔木市，属昆仑山脉，邻近昆仑山口的西侧，海拔5933.1m。玉虚峰相传为玉皇大帝的妹妹玉虚神女居住的地方，因此而得名。玉虚峰以群山为座，矗立云表，显得孤高傲世，卓越不凡，有着一种神秘的吸引力。玉虚峰是道教朝觐中心之一，道教昆仑派的主道场，被誉为"道教的洞天福地"、"神山之最"，每年有很多国内及东南亚香客怀着虔诚的心来此地朝拜。玉虚峰是青海昆仑玉的产地，这里也是登山爱好者的一大去处。

2）青海名山概览

（1）昆仑山

昆仑山西起帕米尔高原东部，横贯我国新疆、西藏、青海、四川4省区，全长2500km，平均海拔5500～6000m，是世界著名大山之一。青海境内称之为东昆仑山，长约1200km，最高峰位于青海省和新疆维吾尔自治区交界处，名为新青峰（布喀达板峰），海拔6860m，是青海省的最高点。东昆仑山横亘于青海省中部和中南部，南北部自然地理环境具有明显的差异性，因而成为青海省内一条非常重要的自然地理分界线。东昆仑山含有丰富的水资源、矿产资源和各种动植物资源。

古人尊昆仑山为"万山之祖"，昆仑山雄浑博大，被誉为"亚洲的脊柱"，为中华民族的象征。昆仑山是昆仑文化的发祥地，是产生中华民族神话传说的摇篮，相传昆仑山的仙主是西王母，在众多古书中记载的"瑶池"，便是昆仑河源头的黑海。在昆仑河穿过的野牛沟中，有珍贵的野牛沟岩画。昆仑山是明末道教混元派（昆仑派）道场所在地，是朝圣和修炼的圣地。

（2）日月山

日月山属祁连山支脉，位于湟源县西南，在青海湖东南，平均海拔4000m左右，山顶部由红色的第三纪红色砂砾岩组成，古称"赤岭"，是一座历史悠久的文化名山。日月山是我国自然地理上一条非常重要的分界线，是我国外流区域与内流区域的分水岭，季风区与非季风区、黄土高原与青藏高原，以及青海省农业区与牧业区的分界线。一山之隔，东西两侧的景色迥然不同。山的东侧一派高原田园风光，西北则是广袤的青海湖，一幅塞外景色。一山两景，差别之大，国内罕见，所以日月山又有"草原门户"之称。它曾是内地通往西南边陲的交通要道，也是汉藏人民友好往来、互市贸易的纽带。1984年，青海省政府在日月山公路垭口两边修建了日亭和月亭，藏族建筑风格浓郁。

（3）北山

北山又名土楼山，因山崖层叠，远眺似土台楼阁高高矗立，故又名土楼山。这里发育着完好的丹霞地貌，陡峭的山坡上布满人工开凿的洞窟，所以又有"九窟十八洞"之称。依山而建的土楼观是我国悬空名寺之一。雨中观游土楼山是土楼山的最佳胜景，在烟雨中才能真正感受到土楼山隐约模糊、水墨入画的意境，"北山烟雨"由此成为西宁古八景中遗留最完善的一景。

（4）祁连山

"祁连山"之名源自古代匈奴，在古匈奴语中，"祁连"意即"天"，祁连山因此而得名"天山"，又因位于河西走廊以南，故称南山。祁连山位于中国青海、甘肃境内，沿着古丝绸之路的河西走廊，绵延近1000km。平均山脉海拔在4000～5000m，高山积雪形成的颀长而宽阔的冰川地貌奇丽壮观。祁连山的河谷洼地灿丽多姿，融化了的高山雪水汇成条条湍流的小河，潺潺而下，形成了河西走廊丰美富饶的景观。祁连山的雪线之上（雪线是指海拔高度在4000m以上的地方）常常会出现逆反的生物奇观。在浅雪的山层之中，有名为雪山草甸植物的蘑菇状蚕缀，还有珍贵的药材——高山雪莲，以及一种生长在风蚀的岩石下的雪山草。因此，雪莲、蚕缀、雪山草又合称为祁连山雪线上的"岁寒三友"。

祁连山的四季从来不甚分明，春不像春，夏不像夏。"祁连六月雪"，就是祁连山气候和自然景观的写照。

（5）老爷山

老爷山位于大通县桥头镇，距西宁市35km，是青海省著名的风景区之一。老爷山海拔2900多米，旧时称"北武当"，又名元朔山，因山峰顶部建有太元宫（即关公庙），内塑有关公像而得名老爷山。

老爷山岩体主要由石灰岩构成，长期受流水侵蚀、风化等外力作用，多形成奇峰岩洞和峡谷，景色四季不同。老爷山植被生长茂盛，植物种类有119种之多，以云杉、白杨、桦树、红柳及多种灌木为主。一年一度传统的六月六花儿会和朝山会同时在此举行，吸引了无数游客。

(6)娘娘山

娘娘山又名金娥山,位于西宁市大通县桥头镇西侧,和老爷山隔河相望,距西宁市36km。据史料记载,公元609年隋炀帝西征吐谷浑时,曾屯军于山下,大宴群臣。相传隋炀帝的爱妃金娥去世后被封为“金山圣母”,葬于此山,故得名娘娘山。

娘娘山方圆100多平方公里,主峰海拔4000m以上,景区内近80万 m^2(1200亩)天然林区,苍松翠柏,从山脚直达顶峰,一年四季千姿百态,构成一道绚丽多彩的天然画廊。山顶有天池,每到夏季雨水旺盛之时,天池里水波荡漾,池畔蝴蝶飞舞,五彩斑斓,构成了西宁古八景中的“金娥晓日”。

(7)五峰山

五峰山位于互助县西北的北沟脑,依山傍水,山境幽雅,为土乡著名的风景区。其主峰海拔2835m,因山峰的形状与人伸开的五指相似而得名。山上有明清时期修建的殿堂寺院(又叫五峰寺)。五峰山的主要景色是三林、三洞、三泉。三林是松树林、杨树林和桦树林,夏季三林郁郁葱葱,秋季松青、杨黄、桦叶红,层林尽染。三洞是东洞、西洞、北洞,洞内别有韵味。三泉有澄华泉、隐泉、裂口泉。三泉水以澄华泉水质最好,泉水清如醇露,细如喷珠,甘如琼液。泉水经石雕龙口喷吐,沿七级石壁泻下,如万珠凌空,形成闻名遐迩的五峰飞瀑。“五峰飞瀑”在清代就被列为古湟中八景之一。

五峰山也是青海民歌演唱胜地,俗称“花儿会”,每年六月的“花儿会”闻名遐迩。“五峰六月歌仙会,八乡四野觅知音”。西北各路歌手云集五峰山上,引吭高歌,声震四野,从黎明一直唱到深夜,形成大规模的群众艺术盛会,使五峰山更添异彩。

2.地质构造景观旅游资源

地震遗迹是地质遗迹中的一个重要组成部分。2001年11月14日格尔木昆仑山口西侧发生了一次8.1级的强烈地震,这次地震最为罕见的现象是在地表形成的地震破裂带。该破裂带位于昆仑山南麓,西端终于布喀达坂峰以西,东端距青藏公路以东70km。这条地震破裂带总长度约为450km,地表严重变形带的宽度为10~1000m。

这次地震是我国近50年来震级最大的一次地震。地震所形成的地表破裂等现象也是迄今为止,世界罕见且保存最完整、最壮观、最新的地震遗址,是人类宝贵的自然遗产。

3.特殊地貌旅游资源

1)丹霞地貌

(1)判断依据

丹霞最突出的特点是“赤壁丹崖”广泛发育,形成了顶平、身陡、麓缓的方山、石墙、石峰、石柱、嶂谷、石巷、岩穴等造型地貌。各异的山石形成一种观赏价值很高的风景地貌,是名副其实的“红石公园”。丹霞地貌具有奇、险、秀、美的丹崖赤壁及千姿百态的造型,整体感强,线条明快质朴,体态浑厚稳重,丹山碧水,引人入胜。

(2)成因分析

丹霞地貌的岩石是一种在内陆盆地沉积的红色屑岩,由颗粒粗大的红色岩层“砾岩”和细密均匀的红色岩层“砂岩”组成。后来在构造运动及间歇抬升的作用下,地壳抬升露出,受流水切割侵蚀及崩塌后退等外力作用,形成顶平、坡陡、麓缓的地貌形态。

(3)代表景区

青海省的丹霞地貌主要有:坎布拉丹霞地貌,贵德丹霞地貌(有多处,其中最著名的是阿什贡峡),祁连县的卓尔山丹霞地貌,循化积石峡丹霞地貌,土楼山丹霞地貌等。坎布拉是青海省一处面积较大的丹霞地貌。

2)岩溶地貌

岩溶地貌也称喀斯特地貌,是指可溶性岩(碳酸盐岩、硫酸盐岩和卤化盐岩)经受水流溶蚀、侵蚀以及岩体重力崩落、坍陷等作用过程,形成于地表和地下各种侵蚀和堆积物体形态的总称。

(1)判断依据

喀斯特地表形态类型属正地形的主要有峰林、峰丛、孤峰、天生桥、残丘、喀斯特丘陵、地表钙华堆积和石芽。负地形主要类型有溶洞、天坑、落水洞、斗淋、竖井、盲谷、干谷、喀斯特洼地、波立谷、喀斯特平原、喀斯特嶂谷(峡谷)、溶沟与溶隙等。

(2)成因分析

喀斯特地貌形成是石灰岩地区地下水长期溶蚀的结果。石灰岩的主要成分是碳酸钙($CaCO_3$),在有水和二氧化碳时发生化学反应生成碳酸氢钙[$Ca(HCO_3)_2$],后者可溶于水,于是空洞形成并逐步扩大。这种现象在南欧亚德利亚海岸的喀斯特高原上最为典型,所以常把石灰岩地区的这种地形笼统地称为喀斯特地貌。

(3)代表景区

青海最为著名喀斯特地貌分布在河南县仙女洞景区。仙女洞是一天然大溶洞,提炼庞大,神秘莫测,为西北五省第一大溶洞。

3)峡谷地貌

(1)判断依据

峡谷段落指的是两坡陡峭、中间深峻的"V"形谷、嶂谷、幽谷等。在河谷发育的初期,其纵剖面的坡度较大,河流以下蚀为主,谷地深切成"V"形谷,比如三峡,它的崖壁纵切面是"V"形。而嶂谷则是河流更猛烈深切形成的比"V"形谷更陡的峡谷,河流没有横向拓宽运动,所以两壁几乎垂直于水面,谷壁直起直落,上下等宽,岭与谷相对高差可达200~300m。

(2)成因分析

峡谷地貌一般由坚硬而性脆的岩层构成,发育在地壳近期抬升区,河流下切速度大于谷坡后退速度。在不同区域,由于构造、岩性的差异,其所显现的峡谷山水景观也各具特点。

峡谷常给人带来雄伟、险峻、秀丽、幽深等美感,而且峡谷旅游还能锻炼人的胆量,陶冶人的情操。

(3)代表景区

青海峡谷有黑河大峡谷、湟源三峡、松巴峡等,其中以黑河大峡谷最为著名。黑河大峡谷是世界第三、我国第二大峡谷,祁连山地质构造相当复杂,经漫长的地质岁月,历经多次构造运动(地壳的升降,海水的进退,地壳的拉张和挤压等),其中以加里东运动最强烈,影响也最大,次为燕山运动。纵横构造运动及发源于祁连山支脉走廊南山(即青海省祁连县境内野牛沟乡)的八一冰川的黑河流水切割,形成黑河中上游东西岔峡谷,多为峭壁,石峰林立,自然景观奇特。黑河融冰川之晶莹,汇地下之潜流,冲开重峦叠嶂,在奇险连绵的峡谷中不屈不挠地穿行,切出了一条在国内仅次于雅鲁藏布江的大峡谷,即黑河大峡谷。

4)风沙地貌

(1)雅丹地貌

①判断依据。"雅丹",维吾尔语原意为"陡壁的小丘",是在干燥地区的土墩和凹地(沟

槽)的组合景观。雅丹地面崎岖起伏,支离破碎,高起的风蚀土墩多为长条形,高度为5~20m。

②成因分析。是干燥地区一种风蚀地貌。它是发育在古代河湖相的土状沉积物上,经风化作用、间歇性流水冲刷和风蚀作用,形成与盛行风向平行、相间排列的风蚀土墩和风蚀凹地(沟槽)地貌组合。

③代表性景区。柴达木的雅丹地貌,是7500万年前第三纪晚期和第四纪早期的湖泊沉积物,由于地质运动抬高而脱离水体,期间的盐和砂凝结地壳被西风侵蚀雕塑而成。它们广布于柴达木西北部,是世界最大最典型的雅丹景观之一,这里的雅丹林总面积约2.15万km^2,平均海拔3260m,是迄今国内发现最大的风蚀土林群。尤其是南八仙、一里坪一带,分布面积达千余平方千米,属最典型的雅丹地貌之一,该区是我国最大的风蚀地貌区。

(2)沙漠地貌

①判断依据。沙漠地貌一般以新月形沙丘为主,还有雅丹和风蚀城堡、风蚀蘑菇等风蚀地貌。复合型沙山、长条状沙丘、金字塔形沙丘等形态也是沙漠的地貌表现。沙下岩石也经常出现。泥土很稀薄,植物也很少。有些沙漠是盐滩,完全没有草木。

②成因分析。沙漠的地表形态主要以风成地貌为主。所谓风成地貌是指风力对地表物质的吹蚀、搬运和堆积所形成的各种地貌形态,具体又可分为风蚀和风积两种地貌。沙漠不仅具有"大漠孤烟直,长河落日圆"雄奇壮丽苍凉之美,而且具有大气磅礴粗犷之美与精巧玲珑之美。沙漠中,一座座被风修饰得精美绝伦的沙丘在阳光下闪着温暖的光泽,整个沙漠看起来就像一个泛着金色波浪的凝固的大海。

③代表景区。青海湖沙岛位于青海湖东部,被誉为"青海小沙湖",是目前青海湖地区最大的娱乐基地。沙岛原是湖中小岛,因湖中沙垄突出,水面受风沙作用堆积而成的,恰似一个新月形的大沙丘漂浮在水面上。它与湖东岸连绵起伏的沙山,构成青海湖独特的沙漠景观。沙岛将蓝天、碧水、黄沙混为一体,以优美的自然风光、独特的沙丘景观,以及独特地理位置,吸引着越来越多的游客来此观光度假。

5)黄土地貌景观

黄土指的是在干燥气候条件下形成的多孔性、具有柱状节理的黄色粉性土。湿陷性黄土受水浸湿后会产生较大的沉陷。黄土地貌景观是大面积的黄土堆积,在下浮地形的影响和流水的侵蚀作用下所形成的地貌景观。

(1)判断依据

黄土地貌是陆相淡黄色粉沙质土堆积形成的特殊地貌。由于黄土垂直节理发育,使黄土高原具有独特的黄土塬、黄土梁、黄土峁、黄土坪等地貌。

(2)成因分析

主要是在第四纪时期,在风力的作用下,经过风的搬运、堆积而形成的大面积的土状堆积物。我国的黄土高原是黄土分布最集中的区域,北起长城,南到秦岭,西起青海的日月山,东到太行山,是世界上规模最大的黄土高原。

(3)代表景区

黄土地貌在青海主要分布在青海东部的河湟谷地,即从青藏高原向黄土高原的过渡地带。黄土地貌景观按照规模不同可以分为宏观性的黄土景观、中观性的黄土景观及微观性的黄土景观。宏观性的黄土景观主要有高原沟壑区、丘陵沟壑区、土石山区及冲积平原。中观性的黄土景观主要有黄土塬、黄土梁、黄土峁、沟谷及川。微观性的黄土景观主要有黄土柱、黄土桥、黄土洞等。

6)冰川地貌景观

冰川地貌是由冰川侵蚀和堆积作用塑造的地貌。

(1)判断依据

巨厚的冰川在流动过程中,对地面产生强烈的剥蚀作用,形成众多的角峰、冰斗、U形谷、冰川峡湾和冰川盆地、冰川湖泊等地貌景观。

(2)成因分析

降雪在地面要经过一系列作用才能形成冰川冰。首先,大气中形成的多棱角雪花及其他形式的冰晶落地以后自动圆化,同时使小晶体逐渐被大晶体吞并,晶体数目逐渐减少,体积增大,这个过程叫聚合再结晶过程,由雪花变为粒雪化过程分为两类:一是冷型粒雪化作用,二是暖型粒雪化作用。其次是由粒雪进一步变为冰川冰的过程,这个过程也可以分为冷型成冰作用和暖型成冰作用两类。

降雪—粒雪—冰川冰的转化过程是积雪在自身重力下通过重结晶作用完成的,并在重力作用下发生运动。

(3)代表性景区

青海省是我国冰川分布的主要省区之一,冰川是青海省巨大的天然"固体水库"。长江、黄河就发源于青海省冰川融水地区,冰川融水为绿洲农业、工业和城市用水提供了水源。青海省的冰川主要属于大陆型冰川,具有降水少、气温低、雪线高、消融弱的特点,主要分布在祁连山地、东昆仑山地和唐古拉山地区,其中以各拉丹东冰川最为著名。

各拉丹东冰川位于格尔木市唐古拉山乡境内。唐古拉山除主峰各拉丹东峰外,海拔6000km以上的山峰还有20余座,冰川覆盖面积790.38km^2,有冰川130多条。位于各拉丹东雪山西侧的姜根迪如冰川是由南北两条冰川组成,南支姜根迪如冰川是一支山谷冰川,是唐古拉山地最长的冰川,尾部有5km长的冰塔林,是长江正源沱沱河的发源地;北支姜根迪如冰川尾部有2km长的冰塔林,冰桥、冰草、冰针、冰蘑菇、冰湖、冰钟乳等构成千姿百态的冰塔林世界。

7)冻土地貌景观

冻土是指地温处于0℃以下,并含有冰的岩(土)层。温度状况相同但不含冰的,则称寒土。

在多年冻土区,地下土层常年冻结,地表发生季节性的冻融作用,形成一些特殊的地貌,称为冻土地貌。在冰川边缘地区也能形成一些冻融作用的地貌,所以冻土地貌也称冰缘地貌。

(1)判断依据

冻融作用是寒冷气候条件下特有的地貌过程,并形成了诸如石海、石河、石冰川等冻土地貌。在第四纪松散沉积物的平坦地面上,由冻融和冻胀作用,使地面形成多边形裂隙,构成网状,称为多边形构造土,根据楔子内的填充物的不同,又分为冰楔、砂楔、石环、石带、冻胀丘、冰锥、热融地貌(热喀斯特洼地)。

(2)成因分析

多年冻土区的地貌形成与冻融作用直接相关。冻融作用是指冻土层中的水在气温周期性的正负变化影响下,不断发生相变和迁移,使土层反复冻结融化,导致土体或岩体的破坏、扰动和移动的作用。冻融作用是寒冷气候条件下特有的地貌过程,并能形成各种冻土地貌。

(3)代表景区

以青藏高原为主体的高海拔多年冻土面积居世界之首。青海是世界上中纬度地带面积较大的冻土区。由于较高的海拔和寒冷的气候，青海近60%的地区被多年冻土覆盖。

青藏铁路（格拉段）自格尔木南山口西大滩一带为起点，青藏铁路迈上了多年冻土区。青藏铁路（格拉段）采用“以桥代路”办法、热棒新技术等，成功地保护了冻土景观。

（二）水域风光景观类旅游资源

青海是世界著名的长江、黄河、澜沧江的发源地，地处大江大河的上游和中游地区，河道千回百转，峡谷险峻，鬼斧神工，浑然天成。青海西部是内陆河流域，有着雪峰、河水、绿洲，自然景观与人文景观浑然一体，独具特色。

1. 江河景观

雄踞于世界屋脊上的青海省有“中华水塔”之美誉。这是基于在34.8万km^2的外流区中，华夏两大母亲河——黄河与长江，亚洲第一大国际河流——流经六国的澜沧江，均发源于此，且源头相距不远，分别向东北、东和南流出省境，形成了具有世界意义的江河源特种生态景观区。

（1）黄河

黄河在青海境内干流长1693.8km，流域面积15.3万km^2，是青海省内的最大河流。黄河正源为卡日曲。黄河从卡日曲至龙羊峡，在近1000km的流程内，形成了一个“S”形大弯曲，这是“黄河九曲”的第一曲，历史上叫作“河曲地区”。从共和县境内的龙羊峡，经贵德、尖扎、循化，于民和县官亭出省境。黄河在青海东南部左旋右转，穿行于高山峻岭之间，沿岸形成许多峡谷。从共和县到民和县依次有龙羊峡、拉西瓦峡（阿什贡峡）、松巴峡、李家峡、公伯峡、积石峡、寺沟峡等。各峡谷两岸悬崖峭壁，河床狭窄，水流湍急，

蕴藏着丰富的水利资源，是黄河阶梯开发建设水电站的优良坝址。各峡谷之间则是宽平的河谷盆地，土地肥沃、气候温和、浇灌便利，是青海主要的粮油瓜果之乡。

（2）长江

长江是我国第一大河，世界第三长河。长江的正源沱沱河，发源于唐古拉山脉主峰各拉丹冬雪山（海拔6621km）东南侧的姜根迪如冰川。长江干流在青海境内长1206km，流域面积15.85万km^2。

神奇的长江源头在世人心目中树起一座神秘的丰碑，它包括唐古拉山主峰各拉丹冬和姜根迪如冰川以及长江的上游——沱沱河。“姜根迪如”为藏语“人越不过去”的意思，海拔6542m，大冰川的融水，就是万里长江的最初水源。“各拉丹东”为藏语“高高尖尖的山峰”之意，海拔6621m，高耸入云，山势巍峨，冰峰、冰塔林立，银光闪闪。各拉丹东雪峰和姜根迪如冰川均为巨大的冰雪山体，是流之不尽，淌之不竭的天然固体水库，有“江河之母”之称。长江源头的景观十分壮丽，雪山冰峰，无垠的草地，蓝天白云倒映在河水中，构成了令人心旷神怡的美景。

（3）澜沧江

澜沧江是一条国际河流，发源于青海杂多县境内的唐古拉山北侧的查加日玛峰南坡扎西群果滩（海拔5456m），青海境内称杂曲，青海境内的上游由扎曲、子曲和解曲组成。扎曲长448km，东南流经西藏、云南，出境到中南半岛叫湄公河。这里地形复杂，沼泽遍地，是珍奇异兽的欢聚之地，景致万千，分外迷人。

（4）湟水河

东部的湟水河又名西宁河，指流经西宁城北的黄河重要支流，发源于海晏县包呼图山，全长370km。湟水在西宁汇合南、北川河，流经海晏、湟源、湟中、西宁、互助、平安、民和5县和西

宁市、海东市乐都区，于兰州市达川注入黄河。当春夏之际，湟水上游冰雪消融，水源充足，流至西宁，西郊河、北川河、南川河先后注入湟水，遂河水骤涨，波涛汹涌，故称"湟流春涨"，为西宁古八景之一。湟水河两岸山峦重叠，峡谷与盆地相间分布。

(5)大通河

大通河是湟水的支流，发源于海北州西沙果林那穆吉岭，东北流到民和享堂注入湟水，全长508km。大通河流经高山峡谷之中，两岸群峰对峙，落差大，水力资源十分丰富，是青海的主要森林和煤炭分布带。

(6)倒淌河

倒淌河发源于日月山南面野牛山西麓，为青海湖在东南岸接纳的一条短小溪流，长60km，天下河水往东流，偏有此河向西淌，所以人们叫此河为"倒淌河"。一股碧流无休止地向西而去，流入浩瀚的青海湖。

2. 高原湖泊景观

青海省内湖泊星罗棋布，其总面积仅次于西藏，居全国第二位。湖泊众多是青海自然景观的一个显著特征。初步统计，在大小近千个湖泊中，超过1km^{2}的有240多个，超过100km^{2}的有20多个。青海湖、哈拉湖、鄂陵湖、扎陵湖、乌兰乌拉湖、西金乌兰湖、可可西里湖、赤布张错、库赛湖、卓乃湖等面积在200km^{2}以上。青海的湖泊总面积达1.29×10^4km^2，占全国湖泊总面积的15.30%。

1)湖泊类型及其分布特点

湖泊的特征很大程度上取决于湖水的补给条件，同时与湖泊成因密切相关。青海湖泊类型有明显的区域差异，可分为以下三个湖区。

(1)江河源湖区

地处青南高原中、东部，由黄河源区的扎陵湖、鄂陵湖、星星海等和长江源区的日久错、雅兴错、常木错等组成。各湖皆与外流水系沟通，多为淡水湖，以降水和冰雪融水补给为主。本区湖泊的形成多数为与地质构造有关的断陷湖。

(2)柴达木湖区

地处柴达木盆地及其周边地区，有依克柴达木湖、托素湖、尕斯库勒湖、达布逊湖、南霍鲁逊湖、北霍鲁逊湖等。这一湖群为典型的内陆水域湖群，以咸水湖和盐湖为主，并且具有新生代湖盆收缩成残留盐湖的特点。

(3)内陆水域东缘湖区

沿两大水域分界线西侧发育有一系列大型湖泊，是内陆水域东缘蛇形湖群，主要有哈拉湖、青海湖、冬给措纳湖、库赛湖、可可西里湖、乌兰乌拉湖、赤布张错等。这一湖群具有过渡性特点，咸水湖和淡水湖皆有。

2)青海主要的高原湖泊景观

青海高原湖泊景观类旅游资源不仅为数众多，而且富蕴迷人魅力。青海有全国最大的咸水湖——青海湖，世界上最大的盐湖——青海柴达木的察尔汗盐湖，黄河源头的鄂陵湖、扎陵湖等。这些湖泊恰似颗颗珍珠，给青海增添了万种风情。察尔汗盐湖总面积5800km^{2}有余，著名的万丈盐桥铺于其上，它是目前我国探明的唯一大型可溶性钾镁盐矿，茶卡盐湖，食盐储量5.4亿t，千姿百态的结晶盐，高耸的盐山均是独具特色的旅游项目。它位于循化县积石镇南20km的孟达林区的孟达天池，这个水深大于20m的高山湖泊，犹如一颗晶莹美丽的明珠，熠熠生辉，被誉为"高原明珠"。湖水清澈如镜，湖水与蓝天一色，湖光山色相映成趣，群峰倒映，湖周围苍松翠柏，湖面飞鸟拍翅，景致迷人。青海的人工湖泊主要有：龙羊峡水库是青海的人工湖泊，万里黄河第一水库。它位于青海共和县境内的黄河上游，是黄河流经青海大草原后，进入峡谷区的第一峡口，峡口只有30m宽，坚硬的花岗岩两壁直立近200m高，是建立大坝的宝地。大坝之上广阔的草原又是蓄存河水的良好湖区。大坝高178m，当时为我国第一高坝；李家峡水电站是青海境内继龙羊峡水电站之后又一大型电站，由拦河大坝、泄水建筑物、电站厂房组成。大坝为三心圆双曲拱坝，坝高175m，长414.39m，底宽45m，安装5台机组，总装机容量200万kW，年平均发电量59亿kW·h。形成的人工水库面积32km^2，库容量16.5亿m^3，为一大型高原人工湖泊，水库正常海拔2180m。坝体雄伟壮观，是国家在黄河上游的又一重要能源基地；拉西瓦水电站位于贵德县与贵南县交界的干流上，它是黄河流域装机容量最大、发电量最多、单位千瓦造价最低、经济效益最好的水电站。

3. 涌泉景观旅游资源

泉是地下水的天然露头，是地下水涌出地表的自然景观。

1）判断依据

水温低于20℃，或低于当地年平均气温的出露泉为冷泉，常供饮用或作为酿酒的水源。水温达到（34～37℃）为温泉，水温达到（38～42℃）为热泉，高热泉（43℃以上）、沸泉（达到当地沸点温度）。

2）成因分析

泉是地下水的天然露头，地球深部蕴藏着巨大的热能。地球内部放射性元素衰变，不断进行热核反应称为地热的主要来源。在地质因素的控制下这些热能以热水形式向地壳某一范围聚集，形成温泉。

3）代表景观

（1）昆仑神泉

昆仑神泉又称纳赤喷泉，地处著名的小镇纳赤台正中，海拔3700m，是一泓优良的天然矿泉。又称纳赤喷泉，一大一小，相距50m，为昆仑山雪水潜流24年后形成。泉水日夜不停地向外喷涌，不时翻起层层小浪花，并发出响声，全年水温恒定为20℃。在昆仑神泉泉下修建有面积分别为5000m^2和1200m^2，深达1.5m的大、小神泉潭，并利用昆仑神泉的溢水，营造出了一处高达6m的人工瀑布。

（2）药水滩温泉

药水滩温泉，位于西宁市南40km湟中县的玛脊峡谷内，药水滩西南侧山弯里流出一股清泉，水温在20～45℃，水呈黄绿色，有浓浓的硫黄的气味。手伸水中，滑凝如脂，手出水外，似乎被人抚摸一般。峡谷绵长，环境幽雅。滩中沼泽遍布，温泉棋布，热气蒸腾，草木繁茂，气候宜人。滩的西南侧山弯中有一泉眼，泉水很旺，水温达40℃左右，既能饮用，又能沐浴，还能医治多种疾病，当地群众视为“神泉”，故又有“药水滩神泉”之称。经国内先进科学手段对水质进行分析，得知药水滩温泉含有大量人体必需的锂、镁、锶、铬、锰、硼、硅酸等微量元素，药用价值很高，内服对肠胃有很好的保健功效，外浴对癣、疥、荨麻疹、关节炎有很好的疗效。

（3）扎仓温泉

贵德扎仓温泉，位于龙羊峡外口南面的山沟中，距县城10km。扎仓温泉位于贵德县城西南约15km的扎仓山沟。亦称扎仓温泉，藏族群众称其为“德仁吉曲库”，意为平安、幸福的热水泉。三面高出，危岩叠峰，山石焦黑，植物生长稀少。山脚下的深沟石隙中，喷出温水，汇成温泉，水面热气蒸腾，手不能近。扎仓温泉为弱碱性水，富含多种微量元素，硅酸、偏硼酸、氟、锂、锶及镭的含量都已达到或超过矿泉水最低含量标准,有较高的医疗价值,一些皮肤病关节炎患者长驻此地疗养,疗效极佳。

(4)七里寺药水泉

七里寺药水泉位于民和县古鄯镇。据《西宁府志》记载:"此泉水其味辛温,饮之愈胃疾"。泉水透明清澈,味道麻辣,爽口清凉,不断冒出气泡,犹如啤酒,风味独特。对治疗心血管疾病、血液、神经系统疾病、皮肤病,特别对消化系统等多种疾病有奇特疗效,为国内不多见的优质天然饮用矿泉水。

4. 瀑布景观旅游资源

1)判断依据

是从悬崖处倾泻或散落下来的水流,或是从陡坡上跌落下来落差不大的水流。具有形、声、色、动等景观特色:一挂瀑布,形若垂帘幕布,或飞泻而下,或遇石后呈散状、片状而落,或受阻后分流呈人字瀑,多节瀑;它千变万化,各有特色,给人以雄、险、奇、壮的美感;声音在水景中也别具一格。

2)代表景观

孟达天池的三级彩虹飞瀑,是孟达天池自然保护区三处瀑布中最壮观的一处。水源主要由雨水及黑大山的消冰水供给,这股水从茂密森林的山坳高处经三个阶梯流下来,宽约3m,最上级的落差约12m,下面两级也在6m以上,称为三级飞瀑。飞瀑从石崖而下,水花四溅,雾滴弥漫,晴天午后2时左右,因阳光照射,常有彩虹展现,人们叫作"三级彩虹飞瀑"。

5. 沼泽景观旅游资源

1)判断依据

地表过湿或有薄层常年或季节性积水,土壤水分几达饱和,生长有喜湿性和喜水性沼生植物的地段。由于水多,致使沼泽地土壤缺氧,在厌氧条件下,有机物分解缓慢,只呈半分解状态,故多有泥炭的形成和积累。

2)成因分析

某些地区,由于排水不畅,地表可常年处于过湿状态。这种过湿状态改变了土壤通气状况,抑制了土壤动物和微生物的生命活动能力,破坏了土壤和大气、植物之间的正常物质交换,使得在这种缺氧条件下,土壤中矿物质的潜育化过程和有机物质的泥炭化过程得到发展,因而形成了沼泽。

3)代表景区

青海省境内共有河流、湖泊、沼泽等各类型湿地约816万hm^2,其中100hm^2以上的湿地面积为412.6万hm^2,位居全国第一;湖泊和沼泽湿地分别占全国的14.75%和20.06%,列居全国第二位和第三位;在全国海拔4000m的高海拔湿地中,青海共有高原湿地23.5万hm^2,占全国总面积的31.49%,面积仅次于西藏。目前青海省已建立了三江源自然保护区为主的4处湿地类型或以湿地保护为主的自然保护区,湿地保护区总面积达1580万hm^2,全部纳入保护区管理的湿地面积占全省湿地总面积的80%以上,其中青海湖、扎陵湖和鄂陵湖3块湿地还被列入国际重要湿地名录。青海省境内分布有河流、湖泊、沼泽和人工湿地4大类17型湿地资源。湿地具有资源丰富、类型多样,原始生态系统功能强大等特点,是我国乃至世界上影响最大的生态调节区。

(三)生物景观类旅游资源

动植物是自然界中最活跃的因素,也是旅游资源中最重要的组成要素。生物在旅游资源中主要具有构景、成景、造景、康乐、求知等功能，与其他资源综合交错，共同构成美丽的大自然。

青海省幅员辽阔，地形复杂，自然条件多样，为高原野生动植物的生长、栖息和繁衍提供了独特的自然条件，是无数珍禽异兽的天然乐园。青海的野生植物资源不仅丰富，而且藏量大，用途广；不仅具有极高的观赏价值，而且还能制成名贵药材和地方特色的名菜佳肴，成为青海地方特色的旅游商品。青海的野生植物有 2000 多种，其中经济类植物 1000 余种；药用植物 680 余种，名贵药材 50 多种。其中大黄、冬虫夏草、贝母、枸杞、甘草、黄芪等 10 多种中药畅销国际市场。

1. 植物旅游资源景观

1）草原景观

青海天然草原辽阔，是我国五大牧区之一，可利用草场面积达 3161.04 万 hm^2，占全国可利用草原面积的 15%。草场类型以高寒草甸草场为主，主要分布在青南高原和祁连山地东段的大部分地区；其次是高山草原草场，主要分布在环湖地区；沼泽草场居第三位，主要分布在玉树州西部和东北部以及各地低洼滩地上。此外还有灌木草甸草场、荒漠草场和森林草场。

位于海北州海晏县的金银滩草原，水草丰，牛羊肥壮。这里是西部歌王王骆宾先生的采风地，一曲（在那遥远的地方），唱遍大江南北，经久不衰。祁连大草原成为全国最美的六大草原之一。

2）森林景观

青海省森林分布不均，面积小，有林地仅为 $2500km^2$。森林呈断续带状或片状分布于山地阴坡及半阴坡。森林树种以寒温带针叶林为主，如云杉、油松、圆柏等；其次是温带落叶阔叶树种，如桦树、杨树等。全省森林覆盖率为 3.11%，是全国森林覆盖率最低的省份。根据地区分布及发展方向，将全省森林划分为祁连、大通河、湟水、柴达木、黄河上段、黄河下段、隆务河、玉树、班玛 9 个林区。

（1）判断依据

寒温带针叶林是由耐寒的常绿或落叶针叶树种所组成，主要由云杉属、冷杉属、落叶松属和一些耐寒的松属和圆柏属植物所组成。这种针叶林能适应寒冷、潮湿或干燥的气候条件，它们的分布界线往往是森林上线。青海的代表树种为青海云杉和祁连圆柏。

（2）青海著名的国家森林公园

青海省到目前为止一共建立了 13 个森林公园，其中国家级森林公园 5 个，省级森林公园 8 个。其中 5 个国家级森林公园是位于黄南州尖扎县的坎布拉森林公园；位于海东地区互助县的北山森林公园，位于西宁市大通县的察汗河—鹞子沟森林公园，位于西宁市湟中县的群加国家森林公园，位于青海省海北藏族自治州门源县的仙米国家森林公园。

①北山国家地质森林公园。北山国家地质森林公园位于互助土族自治县东北部的青石岭和冷龙岭之间，1992 年批准建立。这里流水潺潺、云蒸霞蔚、苍松翠柏、绿野如茵，野生植物众多，原始生态保存完整，同时土族风情浓郁，民俗文化悠久，是首批全国保护母亲河行动生态教育基地之一，也是青海省以森林自然景观为主体的生态公园。2005 年被国土资源部和财政部评定为第四批国家地质公园。

北山国家森林公园植物种类十分丰富，达千余种，已定名的高等植物有 981 种，主要树种有青海云杉、油松、祁连圆柏、杨树、桦树等，其中被誉为高原三大名花的杜鹃、龙胆、报春在这里广为分布。野生动物 190 余种，其中兽类 42 种，鸟类 139 种，鱼类 14 种，栖类 3 种，爬行类 2

种,列入国家一级、二级野生保护动物的有35种,被称为是天然的植物园和动物园。森林公园由元甫达坂、浪什当、卡索峡、扎隆沟和下河峡5个景区组成。园内有著名的小三峡景区,由卡索峡、青岗峡、下河峡组成,峡谷幽深,两侧怪石嶙峋,风光独特。园内有古刹天堂寺和甘禅寺。天堂寺有千余年的历史,其学风严谨,文物收藏颇丰,为西北地区名寺之一。

②坎布拉国家地质森林公园。坎布拉地质国家森林公园位于黄南州尖扎县的西北部,与国家重点工程李家峡水电站紧密相连,距省会西宁131km。坎布拉风景区雨量充沛,气候凉爽湿润。植物资源极为丰富,植物分属76科276属800种之多,森林覆盖率达28%。其中有青海云杉、油松、白桦、旱榆、西伯利亚杏及针、阔混交林等乔木27种。灌木花草主要有杜鹃、山生柳、高山绣线菊、忍冬、露梅、沙棘、荷花、菊花等百余种,其中有较高观赏价值的花卉达80余种。珍禽异兽有鹿、石羊、锦雉、盘羊、百灵、画眉、马鸡、布谷鸟等几十种。1992年被国家林业局批准为国家级森林公园。

③仙米国家森林公园。仙米森林公园位于青海省海北藏族自治州门源回族自治县东端,覆盖门源县东川、仙米、珠固三个镇,南北宽55km,东西长95km,土地总面积14.8万hm^2,1996年该公园被批准为省级森林公园,2004年被批准为国家级森林公园。由于受祁连山脉影响,仙米森林公园园区地表水和地下水资源都十分丰富,是南部多条黄河水系和北部多条内陆水系河流的发源地。公园园区内森林总面积达6.73万hm^2,林草覆盖率95%以上,植物有100余科900余种,同时野生动物资源类型繁多,主要有雪豹、岩羊、马鹿、白唇鹿等兽类40余种,蓝马鸡、黑颈鹤等鸟类139种,还有林蛙、桃纹绵蛇等两栖、爬行类动物15种,淡水裸鲤14种。

森林公园地处祁连山腹地,受冷龙岭、达坂山两大山系和大通河的影响,自然地理条件独特,生态系统多样,生物、地质、水文、天象和人文等景观资源丰富绚丽。这里是青海省最大的原始林区,是一片自然的雄奇与柔美、艺术的多元与纯真交相辉映、完美结合的神秘土地,是开展生态旅游、科普教学、登山探险等活动的理想场所。

④群加国家森林公园。群加国家森林公园位于青海省湟中县境内拉脊山中,森林公园为典型的高山峡谷地貌,山势雄伟,景色诱人,雄、奇、险、幽融为一体,奇峰怪石、悬崖绝壁构成了复杂多姿的高原地貌景观。登上山顶,极目四望,但见层峦叠嶂,奇峰林立,怪石嶙峋,形态万千。山间白云缭绕于绿色草甸和原始林海,群加国家森林公园好似镶嵌在万山丛中的一颗美丽多姿的翡翠。

群加在藏语中为"白凤凰落过的地方"之意。这里动植物种类繁多,是稀有的原始森林,也是黄河支流群加河的发源地,这里河水清澈,林木茂盛,面积广阔。高山峡谷内生长着白桦、山杨、青海云杉等乔木和沙棘、杜鹃、高山柳等30余种灌木;风景秀丽的峡谷森林里,鸟类繁多,有丰富的昆虫资源,生活着20余种野生动物;境内有雪山、峡谷、奇峰、草地,气候宜人,浓缩了一年四季的自然景色和生态景观。为中外游客提供理想的度假、休闲、观光、避暑为一体的旅游服务。

国家级森林景观是群加森林公园的母体景观,也是森林旅游的基础。植被垂直分布明显,形成由下而上依次更迭的落叶阔叶林—针阔叶混交林—原始针叶林—高山灌木林—高寒草甸高山寒漠草甸植被类型。主要乔木树种有青海云杉、山杨和糙皮桦;灌木树种有银露梅、高山柳等,这里植物资源丰富,有上千余种,其中木本植物达120余种。参天的青海云杉遮天蔽日,桦树婀娜多姿。杜鹃是青藏高原天然植被中唯一的常绿灌木,郁郁葱葱的大山上部,是一望无际的杜鹃灌木纯林。森林公园不仅风光秀丽,而且蕴藏丰富的青藏高原野生名贵药用植物,主要有冬虫夏草、柴胡、赤芍等。

⑤察汗河——鹞子沟国家森林公园。大通国家森林公园察汗河风景区,位于西宁市82km,距大通县城45km,宁张公路(西宁—甘肃张掖)从景区大门经过。海拔2868~4235m,景区面积3114hm^2,和省内大型水利工程黑泉水库紧密相连,景区内以石林,瀑布、杜鹃、园柏构成自然地貌和森林景观,被誉为察汗河"四绝"。整个景区集山水风光,突岩奇峰,柏涛云海于一体,既有江南风光的秀美,又有青藏高原的雄伟。粗犷、险峻的地貌特征,给人以全新的感受。通过春、夏、秋、冬及阴、晴、雨、雪的景色变化,突出地反映了祁连园柏、杜鹃、石、云、水的显著特点,表现出察汗河雄、奇,险、秀的自然景观,是集观光、探险于一体的旅游度假胜地。

景区内主要有大西沟风景区、柏木圈风景区、石门风景区和东沟风景区四个景区组成,各景区景点丰富集中,奇石、山水、花草,树木构成独具特色的高原风光。奇石造型逼真,形态各异、维妙维肖;山水以"瀑布"表现,落差不等,气势各异;每当初夏季节,满山遍野的杜鹃花争相竞放,有白色的,粉色的、紫色的等姹紫嫣红、沁香宜人,因此,景区每年举办盛大的杜鹃花旅游节。园柏林是大通县境内唯一的一片原始林,在分布特点,演替规律及学术研究方面都有很高的价值。这里的园柏既有乔木的雄伟,更有盆景的小巧。

"松接白云天不堕,林连群峰涌绿浪"的鹞子沟风景区,位于大通县东北部,距县城18km,省会西宁53km。景区主要由克麻沟、鹞子沟和老虎沟等组成,公园面积为1631hm^2,海拔2450~3200m,年均温度为2.9℃。西宁—门源—张掖三级柏油公路从公园门前经过,交通十分便利。

鹞子沟风景区,是以云杉纯林为主,伴生有白桦、山杨和人工落叶松林为辅的针阔混交天然次生林区。从高空俯视,整个山峦颇似一只展翅俯冲的鹞子掠地而过而得名,它与久负盛名的松林古刹广惠寺隔河(东峡河)相峙。整个景区,山体玲珑、别致、丰满,轮廓线条柔和,林相整齐。群峰竞秀,环境极为清幽秀丽。阳春,万木复苏,争吐新翠,草坪像地毯一样镶嵌在万木丛中;盛夏,绿荫浓郁、苍翠欲滴、鸟语花香、姹紫嫣红、松涛澎湃;金秋,红叶似火,色彩斑斓,景色旋旎;严冬,银装素裹,冰凌琼花,又是一派"大雪压青松,青松挺且直"的北国林海风光,是集休闲、娱乐于一体的旅游避暑胜地。

3)自然保护区

青海境内独特的高原生态系统和多样的自然景观为各类野生动物、植物物种的生存繁衍提供了巨大的生态空间。按照全国自然保护区区划类型划分,涉及三大类别七个类型,涵盖珍稀野生动植物保护、森林灌丛生态系统、内陆湿地和水域生态系统、草原与草甸生态系统、荒漠化生态系统和地质遗迹等类别。

截至2013年,青海省全境共建立了11个自然保护区,总面积2180.54万hm^2,占省域国土面积的30.2%。国家级7处,省级4处,分别是:东部、东北部建有孟达、青海湖国家级自然保护区和大通北川河源区国家级自然保护区;北部有祁连山省级保护区;西部有可可西里国家级自然保护区;南部有三江源国家级自然保护区、隆宝滩国家级自然保护区;中部的柴达木盆地则建有格尔木胡杨林省级自然保护区、柴达木梭梭林国家级自然保护区、德令哈可鲁克湖—托素湖湿地省级自然保护区和诺木洪省级保护区,7处国家级自然保护区面积占全省自然保护区总面积的95.26%。青海省自然保护区有效地保护了85%的野生动植物物种,如藏羚羊、普氏原羚、雪豹和梭梭等,成为物种遗传的避难所和生存地,70%的高原重要湿地生态系统,成为我国重要的水资源地,30.7%的森林与灌木林,发挥了水源涵养、防沙固沙、碳汇等作用;37.76万hm^2的荒漠植物,成为维护戈壁沙漠生态系统平衡的屏障。自然保护区成为人们生存与和谐社会发展的重要保障,初步形成布局比较合理、类型比较齐全、功能比较完善的保护区网这些保护区不仅保护的物种多,保护的范围大,而且涉及了各类型生态系统,使青海的保护区建设形成了以自然生态系统、区域性生物物种及遗传基因多样性和湿地资源保护为主的较为完整的保护区网,它将在维护生态平衡、保护生物多样性和资源与社会可持续发展方面发挥巨大的作用。在11个自然保护区中,面积在1000km^{2}以上的就有7个。

(1)我国最大的自然保护区——三江源

三江指黄河、长江和澜沧江,其源头均在青南高原,为了源头生态环境的良性化,亦为三江中下游的福祉,2000年8月19日正式启动国家级三江源自然保护区,而且被列为国家自然保护一号工程,它包括玉树、果洛两个藏族自治州以及兴海、同德、泽库和格尔木市的一部分,总面积达31.8万km^2。这是三江流域生态最敏感的区域,也是我国面积最大、世界高海拔地区天然湿地最多、生物多样性最集中的自然保护区。划定与建设三江源自然保护区,对于保护世界屋脊的湖泊湿地、原始森林、高寒灌丛、草甸草原、珍稀动植物以及"世界第三极"景观都具有重要意义。为了纪念三江源自然保护区的建立,由江泽民主席题写的"三江源自然保护区"纪念碑,2000年8月19日在玉树县通天河畔正式揭幕。

(2)最大的湖泊自然保护区——青海湖

青海湖既是国家风景名胜区,又是国家级自然保护区,它是我国最大的咸水湖。它位于海南藏族自治州和海北藏族自治州之间。有大通山、日月山、青海南山环绕,面积4500km^2,40多条支流汇入其中,湖水蓄水量850亿m^3。青海湖为断层陷落湖,系第四纪早更新世形成,现今湖面高程海拔3197m,平均水深19m,最深处28m,湖水含氧量较低,浮游生物少。湖水含盐量0.6%,透明度8.9m,水色碧青湛蓝。自古以来被尊为神湖,因此,形成了朝拜"海神"的定期活动。

历史上青海湖外泄于湟水、黄河,中更新世新构造运动使湖盆封闭,成为内陆湖。晚更新世气候湿润、补给水量增多,水体扩大,氯离子含量0.001%~0.019%,是标准的淡水湖。全新世时氯离子含量0.010%~0.320%,湖水开始咸化。青海湖被誉为"鸟类天堂",每年3~9月由东南亚、华南飞来多达10万只以上的候鸟。

国家级青海湖自然保护区是在省保护区基础上将保护范围扩大至70.8万hm^{2}范围,包括整个青海湖区,且以珍稀水禽生态系统为保护主要对象。伴随西部大开发的环境建设与生态保护工程的建设,青海湖将成为以生态旅游为主体的多功能旅游基地。

(3)高原珍稀动物自然保护区——可可西里

可可西里是青藏高原的核心区,蒙古语为"青色的山梁"之意,平均海拔在5000m以上,环境非常恶劣,迄今仍是无人居住的"禁区",因而保存了原始的生态环境。它北界昆仑山系博卡雷克塔格山,南抵唐古拉山脉,青藏公路从其东部穿越。第三纪喜马拉雅造山运动使其强烈抬升,隆起部分形成断块山,相对下沉区形成湖盆,因而这里在高高原上形成了起伏的山体和高原湖盆湿地,成为我国湖泊密集区之一。这里是长江、黄河的发源地与众多内陆河的源流,这里还拥有一批6000m以上的极高峰,包括青海省第一高峰——青新峰(6860m)及长江源头的格拉丹冬峰(6621m)等。现在雪线高度在海拔5400~5600m,其上的山体冰川发育,冰川末端冰舌断面上形成冰塔林。可可西里也是多年冻土区,冻土层厚达120m。冻涨作用形成有趣的地貌奇景。"河水椎"直立于干涸的河床中央,形成直径10m、高达2m的大冰包,有的形成冻涨丘,表面为土,核心却是冰体。

可可西里是青海省高原野生动物的栖息地。代表性的动物有藏羚羊、野牦牛、藏野驴、白唇鹿、盘羊、棕熊、猞猁、雪鸡等。1995 年青海省政府批准为省级自然保护区。1997 年升格为国家级自然保护区,总面积为 450 万 hm^2,受保护的动物有 46 种,其中 18 种属青藏高原特有种。国家一类保护动物 5 种,二类保护动物 4 种。区内 16 种哺乳动物中有 11 种为青藏高原特有种,鸟类 30 种中有 7 种为青藏高原特有种,这里不仅适合登山探险、科学考察、旅游,也适宜开展高原生态旅游。

(4)特有的黑颈鹤自然保护区——隆宝滩

黑颈鹤是中国的特有种,属国家一类保护动物,它春夏在青藏高原栖息繁育,秋冬至云贵高原和藏南地区越冬。据世界鹤类基金委员会估计,现有的种群为1000 只左右。隆宝滩黑颈鹤国家级自然保护区位于玉树县结降乡,东西长约 25km,南北宽约 4km,总面积约 $100km^2$。它是一个狭长的山间盆地,四周高山环抱,海拔在 4200m 左右,是一处高原湖泊湿地草甸,食料丰富,是黑颈鹤理想的栖息地。它们每年 3 月由云贵高原迁飞至此,4 月中旬交配产卵,5 月初孵化,3 日后可直立行走,随亲鸟觅食,至 10 月份长成南飞云贵越冬。

(5)高原上的"西双版纳"自然保护区——孟达

孟达自然保护区位于循化县孟达乡,东西长约 2km,南北宽 24km。由于特殊的地理环境和优越的气候,孕育了多样性的物种资源,被誉为"高原上的西双版纳"。它汇集了唐古拉区、华北区和横断山区三大区系的植物种类。拥有植物 90 科,302 属,537 种,有兽类 9 种,鸟类 68 种。出产我国三大高山名花:报春花、龙胆花、杜鹃花,是大西北不可多得的天然植物园。保护区内有瀑布、天池、奇峰、卧虎石、面壁石、神仙洞、虎啸泉等 60 多处景点,而且又是撒拉族聚居区,民族风情习俗奇异。1980 年青海省政府批准为以保护森林生态系统为主要目的自然保护区,后又升格为国家级自然保护区,保护区面积 $17290hm^2$。

(6)青海大通北川河源区国家级自然保护区

青海大通北川河源区自然保护区地处大通县北部,是县域宝库河、东峡河、黑林河的源头地区,总面积 10.8 万 hm^2。主要保护对象为高原森林生态系统及其生物多样性,保护区的区位条件对调节气候、维持区域生态平衡、保护区域生态安全方面起着至关重要的作用。

(7)柴达木梭梭林国家级自然保护区

柴达木梭梭林国家级自然保护区于 2013 年 7 月由国务院办公厅批准建立,分别由德令哈市、乌兰县、都兰县的 3 大块相对独立的区域组成,面积 37 万 hm^2有余。梭梭林是荒漠生态系统的重要组成部分,对维护荒漠生态系统的稳定起主导作用,该自然保护区除梭梭、柽柳、沙拐枣,麻黄、白刺和盐爪外,尚有 15 科,41 属,65 种沙生植物,这些野生植物大多在严酷的自然条件下经过长期自然选择得以保留下来,具有顽强的生命力,是特殊荒漠生态系统的组成部分,在自然保护及生物多样性方面具有重要的价值。这些植物不仅对青海西部地区防风固沙、改变荒漠面貌和保护绿洲生态环境、引种驯化等方面具有一定的现实意义,而且在植物学、分类学、生态学等方面的学术研究,也有很重要的科研价值。保护区内地貌类型多样,有流水地貌、干燥剥蚀山地貌、湖积地貌、风成地貌等,风成地貌主要分为风蚀和风积地貌。另外,保护区内还广泛分布有白刺和柽柳沙包及新月形沙丘,格状沙丘和流动沙丘等。

2. 典型动物旅游资源景观

由于青海地域辽阔,地貌形态复杂多样,气候条件多变青海自然地理环境复杂,为种类繁多的动、植物提供了繁衍、生长的条件。使青海省动物资源旅游资源具有种类多、分布广、数量多的特点,青海省的动物资源也以高原类为特色。据统计,分布于省内的一类保护动物计有 22 种,如野骆驼、野牦牛、藏野驴、藏羚羊、盘羊(大角羊)、白唇鹿、雪豹、黑颈鹤、鬣羚(苏门羚)、黑鹤等。二类保护动物39种。青海野生动物种类中大型动物多,且数量相当丰富,资源动物蕴藏总量居全国前列。

(1)"高原精灵"——藏羚羊

藏羚羊是青藏高原特有的珍稀动物,藏羚羊因绒毛价格昂贵被称为"软黄金",也是列入《濒危野生动植物种国际贸易公约》中严禁进行贸易活动的濒危动物。藏羚羊一般体长135cm,肩高80cm,体重达45~60kg。形体健壮,头形宽长,颈部粗壮。雄性角长而直,乌黑发亮,雌性无角。鼻部宽阔略隆起,尾短,四肢强健而匀称。全身除脸颊、四肢下部以及尾外,其余各处皮毛丰厚绒密,通体淡褐色。

(2)"雪山之王"——雪豹

雪豹生活在海拔3000m以上的高山岩栖,是猫科动物中的佼佼者。由于常年奔跑跳跃,四肢健壮,行动敏捷,是人们喜爱的观赏动物。豹皮是名贵皮货,豹骨是治风湿病的良药。

(3)"高原勇士"——野牦牛

野牦牛终年生活在海拔4000m以上的高原山区,争雄好斗,不怕狂风酷寒。全身披满浓密的黑色长毛,且绒多,质坚韧,可加工成毛纺制品。皮可制革,肉味鲜美。牛角、舌、喉、心、胆、血等,均可入药。

(4)"荒漠之舟"——野骆驼

是世界上稀有动物之一,具有耐寒、耐饥渴,善于长途奔走,性温驯,耐粗饲,有优良的役用价值,且有产绒、产乳、产肉等生产性能。

(5)"珍禽之冠"——黑颈鹤

是世界鹤类中最稀有的一种。因其额、颊和颈的大部分呈黑色而得名。属国家一类保护动物。其肉、骨、胃等均可入药,是为世界注目的珍禽。

(6)"国宝动物"——白唇鹿

白唇鹿体态特征:体重在200kg以上,体长1.55~1.9m,耳长而尖。雄鹿具茸角,一般有5叉,因其角叉的分叉处特别宽扁,故也称作扁角鹿,雌鹿无角。唇的周围和下颌为白色。

白唇鹿分布于青海、甘肃及四川西部、西藏东部。是一种生活于高寒地区的山地动物,分布海拔较高,活动于3500~5000m的森林灌丛、灌丛草甸及高山草甸草原地带,尤以林线一带为其最适活动的生境。禾本科和莎草科植物是白唇鹿的主要食物。喜群居,除交配季节外,雌雄成体均分群活动,终年漫游于一定范围的山麓、平原、开阔的沟谷和山岭间。主要在晨、昏活动,白天大部分时间均卧伏于僻静的地方休息、反刍。受到惊吓时,雄鹿向高处跑,而雌鹿则向较低处跑。

(7)雪域高原犬类活化石——藏獒

藏獒又名多启、大狗,古称苍猊犬等。主产于西藏和青海(国家二类保护动物,世界级珍稀物种),据记载距今已有800万~300万年的历史。世界上许多国家和地区都有藏獒的足迹。原始藏獒生活在青藏高原海拔3000m以上的高寒地带及中亚平原地区,在我国的西藏、青海、四川、甘肃、新疆、内蒙古、宁夏以及尼泊尔境内均可发现藏獒的踪迹。

2000多年以前,藏獒便活跃在喜马拉雅山脉,以及海拔3000m以上的青藏高原地区。标准的纯种藏獒多见于广大牧区,有狮头型、虎头型之分,有安多系、康坝系、青藏系的类别区分。藏獒头大而方,额面宽,眼睛黑黄,嘴短而粗,嘴角略重,吻短鼻宽,舌头唇厚。颈粗有力,颈下有垂,形体壮实,听觉敏捷,视觉锐利,前肢五趾尖利,后肢四趾钩利,犬牙锋利无比,耳小而下垂,收听四方信息,尾大而侧卷。

(8)青海湖裸鲤

青海湖裸鲤鲤形目鲤科裂腹鱼亚科裸鲤属,俗称湟鱼,分布于青海湖及其附属河流中,是青海湖水系中独有的大型经济鱼类。青海湖裸鲤体长形,稍侧扁,头锥形,无须,身体裸露无鳞,只有臀鳞残存,体色青灰或黄,腹部白色,两侧有黑色纹斑。其食性杂,但生长缓慢,平均10~12年才能增重500g。繁殖能力低,繁殖季节极易遭受天敌和人类捕捞活动的破坏。主要产卵场布哈河在产卵季节鱼群密集,绵延几十千米,成为一大景观。裸鲤是我国五大名鱼之一,曾于1979年被国家列为稀有水生动物。

(9)普氏原羚

普氏原羚别名滩原羚、黄羊,是中国特有的哺乳动物中数量最少的物种,成为我国特有的哺乳动物中种群数量最少的物种,世界上有蹄动物中处于最濒危的物种,1999年我国的濒危动物兽类红皮书中将其列为极危级动物,《世界自然保护联盟》列入2009年红色名录极危级(CR)动物。经过近些年的有效保护,普氏原羚种群数量有所恢复,截至2013年8月普氏原羚数量达到1178只。1875年由俄罗斯博物学家普热瓦尔斯基在我国内蒙古鄂尔多斯草原上发现并命名,系一种较典型的荒漠与半荒漠的有蹄动物,栖息于生长有麻黄、芨芨草、苔草等植被类型的山间盆地和湖周边半荒漠地带的干旱环境中,以莎草科、禾本科及其他沙生植物为食。普氏原羚目前只分布于我国青海省的青海湖周围,以及天峻县和共和县。

(四)气候与气象景观类旅游资源

1.气候景观类旅游资源

避暑型气候是能够满足旅游者躲避酷暑需求的一种气候类型。

“中国夏都——清凉西宁”就是避暑型气候旅游资源的典型,西宁地处青藏高原东部边缘,黄河支流湟水上游;市区平均海拔2275m,属温带半干旱高原大陆性气候,大气较为干爽。每年10月到次年4月为冬季供暖期,冬无严寒、夏无酷暑,按气候均温来划分四季。这里没有真正的夏季,气候特点是长冬无夏,春秋相连,夏天平均气温在10~25℃,大自然赋予西宁一个非常凉爽宜人的夏天,无炎热相逼、无蚊虫叮咬,非常凉爽,是盛夏理想的避暑胜地,被誉为“夏都”。

2.气象景观类旅游资源

1)云、雾、雨

(1)判断依据

云是指停留在大气层上的水滴或冰晶胶体的集合体。云主要有三种形态:一大团的积云、一大片层云和纤维状的卷云。

雾是指近地面的空气层中悬浮着大量微小水滴(或冰晶),使水平能见度降到1000m以下的天气现象。雾是接近地面的云。

雨是从云中降落的水滴。

(2)成因分析

云是地球上庞大的水循环的有形的结果。太阳照在地球的表面,水蒸发形成水蒸气;一旦水汽过于饱和,水分子就会聚集在空气中的微尘(凝结核)周围,由此产生的水滴或冰晶将阳光散射到各个方向,这就产生了云的外观。

在水汽充足、缸风及大气层稳定的情况下,如果接近地面的空气冷却至某程度时,空气中的水汽便会凝结成细微的水滴悬浮于空中,使地面水平的能见度下降,形成雾。雾的出现以春季期间较多。雾形成的条件:一是冷却,二是加湿,增加水汽含量。

陆地和海洋表面的水蒸发变成水蒸气,水蒸气上升到一定高度之后遇冷变成小水滴,这些小水滴组成了云,它们在云里互相碰撞,合并成大水滴,当大到空气托不住的时候,就从云中落了下来,形成了雨。

(3)代表景观

贵德著名雨景有"东山烟雨",贵德东山"胜保扎"此处石崖峥嵘,松林茂密,山谷常被烟雾笼罩,分外幽丽。天气晴朗时,雾像一条黛青色的带子缠绕山间,每逢山雨欲来,云遮雾罩,烟雨缥缈,常常出现的皓月当空、细雨蒙蒙的景观。

2)冰雪

(1)判断依据

雪是水或冰在空中凝结再落下的自然现象,或指落下的雪花。

(2)成因分析

降水分为两种:一种是液态降水,这就是下雨;另一种是固态降水,这就是下雪或下冰雹等。雪是大气固态降水中的一种最主要的形式。冬季,我国许多地区的降水是以雪的形式出现的。降雪往往使大自然形成银装素裹的冰雪世界,如果配以高山、森林等自然景观,可构成奇异的冰雪风光。

(3)代表景观

冰雪景观如贵德的"素石积雪",特指贵德新街扎木日根山的雪景。扎木日根山主峰5011m,山上积雪终年不化,山麓遍布柏树原始林,岩羊、雪豹、麝鹿等珍稀野生动物出没其间,是登山探险者的天堂。

3)海市蜃楼

(1)判断依据

平静的海面、大江江面、湖面、雪原、沙漠或戈壁等地方,偶尔会在空中或"地下"出现高大楼台、城郭、树木等幻景,称海市蜃楼。

(2)成因分析

海市蜃楼是一种光学幻景,是地球上物体反射的光经大气折射而形成的虚像。由于不同的空气层有不同的密度,而光在不同密度的空气中又有着不同的折射率,海市蜃楼也就是因海(地)面上暖空气与高空中冷空气之间的密度不同,对光线折射而产生。蜃景与地理位置、地球物理条件以及那些地方在特定时间的气象特点有密切联系。气温的反常分布是大多数蜃景形成的气象条件。

(3)代表景观

海市蜃楼一般多出现在海湾、沙漠和山顶。青海柴达木盆地常常都可观测蜃景。

工作任务完成

(1)认真学习完成本任务的必备知识,尤其是青海自然旅游资源的主要类型、判断依据、成因分析、代表景观或景区的相关内容。

(2)收集相关资料,以小组为单位判断青海自然旅游资源的主要类型,对其成因加以分析。

巩固和提高

(1)介绍青海自然旅游资源代表性代表景观或景区。

(2)试述青海自然旅游资源的主要类型,对其成因加以分析。

项目四　青海人文旅游资源认知

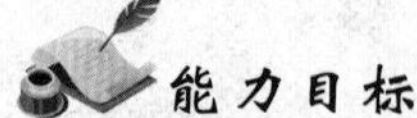能力目标

(1)能描述青海人文旅游资源形成的地理环境；

(2)能准确判断青海人文旅游资源的主要类型；

(3)能对青海人文旅游资源进行调查和评价。

知识目标

(1)掌握青海各类人文旅游资源类型；

(2)掌握青海各类人文旅游资源的代表性景观。

素质目标

(1)学习能力、资料的查阅能力；

(2)与人协作的能力、工作的责任心；

(3)分析和解决问题的能力。

任务一　青海人文旅游资源形成的历史背景解读

工作任务描述

请收集青海各类人文旅游资源资料，然后对其进行讲解，在讲解过程中注意体现该类人文旅游资源的内涵与特征。青海是一个民族多元，有着深厚的文化积淀、悠久的文明历史、丰富的人文风情的省份，因而不同的地域呈现出不同的人文旅游景观。请分析：构成青海文化多元鲜明个性的因素是什么？

任务分析

分析构成青海文化多元性的原因，可以从观察青海的人文历史背景入手，分析青海各地的人文历史背景的差异，从而得出结论。利用下面提供的相关知识，完成此项任务。

完成任务必备知识

一、青海的史前文化

青藏高原是世界上最年轻的高原，在距今两百多万年前，这里还是气候温和、草泽遍地、灌木丛生的地方。青海全省平均海拔高度在3000m以上，位于黄河、长江的上游，拥有丰富的古代文化遗存和悠久的历史文化，是我国古代灿烂文化的重要组成部分。现已发现的古文化遗

址有两千余处、墓葬五千余座、出土文物十万余件,这些文化遗存遍布全省各地。

1. 旧石器时代文化的主要发现

1956 年在长江源头的沱沱河沿、可可西里等地发现了一批打制石器,1982 年在海西小柴旦湖东南岸发现旧石器时代文化层,其年代距今约有两万三千年,从石器的组合和制作技术上看,与北京猿人遗址的石器相近,说明西北与华北古人类文化有密切联系。1980 年在贵南县发掘出拉乙亥文化,其出土文物除石器外,还发现许多骨器,说明当时狩猎已具相当规模。其年代距今六千多年。

2. 新石器时代文化的主要发现

新石器时代在我国开始于七八千年以前,当时已出现农业和畜牧业,生活资料有较可靠的来源,开始定居生活,广泛使用磨制石器,已能制陶和纺织。新石器时代文化在青海发现的很多,其中新石器文化最为典型,其年代距今约五千年。

青海地区的新石器文化有马家窑文化类型和宗日文化类型。

1)马家窑文化类型

马家窑文化在省内分布广泛,马家窑文化因最早发现于甘肃省临洮县的马家窑而得名,而后在甘、青发现的文化遗存,其文化性质与马家窑所出相同者,都叫作马家窑文化。马家窑文化的一个突出特点是普遍出现了彩陶。众所周知,我国是世界最早出现彩陶的国家之一,地处黄河上游柳湾遗址出土彩陶最多。彩陶成为甘、青地区远古文化的显著标志。马家窑文化由于文化内涵和地域的差异,又分石岭下、马家窑、半山和马厂 4 种类型,其间共延续了两千年之久。

(1)石岭下类型

因最初发现在甘肃省武山县城关镇石岭下村而得名。这个文化类型的特点,经考古工作者的研究,认为它是介于仰韶文化庙底沟类型与马家窑类型之间的一种古文化遗存,但从其文化内涵的主体来说,应划入马家窑文化范畴内,并且由于年代较早,应属于马家窑文化的早期阶段。

这个类型的分布地域,大体是东起天水,西抵青海民和县。当时居民已过着较长期的定居生活,主要从事农业生产。使用的生产工具有石制的长方形石斧,梯形的石锛,长方形穿孔的石刀等。制陶业比较发达,在各个遗址的发掘中都大量出土有陶制的器皿。陶器是用黄土做成的,但在普通的黄土中,常含石灰质和其他的杂物,因此就得把泥土经过人工的淘洗,才能取得较纯较细的泥土,作为制陶的原料。这种原料按其质料的粗细与颜色的不同,可分为泥质红陶、夹砂粗红陶、泥质灰陶与彩陶等,以夹砂粗红陶为主。

(2)马家窑类型

马家窑类型在甘、青地区分布较广,东从甘肃东部清水县,西延伸至青海贵南县,北入宁夏南部,南达四川汉川市。在青海境内主要分布在黄河上游及其支流湟水流域。

当时的居民过的是定居生活,其经济生活是以农业生产为主,生产工具有石刀、斧、铲、柞、磨谷器等。同时,还兼管狩猎业,常见的狩猎工具有骨镞与石弹丸等。马家窑类型的制陶业十分发达,并以精美的彩陶器而著称于世。陶器的陶质坚细,器表打磨光滑,甚至会给人有发光的感觉。彩绘以黑色为主,也有少数以黑红或黑白二色兼施的。彩绘花纹绚丽多彩,遍饰在陶容器的外表,也有的在陶器的颈腹部,还有把彩绘描在陶器内壁的,这是当时制陶者别开生面的一种表现手法,这种饰在陶器内壁的彩绘花纹,我们通称为“内彩”,它在碗、钵、盆一类大口器的内壁是很常见的。彩绘图案的结构多采用突出某一花纹主题。主要的花纹有平行条纹、圆圈纹、连珠纹、三角纹、叶形纹、勾连纹、弧线纹、旋涡纹、圆点纹与网格纹等，多属于几何形花纹。

陶容器在造型上的特点是以平底器为主，尖底器次之，三足器不常见。器形有浅腹碗、卷沿曲腹盆、细颈瓶、小口尖底瓶、彩陶壶、束腰双耳罐、彩陶罐与彩陶瓮等。马家窑类型的葬式有：仰身直肢葬，把人骨架平放在墓内，四肢伸直；二次葬，它是对死者的尸体和遗骨分别进行两次或两次以上处理的葬裕；第三种是瓮棺葬，这种瓮棺葬是指陶钵、盆或盖与罐、瓮上下合扣成的葬具，也有用豆形器与鼎或两个半截的尖底瓶合成的，除少数有成人二次葬外，大多数都是小孩一次葬。这些作为"瓮棺"的葬具，不是特制的葬器，而是当时人们日常生活中使用的陶器。

(3)半山类型

半山类型是1924年在甘肃省广河县半山村首先发现而得名的。在青海境内主要分布在民和、乐都、互助、同仁、循化、兴海与同德等县，但经过正式发掘的较少，只有乐都柳湾与循化苏乎撒两处，发现有近三百座墓葬。

当时人们的经济生活是以农业为主，兼营狩猎业。生产工具主要是石制的长方形斧、梯形锛和长条形的凿等；狩猎工具有石弹丸、骨箭头等。

半山类型的人们在经营农业的同时，还兼营各种手工业，如制陶业等。制陶业是他们的主要手工业，陶器都制造得很精致美观。陶器质地既有泥质红陶与夹砂红陶，又有一部分泥质灰陶，红陶的颜色多呈橙黄色。制法皆手制，多采用泥条盘筑法，陶器表面有各种不同的装饰，主要是彩绘装饰，也有饰绳纹与附加堆纹的。彩绘图案堂皇富丽，光彩夺目，且富于变化，彩绘的一个突出特点是采用黑红二彩合镶或间隔并用的手法，与陶器底色相映衬，从而构成三彩交织的浓烈图案，整个画面色彩鲜明，艳丽醒目。

在埋葬方面有其独具的习俗，他们有自己的氏族公共墓地，墓葬为长方形竖穴土坑墓，大小相若，长约2m，宽0.5~1m。墓坑四壁垂直整齐，墓葬分布密集，排列有序，头向多朝北方，有的以木棺为葬具，这种木棺多是一头大一头小呈梯形。死者的葬法有单人葬，也有多人合葬。

(4)马厂类型

马厂类型最早是于1924年在马厂垣发现的，故而得名。马厂垣现隶属民和县。马厂类型的人们与半山类型一样是以农业为其经济生活的主要来源，当时的生产工具仍以石斧、石挤、石凿和石刀等为主，这些工具在遗址或墓地中都是大量出现的。在柳湾墓地，这些工具都是成组成套的出现，即石斧、石铸与石刀等同在一个墓内出土。同时还发现有不少粟类等农作物遗迹，这种粟是装在陶容器中器形最大的粗陶瓮内，并且数量是相当可观的，有的一座放置有两个至三四个粗陶瓮，每个瓮都装满了粟，这表明当时农业生产是达到了相当高的水平，否则很难生产这么多粮食的。

当时人们在经营农业的同时，还从事纺织业与制陶业等手工业活动。在柳湾墓地普遍出土石制或陶制的纺轮作为随葬品的，并且这些纺轮多出在女性墓内。具体地说明了男女的不同分工，男性主要从事农业生产，女性则主要在家内从事纺织业劳动。

在各种手工业中，以制陶业最为发达，虽然在陶质颜色、制法等方面与半山类型基本相似，但在陶器的器形与装饰等方面更为多样复杂，并且有其独自的特点，反映了当时制陶工艺达到了更高的水平。陶器的表面装饰除常见的绳纹与附加堆纹外，还有锥刺纹、划纹与繁缛的彩绘。彩绘以黑彩为主，也有红、黑二彩兼施的。在器物的上部往往施一层红色或紫红色的陶衣，彩绘花纹有几何形与动物形纹样，几何形花纹有四圆圈纹、连弧纹、菱格纹、曲折纹、方格纹、万字纹屯云雷纹、变形回纹等，其中圆圈纹内还填缀有十字纹、井字纹等小型花纹。动物纹主要是蛙纹，蛙纹又有全蛙形与半蛙形的区别。还有人面形纹与全身人像彩塑纹等。在图案上有较多的变化与创新，在陶器造型上比半山类型也更为新颖多样。除常见的平底器外，还有圈足器。主要的器形有陶盆、彩陶壶、双耳彩陶罐、彩陶瓮、带嘴彩陶壶、长须彩陶壶、粗陶罐与粗陶瓮等，比较少见而较新奇的器形有葫芦形罐、人像彩塑壶、人面形彩陶壶和喇叭形彩陶器等，这些都是彩陶工艺中的珍品。

在埋葬习俗方面马厂类型墓葬形制主要的是长方形竖穴土坑墓，其次是带墓道的平面呈“凸”字形墓。这种墓可能是我国最早的土洞墓，规模一般较大，大者长达四五米。墓葬分墓室与墓道两部分，在墓室与墓道之间还有用木棍或木板插堵的封门，这是一种带有特点的结构形式。有的墓内有葬具，在埋葬习俗方面无缝，牢固不松散。还有一种葬具是垫板，即用两三块木板合拼而成，平面呈长方形，长约2m。葬法有单人葬与合葬两种，以前者为主。若按人骨架摆放的姿态，可分为仰身直肢葬、侧身屈肢葬、俯身葬、二次葬等，以仰身直肢葬比较常见。合葬墓有两三人合葬在一起，也有四五人合葬在一起，情况不一。马厂类型墓葬，一般都有随葬品，以陶容器为大宗，还有石制品与骨制品等。各墓随葬品的数量不等，一般为二三十件，有的四五十件，最多者达95件。这些随葬品有的放置在墓弃的一侧，有的放置在头部附近或脚下方，少数放在棺盖上，但大型的粗陶瓮则多放在墓室近墓口处，这表明随葬品在墓内都是有意识摆放的，不是随便胡乱地堆放。

2)宗日文化类型

宗日文化是20世纪80年代青海考古的重大发现，是青海新石器文化的重要代表。

宗日文化遗址分布于青海湖南侧共和盆地的黄河及其支流沿岸，时代与东部的马家窑文化相始终，大约延续了1500年，后被齐家文化代替；陶器为夹粗砂乳白色陶，施紫红彩，图案以变形鸟纹、多道连续折线纹为主。

宗日遗址的陶器，可分为泥质陶和夹砂陶两大类。从葬俗上分析，墓坑平面呈圆角长方形和长方形，有二层台与侧室墓，葬具为木椁与棺等，同新石器时代及以后一个时期内其他地区墓葬相同。二次扰乱葬、俯身葬、石棺葬等在青海地区虽然也有许多发现，但在年代上均晚于宗日遗址，也不似在宗日遗址中这么普遍。宗日遗址出土的两组24人连臂舞蹈纹彩陶盆是继1973年在大通上孙家寨舞蹈纹彩陶盆之后，青海境内出土的又一个舞蹈纹彩陶盆，是青海彩陶艺术的珍品。

3. 青铜时代文化的主要发现

青海目前确认的商周时期的青铜文化有齐家文化、卡约文化、辛店文化和诺木洪文化。

(1)齐家文化

齐家文化的年代据碳14测定，为公元前2000～公元前1600年，较多的学者认为它是马家窑文化马厂类型的继承和发展。齐家文化的分布范围东起泾水、渭水流域，西达青海湖畔，南抵白龙江流域，北入内蒙古阿拉善左旗。青海境内经调查登记的齐家文化遗存430处，经过考古发掘的遗址和墓地主要有贵南县尕马台、大通县上孙家寨、乐都县柳湾、民和县清水泉、西宁市沈那等。

齐家文化的人们过着比较稳定的定居生活，原始农业仍是主要的经济行业。生产工具继承了马家窑文化时的石斧、刀、铲、镰、磨谷器等，这些工具在选材上采用硬度较高的玉、石料，精工细琢，造型规整，刃部锋利。家畜饲养业有了较大发展，饲养的动物有狗、猪、羊、牛、马、驴等。在青海湖滨的沙柳河遗址中，有大量的鱼骨和鹿、大角羊的骨骼，以及盘状器、网坠、骨镞等渔猎工具，表明这时渔猎仍是重要的辅助经济。

齐家文化的制陶业比马家窑文化又有新的进步，开始使用轮制技术，不仅提高了生产效率，而且陶器质量也有了提高。此外，当时人们已掌握了氧化焰和还原焰的烧窑技术，烧制的陶器比较精致，质地细腻，部分器物的表面打磨得十分光滑。薄胎双大耳罐和折肩篮纹壶是最典型的器物，还有陶盉、四耳罐、鬲等均为此前所未见。

齐家文化时还出现了冶铜业。尽管冶铜技术尚处在初始阶段，但它突破了若干万年的制石工艺，标志着生产力水平有了新的飞跃，宣告历史从此进入青铜器时代。

(2)卡约文化

卡约文化最早发现于青海湟中县李家山的卡约村，是比较发达的一种青铜时代文化遗存，它主要分布在青海东部农业区及海南、黄南、海北等部分地区，已发现遗址1700余处。卡约文化的经济类型是以畜牧业为主并兼有少量农业和渔猎，年代相当于夏商时期。

(3)辛店文化

辛店文化最早发现于甘肃省临洮县辛店，在青海主要分布于西宁以东的乐都、民和、循化、化隆，最西到贵德黄河沿岸。辛店文化除有大量彩陶外，石器、骨器等也很多，经济生活以农业为主，兼有畜牧业，同时，冶铜业也已经出现了。辛店文化，相当于西周晚期左右至战国时代。

(4)诺木洪文化

诺木洪文化主要分布于青海的柴达木盆地。遗址内发现有房屋和牲畜圈栏等建筑遗存，并有翻地用的骨耜和收割用的石刀，表明这里的农牧业均具有相当水平。同时还出土了铜器和毛织品残物，说明当时的先民们已掌握了相当的冶铜和毛纺织技术。诺木洪文化与卡约文化关系密切，其年代与卡约文化相接近，相当于西周时期。

其中青海的土著文化遗址主要有卡约文化和诺木洪文化。卡约文化是青铜器时代青海境内主要的土著文化遗存，与青海地区齐家文化关系密切，应是齐家文化的延续和发展，分布于东至甘青交界处，西达柴达木盆地东缘，北到祁连山南麓，南至果洛藏族自治州境内的黄河沿岸和玉树藏族自治州境内的通天河地区，其绝对年代为公元前1600年~公元前740年。卡约文化时期人们大体早期以农牧并重，晚期以牧业为主。诺木洪文化的分布仅限于柴达木盆地，以盆地的东南部分布较集中，其年代距今2900年左右，正当西周时期，下限可能延至汉代以后。诺木洪文化的人们已过着定居的生活，畜牧业较发达，圈养牛、羊、马、骆驼等牲畜。

青海古代文化，特别是新石器时代及其以后的文化，都与中原文化有着密切联系，是对中原文化的承袭和发展。我们的先民们早在史前时期就在青藏高原、河湟两岸繁衍生息和探索文明了，他们所创造的具有青海地区特色的文化为我国古代文化宝库增添了新的内容。

二、先秦时期的青海——青海的古代居民羌人

《后汉书·西羌传》记载：舜将原居今湖南衡山附近的❶三苗之一部迁徙到三危河关西南地区的赐支河沿岸，与原来的土著长期杂处，融合发展，古羌人在远古时代曾有过三次大规模

❶三苗：中国上古传说中黄帝至尧舜禹时代的古族名。又叫“苗民”、“有苗”。主要分布在洞庭湖（今湖南北部）和彭蠡湖（今江西鄱阳湖）之间，即长江中游以南一带。梁启超认为，三苗的苗就是蛮，系一音之转，尧舜时称三苗，春秋时称蛮。当禹的夏部落联盟跨入奴隶社会时，三苗已有“君子”、“小人”之分，开始有了阶级分化。

迁徙[1],第一次是炎黄两大羌戎部落中若干部分的东、西两向迁徙,东迁的羌人广泛传播了神秘的昆仑传说。其活动范围很广,东起今甘肃南部,西汔黄河源,南及青藏高原和今四川西北部,西北远至今新疆鄯善、吐鲁番一带。中原地区按传统习惯把住在广大西部的人民通称为羌或西羌。羌人是我国民族大家庭中一个历史非常悠久、分布广泛而又影响深远的兄弟民族。在我国古代的传说资料中,就有不少关于羌人的史迹,如发源于青藏高原的昆仑神话中的西王母被认为是世俗兼领神权的羌人部族大首领。

羌人以游牧为生,没有固定住处,他们以畜牧业为主,多游牧而居,所以被称为"西戎牧羊人"。他们的习俗,没有固定的姓氏,一般用父名母姓作为部落的称号。父兄死后,以后母、寡嫂为妻。那时,羌人还没有君臣之分,各部落之间也没有从属关系,以力为雄,常互相袭击。强者分出部分族人自称酋豪,弱者被迫为附落。杀人偿命,无它禁令,羌人长于山谷作战,不惯于平地交锋;善于突击,不能持久;以战死为荣,以病歿为不详;性格勇猛刚强,能耐寒吃苦。

夏、商、周时,一部分羌人先后进入内地,有的成为中央王朝的重要封国,如西周时的姜姓等。当然,羌人的主体仍留居青海高原和河湟故地,与中原中央王朝保持着各种形式的联系。

春秋时期,秦国大举向西开拓疆土,兼并和征服了西北大量的戎人、羌人。至秦穆公时,"用由余谋伐戎王,益国十二,开地千里,遂霸西戎"。战国初,分布在黄河上游和湟水流域的一部分羌人,还处在原始社会末期。此时,羌人著名领袖无弋爰剑登上历史舞台,使得羌人社会发生了巨大的变化。史籍中关于青海羌人即西羌的叙述是从公元前5世纪羌人领袖无弋爰剑的传说开始的,《后汉书·西羌传》记载,公元前5世纪,一名在秦国做奴隶的羌人无弋爰剑从秦国脱逃西奔,途中藏入山洞,追逃的秦兵便纵火烧洞。性命攸关之际,突然间一个巨大的虎形身影闪现,挡住了熊熊大火,无弋爰剑得以不死。无弋爰剑获救后,与一位被割了鼻子的女人邂逅,并与之结为夫妻。夫妇俩相伴西行,最终到达河湟地区,当地羌人知道了无弋爰剑神奇的逃亡经历,十分敬畏,便推举他做了首领。

无弋爰剑于是将自己在秦国时学到的农牧生产技术传授给当地的羌人,受到大家的敬重和信赖,归附的人也越来越多。据说,无弋爰剑的妻子为了遮无鼻之丑而披发覆面,羌人妇女纷纷效仿,以至形成披发之俗。无弋爰剑之后,其子孙也世世代代做西羌部落的首领。羌人谓'奴'为'无弋',以爰剑尝为奴隶,故因名之。他向羌人传授从秦国学到的生产技术,促进了羌人社会的发展。羌人社会开始进入父系氏族社会。

《后汉书·西羌传》记载,到无弋爰剑曾孙忍时,秦献公(公元前384~公元前362)再次向西扩张势力,兵至渭水源头,灭狄戎,爰剑之孙卬率部迁徙至今青海西南界或西藏的东北角,从此与湟中诸羌断绝往来,这即是后来史书中的"发羌"、"唐旄",成为后来藏族先民的一支。还有一部分羌人长途跋涉到了新疆天山南路,成为后来文献上所记载的"蜡羌"。此外还有大量的羌人陆续向西南移动,有的到了白龙江流域,名为武都羌;有的到了涪江、岷江流域,名为广汉羌;有的到了雅砻江流域,名为越巂羌。他们与当地原有的居民共同生活,发展成为西南藏彝语族的各支的先民,而这些羌人多与当地土著交融结合,对西南地区的民族历史产生了深远影响。当今西南地区不少民族如彝族、纳西族、白族、普米族等都与羌人有历史渊源关系,至于爰剑的嫡系则仍在湟中繁衍生息。《后汉书·西羌传》载:"忍及弟舞独留湟中,并多娶妻妇。忍生九子为九种,舞生十七子为十七种,羌之兴盛,从此起矣。"

---

[1]芈一之.青海民族历史的特点与民族文化的特性[J]。青海民族学院学报社会科学版,2007(7);62-65.

三、秦汉时期的青海

(一)秦朝时期的青海

秦朝时期的青海居民仍然是西羌,西羌主要以游牧为生。“所居无常,依随水草。地少五谷,以畜牧为业”。游牧的羌人组成了大大小小数以百计的“种落”(即部落)。史载无弋爰剑之后,其子孙分支多达150种。这些“种落”,或取动物之名为号,或以父名母姓命名,大者万余人,小者数千众,自有酋豪,各不相属,没有形成统一的力量。各部落或强或弱,盛衰无定;强者往往号令弱者,弱者则依为附庸。因为草原上生产生活资源的匮乏,部落间常常因为争夺牧场、牲畜甚至人口而发生暴力冲突,只在必要时,部落间才会“解仇交质”,结成暂时的联盟。

(二)西汉时期的青海

秦汉之际,北方匈奴强盛,击败东胡,逼走月氏,南进到今内蒙古自治区南部,构成对西汉北方的严重威胁。匈奴以游牧为生,经常掠夺邻近各部落,以掳获的人口充当奴隶。

居住在西北的羌人也受到匈奴的侵袭。羌人研部的首领留何率同族属,于汉景帝时(前156~前141年),陆续迁居狄道、安故以至临洮、氐道、羌道等地。西汉初,为匈奴所迫而西迁的还有月氏胡。月氏胡的一小部分人,南迁到湟水流域,跟羌人住在一起,被称为小月氏。小月氏和羌人长期共同生活,互通婚姻,两族的生活习惯和语言大致相同。

汉武帝时,西汉经济得到恢复,国力有了很大的增长,解除来自匈奴的威胁,不仅十分必要而且成为可能。公元前121年(汉武帝元狩二年),汉镖骑将军霍去病击败匈奴,据有张掖、酒泉地区,隔绝匈奴与羌人的联系,在今甘肃省兰州市属永登县在今甘肃省兰州市属永登县境内筑令居塞。同年,汉军进入迫水流域,小月氏前来归附,一部分羌人被迫西迁。公元前121年(汉武帝元狩二年)霍去病在今西宁城垣处修筑军事据点西平亭。

公元前112年(汉武帝元鼎五年),匈奴联合先零、封养、牢姐等羌人部落共十余万人进攻令居,围攻袍罕(今甘肃省临夏市)。次年,汉武帝派将军李息和郎中令徐自为领兵十万进击羌人。羌人战败,有些部落退翔青海湖西南地区。汉朝就各山隘修筑堡寨,公元前111年设置“护羌校尉”❶,治所令居,以管辖今甘肃、青海地区的羌人。随同军事的发展,汉族人口开始移入青海地区,中原先进的生产技术和文化也传播进来,汉武帝晚年在全国范围内。推行新农具和耕作技术,大规模兴修水利,设置铁官推广炼铁技术,这些措施对边服的开拓也起了一定的促进作用。

西汉击败匈奴后,开始在今甘肃河西走廊设置酒泉、张掖、敦煌、武威四郡,开辟了通往西域的道路。

1.赵充国设县屯田

公元前61年(汉宣帝神爵元年)3月,义渠安国来到羌人地区,残暴地诱杀先零羌的首领三、四十人,纵兵进攻羌人部落。先零羌首领杨玉联合其他羌人部落起兵攻城邑,杀官吏,义渠安国所领部队进至浩门(今甘肃永登县河桥琴南),为羌人阻击,损失很重,败回令居县。同年4月,汉宣帝派赵充国统兵进击羌人。赵充国引兵进入先零地区,先零羌人退渡湟水。汉军西进至青海湖附近,另派支队去河南罕、拜居地。赵充国下令不得侵扰罕、拜部落或损坏其田亩。罕、拜部落的人看汉军不相侵凌,他们的首领靡忘即亲自来见赵充国。赵充国以礼相待,送靡忘回去,要他向羌人说明汉朝只对掀起事变的先零羌人首领用兵,对其他部落不予追究。

---

❶“护羌校尉”:是西汉在今甘肃和青海地区所设管理羌人的高级官员,兼管民政和军务,具有安抚和征讨羌人的职权。

(汉宣帝神爵元年)12月,羌人前来归附的已有一万余人。赵充国估量事件不久即可平息,保持边境安宁,准备罢兵屯田,乃三上"屯田奏",力陈罢兵屯田的益处。可留步兵分在各地屯垦,待冰雪融解,即可引水灌溉,伐木,用以兴筑沿途驿站等房舍,整修沟渠,治理湟峡(今青海省西宁市以东的大峡、小峡)以西的道路及桥梁七十处,使能通至青海湖附近。

这样,每月所需粮秣减少,并可以屯田所得充裕国库,这些主张经汉宣帝同意实行。赵充国在湟中地区大兴屯田和设里哪县,进一步隔断了匈奴羌人之间的联系,巩固了西汉在湟水流城的统治,并促进了农业的发展。

公元前60年(汉宣帝神爵二年)5月,在青海东部地区居住的羌人已增加到三万多人,汉朝设里金城属国,安顿羌人各部落。赵充国鉴于边境平静,乃奏准撤回屯田兵。同年,西汉在湟水流域设破羌(今青海乐都县老鸦城)、安夷(今青海平安县平安镇)和临羌(今青海湟中县通海乡)三县,均属金城郡。

2. 王莽设置西海郡

西汉来年,安汉公王莽秉政,力谋开拓疆土,于公元4年(汉平帝元始四年),派中郎将平宪等人来到西海(即青海湖),以大量财物利诱羌人首领良愿献地称臣。

当时在西海一带放牧的卑禾羌,是在一百多年前被西汉骠骑将军霍去病从湟水中游被迫迁去的。在平宪等人的利诱下,卑禾羌首领良愿,同意让出西海周围的地区,率领所属一万二千多人迁移到较远的地区。

王莽获得西海地区后,于同年冬季以在今青海海晏县境的三角城为郡治设西海郡,置太守,郡下设五县,并沿青海湖滨分设驿站及烽火台。王莽立法五十条,违法者被徙置西海郡,徙者以千万计。

公元6年(王莽居摄元年),羌人首领庞恬、傅蟠等怨王莽夺地设郡,兴兵围攻西海郡。西海郡太守程永弃职潜逃,被王莽处死。派护羌校尉窦况,于公元7年(王莽居摄二年)春,率兵击败羌人,恢复西海郡。

公元9年(新莽始建国元年),王莽称帝之后,曾在西海郡治三角城树立虎形石碑。公元23年(新莽地皇四年),王莽政权崩溃,西海郡随之废弃。

(三)东汉时期的青海

西汉末年,中原农民起义迭起,边防空虚,羌人乘机进犯,占据今甘肃陇西、河西一带。东汉建国后,便在河湟地区恢复护羌校尉,力图恢复边疆秩序,维护河西走廊的畅通。公元213年,东汉实行郡县调整,设西平郡,郡府设在西平(今西宁市)。至此,东汉在青海河湟地区的主要行政建置计有六县,分隶于三郡,即西平郡下属西都、临羌、安夷、破羌四县,允吾、河关则分属金城郡和陇西郡。

西汉末年,王莽旧部,自称上将军的隗嚣,勾结羌人部落首领领割据陇西、河西地带。

东汉建国后,力图恢复秩序。公元33年(汉光武帝建武九年),隗嚣死,割据势力瓦解,边境逐渐平静。司徒掾班彪向光武帝奏称,凉州地区住有不少羌人,往时设有护羌校尉,现应恢复设置,以加强统治。光武帝采纳其建议,派牛邯为护羌校尉,职权如旧,治安夷。

东汉初,马援任陇西太守,受权处理羌人事务。当时东汉一些朝臣认为破羌等县远处边陲,时有战乱,主张废弃。马援力争,认为"破羌以西,城多完牢,易可依固。其田肥壤,灌溉流通。如令羌在湟中,则为害不休,不可弃也"。帝从之,援即奏请设置长吏,缮修城廓,建筑坞候,开凿水渠,劝民耕牧,于是全郡的人民都能安居乐业。援对羌人多加安抚,来归附的部落首领都奏请加封号,赐印印绶。公元35年(建武十一年)夏,先零羌复犯临挑,援破降之。同年冬，援与乌成大破先零诸种羌数万人于浩门，将所归服的诸羌都安置在天水、陇西、扶风三郡。公元37年（建武十三年），武都参狼羌人复起事，援又迫降之。

东汉统治者在多次的羌汉战争中将大量降服的羌人强行迁徙到三辅、安定、北地等内郡，本想让其与汉人杂处，便于监督，使其不再起兵反汉，不料朝中官吏和地方豪强势力却残害虐待羌人，重其徭役，敛其牛羊，征发羌人到各地打仗，致使西北羌人联合举行多次大规模的武装起义，其中青海地区的羌人是主要的力量之一。

在激烈的汉羌冲突中，也有一部分官员希望通过怀柔、安抚的手段，消解积怨，缓和矛盾，汉章帝时护羌校尉邓训就是其中的一位。章和二年（88年）护羌校尉张纡假允请和，宴会为名，置毒酒，设伏兵，诱杀烧当羌豪迷吾等800余人，有纵兵杀羌众数千，激起羌人反抗。章帝遂命时任张掖太守的邓训取代张纡。邓训到任后，除军事打击外，更多的是寻求从政治上解决问题的办法，特别是多施恩信于羌人。他派医生为羌民治病，还给羌民赠送生活必需品。在邓训的感召下，许多反叛的羌人相继归附。汉和帝永和四年（92年）邓训去世。湟中一带羌汉各族前往吊唁的每天多达数千人。他们依羌人哀悼父母亡故之俗，并不哭泣，只在马上大声呼叫，甚至用刀刺面，或者宰杀犬马牛羊，以示悲痛，说"邓使君已死，我曹亦俱死耳"。各族群众还在湟水北岸的土楼山上为邓训建立神祠，祭祀不绝。后来，邓训还被奉为西宁城隍神。桓帝时任护羌校尉的皇甫规也是一个能够取信于羌民的"循吏"。皇甫规对羌人反叛的原因有着清醒的认识，认为"羌戎溃叛，不由承平，皆由边将失于绥御"。因此，皇甫规到任后，一方面将那些多杀降羌、不遵法度的边官、边将奏请朝廷或斩或免；另一方面对羌人实行招抚，先零等羌悦服皇甫规的威信，转相劝诫，前后归降者十多万人，边地趋于宁静。但皇甫规的做法引起许多官吏的不满，诬告他"货赂群羌"，加之皇甫规痛恶专权的宦官，最终被调离职。皇甫规的命运反映了东汉时期政治昏暗、吏治腐败的背景下，对羌关系只能由那些贪暴之官所主导，其结果就是导致羌人前仆后继的激烈反抗。

四、三国两晋南北朝时期的青海

（一）三国时期魏、蜀两国与羌人的关系

自公元224年至公元265年，魏、蜀、吴三国鼎立，忙于兼并战争。与羌人接壤的魏、蜀两国均力图争取羌人，以扩充势力。

三国时，因羌、氐等族分布在魏、蜀之间，青海东部尤其是黄河以南，一直处于魏蜀双方拉锯战的形势下，曹魏曾因军粮不济向羌人换取粮食，蜀汉也曾联合羌人进攻魏国。青海地区在曹魏势力统治的十余年中，局势始终动荡不安。

东汉献帝建安中置西平郡。公元222年（黄初三年），魏在西平亭旧址修筑城坦，是为西宁筑城之始。公元231年（魏明帝太和五年）诸葛亮兵出祁山，魏国运粮不及，曾向羌人换取粮食。公元240年（魏齐王正始元年），蜀国姜维在陇西战败，魏国乘胜进击迷当羌，并将氏人三千余户迁居关中。公元247年（正始八年），蜀兵攻魏，联络陇西、南安、金城、西平等地的羌人饿何，烧戈、伐同蛾、遮塞等部落，合力进攻魏国。凉州卢水胡首领治无戴也兴兵响应，结果蜀兵被击败，俄何、烧戈等部落的羌人被魏国掳去一万余人，而遮塞等羌人仍据守河关、白土城，凭河抵抗。次年，魏将郭淮领兵进攻，羌人战败。郭淮探知治无戴的家属留在西海（今青海湖），遂领兵西进。治无戴急由武威折回，与郭淮激战于龙夷以北，战事不利，乃随同姜维迁往四川。

(二)西晋到十六国时期

西晋到十六国时期,是西北地区民族战争频繁、民族矛盾错综复杂的时期。西晋短暂统一后,中原混战,雍、凉二州群雄割据,政权更替频繁,前凉、前秦、后凉、南凉、西秦、北凉等政权相继统治过今青海东部等地区。青海湖西部、南部广大地区则受制于吐谷浑。省境南部地区分布着大小不同的羌人游牧部落群体。十六国时,由于各族统治集团争权夺利,战乱频仍,使社会经济遭到严重破坏,农业生产衰退,人民横罹兵燹之苦。

(三)秃发建政

在诸多割据政权中,南凉是鲜卑拓跋部秃发氏在青海乐都、西平(今西宁市)等地多次设立都城的一个地方王国,立国 18 年(397 ~ 414 年)。南凉是十六国时期建国时间最短、迁都最为频繁的一个地方割据政权,今青海乐都县城西 2000m 处之乐都故城即为南凉国都所在。西宁古城台西之虎台,相传为南凉时期的点将台。自公元 397 年(东晋安帝隆安元年)起至公元 141 年(东晋安帝义熙十年)止,鲜卑族秃发部在青海境内建立了地方封建割据政权南凉。

南凉国由鲜卑族秃发部建立。公元四世纪末叶,秃发部脱离后凉的统治,从河西走廊迁入青海东部,并建廉川堡(今乐都县冰沟堡)为根据地,以后便逐步强盛起来。公元 397 年,秃发乌孤称西平王,正式建立封建地方割据政权。公元 399 年定都乐都,并封其两兄弟利鹿孤和傉檀为西平公和广武公。

秃发乌孤任用以汉族为主的大批地主为其辅佐,设立郡宰、县令等行政官职,吸取汉族统治阶级的经验,使青海东部地区已经形成的封建制度得到巩固和发展。

同年,秃发乌孤死,其弟利鹿孤袭位,迁都西平。

秃发利鹿孤在西平聚集兵马,屡次战胜后凉和西秦。今西宁市西郊杨家寨附近的虎台(又名将台)据传就是此时修筑的点阅兵马的方亭。

秃发利鹿孤曾在战争中掠夺大批人口,迁至河湟一带,从事农业生产。同时,秃发利鹿孤又安置了一批汉人于统治区内,让他们传授耕作技术,发展农桑生产,提供军队所需粮草。这对青海东部农业生产的进一步发展起了促进作用。

在农业生产逐渐发展的过程中,利鹿孤又采取了汉族官吏史皓的建议,设立学校,选拔人才,开科取士,并设置了"博士祭酒"等官职,以教育贵族子弟,中原地区的封建文化得以不断传入青海。

公元 402 年,秃发利鹿孤死,其弟秃发傉檀袭位,正式称凉王,迁都乐都,修筑两重城墙,以为久居之计。公元 403 年,后凉灭亡。秃发傉檀把统治中心迁移到河西走廊。这时,南凉统治地区东到今兰州,西至青海湖周围,北达河西走廊中部,南界黄河,包括了青海东部的广大地区,这是南凉的全盛时期。

秃发傉檀不断与北凉、后秦混战,使甘、青一带的农业生产遭到严重破坏,加之连年灾荒,民不聊生,于是便引发了人民的反抗。其中河西走廊屠各城、七儿等领导的反抗斗争规模最大,最后迫使秃发傉檀放弃河西走廊,退保青海东部,重新以乐都为都城。此时,南凉又受到西秦的攻击,都城失陷。公元 414 年,南凉灭亡,立国 18 年。

(四)草原王国吐谷浑

1. 吐谷浑立国

吐谷浑人原是辽东鲜卑族慕容氏的一支。公元 3 世纪 70、80 年代(西晋武帝咸宁、太康年间)鲜卑族首领慕容廆排斥其异母庶兄吐谷浑,吐谷浑亦为求得更肥腴宽广的牧地,即率所属部落西迁到阴山(今内蒙古自治区西部),再西迁到今甘肃省西南部和青海省东南部地区。其游牧范围东起洮河西岸，西至白兰（今四川甘孜藏族自治州西北石渠及青海都兰县南一带），东南延展到今四川省北部的松播一带，和氐、羌人杂居。

随部族势力的发展，吐谷浑由人名转为姓氏、族名和国名。其中心东晋末迁至沙州（今青海贵南穆格滩），曾一度在浇河城（今贵德河西）立都，至北周时定都青海湖西岸的伏俟城（今共和县石乃亥乡铁卜加古城）。吐谷浑第九代王阿豺（417～426 年在位）"兼并氐羌，地方数千里，号为强国"。阿豺之后，更为强盛。由于地处甘青黄河以南，其首领曾被赫连氏夏、刘宋、南齐等封为河南王，故又称河南王国。吐谷浑政权仿效中原王朝推行封建的政治制度，使青海中、西部众多的羌人部落统一于其政权之下，改变了羌人部落互不统属的状况，并相互结合，形成了一个民族融合体，从氏族社会大跨步迈入封建社会，客观上促进了青海中、西部社会历史的发展。吐谷浑统治时期由于社会相对稳定，促进了畜牧业的发展，牲畜数量增加。吐谷浑政权与前秦、西秦、刘宋、北魏、东魏、西魏、北齐、北周等政权有频繁的遣使贸易往来。

在与强邻周旋的同时，吐谷浑人与大自然进行着艰苦斗争。他们从事畜牧，精通射猎。据说他们曾获得波斯良种扎马，趁冬季青海湖结冻时，在海心山上放牧，次年春天所生马驹，号称"龙种"，能日行千里。这一传说反映了吐谷浑人民善于养马，拥有优良马群。他们以肉、酪为主食，也种植了一些大麦类、豆类和蔬菜等。他们经常赶着牲畜通过大片流沙，人畜都熟悉了沙漠中风暴将起的迹象，知道及时隐蔽。男人们穿长裙，戴附有面罩的帽子。女人们把头发结成发辫，用珠贝结扎起来。由于逐水草放牧，他们随处设帐居住，制毡帐保暖。

2. 吐谷浑与南北朝的关系

吐谷浑与南朝北朝的关系都很密切。吐谷浑历代首领大多数都同时受到南朝和北朝的册封。

阿豺是吐谷浑历史上很有作为的一个首领，他曾派遣商队与内地贸易，派使者与南朝修好，被南朝宋（刘宋）封为"浇河公"，并赏赐大批财物。拾寅承袭吐谷浑首领之位后，分别派遣使者与南朝及北魏通好，得到大批赏赐，南朝宋封他为"河南王"，北魏封他为"镇西大将军"、"西平王"。吐谷浑与南朝的通使往来，一直持续到南齐、南梁。益州商人经常到吐谷浑进行交易，并把汉族文化传授给吐谷浑人。公元 534 年，北魏分裂为西魏和东魏，东魏为了利用吐谷浑来骚扰西魏的后方，纳吐谷浑新首领夸吕之妹做孝静帝的嫔妃，并封济南王元匡的孙女为广乐公主嫁给夸吕。西魏为了巩固后方，便利用突厥与吐谷浑抗争。公元 550 年，北齐取代东魏，吐谷浑遂遣使与北齐修好通商，得到数万匹丝绢帛的赏赐。吐谷浑与南朝北朝的频繁往来几乎贯穿了南北朝 160 多年的历史。

吐谷浑与南北朝的密切关系以及鲜卑族人民与内地汉族等各民族在政治、经济、文化上不可分割的联系，促进了民族大融合的进程，也推动了青海地区社会经济的发展。

他们利用地理优势，广交周邻，充当中西陆路交通有关各族的中介人，使丝绸之路青海道、河西贸易道以及蜀汉市场等为其所用，为丝路畅通和东西方经济文化交流做出了贡献，推动了原始游牧业经济向商品畜牧业经济的转化，这是我国民族经济史上值得重视的一个范例。大通上孙家寨魏晋时期墓葬中出土的具有波斯风格的银壶，西宁隍庙街发现的波斯银币，海西都兰热水大墓出土的具有中亚风格的丝织品等，都是青海"丝绸南路"上商旅往来遗留下来的珍贵实物资料。

魏晋南北朝时期，除羌人文化外，代表鲜卑文化的南凉文化和吐谷浑文化是青海地区有特色的文化。南凉王国兴办学校，用儒家文化教育南凉贵族子弟，并用中原封建礼教来治理国家，官方文书使用汉文，职官设置学习中原王朝，选用汉族人士做官吏，这些措施对巩固南凉政权起到了很大的作用。鲜卑慕容吐谷浑部徙居青海后，逐步完成了由氏族社会向封建社会的过渡，从设置百官、分封王侯、制定刑律、征收赋税等方面都吸收了中原封建王朝的统治经验，促进了吐谷浑部族社会经济的发展。这在当时处于游牧经济条件下的吐谷浑部族来说，是一个很大的进步。魏晋南北朝时期除儒学在青海兴起外，佛教在青海也有了广泛的传播。佛教西来，鲜卑秃发部、吐谷浑部王族改奉佛教，其属下广大地区的羌人也都相继皈依了佛教。随着佛教的传入，产生了包括建筑、绘画、雕塑等佛教艺术。现西宁土楼神祠（北禅寺）约在前、后凉时兴建，寺内“九窟十八洞”的有些壁画，据考证为北魏以前的佛教壁画。

北魏统治青海后，推行汉化政策，所辖各族在接触封建制度的过程中向封建制转化。河湟地区虽有相对的安宁，但后因吐谷浑的逐步东侵，北魏在青海的统治中心不得不从西平东移乐都。西魏文帝大统十四年（548 年）前后，魏兵大破吐谷浑于长宁川。废帝二年（553 年），吐谷浑可汗夸吕向西魏称臣纳贡，湟水流域归西魏管辖。北周武帝建德五年（576 年），北周军队从吐谷浑手中夺回黄河以南地区，河湟地区改属北周。

（五）青海成为东西方交通的重要通道

1. 南北朝时期青海路的兴盛

青海羌人，很早就“南接蜀、汉徼外蛮夷，西北（接）部善、车师者国”，可知由青海直达今新疆东南部，很早就有交通往来。西汉武帝时遣张骞通西域，返途中“欲从羌中归”。从青海东部向西经青海湖、柴达木盆地入新疆东南部，再通西域的道路，很早就有交通往来。

自公元 4 世纪开始，丝绸之路东端河西走廊先后出现了前凉、后凉、南凉、西凉等地方割据政权，战祸频繁，河西走廊丝绸古道时通时断。当时在今甘肃西南部及青海地区建立的吐谷浑国，经过长期努力，成了中国西部的强国，至公元 4 世纪中叶时已向西扩展到今新疆鄯善、和田一带，东西数千里，控制了广大的地区，而且吐谷浑与南朝、北朝都保持着友好或相安的关系。南朝、北朝与西域交往只能取道吐谷浑境内的青海路了，于是青海路日渐兴盛起来。至吐谷浑时期（约公元五世纪）青海地区成为东西交通的孔道。

2. 北朝时期途经青海的主要道路

（1）洮阳西道

公元 405 ~ 417 年（东晋义熙元年至十三年），树洛干率所部数千家至莫贺川（今青海同德县巴沟）建牙，自称车骑大将军，吐谷浑王。当时即开辟了洮阳西道。阳属袍罕，自洮阳西行，经今甘南及青海黄南二州地，即达吐谷浑早期的牙帐（即都城）所在地莫贺川。由莫贺川西渡赤水（在今青海兴海县境）处的黄河，循察罕乌苏河至柴达木盆地东南部，再进入新疆南部。以后以洮阳道为主干，又开辟了以下三条支路。

①南通益州之路。

公元 417 年（东晋安帝义熙十三年），树洛干死，弟阿豺袭位，吐谷浑的势力继续上升。阿豺即内修和睦，外结南朝，开辟了南通益州的道路。此路亦由吐谷浑早期的牙帐所在地莫贺川，沿洮阳道东达洮河上流，经龙涸、沿岷江南下至益州（今四川成都）。再顺长江而下，即达南朝的建康（今南京）。当时益州为吐谷浑与南朝互市贸易的中心，地位非常重要。益州自三国蜀汉以后，社会安定，物产丰殷，是丝绸生产的中心之一。

②东交北朝之路。

即从莫贺川经峡口（今循化县积石峡）入甘肃通往中原的道路。

公元 431 年，夏赫连定消灭了西秦后，又想进击北凉，在治城峡日（循化积石峡）渡黄河时，被吐谷浑慕璝俘获，借向北魏献俘，遂开辟了自莫贺川通往北魏首都平城之路。

公元431年慕璝献俘北魏后,先后被封以西秦王、西平王、吐谷浑王和镇西、征西、骠骑大将军等称号,直至公元520年(北魏正光元年)的九十年中,据《魏书》本纪记载,先后遣使达六十四次之多。遣使的任务和通南朝一样,用牦牛、蜀马、土产和西方、南方的珍宝来罗致北朝境内的丝绸商品。在474年(北魏孝文帝延兴四年),拾寅更频繁地增派遣使次数,促进商业的发展。东魏和北齐时期,也经常遣使往来,特别是对远隔一方的东魏,往来关系更为密切。

③北达凉州之路。

自莫贺川北达凉州地区的中心姑臧(今甘肃武威市,时北凉已迁都姑臧)主要有两条道:一由清水川(今循化清水河)渡黄河,北接枹川城至乐都武威道;或经浇河(今贵德),东北渡黄河,接和罗谷安夷道,再转乐都武威道即达姑臧;二是经浇河北渡黄河,接归义临羌道,转西平张掖道,或经浇河西北渡黄河,绕道青海湖北,西北出酒泉、敦煌,均可达河西走廊的凉州地区,这条道路仍以贡使通商为主。

(2)白兰—于阗道

白兰—于阗(今新疆和田县)道是慕利延为吐谷浑王时开辟的。公元445年(北魏太武帝太平真君六年),慕利延被北魏晋王伏罗击败,退保白兰,又被北魏高凉王那攻破,慕利延遂率其残部,西越柴达木,进入于阗,又南征罽宾(今克什米尔)。

白兰即今青海柴达木中南部的都兰县一带,于阗即今新疆和田县。公元518年,北魏派遣僧人慧生向西域求经,由洛阳出发,经今兰州、乐都、西宁,越赤岭(今日月山)西行至吐谷浑城(在今青海省都兰县一带),穿柴达木盆地至今新疆若羌转往印度,此道就是白兰—于阗道。

公元446年(北魂太武帝太平真君七年),慕利延返回故土。但当时湟水流域及黄河沿岸的浇河一带已属北魏所有,所以吐谷浑拾寅在白兰伏罗川建立牙帐,开始了吐谷浑交通和商业的全盛时期,打通了丝绸辅道的全线。

丝绸辅道一经打通之后,东西方的使者、商队及僧侣往来不绝于途。如北凉在高昌重建政权后,曾使氾雋通使南宋。南宋又遣王洪范约柔然共同伐魏。南齐使王式武等往柔然约尅期攻北魏,亦自蜀出吐谷浑而达柔然王庭。公元428~479年(南朝宋元嘉五年至升明三年)间,柔然来使几十次,均经吐谷浑去建康。南梁时,远在中亚、西亚的波斯(伊朗)、西域的龟兹(新疆库车)、于阗等国的使者和商队基本上也是经吐谷浑境内的丝绸辅道而往返的。

1956年在青海省西宁市解放路挖出波斯银币76枚,经鉴定均系波斯萨珊王朝时代的银币。这种银币当时在中亚西亚流行很广,可见当时东西贸易的兴盛和青海路在东西方经济文化交流中的重要地位。青海路作为“丝绸之路”我国境内另一段重要的交通路线,在河西走廊商道受阻的几百年的时间里,为东西方经济文化的交流和人类文明的传播发挥了积极的作用。在河西走廊因战火而商道不通时,经吐谷浑境的交通孔道,对东西方的经济贸易,政治联系和文化交流等,显得特别重要。尤为难得的是,吐谷浑为东西方的这些联系、交流,提供了众多的方便,从中撮合、媒介、中转,促进东西方关系的发展,在祖国历史上做出了贡献。

魏晋南北朝时期,由于政局长期分裂混乱,民族不断迁徙,人口流散,加速了各民族间的融合与交流。曾在青海等地活动过的羌族、月氏、匈奴、鲜卑等民族,或发展演变为其他新的民族,或移居他地,或在与汉族杂居中受汉文化影响而被同化。各族人民在经济生活、商业往来、军事征战中加速了交往和融合,丰富和发展了自己的经济生活和文化生活,共同谱写了祖国历史中绚丽多彩的重要篇章。

五、隋唐五代时期的青海

(一)吐谷浑与隋朝的关系

1. 吐谷浑与隋的关系

隋初,青海东部地区归隋管辖,而西部、南部广大地区仍为吐谷浑、党项羌等占据。开皇初,隋文帝命上柱国元谐率军经鄯州(治今乐都),趋青海湖,击败吐谷浑。开皇十六年(596年),文帝以宗室女光化公主为吐谷浑可汗世伏之妻,吐谷浑朝贡岁至。

隋统一中国后,丝绸故道河西走廊再次畅通,四域商人云集张掖。南北朝兴盛一时的青海路逐渐衰落,吐谷浑贵族们因而丧失了原来从富商手中征集财物的优厚收入。于是,他们开始对河西走廊丝绸商道进行掠夺,这就严重威胁了丝绸故道的安全,也损害了隋的利益。公元605年,隋炀帝即位。为了维护丝绸故道的畅通,征服吐谷浑,便发动了对吐谷浑的战争。

隋炀帝时,为征服吐谷浑、开通西域,于大业四年(608年)出兵吐谷浑。次年,炀帝率军亲征,耀武西陲,从临津关(今甘肃临夏积石山县大河家镇)入青海,于覆袁川(今门源县境)大破吐谷浑,吐谷浑部众10万人降隋。隋军乘胜南下,破伏俟城,吐谷浑主伏允南逃党项。隋末,伏允又尽复其地,但实力已弱。

公元609年4月,隋炀帝带领大批文武官员及嫔妃宫女,亲自统兵出征吐谷浑。从临津关(今甘肃临夏大河家)渡黄河。五月,进入拔延山(今乐都南山地区),出长宁谷(今大通县后子河乡),渡星岭(今大通县景阳川西北),并大宴群臣于金山(今大通县金娥山)。又在金山修庙祀奠亡故的嫔妃,由此民间即称此山为娘娘山。

当时吐谷浑屯兵复袁川(今海北州门源县一带),隋军兵分四路从北面雪山(今祁连山)、南面金山、东面琵琶峡(今浩门河峡谷)、西面泥岭(今大通山)合围复袁川,吐谷浑首领伏允自引二千轻骑逃往党项(今果洛藏族自治州),其余十万部众投降隋朝。隋炀帝六月间经浩门川,出大斗拔谷(今扁都口),北抵张掖,九月间转回长安。公元617年,隋朝在农民起义中瓦解,吐谷浑首领伏允又率众重返故土。

2. 调整青海东部的郡县设置

隋朝在湟水流域设西平郡(今西宁),管辖两县,即湟水县(今乐都)、化隆县(今化隆)。在黄河南岸设置浇河郡(今贵德县南)管辖河津(今贵德县南)、达化(今尖扎县境)二县。又在今青海民和县、甘肃永靖县一带设龙支县(今民和县古鄯镇)。公元609年,又设西海郡(今共和县石乃亥)、河源郡(今海南州兴海县)。西海郡下设宣德、威定二县;河源郡下设远化、赤水二县。同时,派兵在河源郡大举屯田,驻兵戍守五年之久。

隋朝在青海的这些郡县设置,特别是在吐谷浑故地设置河源、西海二郡后,把青海的大部分地区纳入了隋中央王朝的统治范围,这对保证中西交通的畅通和促进青海地区经济文化的发展都具有积极意义。

(二)唐朝前期对青海统治的加强

1. 青海地区的政治、军事建置

在隋末农民大起义声中,唐高祖于公元618年(唐武德元年)取代了隋,建立了唐朝。随后,又攻灭了"西秦霸王"薛举和"大凉王"李轨。唐稳定了西北边陲后,开始调整青海地区的政治机构,在青海东部设置鄯州和廓州,并由中央政府委派刺史。鄯州管辖湟水(今乐都县)、龙支(今民和古鄯)、鄯城(今西宁市)三县。廓州管辖广武(今化隆县)、达化(今尖扎县)、米川(今循化县)三县。当时鄯州辖民5389户,27019口,廓州管辖4221户,24400口。

公元627年(唐贞观元年)唐太宗即位,伏允派使者祝贺。唐太宗继位后,划全国为十道,各设巡察使。其中陇右道以鄯州为中心,管辖今青海东部及甘肃西部地区。唐朝在调整道州郡县的同时,还加强了军事设置。除设陇右节度使和鄯州都督驻节外,还设军、守捉、城、镇、戍、关等军事建制。陇右节度使共管辖十八军。唐朝通过一系列政治军事建设,加强了中央王朝对青海东部地区的统治。

2.唐太宗征讨吐谷浑

在唐太宗继位的几年中,吐谷浑屡次袭掠唐朝的鄯州、廓州等地,唐太宗出于稳定边疆的考虑,公元635年,任用李靖为西海道行军大总管,统五路大军进攻吐谷浑。唐军一路乘胜进军,很快击溃吐谷浑,并将吐谷浑围歼于今新疆且末一带。伏允自缢而死,唐立其子慕容顺为吐谷浑可汗,并封为西平郡王,定都伏俟城。

慕容顺继位不久,遭大臣杀害,由他的儿子诺曷钵袭位,唐太宗封他为河源郡王。诺曷钵是吐谷浑比较有作为的一位首领,他继位后对吐谷浑进行了一系列社会经济方面的改革:首先,他鼓励学习汉人的先进文化和生产技术,派人到长安学习,从内地带回大量的生产技术和医学经典;其次,他在吐谷浑推广使用唐历,改变了过去原始的纪年方法;再次,他请求与唐朝联姻,以加强和唐朝在政治上的密切联系。公元637年,唐将宗室女弘化公主嫁给诺曷钵。诺曷钵的这些改革,促进了吐谷浑社会的发展,密切了与唐朝的友好关系,确立了唐与吐谷浑的政治联系。唐高宗继位后,加封诺曷钵为"驸马都尉"。不久,又迎接弘化公主和诺曷钵到长安。这是唐朝前后十五个和亲公主中唯一曾回过长安的。随后,唐又以宗室女金城县主和金明县主分别嫁给诺曷钵的两个儿子。至此,吐谷浑倾心内附,成为唐朝的附属国。

(三)唐与吐蕃的关系

1.吐蕃的社会经济及文化

吐蕃人是藏族的祖先,出自我国古老的羌族。

6世纪中叶,西藏山南雅垅地区吐蕃在其首领达布年赛(《新唐书》作讵若素)领导下已发展成为一支实力强盛的地方势力。至六世纪末,囊日松赞(《新唐书》作论赞索)励精图治,逐步征服周围互相纷争的各个部落,基本统一了前后藏地区。

南北朝末期,西藏高原出现羌人建立的苏毗政权,以逻些(今拉萨市)为中心。在苏毗之南有牦牛部建立的吐蕃政权,首领称赞普。6世纪末时,吐蕃早已进入奴隶社会,并且有封建社会的萌芽。吐蕃这时不仅有广大的牧业区,而且农业也相当发达。吐蕃人已经营农业,但畜牧业仍是主要的生产部门,家畜有牦牛、马、羊、猪等。用五行(金、木、水、火、土)和十二属相(鼠、牛、虎、兔、龙、蛇、马、羊、猴、鸡、狗、猪)纪年,以麦熟为一年的开始。生产力的发展,使吐蕃社会很快地出现了一个新局面,统治机构已具规模,拥有庞大的武装力量,有相当严厉的刑法。吐蕃王朝的缔造者,雄才大略的赞普(王)松赞干布继位,首先平息了贵族勾结属都地方势力发动的叛乱,接着迁都逻些(拉萨),创造文字,正式建立吐蕃王朝,进而向北发展,兼并了羊同、苏毗,向东发展,兼并了白兰、党项等。赞普松赞干布统一了西藏高原,建立起统一的奴隶制吐蕃政权。

7世纪松赞干布统一西藏高原后,制定了固定的官制、兵制和刑律。官职除赞普外,有大论和小论,即大相和副相,其下还有一些僚属。官吏由贵族担任,父死子承,无子由近亲承袭。地方机构军政合一。全境政区分为四如:藏如、右如、中如、左如。吐蕃最初没有成文法典,松赞干布依照唐律和有关佛教经典制定了成文法典《十善法典》。

吐蕃最初也没有文字,用刻木、结绳方法记事。松赞干布派人前往今克什米尔地区学习文字,依据于阗文,创造了吐蕃文字,也就是今天的藏文。赞干布实行的这些措施,大大推进了吐蕃社会的发展,促使吐蕃的国家政体进一步完善。文字的创造,是松赞干布对吐蕃人的重大贡献,为吐蕃社会以后的发展奠定了基础。松赞干布的这些措施,巩固了奴隶主的统治,加强了吐蕃的国力,使吐蕃成为当时西部最强大的民族。

2. 文成公主经青海嫁往吐蕃

公元634年,吐蕃派使者到长安求婚,被唐婉言谢绝。于是,吐蕃举兵二十万进攻唐朝的松州(今四川省松潘县),要求唐朝答应联姻。唐太宗派兵五万,分四路出击,大破吐蕃。吐蕃赞普遂派使者向唐朝谢罪,并再次请求通婚,唐答应了吐蕃的要求。公元640年,吐蕃大论(宰相)禄东赞到长安迎亲,唐太宗决定以宗室女文成公主嫁给松赞干布。

公元641年,文成公主经青海远嫁吐蕃。在青海境内受到吐谷浑首领诺曷钵及弘化公主的盛大欢迎。文成公主路经青海曾在日月山作短暂停留。至今青海还保留着许多文成公主驻足的地方,民间还流传着以文成公主和日月山为主题的故事。今天,在日月山顶上已建成文成公主庙,以表达汉藏等各族人民对文成公主的颂扬。文成公主还曾在海南藏族自治州兴海县境内大河坝一带的行宫住过,当地人便称这一带为公主佛堂。

文成公主的随行人员中有各种工匠、乐师,还带去了大量的谷物种子、乐器、药材、经史、诗文、佛经、工艺书籍等,对以后吐蕃社会的经济发展起了重要作用。文成公主到达青海南部时,吐蕃赞普松赞干布亲自率兵迎接于柏海(今黄河上游青海境内的扎陵湖、鄂陵湖),并以子婿礼拜见护送公主的唐江夏王李道宗。文成公主一行行至今青海玉树藏族自治州结古镇以南25km处的巴塘山时,文成公主又命工匠在石灰岩峭壁上刻如来佛像,此像至今仍存。

文成公主嫁到吐蕃后,唐与吐蕃之间商客、学者往来不断,唐朝此时还不断派酿酒、造纸、冶金等手工工匠进入吐蕃。这些人的频繁往来,有助于内地和青藏地区之间的经济、文化交流,使先进的生产技术传入青藏地区,同时也加强了汉藏两族之间的亲密联系。自文成公主嫁往吐蕃后,唐与吐蕃正式确立了政治关系,吐蕃成为受唐朝册封的地方王国。唐封松赞干布为“驸马都尉”、“西海郡王”。以后历代赞普均受中央政府的册封。

公元650年,唐将松赞干布及突厥颉利可汗等十四个兄弟民族首领的图像刊列于昭陵,作为当时我国各兄弟民族大家庭和睦团结的象征。

3. 吐蕃兼并吐谷浑

公元650年,松赞干布死,唐高宗派遣使者吊祭。青海地区成为拉萨至长安间和平使者来往的要道,但由于吐蕃正处于向上发展的阶段,它的力量逐渐强大,它向东北发展的矛头,指向吐谷浑,于是唐与吐蕃不可避免地在青海发生了一系列的冲突。公元629年(唐贞观二十三年),唐设置都州都督府,加强对青海东部地区的统治。公元660年(唐显庆五年)以后,吐蕃与吐谷浑互相攻略,吐谷浑首领诺曷钵请唐支援,吐蕃亦向唐遣使论曲直,唐皆不许。公元663年(唐龙朔三年)吐谷浑大臣素和贵奔吐蕃,把吐谷浑的虚实透露给吐蕃。吐蕃以精锐力量突破吐谷浑的黄河防线,兼并了吐谷浑的广大地区,诺曷钵和弘化公主被迫逃到凉州,向唐请求内徙。唐派兵分屯凉川和鄯州。吐蕃屯兵青海海南,形成对峙局面。

唐派凉州都督郑江泰为“青海道行军大总管”,率兵分屯凉州、鄯州。吐蕃屯兵青海湖以南,形成对峙局面。随后,唐派大将薛仁贵为“逻娑道行军大总管”,统兵十万进讨吐蕃,助吐谷浑复国。唐与吐蕃在青海湖以南大非川(今海南藏族自治州兴海县大河坝地区)进行决定性的大战,结果唐军大败,薛仁贵被迫与吐蕃约和,吐谷浑领土全被吐蕃占领,立国三百五十年的吐谷浑宣告结束。

4. 金城公主入藏及赤岭树碑

大非川战役后,青海地区有30年左右的不平静时期,唐朝和吐蕃之间屡有战事。但经过青海往来于拉萨和长安之间的使者仍不绝于途。公元676年,吐蕃赞普弃芒松芒赞死,其子尺带珠丹继位。文成公主遣使向唐告丧,并请和亲。公元680年,文成公主去世,唐派使者"吊祭",唐蕃关系趋于缓和。

公元703年,尺带珠丹派大相弭萨赴长安向唐求婚,唐中宗决定以金城公主远嫁吐蕃。710年,金城公主在吐蕃大臣尚赞咄等的迎请和唐左卫大将军杨矩的护送下,经青海前往吐蕃,随行人员包括各种技艺工匠,并随带数万匹绸缎及龟兹乐等。这是文成公主嫁往吐蕃七十年后和吐蕃的第二次和亲。后来,唐与吐蕃在青海地区由于领地划分常有战事发生,在金城公主的敦促下,公元731年,吐蕃遣使向唐提出划界和互市问题,请求在赤岭(今青海省湟源县日月山)、甘松岭(今四川省松潘县境)互市。

公元734年唐朝使臣与吐蕃使臣会同在赤岭刻约树碑,唐在碑文中重申旧好,说明除以赤岭为界外,其他地方仍依旧界,并规定设置哨所和通道。吐蕃在碑文中表示不侵河湟,不掠牛马和践踏庄稼。双方保证"不以兵强而害义,不以为利而弃言"。赤岭界碑,反映了唐朝和吐蕃和睦相处的共同愿望,是汉藏人民深厚友谊的历史见证。1983年在日月山发现此碑,但文字已剥蚀无存。从此以后,唐蕃双方之间的经济交流更加频繁了。

公元755年,唐因"安史之乱",尽征陇右、河西之将兵入国靖难,造成边防空虚。吐蕃乘机向唐朝内地发动进攻,先攻占西平、廓州,随后长驱直入,又攻占今甘肃、陕西一带。公元763年,吐蕃军队攻破长安,停留十五天后撤离。

5. 刘元鼎经青海往吐蕃会盟

安史之乱后,唐蕃之间又恢复了友好往来。在50多年中,途经青海地区的双方使者在20起以上。其任务有聘问、约盟、遣俘、吊祭、告哀等。虽然也时常发生一些冲突事件,但每次事件之后,双方又遣使谋求恢复友好关系。同时,唐德宗采取联合回纥、南诏共同对付吐蕃的办法,使吐蕃四面受敌,消耗了力量。加之吐蕃贵族内部变乱屡起,为摆脱困境,吐蕃在与唐恢复和睦关系上采取了主动的态度。

公元821年,吐蕃派遣会盟官员论纳楼罗到长安,请求会盟。唐朝派宰相、尚书等重要官员与吐蕃官员在长安西郊举行隆重的会盟仪式。并树立会盟石碑。次年,唐派大理卿刘元鼎为"西蕃盟会使"前往拉萨与吐蕃会盟,树立了著名的长庆会盟碑。此碑至今还矗立在拉萨大昭寺内。碑文用藏汉两种文字书写,强调"舅甥二主商议社稷如一,结立大和盟约,永无渝替",表示彼此和好,互不侵犯。自此以后,唐蕃双方"协和如一",汉藏两族人民不可分割的兄弟关系得到了进一步的发展。

刘元鼎经过青海时,会见了因早年从军流散在青海的内地父老,凭吊了六七十年前几经争夺的石堡城,在赤岭看到八十多年前所立的界碑依然屹立无损。刘元鼎出使吐蕃往返皆取河源道。他回长安后写的《使吐蕃经见纪略》一文,对黄河源头的山川形势和沿途旅程进行了详细描述,为研究黄河源头和青藏高原历史提供了有价值的资料。

6. 党项族的兴起及其北迁

党项族是西羌的一个分支,原居住在今青海东南部、甘肃西南部及四川西北部的广大地区。全族分成许多部落,大者万人,小者数千,互不统属。党项人以畜牧为生,不从事农业生产,终年居住在用犛牛缨毛编织成的毳幕里,所饲牲畜有犛牛、马、驴、羊等。

南北朝末期,党项人势力逐渐兴盛。据新、旧唐书记载,当时较大的部落有细封、费听、往利、颇超、野辞、房当、米擒、拓拔诸部,以拓跋部为最强。

公元629年(唐贞观三年),居住在今四川西北地区的细封、步赖等部归附了唐朝,唐朝就其驻牧地设置轨、奉、远等州,并以各部首领分任诸州刺史,均属于川西松州都护府管辖。居住在青海东南部的党项族拓拔部首领拓跋赤辞,此时正依附于吐谷浑首领伏允,未随细封等部归唐。公元635年(唐贞观九年),唐将李靖统兵进攻吐谷浑时,唐将李道彦背盟袭掠党项牛、羊,拓拔赤辞遂率众在狼道峡邀击唐军,后为唐廓州刺史久且洛生所击溃。不久,拓拔赤辞被迫降唐,以其地为麟、可等三十二州,以松州为都督府。唐朝擢赤辞为西戎州都督,并赐姓"李"。

公元7世纪后期,吐蕃逐渐控制了青海地区,党项族住地尽为吐蕃所占。拓跋等部畏惧吐蕃的兵威,请准内徙,唐朝在庆州(今甘肃庆阳),设置静边州予以安置,唐代宗时又由庆州徙陕北银州。于是一部分党项人随其部落首领内迁,大部分仍留居原地,成为吐蕃的部属,更号弭药。

拓跋部以后又由陕西北部迁到今宁夏地区的灵州。唐末,拓拔思恭曾出兵助唐镇压黄巢起义,升任夏州节度使。公元10世纪末,势力渐趋强盛。公元1038年(北宋宝元元年),其首领李元昊在今宁夏、甘肃一带建立了"夏"国,通称"西夏"。

7. 吐蕃的衰亡

公元842年,吐蕃达摩赞普死。两派贵族自立赞普,引发了贵族间的战争。吐蕃本部地区,永丹和奥松两派统治者的混战,进行了二十三年,东部地区军阀的混战,也进行了二十余年,加之天灾不断,饥荒连年,疾疫流行,给吐蕃统治下的各族人民带来了巨大的苦难,动摇了奴隶制度的社会基础。从公元869年起,吐蕃全境爆发了一次大规模的暴动,史称"平民和奴隶大暴动"。这次奴隶大起义的巨浪涤荡吐蕃全境,卫藏地区贵族和统治者被逐杀殆尽。统一强盛的吐蕃王朝经历了二百多年,至此衰落了。

公元849年,吐蕃统治的秦(今甘肃天水市)、原(今甘肃固原)、安乐(今宁夏中卫)三州归附唐朝。沙州(今甘肃敦煌)人民也乘吐蕃内乱,在张议潮的领导下发动起义,赶走吐蕃守将,收复沙州,并乘胜收复了甘肃、新疆的部分地区及青海的鄯州(今乐都县)、廓州(今化隆县)等地。从此河西走廊及河湟地区又归唐朝统治。唐任命张议潮为归义军节度使。张议潮控制青海东部二十余年。

在吐蕃奴隶大起义中,有一支役属于贵族的奴仆自称"盟末"[1]人的在青海、甘肃发动了起义,他们占据了青海、甘肃的大部分地区,给吐蕃奴隶主以沉重打击。盟末属吐蕃的随军奴隶,这些奴隶各有其主,平时散处拼牧,在连年的军阀混战中,他们聚集一起,结合当地各部的劳动人民,奋起反抗,逐杀其主;有的因其主或死或逃,获人身自由,有的被部众推为首领,其主微弱,反往依附。他们各自拥有大批的良马和器械,啸聚独立,自立名号。到公元857年(唐大中十一年)时,有的盟末部已聚有万帐之众。公元862年(唐咸通三年),散处甘、肃、瓜、沙、河、渭、岷、廓、叠、岩之间的盟末数千人曾向唐入贡。直至10世纪初(五代时),有的盟末人仍是河西一带的一股地方势力及青海东部的一支地方势力。

隋唐时期,青海地方文化中占主流地位的是吐蕃文化和唐文化,两种文化之间的碰撞和交流,使青海高原的战略地位显得十分重要。青海地处唐蕃两大王朝之间,是军事争战和会盟言和的前沿。伴随着吐蕃王朝对青海全境的逐步占领和统治,统治者强力推行民族同化和融合政策,青海地方文化逐渐形成了吐蕃化的趋势和特点。唐代青海地区佛教盛行,许多地方建有

---

[1] 盟末:《新唐书》卷216《吐蕃传》又作"浑末",即吐蕃的随军奴隶。

佛塔。达摩禁佛后，吐蕃部分僧人逃到青海，使藏传佛教在青海各地逐步兴盛起来。

六、宋元时期的青海

（一）唃厮啰与宋、夏的关系

1. 唃厮啰建政

南凉亡后，青海东部地区先后历经北魏、魏、北周及隋唐王朝的统治，到北宋时期，又出现了一个由吐蕃赞普后裔建立的政权，这就是唃厮啰政权，其政治中心在青唐城，所以也称为青唐吐蕃政权。

公元960年，赵匡胤取代后周，建立宋朝，随即统一了中原地区。10世纪下半叶至11世纪，在今甘青地区兴起了两个吐蕃族地方政权，一个是在西凉府（兰州以西至甘州一带）的潘罗支政权；另一个是河湟地区的唃厮啰政权。潘罗支政权不久即被西夏吞并，而唃厮啰政权在青海东部相传四代，经历了一个多世纪。唃厮啰生于今新疆高昌地区，系吐蕃赞普的后裔。十二岁时，被河州（今甘肃临夏）商人何朗业贤从高昌带到河州，取名"唃厮啰"，即"佛子"之意。不久，唃厮啰被拥为赞普，唃厮啰死后，他的名字便成为河湟地区吐蕃人的族名。

唃厮啰地方政权所控制的地区，包括当时的鄯州、湟州、积石军等地，居有地形险要、土地肥沃，水草丰美的河湟广大地区。唃厮啰地方政权一直延续了一百多年，到公元12世纪前半期才结束。

2. 唃厮啰政权联宋抗夏

当时，党项族在今陕西北部和宁夏一带所建立的地方割据政权西夏已形成对宋朝西北边地的主要威胁，为牵制西夏，宋朝对今甘、青一带的吐蕃各部族，采用争取和笼络的政策。唃厮啰为求得其势力的巩固和发展也希望与宋结好，以得到宋朝中央政权的扶植。

北宋景佑二年（1035年），已占领河西走廊的西夏开始对河湟地区用兵、这一年，西夏军队2.5万人进犯河湟，唃厮啰军民奋起抵抗，在牦牛城（今青梅大通县境内）击败夏军，并俘获统帅苏奴儿。夏军的惨败，令西夏王朝震惊不已，夏王元昊于次年率大军亲征，但仍在牦牛城遭到顽强抵抗，夏军攻城一个多月而不能克，最后以讲和相诈，才得以破城。之后，西夏接连获胜，并攻陷了青唐城。唃厮啰退到邈川，坚壁不出。元昊在河湟地区转战200余日，虽能攻城略地，但处处遭到吐蕃军民的抵抗和袭击，后方又不能及时供给，军旅疲惫，战斗力下降。唃厮啰伺机进行了反击。一次，西夏军渡湟水，凡是河水浅处都插上旗子，作为标识，唃厮啰暗中派人将旗子全部移插于河水深处，结果夏军失利撤退时，尽由湟水深处渡河，将士被淹死者十之八九，元昊惨败而归，从此以后再也不敢轻易用兵河湟。

唃厮啰对元昊作战取胜后，加强了与北宋王朝的联系，以获得政治和经济上的支持，北宋则希望唃厮啰能对西夏有所牵制。宝元元年（1038年），北宋授唃厮啰"保顺军节度使"之号，并定例每年赐给彩绢千匹，茶2500斤，并准许通贡、贸易。之后，又授予"河西节度使"之号。宋朝还先后派鲁经、刘涣等出使青唐城，对唃厮啰进行安抚。唃厮啰则依唐蕃联姻后以甥舅相称的旧例，称北宋皇帝为"阿舅天子"，并答应配合北宋对西夏作战。

宋朝的"联蕃政策"，稳定了河湟地区。唃厮啰屡次出奇制胜，多次挫败了西夏侵吞河湟"并兵南向"的野心，牵制了西夏对宋的威胁。

北宋治平二年（1065年），唃厮啰病故，子董毡继立，继续奉行联宋抗夏的政策。但熙宁元年（1068年）宋神宗继位后，为改变积贫积弱的窘状，任用王安石进行变法，其中在对外政策上的着力点之一是力图制服西夏。当时，王韶建议收复河湟地区，"断西夏右臂"。他认为董毡虽有一定实力，但号令所及不过青唐周边一二百里，其他吐蕃部落各自为政，力量分散，缺乏与西夏抗衡的实力，所以应将这些吐蕃部落纳入到宋朝直接统一领导之下，展开对夏斗争。王韶的建议得到采纳，并受命主持“开边”活动，剿抚并用，促使吐蕃各部归附宋朝。宋朝的“开边”活动虽不断推进，但由于遭到包括青唐政权在内吐蕃各部的抵制和反抗，加上耗费巨大，最后不得不罢手。

3. 宋取青唐

董毡之后，其养子阿里骨主政。阿里骨是于阗人，因其母亲有宠于董毡，得以继立。但吐蕃人强烈的血统和门第观念，使他们很难接受一个非“贵种”和“大姓”出身的人来继承王位。阿里骨则采取严刑峻法来打击异己，致人心惶恐，人人自危。同时，阿里骨又佞信佛教，大兴土木，建寺造塔，靡费无度，百姓不堪负担，怨声载道。为了转移视线和矛头，阿里骨又改变青唐政权联宋抗夏的一贯政策，在西夏支持下，挑起对宋战争，结果，不仅在战场上吃了败仗，而且也丧失了与宋朝之间的通贡、贸易之利。阿里骨死后，其子瞎征依旧实行暴虐的统治，属下民众及所属各部落纷纷反叛。此时，正值北宋哲宗当政，效法神宗进行改革，在边政上也想有所作为，便采纳河州知州王赡“取青唐之策”，于元符二年(1099 年)派宋军西进。处在风雨飘摇之中的青唐政权，几乎是不攻自破，很快就分崩离析了，瞎征归降于宋朝。但宋军占领青唐后，也未能取得吐蕃各部的支持，特别是一些吐蕃酋豪极力鼓动反宋活动。宋军后援不济，难以立足，于建中靖国元年(1101 年)被迫东撤。宋军撤出青唐时，曾对唃厮啰族人小陇拶和大陇拶进行了委任，作为宋王朝的政治代表。但两人相互敌视和倾轧，其他部落酋豪也争强斗狠，河湟地方充满动荡和不安，北宋鉴于武力无法征服，便采取安抚政策，任用降宋的唃厮啰首领陇拶兄弟管理河湟地区，并赐名“赵怀德”、“赵怀义”。北宋徽宗崇宁二年(1103 年)，宋军再次西进青唐，吐蕃各部纷纷归附。此后，宋朝对河湟的统治以青唐城为中心，逐步扩大到了整个青海地区。

北宋统治力量进入青海后，参照唐代建置，在河湟地区设了三州一军，即西宁州、湟州、廓州和积石军。其中西宁州治即青唐城，宋军第一次入青时，诏设鄯州。1104 年改鄯州为西宁州，这是“西宁”一名见于青海历史的开始。1119 年又改湟州为乐州(湟州即青海民和)，廓州在今青海省化隆县西，积石军在今青海省贵德县。

4. 互通茶马贸易

唃厮啰各部落以畜牧业为主，其主要食物为肉类和奶酪，以茶为必要的饮料。而当地不产茶，必须以马匹与中原地区交换。宋与夏、辽连年交战，战马奇缺。随着唃厮啰与宋关系的日趋密切，双方互利的茶马贸易便逐渐兴盛起来。茶马贸易[1]开始时通过“进贡”与“赏赐”的方式进行。

公元 11 世纪中后期，宋朝迭次设置名目不一的专管茶马交易的机构，如“提举茶盐司”等，通过“以茶博马法”，获得大批良马，并借此控制藏族各部落。此外，还以布匹换回谷物、乳香、罽毡等。宋制军用物资不准交易。公元 1045 年(宋庆历五年)，宋朝曾严令地方驻军有以造军器的物资外卖者，以私相交易论罪。

公元 1077 年(宋熙宁十年)，继其父唃厮啰控制青海东部地区的董毡，以进“贡”方式，运

---

[1]茶马互市：是我国古代封建王朝官营垄断贸易，也是对兄弟民族的一种差发制度，是封建国家行使统治权的一种体现。在唐朝茶马互市渐渐兴起，在明代最为兴盛，到清雍正和乾隆时期，随着全国政局的稳定，官府终于宣布中止茶马交易，茶马互市完成了历史使命。

送一批马匹、珍珠、象牙、玉石、乳香等给北宋，宋朝也以回"赐"方式，给董毡以略超过等价的茶、衣物、金银等。其他藏族部落首领有送来物资的，宋朝也在估价之外添给银钱。公元1079年(宋元丰二年)，宋朝特许董毡可以任便遣人来交易。公元1086年(宋元祐元年)，对于董毡进"贡"的物资，按其值增二分回"赐"。这种"贡"和"赐"，实际上成为中央与地方的一种贸易方式。

公元11世纪中后期，宋朝先后设置专管茶马交易的机构，如"提举茶盐司"等，通过"以茶博马法"，获得大批良马，并借此控制唃厮啰各部落。公元1097年，邈川(今乐都县)和斫龙、讲朱(均在今青海省循化及化隆县境内)等地都有了交易市场。公元1100年，宋朝下令甘肃省东南部各处的仔茶，均集中到湟州(即邈川)，专供换取吐蕃马匹之用。

唃厮啰地方政权与宋的友好交往及其茶马互市，促进了青海东部地区经济文化的发展，进一步密切了青海藏族人民与中原汉族人民不可分割的关系。

5. 青唐城成为东西贸易的要冲

唃厮啰统治时期，湟水流域成为唃厮啰政权本部和基地，湟水沿岸的青唐、宗哥(今平安县)和邈川成为重要的城镇。特别是青唐城(今西宁市)作为唃厮啰政权的都城，日益繁荣起来。

青唐城周围二十里，与今留存的明代所建西宁城城址基本相同，分为东西二城。青唐城西城，除宫殿外，在宫殿东侧有三级祭坛，每三年在坛上祭天一次。城内外环居着数千家唃厮啰族居民。与西城区相反，东城住的是在历次战争中被俘和流散在青唐城的各族人民以及于阗、回鹘等商人共数百家。

公元11世纪中叶，由于西夏阻塞了河西走廊，加上唃厮啰与宋始终保持着友好关系，青海古道又重新兴盛起来。于是，青唐城成为当时一个东西贸易的重要场所。由高昌(今新疆维吾尔自治区吐鲁番市)经青海湖东来的商人，以及同中原地区西来的商人，多集中在青唐城进行交易。青唐东城还聚居了很多西域商人，说明当时今西宁市东关附近，早在八、九百年前就已经是各族商贾交易的场所了。

(二)北宋在河湟地区的政治建置及屯田

公元1068年，宋神宗采纳王韶的意见，准备出兵青海东部，从西部对西夏构成威胁。但此时青海东部的唃厮啰仍然同宋保持着友好关系，并经常协助宋军进攻西夏，这就迫使北宋不能实施兼并河湟地区的计划，只能对唃厮啰进行安抚。

唃厮啰首领阿里骨袭位后，放弃与宋的盟约，出兵进攻北宋的洮州(今甘肃临潭)。北宋以此为借口，派军占据河湟地区，改邈川为湟州(今乐都县)，改青唐城为鄯州(今西宁市)，改宗哥城为龙支城(今平安县)，改廓州为宁塞城(今化隆县)，并在今循化县设积石州。

北宋在青海加强政治统治的同时，又继续在青海东部屯田，引宗河(即湟水)水灌溉农田，新增水田几百顷。这些屯田措施对青海东部的开发和农业生产的发展起了积极作用。

(三)元朝在青海的统治

1. 蒙古汗国进占西宁州

公元12世纪初，女真族政权"金"在东北崛起。公元1131年金军进入青海地区，相继攻占乐州、西宁州、廓州、积石州等地。此后的几十年中，青海地区处于金、夏反复争夺的混战之中。1173年，青海南部今玉树地区的地方首领归附南宋，受到南宋册封。南宋特颁发敕令修建根邦寺，这是中原封建王朝在青海牧区敕建寺院的开始。

公元1206年，成吉思汗(铁木真)统一了大漠南北，建立了蒙古汗国，不久即攻占了黄河以北的广大地区。公元1227年,成吉思汗亲率大军由临洮、河州进占西宁州等地,留驸马章吉镇守西宁,青海东部纳入蒙古汗国的领地。

公元1253年,忽必烈率大军出征云南大理,今青海河南蒙古族自治县成为当时蒙古军重要的转运站。随后忽必烈第七子西平王奥鲁赤率军进藏,驸马章吉曾选西宁所部"锐兵千人"从征。青海在元统一全国的过程中起到了重要的战略后方作用。

2. 元朝在青海的军政设置

按蒙古官制,在外宫中设有行省、行台、宣慰司、廉政使等。宣慰司管理军政和民政。公元1253年,为军事需要,在河州设置吐蕃等处宣慰使司都元帅府,直属宣政院。管理今甘、青、川、藏地区。吐蕃等处宣慰使司都元帅府下属八个元帅府,积石州元帅府和贵德元帅府各是其中之一。公元1261年,设甘肃等处行中书省,省治中兴府(今宁夏银川),西宁州归甘肃行省管辖。此后又设西宁州等处拘榷课程所,负责征税和财赋转运。牧区以马为赋。农业区有田赋。元朝对其征服较早的地区,征收数额较低的赋税,借以博取人民的支持,巩固其统治。公元1280年,户部制定全国统一的赋税标准,取消了这种地区差别。

元朝对青海实行有效统治的过程中,还值得一提的是公元1280年元世祖忽必烈派郭实为专使探求河源,并绘有河源图。翰林学士潘昂霄又根据郭实的记载,写成《河源志》。与此同时,朱思本又获得八思巴所藏的梵文图书《河源志》,并译成汉文。这两本内容基本相同但互有详略的史地专著,为以后对黄河的考察研究提供了重要的史料根据。

3. 藏传佛教的盛行

佛教于公元前6世纪创始于印度,西汉末期以后,逐渐在我国传播开来。公元7世纪中叶,吐蕃赞普松赞干布和唐文成公主及尼泊尔尺遵公主结婚后,佛教开始传入西藏,并在与土著本教的斗争中发展起来。公元8世纪中叶,吐蕃大事"兴本灭佛",封闭寺院,焚毁佛经,强迫僧人还俗。在此情况下,有些僧人迁居到吐蕃统治力量比较薄弱的青海地区。如藏惹赛等三位僧人来到今青海化隆回族自治县的丹斗寺,并收徒传教。后来,其徒弟喇勤在今互助土族自治县修建白马寺,收来自卫藏的僧人十一人为徒,于是,藏传佛教在青海东部传播起来。不久,阿里王室又崇尚佛教,派人到印度学习佛法并翻译佛经,佛教在藏区得到恢复和发展。后来藏传佛教逐渐分为几支不同的教派,如宁玛、噶当、萨迦、噶举等。

蒙古军进入西藏后,蒙古亲王阔端邀请萨迦派宗教领袖萨班携同其侄子八思巴去凉州。萨班与阔端会面后,建立了西藏宗教上层与蒙古王室之间的政治联系,为元朝中央政权对藏区进行有效的行政管理奠定了基础。萨班去世后,忽必烈即尊八思巴为国师,并委他担任掌握全国佛教事务和藏族地区行政事务的总制院第一任长官。八思巴在甘青等地任官建寺,并强制本教改宗佛教。帝师的命令与皇帝的诏书使萨迦派势力在甘、青、藏区日益兴盛。此外,噶举派在甘、青地区也拥有一些寺院和信徒。公元14世纪中叶,噶当派先后在今青海化隆、玉树等地建成夏琼寺、拉秀寺等较早的寺院。在元朝中央政权的支持下,藏传佛教在青海盛行起来了。

4. 伊斯兰教的传播

伊斯兰教,公元7世纪初创始于阿拉伯。唐朝中叶,随阿拉伯商人传入我国。但在此后很长一段时间,除今新疆地区天山南北一些少数民族开始信奉伊斯兰教外,在其他地区和民族中尚未传播开来。

10世纪60年代北宋建立,大量的阿拉伯、波斯以及中亚其他地区的穆斯林沿丝绸之路进入新疆,但此时河西走廊为西夏所居,他们要去宋朝从事外交、贸易活动,改走青海路。伴随着青海路的开辟，作为两宋时期沟通东西方经济文化交流的要冲——青唐城，大量的西域商贾留居于此，伊斯兰教循着青海路在青海境内得到了进一步传播和发展。

13 世纪初，随着蒙古汗国的数次西征和签发兵役制度[❶]的实行，大批中亚人、阿拉伯人、波斯人被签发编入“探马赤军”和“西域亲军”进入中国，随着元世祖下令“探马赤军”、“西域亲军”“随地入社，与编民”等的实施，大批穆斯林民族定居西北，其中就有不少的回族先民以及撒拉族先民定居青海，因而伊斯兰教在青海东部河湟地区得以传播。元时，回族先民以及撒拉族先民均属色目人范畴，享有较高的社会政治地位，所建清真寺和伊斯兰宗教活动也受到保护；加之元时驻扎西北的蒙古宗王将帅中不乏信奉和支持伊斯兰教的人，这都给伊斯兰教在青海地区的传播和发展提供了有利的社会环境。元初，穆罕默德二十世孙“天方圣裔古土布·览巴尼·尔不都莱海麻尼”，在成吉思汗西征中亚地区后，从伊拉克来到中国，先到云南，而后率从者来到西宁州传教，并殁于这里。“复命归真”后，西宁王速来蛮在今西宁凤凰山为其修建拱北，以志纪念。这座拱北在明清时曾几度修缮，西宁一带穆斯林时往朝拜。

根据现有资料，青海地方的清真寺建筑始于明代。大约在洪武时，定居于今循化境内的撒拉人创建了著名的街子大寺。现在青海地区最大的清真寺——西宁东关清真大寺也是在洪武年间建成的。洪武十三年(1380 年)前后，西宁卫土官冶氏和部分回族上层通过名将西平侯沐英被明太祖奏准，在西宁修建了该寺。寺院建成后，曾长期由冶土官家族控制。

清真寺的出现，既便利了穆斯林信徒的宗教活动，又有助于伊斯兰教的进一步传播，同时，以清真寺为象征的伊斯兰文化也开始成为青海地方文化的重要组成部分。

(四)青海多民族格局的形成

在青海这块土地上，生息繁衍的居民群体，在其长期的发展历史过程中，随着秦汉王朝的建立而形成的统一多民族中央集权制国家的不断巩固和发展，先后加入了许多民族的成分。正是许多民族的劳动创造和相互交流，才凝集成有明显地方特色的青海古代文明。青海最早的土著居民是羌人，自汉以后，汉族逐步成批移入；南北朝时，鲜卑族秃发部、吐谷浑人移牧青海；唐朝以后，吐蕃人及其后裔唃厮啰人活跃于青海；公元 13 世纪建立的元朝是青海多民族格局开始形成的时期，在元朝又有新的民族成分源源补充进来，初步奠定了当今青海六个世居民族的格局。藏族分布在青海全境，汉族等主要居住在东部河湟地区。随着许多蒙古人随军南下进入青海境内，他们逐渐成了青海新的居民。蒙元时期，大量中亚、西亚穆斯林迁入我国，西北地区成为回族人居住的重要地区。元朝末年，回族先民已具备了一个民族的雏形，在青海东部地区有广泛的分布。蒙古军西征时，原居西突厥乌古斯部撒鲁尔部落中的尕勒莽被签军，率领本族 170 户东迁，被安置在元积石州驻扎。后经长期发展，该部成为中国的撒拉族。回族、撒拉族信奉伊斯兰教，元朝政府对伊斯兰教采取优惠政策，各地所建的清真寺和伊斯兰教活动场所受到保护。元代，原居青海地区的霍尔人和留居在此的蒙古人，通过长期密切的交往，逐步发展形成土族先民。中华人民共和国建立后，土人正式定名为土族，主要居住在青海东部地区。元末明初，通过民族关系的发展，今青海同仁地区形成了保安族(约在清咸丰年间大部分保安人迁居甘肃临夏大河家)。元代，在柴达木盆地一带，有大批撒里畏兀尔人驻牧。元末曾封宗室卜烟帖木尔为宁王，镇守青海西部撒里畏兀尔之地。各民族通过长期的错居杂处，加强了各族人民之间经济、文化、语言等方面的交流，为青海多民族多元文化的形成奠定了基础。这一格局在元代奠基，经明朝一代巩固强化，自清朝以来稳定延续至今，这对以后的青海历史

---

❶签发兵役制度：蒙古政权实行的征用被征服的阿拉伯帝国臣民作为补充武装力量的制度。

有着重大影响。

1. 青海汉族

自秦汉时期开始迁入湟水谷地，特别是自汉武帝以来中央王朝的武力开边和屯田垦戍、移民实边政策的实施，汉族人数不断增加，尤其是中央王朝实行郡县制进行直接统治而大量移入汉族，汉族人数较之以往激增。

2. 青海回族的形成

唐宋时期，大食国第三任哈里发奥斯曼首次遣使来华，此后使节来往不断，来自阿拉伯、波斯的商人、传教士更是络绎不绝。宋时，通商贸易规模更大，来华的阿拉伯人、波斯人大大增加，他们大多集中在我国东南沿海一带的广州、泉州、扬州和杭州以及内地的长安、开封等地，从事香料、象牙、珠宝和药材的买卖，带回中国的丝绸、瓷器、茶叶和其他商品。中国人称他们为“番商”或“胡商”。他们中的不少人留居中国，娶妻生子，繁衍后代，逐渐融入中国社会，同时他们保持了自己独特的文化个性，成为回族先民。其中有一部分在唐宋时期翻越祁连山，循丝绸之路青海道留居湟水流域的阿拉伯人、波斯人后裔，与蒙元时期成吉思汗西征，被签发到东方的“西域新军”以及由于中西交通打开而大批东来的穆斯林各族，以伊斯兰教为纽带，并融合了汉、蒙古、回纥等民族成分，他们彼此互通婚姻，文化上互相渗透，逐渐形成了具有独特生活习惯、宗教信仰、文化特点的一个民族共同体——回族。

3. 撒拉族的形成

撒拉族人自称“撒拉尔”，简称“撒拉”。由于撒拉族没有自己的文字，史籍中也缺乏对撒拉族早期历史的记载。关于撒拉族来源的资料主要保存在本民族普遍的口头传说中。

从前，在中亚撒马尔罕有尕勒莽、阿合莽兄弟两人，他俩在群众中有很高的威望，因而遭到当地统治者国王的忌恨和迫害。他俩遂带领同族十八人，牵了一匹白骆驼，驮着故乡的水、土和《古兰经》离开了撒马尔罕到东方寻找新的乐土。他们离开故乡后，又有四十五个同情者随后跟来。尕勒莽一行经天山北路进嘉峪关，然后经肃州、甘州、宁夏、秦州（甘肃天水）、伏羌（甘肃甘谷）、临洮，辗转来到今甘肃拉卜愣的甘家滩。随后来的那四十五人，经天山南路进入青海地区，历尽千辛万苦，来到圆珠沟（今青海共和县），有十二人因不堪跋涉便留住下来，其余的人终于在甘家滩和尕勒莽等相会。他们又合伙继续前进，经过今青海循化的夕厂沟，翻过孟达山，登上孟土斯山，因天黑走失了白骆驼，便点起火把在山坡上来回寻找，后人便称这个山坡为“奥特贝那赫坡”（意即火坡），山下的村庄叫“奥特贝那赫庄”（意即火庄）。最后，他们找到街子东面的沙子坡，这时天已破晓，遂称沙子坡为“唐古堤”（意即“天亮了”）。在黎明中，他们眺望今循化街子一带，见土地平坦，河流纵横，是一片好地方。下山坡后，见一眼清泉，走失的骆驼卧在水中，但已化为白石。众人测试了水、土，与所带故乡的水、土完全相同。于是，大家便决定居住下来。以后人们称该泉为“骆驼泉”，白石叫作“骆驼石”。以上传说经许多历史学者的考证，除去神话和宗教的色彩，基本与历史相符。撒拉族先民是由中亚撒马尔罕迁来的。

撒拉族先民来到青海的时间，大约是在公元 13 世纪前半叶。撒拉族先民是中亚撒马尔罕一带突厥乌古斯部的一支撒鲁尔人，游牧在伊犁河一带。公元 13 世纪前半叶，阿干罕的儿子尕勒莽被蒙古签军，他率领本族 170 户，以“撒尔特部”名号东行，辗转千里，驻屯于今青海省循化撒拉族自治县。撒拉族先民在循化地区定居以后，与附近蒙、藏民族通婚，逐渐繁衍。后来，又有大量回族补充到撒拉族中，因为二者都信仰伊斯兰教，生活习俗也有许多相同之处，如河州等地的相当一部分回民移居到循化就逐渐融合于撒拉之中。由于与周围蒙、藏、回、汉等民族长期相处，吸收了新的民族成分，得以形成循化内八工和化隆外五工的撒拉族。此后撒拉族人口也很快发展起来，到明朝中叶，已达一万一千余口，约二千户。撒拉族主要聚居在青海省循化撒拉族自治县以及与之毗邻的化隆回族自治县甘都乡和甘肃临夏大河家一带，至今已有700多年的历史了。

4. 土族的形成

土族是我国古老民族之一，主要聚居在青海省互助土族自治县和大通、民和回族土族自治县、黄南藏族自治州以及甘肃省天祝藏族自治县等地。

吐谷浑是土族的祖先。早在公元七世纪中叶，有一部分吐谷浑人留居在青海东部，这便是土族最早的族源。长期以来，藏族一直称土族为"霍尔人"，而今天青海互助、民和的土族也自称"霍尔"。"霍尔"即指吐谷浑。在互助佑宁寺，现在仍供奉有"霍尔"人首领的塑像，名叫万丹尕柔，俗称"尼羌"，意为当地的主人。土族人民把他当作自己的祖先崇拜。

土族语言属阿尔泰语系蒙古语，这是因为吐谷浑与蒙古语有同源关系，同属于东胡系统的民族语言，今土族语言中的蒙古语词汇，是对其历史上相同部分的遗留。土族至今还保持了吐谷浑的服饰特点，其中最明显的是妇女头饰"吐浑扭达"。另外，土族有信仰"护法神箭"的习俗，这与历史上吐谷浑王阿豺临死时折箭遗教的故事有关。

土族的形成经历了长期、复杂的历史过程。吐谷浑亡国后，东迁的一部分逐渐融合于汉族，降附吐蕃的一部分后来融合于藏族。而留居于凉州、祁连山一带、浩门河流域、河湟地区的吐谷浑人则成为"西宁州土人"，他们在漫长的生产、生活过程中，与元朝占据统治地位的蒙古族相融合，同时又不断吸收并融合了藏族、汉族、回族等民族成分而逐渐形成了新的民族——土族。

5. 青海藏族的形成

青海地区在吐蕃王朝之前，为西羌之地，到魏晋南北朝时期，鲜卑族吐谷浑、秃发部迁居到青海地区。这些民族历经几百年的发展，有相当一部分融入到了藏族之中。7世纪吐蕃王朝的建立，标志着吐蕃民族——藏族先民的形成。青海地区是藏族同唐朝、吐谷浑、突厥、回鹘等民族互动、接触、交流的主要区域，青海地区是唐朝和吐蕃接触最频繁的地方，著名的"唐蕃古道"横穿青海地区，成为唐蕃交通的枢纽。在这条横贯青藏高原的古代交通线上，有频繁往来的唐蕃使者，有奔赴战场的将士，有从事贸易活动的商贾，还有取经弘法的唐蕃僧侣。这些促进了唐蕃之间政治、经济、文化的交流，相互间的战争则导致了复杂的民族互动，在双方战争中，吐蕃俘虏、容纳了许多唐朝边疆居民，大批汉族成为吐蕃属民，最终同化于吐蕃。通过征服、融合，青海藏族中有不少唐朝、吐谷浑、突厥、回鹘等民族成分。这些新的成员被容纳进来后，成为青海藏族的新鲜血液，使青海藏族得到了较大的发展。所有这一切，对青海藏族的形成、发展有着非常深刻的影响。

9世纪吐蕃王朝崩溃，选入分裂割据状态，青海地区的藏族部落各自为政。到11世纪初，复兴于湟水流域的吐蕃王室后裔唃厮啰建立了具有部落联盟性质的青唐政权，控制着青海东部地区。青唐政权延续了100多年，以其军事、政治实力融合了其境内的全部羌人、大部分吐谷浑人以及汉族等其他民族成分而形成藏族。北宋灭亡后，河湟地区先后降金。直到1227年，蒙古军队进入河湟，取积石、临洮、西宁诸州，整个河湟地区藏族遂归于蒙元统治之下。

6. 青海蒙古族的形成

"蒙古"名称始见于唐朝史籍，是大室韦的一个成员，居住在额尔古纳河之东。大约在11世纪后半叶，蒙古逐渐强大起来。金国取代辽国后，一方面与金国保持联系，另一方面也不断进行战争。12 世纪初叶，蒙古各氏族部落，组成了部落联盟，开始有了“汗”的称号。在相互争战中，孛儿只斤氏的铁木真势力逐渐强大起来，统一了大漠南北。1206 年蒙古贵族在斡难河源举行忽勒尔台大会❶，推铁木真为大汗，尊号“成吉思汗”，史称元太祖。从此，“蒙古”这一名称成为蒙古各氏族部落的共同名称，一个民族共同体——蒙古族从此登上了历史舞台。

蒙古族进入青海，是伴随着成吉思汗 1227 年灭夏金的军事行动及其子孙进军西藏和南攻大理等军事活动而来的。青海蒙古族先民从元明时期就陆续迁移到青海。元代，许多宗王诸如西平王、安定王、西宁王、岐王等率部众镇守青海。元被明朝推翻后，仍有部分蒙古贵族及其所属留居青海。明朝正德年间称之为“西海蒙古”的东蒙古纷纷进入青海，游牧于环湖地区和河曲一带。明末清初原居新疆的西蒙古和硕特部在顾实汗率领下由新疆伊犁地区进入青海地区定居，继而统一了青藏高原。伴随清朝在青海蒙古族推行蒙旗制度，最终在青海形成了左右两翼二十九旗蒙古族。

七、明清时期的青海

明清继元朝以来，继续加强对青海各族人民的封建统治。这一时期的封建王朝为了巩固自己的统治地位，在政治上采取了土司制度、盟旗制度和千百户制度，并极力推崇宗教。

(一)明朝对青海的统治措施

公元 1368 年明太祖朱元璋建都南京，正式建立了明王朝。明王朝在开国初期，一方面对西北地区的元朝的各民族官吏进行招抚，另一方面派军队作战。不久，明朝相继打败元朝在青海的势力，控制了青海地区。其后，元朝的西宁州同知李南哥等相继归附明朝，明朝都给他们加官晋爵，使西北地区很快安定下来。

明王朝对青海地区采取了以下几项政治措施：

1. 卫所行政建置

明代在青海地区的建政施治与北方地区民族关系及政治军事斗争紧密相关。明朝为力保整个藏区的政治稳定，以求专力对付蒙古势力。明朝在青海没有建置专司地方行政事务的机构，而是设立了卫、所两级军事单位来兼摄地方行政，以确保这一地区的安定。

明代的地方建置，在府州县外，也实行卫所制度。西北地区的卫所隶属于行都指挥使司。公元 1368 年(明太祖洪武元年)，元惠宗(顺帝)退出北京。次年明军转向陕甘青地区，对盘踞西北的蒙古贵族与各族官吏进行招抚。元朝在青海的大小官员，有的退回蒙古，有的归附明朝。

明军进入青海东部地区后，于公元 1371 年(明太祖洪武四年)设河州卫，任何锁南普为河州卫指挥同知。公元 1373 年(明太祖洪武六年)又改西宁州为西宁卫，以李南哥为指挥，派朵尔只失结为西宁卫指挥金事。这两个人都得到世袭官职的权利，成为青海地区明清时期最大的两家土司，即李土司和祁土司。

西宁卫的治所就在今天的西宁城，明代洪武年间、万历年间在元代西宁州故城的基础上重新筑建。现今遗存的西宁城垣，为明朝初年所修筑。公元 1386 年(明太祖洪武二十年)，长兴侯耿炳文驻防西宁，率领陕西各卫所士兵，在原元西宁州旧城址的基础上建筑新的城垣，在东

---

❶忽勒尔台大会：《元朝秘史》释为聚会，《元史》作为宗亲大会，是蒙古诸王百官参加的推戴大汗和决定军国大事的贵族会议。

门外面，建有关厢。嘉靖、万历年间对西宁城垣都有所增修。明万历三、四年（公元1575～1576年）又大规模修缮，全部用砖包砌。以后清康熙、雍正、乾隆、道光等朝对西宁城垣也曾加以修缮。西宁卫下属六个千户所，即西宁千户所、镇海千户所、北川千户所、南川千户所、古鄯千户所、碾伯守御千户所。西宁卫之外，明代的河州卫曾管辖今循化（当时称为积石州）、贵德（史书称归德）等地；必里卫管辖今青海省海南州同德、贵南县和黄南州的部分地区。还有"塞外四卫"（安定卫、阿端卫、曲先卫和罕东卫）管辖今青海省海南、海北和海西州的大部地区。

这些卫所的建立，加强了明王朝对青海地区的封建政治统治，奠定了明代以来的青海地方行政建置。

2. 土司与流官制度

土司最早由土官子孙世袭，逐渐形成明清时代的一种分封制度。流官，即由明王朝从内地委派而来的官员。明王朝在青海东部地区采用"土流官参设制"[1]的政策。明初的土官都是些原来元朝的地方官吏和少数民族地方上层头人等归附明朝，受到明王朝封官并准其世袭的人，官衔从正二品到正七共为九品级，都是武职。

由于明代初期的土官受到封建王朝的优厚待遇，经常根据他们为封建统治集团的效劳状况加官进爵，准其世代承袭官职并享受各种特权，所以土官们也努力为维护封建统治而奔忙。到了清代初期，这些拥有官职、辖地、土民和土兵的地方官吏们又纷纷归顺清王朝。清朝中央政府采取明王朝"因俗以治"的方略，准许这些土官们承袭原来的官位，承认他们在地方上拥有的特权，形成了明清时代青海地区的土司制度。这一时期青海地区有二十余家土司，其中最大的是李土司和祁土司。这些土司形成一种地方行政建制，下设千总、把总、家长、总管等属员。土司衙门还掌管辖区民众的刑事诉讼。

明代初期，朝廷还不断从中原地区委派官吏到青海来，这就是所谓的流官，这些流官多为武职，根据他们的军功大小，也受到明王朝最高统治者的分封。

3. 对宗教上层及其家族的封赐

明太祖还利用藏传佛教来笼络藏族，明王朝对青海广大藏族地区的宗教上层及其家族中的显要人物也给以分封赏赐，一些势力雄厚的寺院因此建立了地区性的政教合一制度。明王朝扶植宗教上层和世俗头人，借以巩固对青海的统治地位；而那些宗教上层和世俗头人也要依恃明王朝的势力，以利于该宗教集团及其家族的利益。西宁藏族僧人三剌在乐都建寺，明太祖赐题寺额为"瞿昙寺"。封三剌为西宁都纲司（僧官），颁发圣旨，对寺庙财产予以保护。僧官、土官每年晋京朝贡时，明朝特别优待。公元1374年（明太祖洪武七年），明朝又派朵尔只失结招抚西宁等地的藏族。公元1380年（明太祖洪武十三年），申中等十三族归附。公元1383年（明太祖洪武十六年），又招抚了青海蒙、藏首领史剌巴等七人，明朝准予照倡袭职。明王朝之所以这样做，就是利用神权达到巩固其统治地位的目的。

（二）西海蒙古

1. 通贡互市

明代中期，东蒙古部落大批向青海湖等地迁徙，史称"西海蒙古"。公元1543年（明嘉靖

---

[1]土流官参设制：是我国古代的中央行政制度，是明清时期管理西南少数民族地区的一种地方行政制度。土官有自己的"赐地"与"属民"，拥有兵力，割据一方，承担保护边塞、守卫地方以及朝贡、纳税和奉调出征等义务，在维护明清王朝在青海的统治方面起着重要作用。

二十二年），蒙古可汗达延死，其子孙分驻蒙古全境，其中以驻牧于今呼和浩特一带的阿勒坦（明史称俺答）部最强。阿勒坦曾屡次要求和明朝建立互市关系，但都遭明朝边将拒绝，明朝的山西、陕西、甘肃沿边备地连年遭受阿勒坦的攻击。公元1559年（明嘉靖三十八年），阿勒坦率部进入青海湖地区，赶走四十几年前就移居在那里的蒙古族卜儿孩部，留其子丙兔驻守。安定了一段时间的西宁地区，又经常受到丙兔部的威胁。

公元1570年（明隆庆四年），阿勒坦接受明朝的召抚，次年，明朝封阿勒坦汗为"顺义王"，其他蒙古封建主七十余人也受到封号。明朝批准建立互市场所于宁夏、陕西等沿边地区，每年互市一次。蒙古以马匹、杂畜、皮毛交换明朝的铁锅，丝增、布泉等物，王朝与西部蒙古族建立了通贡互市的关系。

所谓通贡，是当时西部蒙古封建主与中央王朝之间保持联系的一种方式。在政治上地方封建主通过进贡表示臣服于中央王朝；中央王朝以"回赐"丰厚的物质表示对地方的统治权，这在经济上也算是一种官方贸易。互市，则是一种更大范围（包括民间贸易）的民族间的贸易形式。明隆庆、万历年间，明朝批准并陆续开设了马市十三处。

在明代，这种互市的范围、地点、规模以及时间等均受到明王朝的限制，明朝严禁硝黄、铜铁、盔甲、兵刀等物互市交易。对于茶叶的交易也受到一定的限制。明清中央政府将互市中双方急需的物品交易，看作是运用商品推行营边措施的一种手段，称为茶政、马政。

这种经济贸易上的繁荣，带来了政治上的相对安定。明中央王朝与西部蒙古上层之间和平相处二十余年，人民免受战乱之苦，增进了民族间的文化交流。

2. 西部蒙古信奉佛教

西部蒙古族出于巩固统治地位的需要，阿勒坦汗由于其从侄切尽浑台吉的劝告，开始信仰佛教。公元1575年（明万历三年），请求明中央政府准予在青海今共和县恰卜恰附近修建佛寺，并派人到西藏迎请藏传佛教格鲁派（俗称黄教）领袖索南嘉措，也就是第三世达赖喇嘛入青传教，明王朝赐寺为"仰华寺"。

公元1578年（明万历六年），索南嘉措至青海湖畔。双方晤面，都十分满意。他们回顾元代忽必烈和八思巴建立关系的历史，一个以其祖先忽必烈自居，另一个则把自己比作八思巴。这是元代忽必烈和西藏高僧萨班、八思巴叔侄之间谋求在藏族地区实行政教合一制度的继续和再现。索南嘉措向阿勒坦宣传格鲁派（黄教）教义，劝其戒杀向善，西部蒙古族上层接受了这个建议，并当众宣布奉行佛教十善法。同年，甘肃巡抚派人到青海湖边的仰华寺邀请索南嘉措到甘肃会晤。索南嘉措到达甘肃时，受到甘肃巡抚的隆重接待，以元代接待八思巴那样的礼仪，安置他住在八思巴住过的幻化寺。在阿勒坦汗的支持和倡导下，黄教不仅在青海地区迅速传播，在蒙古地区也开始广泛流传，而"达赖喇嘛"则成为索南嘉措转世系统的称号。他追认根敦朱为第一世达赖喇嘛，根敦嘉措为第二世达赖喇嘛，他是第三世，其转世的后辈也一直称为达赖喇嘛。

索南嘉措从甘肃幻化寺给明王朝宰辅张居正写信，信中表明了他与明王朝密切合作的愿望。在索南嘉措的影响下，为纪念黄教创始人宗喀巴，公元1560年（明嘉靖三十九年）在宗喀巴降生地——今湟中鲁沙尔修建了一座小寺，这就是国内六大黄教寺院之一的塔尔寺。

3. 湟中三捷

万历中期，驻牧于青海湖地区的蒙古人达10万之众，其势力向黄河以南富饶地区河曲一带发展。他们攻掠藏族，占据草场，并不断与甘青诸卫所明军发生冲突。万历十八年（1590年），明廷命郑洛经略西北，次年郑派兵深入青海湖地区，逐走蒙古部落，焚烧仰华寺。明万历二十三年(1595 年),甘青地区明军接连三次在甘浚山、西宁南川和西川大胜蒙古军,重创蒙古封建贵族势力,史称“湟中三捷”。从此,西海蒙古一蹶不振。

4. 刘敏宽炼铁

由于西部蒙古的强盛,从军备需要出发,明甘肃巡抚鉴于以往西宁每年所需七千余斤熟铁远途运输、耗资又赶不上急用的情况,命令西宁兵备副使刘敏宽就地建厂炼铁。

刘敏宽派人勘探铁矿,并且从陕西、山西等地聘请了炼铁技师到西宁。经勘探,首先在今青海互助县五峰山、大山峡等地找到铁矿,后来决定在五峰山(下马圈北山)开矿,调遣四百多名士兵建炼铁场。公元 1596 年,炼铁厂建成。有炼铁炉两座。在刘敏宽的组织下,每月一炉出铁两次,约得生铁三千斤。《北山铁厂碑记》列举了“五利”,肯定了刘敏宽炼铁的历史功绩:第一,用于西部军需,取之不尽;第二,免去数千里运铁的辛劳,老百姓得到休养生息;第三,随时供给,及时而不耽误;第四,士兵炼铁,就地取材,节省公款;第五,以当地之材,供当地之用,免去了外地供铁,外地之材,更作他用。刘敏宽炼铁对推动青海冶金技术的发展,起了重大作用。

(三)明末农民起义军在青海的活动

明朝末年,农民不堪忍受封建剥削与压迫纷纷揭竿起义,反抗明王朝的封建统治。特别在我国陕西掀起的以高迎祥、李自成等人为首的农民起义军,转战于陕西、山西、河南、河北、四川、甘肃等地,并一度迫近西宁卫地区。

1. 黄澄、马安邦响应起义军

李自成部起义后自甘肃南部进入川北地区,也有一小部分力量活动于今青海东部地区。当时,碾伯人(今乐都县城地区)黄澄、西宁镇海堡人马安邦先后聚众反抗明王朝的统治,响应李自成农民起义军,但由于事先准备不足,没有和起义军取得联系,势单力薄,这次起义很快就被回族掌教冶秉乾及藏族西纳部头人班着尔领真为首的各族上层所镇压。

2. 起义军攻占西宁城

公元 1643 年(明崇祯十六年),李自成农民起义军占领湖北、河南大部分地区后,挥戈北上,准备直逼北京。与此同时,派其部将贺锦攻取陕、甘各地,以牵制明朝边兵对京师的求援。这样,贺锦部从平凉直趋定西、兰州,渡过黄河进入河西走廊。贺锦又派兵南下湟水流域,进军西宁。西宁地方封建势力土司指挥使祁廷谏等率兵抗拒,同时又会同甘肃庄浪土司鲁元昌等夹击起义军。起义军第一次攻城失败。

随后贺锦亲率大军越过祁连山南下,在北大通(今青海门源地区)与庄浪土司鲁元昌遭遇后,鲁土司节节败退,贺锦攻城得胜,鲁土司被起义军处死。西宁城虽被起义军所攻占,但封建地方势力祁廷谏等退守南川,并不甘心失败,在西宁大南川一带设置绊马索及陷阱,诱起义军深入,贺锦不慎中了埋伏而被祁廷谏父子所杀害。贺锦部将统率起义军对祁廷谏等进行还击,终于在西宁地区广大人民群众的协助下,击败了封建武装,生擒祁廷谏等,押送到西安。

3. 明末起义军对青海地区的影响

明末农民起义军攻占西宁城的胜利,使西宁卫地区的封建势力受到沉重打击,使当时的青海广大农民对封建统治的反抗增强了信心。以后,青海地区的各民族人民群众反抗封建压迫剥削制度的斗争接连不断,与明末起义军的影响有一定的关系。

明末农民起义军前后占领西宁城将近一年,起义军力量曾经深入到青海湖一带,声威逐渐增大。公元 1644 年,吴三桂引清兵入关,李自成农民起义失败,清兵镇压了陕甘农民起义军后即到西宁。清朝官员从西安监狱中放出青海土司祁廷谏等人,恢复了他们原来的官职,又利用这些人为维护清王朝的封建统治而效劳。

(四)清王朝对青海地区统治的加强

清初,清廷招抚青海各家土官归附,按旧制保留其特权,并相继发给号纸印敕,授予官职,根据其原管部属和对牧地、耕地占有情况"封土司民",正式称其为土司。土司既是中央王朝封授的官吏,又是当地的封建领主,同朝廷委派的流官共同负责地方事务。顺治九年(1652年),固始汗劝导并促成五世达赖到北京朝觐,清廷正式确认达赖的宗教领袖地位,承认固始汗对藏区的统治权利。固始汗去世后,藏区蒙藏统治者争权夺利的斗争公开化。康熙末年,新疆西蒙古准噶尔部派骑兵占领拉萨,还不时威胁和侵扰青海蒙古。为此,康熙、雍正、乾隆三朝对割据新疆等地并不断进行分裂活动的准噶尔部统治集团多次用兵,并在柴达木西部噶斯口一带驻重兵防守。圣祖康熙五十九年(1720 年),清军人藏平定侵藏准噶尔部。在清除了准噶尔军后,清廷不再封青海蒙古首领为西藏汗王,并对青海和硕特蒙古贵族罗卜藏丹津暗中勾结准噶尔部有所防范,这便引起了罗卜藏丹津的极大不满。世宗雍正元年(1723 年),罗卜藏丹津召集青海蒙古诸台吉(爵名)于青海湖畔察罕托罗亥,以"恢复先人霸业"为口号起兵反清。次年,清廷命川陕总督年羹尧为抚远大将军,进驻西宁,督大军进剿,经一年多时间平息了叛乱。但青海地区的和硕特蒙古族贵族罗卜藏丹津乘康熙去世、清朝政府撤去西北边防军之际,于清雍正元年(公元 1723 年)起兵反清,造成了青海地区的混乱,危及甘肃、西藏和新疆等地区的安宁。

罗卜藏丹津反清事件是清政府与青海地方割据势力之间权势矛盾的必然结果,但战火蔓延到青海各地,使青海许多黄教寺院也卷入了这场斗争,广大人民群众遭受了战乱所带来的不幸。清政府为了迅速平定罗卜藏丹津的叛乱,任命年羹尧为"抚远大将军",征调川陕官兵进驻西宁。清军很快击溃罗卜藏丹津反清势力,仅五十余日即结束战事。罗卜藏丹津本人兵败逃入准噶尔,后来就擒,被押送到北京。这次反清事件前后一年有余,以罗卜藏丹津的失败而告终。清政府于这次事件之后,吸取以往的经验教训,为了加强中央政府对青海地方的管辖,立即采纳了年羹尧提出的善后措施,对青海地区的统治在经济和宗教等方面进行了整顿。具体措施有以下几个方面:

1. 划编蒙古二十九旗

清朝政府将青海蒙古各部仿照内蒙古扎萨克制度(也就是以旗为基本行政单位的盟旗制度),制定游牧地界,编为二十九旗。各旗旗长由其部落首领"台吉"(旧时代蒙古族地区的官职)担任。每旗之下设协领、副协领、参领各一员;各旗之间划定了游牧地界,规定不得强占牧地与私自往来,也不得互相统属。清政府通过划编蒙古二十九旗和设立地方官员,对青海蒙古族地区实行了严密的统治。为了进一步控制、笼络青海蒙古王公贵族,清朝政府封赏对清王朝有功的蒙古王公的同时,还规定了会盟与朝贡的制度。各旗每年会盟一次,由西宁办事大臣监督主持,报请中央政府委任盟长,各旗不得私自推举。对朝贡也作了明文规定:各旗王公、贝勒等分为三班,三年一次,九年一周,自备马驼赴京朝贡;并规定每季度的第二个月,青海蒙古各部与内地在日月山一带进行集市贸易,后改到今湟源县境内的东科尔寺举行。同时,清朝中央政府派一等侍卫、散秩大臣达鼐办理青海善后事宜,并对战乱后的青海蒙古各部的生活进行了救济。清朝政府还对青海藏族、撒拉族地区加强了管理。雍正五年(1727 年),清朝政府收缴了明代颁发给藏族各部寺院上层的国师、禅师印信,名义上废除了地区性的政教合一制度,规定所有委任的千户、百户和百长,由西宁办事大臣发给委札,并呈报中央政府。按议定的品级,千户为五品顶戴,百户为六品顶戴、百长为九品顶戴,并准其世袭。青海地区当时计有千户、百户、百长、头人两万余人，均归西宁办事大臣管辖。

2. 对藏传佛教寺院加强管理

在罗卜藏丹津事件中由于青海各藏传佛教寺院也曾参与，清政府对寺院加强了管理，特别是对塔尔寺，规定只选留僧众三百名，其余遣散，明令禁止"聚众议事"。清朝政府规定青海各地藏传佛教寺院房舍不得超过二百间，僧众多者三百人，少者十数人，都要经过官府批准。官府每年派员稽查两次，同时规定寺院一律不得像以前那样向百姓收租要粮，寺院费用，由官府按僧众人数发给衣食口粮。清朝政府加强了对青海藏传佛教寺院的管理，只是为防止僧众参与闹事，并没有改变封建统治阶级借助宗教来巩固其统治地位的基本策略，所以寺院封建特权也并没有废除。雍正十年（1732 年），青海互助地区的郭隆寺奉旨修复，皇帝赐名"佑宁寺"，大通郭莽寺也得到修复，赐名"广惠寺"。佛教寺院的势力还是很大的。

3. 进一步调整行政建置

清朝政府为了便于管理，使青海地区完全置于中央政府的直接统治之下，对青海地区的行政建置进行了重大调整。

1725 年（雍正三年），改西宁卫为西宁府，下设二县一卫，即西宁县和碾伯县、大通卫。任命西宁办事大臣，管理西宁府所辖范围内的一切政务。清朝政府在青海地区调整行政建置，对青海的统治大大加强了。蒙古王公和寺院的封建特权虽然继续存在，但已不再作为一种独立的政治势力而影响到国家的统一，这对于我国多民族国家进一步统一发展，是有重要意义的。

4. 西宁茶马事务的停办

清朝初年，在青海地区所进行的茶马交易仍沿袭明朝旧制，公元 1645 年（清顺治二年），设西宁、桃州、河州、庄浪、甘姆等五个茶马司，由陕西茶马御史管辖，每年招商以陕西、四川等地茶叶交换蒙、藏人民的马匹。凡通往藏族地区的关口，都派有军队驻守巡查，发现私茶出境，即拿送官厅治罪。只准蒙、藏人民在指定的地点互市，不许进入内地交易。公元 1665 年（清康熙四年），清朝裁撤陕西茶马司各领监。三年后，又裁撤陕西茶马御史，茶马交易改归甘肃巡抚兼理。至公元 1705 年（清康熙四十四年），清朝改征茶叶税款，充作兵饱，因而停止茶马事务。清朝由于划编蒙旗及在藏族中设置千百户的措施已逐步完成，对青海蒙藏地区的统治大大增强，所需马匹可以通过贡赋形式直接征集，无需以茶易马。公元 1735 年（清雍正十三年）又将五茶马司裁撤，改征茶封税款，于是由唐朝开始延续了一千年左右的西北茶马制度从此告终。茶马交易停止后，西宁等五茶马司曾将库存茶叶易换粮食，充实边仓，茶马贸易转由民间经营。此后，在西宁、大通、贵德、循化等地出现了"官歇家"❶。

（五）青海各族人民的反清斗争

青海是一个多民族、多宗教地区。在清王朝腐朽没落的封建统治下，民族宗教问题得不到正确的解决，加上封建统治者层层盘剥，青海各民族人民群众日益贫困，反清斗争层出不穷，给清王朝的封建统治以沉重的打击。

1. 伊斯兰教群众的反清斗争

公元 18 世纪中叶，青海伊斯兰教在传播过程中形成了新教和老教之间的对立局面。以马明心、苏四十三为首的新教在循化撒拉族地区得到迅速传播。新老教发生争执，新老教之间不断发生械斗事件，相互仇杀日益严重，而清朝政府官员没有妥善处理争端，激起新教群众的愤

---

❶官歇家：代理官方与蒙藏人民进行商业贸易的居间人，或承办纳补，支应徭役等事务的代理人。有由官府指定者，也有世袭者，均由官方发给执照。

慨，苏四十三、韩二哥等人聚起新教民众杀死清政府官员，进抵兰州西关外。清朝政府调集军队大举镇压，经过与清兵的激战，终因寡不敌众，苏四十三及新教群众被清军杀害，撒拉族新教群众的反清斗争失败。

清咸丰、同治年间，在太平天国革命运动的影响下，陕甘等地回族群众纷纷响应，掀起了大规模反清运动。青海循化地区撒拉族首领马尕三率今循化、化隆地区的撒拉族、今民和米拉沟回族群众起事，进逼西宁南川。与西北地区回族群众的反清斗争相呼应，烽烟遍及今宁夏、甘肃、新疆、青海等地。

公元1867年（清同治六年）六月，清朝政府派遣左宗棠为钦差大臣兼陕西总督，率领大军赶到西北镇压撒拉族、回族群众的反清斗争。几经反复，在清军进逼下，反清队伍内部发生分裂，青海撒拉族、回族群众的反清斗争宣告失败，但这种以伊斯兰教派之争为导火线的反清斗争直到清光绪年间仍继续蔓延。

2. 青海黄河南岸藏族各部要求还牧河北的斗争

自公元16世纪蒙古各部入居青海以来，藏族群众被迫迁到黄河以南地带从事畜牧业生产。到清代，藏族人口日众，黄河南岸藏族部众越过清朝政府划定的地界逐渐还牧河北，于是出现蒙藏两族的草山纠纷。

清朝政府对蒙藏两个民族逐渐产生的草山纠纷，不问历史渊源与实际情况，草率断案，偏袒一方，使另一方遭受损失，这就引起了藏族部众武装反抗。经过藏族人民的斗争，西宁办事大臣同意重划蒙藏二族的放牧地界，环湖及黄河北岸地区准许藏族驻牧，核定界址。茶卡盐池由蒙古各部营生，藏族各部不得居留，规定蒙藏二族从此不得互相侵犯。至此，经历了一百多年的南迁藏族要求归牧河北的斗争，以清朝政府被迫承认藏族的要求而告结束。

3. 西宁西川群众反清起事

公元1911年（清宣统三年）10月下旬，陕西革命军响应武昌革命军起义。消息传到西宁后，引起西宁地区人民群众的极大反响。乔寿山、任得慧，孙大旗等人在武昌革命军的影响下，秘密联络驻扎在西宁的新军，准备反清起事。

乔寿山等人计划乘庙会的时机，发动西宁附近的农民群众起来，先攻占西宁西川的镇海堡、多吧等地，夺取粮库草场，与驻守西宁的新军里应外合，攻取西宁城，这件事由于组织不慎而泄露出去，被西宁镇总兵官张定邦发现后严加防范，并派兵镇压，反清起事宣告失败。青海各民族人民的反清斗争层出不穷，清王朝在青海的统治受到了打击。特别是在清代末年，青海各民族人民进一步看清了清王朝的腐朽没落，这种斗争变得更加激烈，一些激进的知识分子加入了孙中山先生领导的同盟会，这种斗争汇入到全国革命军推翻清王朝统治的洪流中去了。

八、民国时期的青海

公元1911年（即中国传统历法中的辛亥年）爆发了中国资产阶级领导的旧民主主义革命。四川、湖北、湖南、广东地区兴起保路运动，成为辛亥革命的前奏。与此同时，在孙中山领导的中国同盟会策动下，由文学社、共进会领导，湖北的一部分新军于10月10日在武昌起义取得胜利。各省纷纷响应，仅有两个月就有鄂、湘、陕、赣、晋、滇、黔、苏、浙、桂、皖、粤、闽、川等省先后宣布独立，清政府很快瓦解。1912年（民国元年）元旦在南京成立以孙中山为临时大总统的中华民国临时政府，2月12日清帝溥仪被迫退位。至此，中国封建君主专制统治宣告结束。

武昌起义不久，同年10月22日陕西革命军起而响应，建立军政府。不久，甘肃承认共和，原甘肃布政使赵维熙任甘肃都督,马安良被推为国民党甘肃支部长。接着,又先后任命金承荫为西宁道尹、马福祥为青海办事长官兼镇守西宁等处总兵官。在金承荫、马福祥一直未到西宁就任的情况下,同年9月,原西宁知府廉兴继任青海办事长官,马安良部原精锐西军帮统马麒被任命为镇守西宁等处总兵官,由此可见辛亥革命的不彻底性。马家军阀势力开始盘踞青海。"中华民国"宣告成立后,青海地区各民族宗教上层人士先后承认共和,表示拥护国民政府的领导。从1912年到1916年间,青海蒙古各王公以及藏族千户、百户,都曾得到过北洋政府袁世凯的封号和赏赐。

(一)青海建省

民国初期,北洋政府在全国实行省、道、县三级行政体制。今青海东部农业区属甘肃省西宁道,而牧业区则由"青海办事长官"管辖。1915年("民国"四年),又改"青海办事长官"为"青海蒙番宣慰使",改"镇守西宁等处总兵官"为"甘边宁海镇守使",马麒身兼二职,为以后马氏家族长期统治青海铺平了道路。马麒执掌青海军政大权后,就积极筹划建省,谋求进一步独揽青海地方实权。但因国内一度军阀混战,建省的事也就一直搁下来了。1927年,国民政府定都南京。同年7月,甘肃省政府改为委员制,马麒被任命为委员之一,全省废道改设行政区。10月份国民军孙连仲部进抵青海东部。当时的国民政府应冯玉祥之请,决定设置青海省。孙连仲部高树勋旅进驻西宁,马麒统属的宁海军当时只有二三千人,无力与进入青海的三万国民军相抗衡,只得指示他在化隆当团长的儿子马步芳,积极靠拢高树勋,表示服从国民军,马步芳因此被提升为独立第七十七旅旅长。

1928年9月5日,国民党中央政治会议正式做出设立青海省的决议,同年10月17日,又决定将甘肃省原西宁道所属的西宁、大通、碾伯(今乐都、民和)、循化、巴燕(今化隆)、湟源、贵德等七县,划归青海省,定西宁为青海省治(即省政府所在地)。1929年1月1日,青海省政府正式成立,孙连仲为委员兼主席,马麒为委员兼建设厅长,马麟为委员。马麒称病辞职,只保留委员名义,建设厅长一职由他的弟弟马麟充任。

1929年9月,孙连仲部奉命率领所部进驻兰州,青海军政大权由高树勋暂代,同年十月,高树勋也因中原地区战事紧迫而率部调离西宁,临行时马麒以重金贿赂高树勋,高报请冯玉祥批准,由马麒暂代青海省政府主席的职务,不久马步芳任冯玉祥所属的第二方面军第二师师长的职务。自此,马氏家族又恢复了对青海的封建军阀统治。1930年,马麟组成甘肃骑兵暂编第一师,自任师长。马麒在西宁组成青海暂编第一师,设立青海省会城防司令部,以马步芳为师长兼司令,并窥探政局,表示反冯拥蒋,得到蒋介石的赞许,承认马麒充任青海省政府主席的职务,并由国民政府明令发表。使马氏家族在青海得到了真正的统治实权。

(二)马氏家族对青海的统治

马氏家族取得对青海的统治权后,直到新中国成立前夕,在将近四十年的时间里,在政治上对青海各族人民进行封建军阀统治;在经济上搜刮民脂民膏,多方盘剥。特别是马步芳统治青海期间,政治压迫手段极其残忍,经济掠夺名目繁多,使青海各族受压迫、受剥削的人民群众陷入水深火热之中。

1.马家的崛起

马麒,回族,原籍甘肃河州,是马家军阀基业的奠基者。其父马海晏于同治年间参加河州马占鳌领导的反清起义,以骁勇善战而著称。同治十一年(1782年),与马占鳌一起向左宗棠投降。马海晏成为清军管带。光绪年间,马海晏父子参与镇压河湟地区回、撒拉等族反清斗争(即光绪河湟事变),继之又赴京参与抗击八国联军之战,并为西逃西安的慈禧太后护驾。随驾途中,马海晏病故,马麒接管其父旧部。1906年前后,马麒升任循化营参将。辛亥革命爆发后,马麒先是参与镇压宁夏会党起义和陕西革命军,随后见清朝大势已去,又宣布拥护共和。1913年,马麒升任西宁镇总兵,次年,被袁世凯政府任命为蒙番宣慰使。马家势力由此进入青海,并依托手中的军事力量,逐步控制和掌握了青海地区的军政实权。

1915年,袁世凯裁撤青海办事长官,同时改西宁镇总兵为甘边宁海镇守使,原青海办事长官所属事权也归于镇守使。

马麒在取得地方军政大权的过程中。高度重视军队建设。1915年,他在原有武装力量的基础上扩充组建了"宁海军",各级指挥官大多由其亲族子弟担任。此后,以宁海军为基础,马家军事力量不断强化和膨胀。但马麒并非有勇无谋的一介武夫,于政治策略也颇为谙练。在对青海地区的经营过程中,一方面广泛联络青海蒙藏僧俗上层,争取他们的支持,对那些不服控制的部落和力量则实施军事打击;另一方面则留意和观察时局的变化,以便临机调整,应对得当。为此他十分注重幕僚班子的建设,他身边先后延揽了一批学界名流和社会贤达为其智囊,在重大的政治问题上为其出谋献策。其中代表人物有黎丹(湖南湘潭人)、周希武(甘肃天水人)、朱绣(青海湟源人)等。正是由于这些人的辅弼,马麒在1915年至1920年间,在抵制英国策划西藏"独立"及争取达赖喇嘛内向等问题上都做出了积极的贡献,不仅扩大了自己的政治影响,也稳固了自己在青海的军政势力。

1930年10月,蒋、冯中原大战以冯玉祥的失败而告终。马麒即刻打出反冯拥蒋旗号,特致电蒋介石表达"倾向之诚"。蒋介石也随即委任马麒为代理青海省政府主席。

1931年8月,马麒因病去世。同年9月,国民党政府任命马麒的弟弟马麟继任青海省政府主席,马步芳为省政府委员。

马麒去世后,其弟马麟代理青海省政府主席,后来正式就任。马麟早年跟随父兄征战,在马家军阀基业的创建过程中发挥过重要作用。马麟主政时,先是挫败了由西藏地方上层中亲英分子所策划的对青南玉树的军事进攻(即青藏战争),之后又与宁夏马鸿宾、马鸿逵兄弟联兵,阻击军阀孙殿英西进青海。但马麟才干平庸,政治上墨守成规,特别是理财无方,致金融混乱,造成社会动荡,最终被迫让位于其侄,即马麒之子马步芳。

2. 马步芳统治的加强

马步芳系马麒次子,1918年17岁时随父从戎,在宁海军任帮带(副营)职。在父亲的提携下,逐次提升,至青海建省时已任混成旅旅长。不久升师长。1931年被蒋介石改编后,任新编第九师师长。马麒病故后,马步芳任青海省政府委员。1934年拒孙战争❶后,任新编第二军军长。马麒去世时,工于权谋的马步芳就有意子承父位,只是马麟资高望重,未能如愿。马麟主政后,政治上消极保守,少有作为。马步芳便依恃手中的军权,处心积虑挖叔父的墙脚,加以排挤。1936年,马麟"因病"归里休养,马步芳代理其职,次年又归政于马麟。但马步芳明里暗里加以抵制,使马麟难以安处。造成通货膨胀的形势下,马步芳利用当时通货膨胀的形势以及广大人民群众的激愤之情,反对马麟在青海的统治,造成了对马麟极不利的政治局面,终于在1938年,马麟被马步芳逼下了台。马步芳集青海军政大权于一身。其间,马步芳积极反共,对蒋介石表示效忠,取得赏识。到1938年,南京国民政府终于任命马步芳为青海省政府主席,取

---

❶拒孙战争:1933年,蒋介石为了以孙殿英制约青海的马麟,遂命孙部移军青海,遭到了西北诸马的反对。10月朱绍良电请"中央"收回成命,但孙部已抵河套西部,并与马鸿逵发生冲突。1934年1月9日,西北实力人物通电要求讨伐孙部。战争延续到3月中旬,孙殿英失败北撤,孙离军,拒孙战争遂告结束。

代了马麟。其后，马步芳逐步排除异己，包括他的胞兄马步青等。马氏家族中威胁到他直接利益者，他都不惜采取一切手段加以打击排除，在一些军政要害部门安插了自己的亲信。马步芳成为我国西北地区有实力的军阀之一。

马步芳当政后，政治上标榜革新，提出"六大中心工作"为其施政纲领。"六大中心工作"即编组保甲、训练壮丁、修筑公路、积极造林、厉行禁烟、推广识字。其中，"编组保甲"是各项工作的核心。1938 年，青海成立保甲编制委员会，并拟定了《全省保甲实施规程》。马步芳操纵保甲编委会大权，将全省分为七个大区，各县分编在内，县以下设区、乡、保甲，每十户为一甲，十甲为一保，十保为一乡，分别设区长、乡长、保长、甲长等职。这一制度的目的就是强化对各族百姓的政治控制，同时便于对百姓的经济榨取。但马步芳的确也有不同于其父辈的一些新观念，在维护马家家族利益的前提下，也有意于改变青海地区社会经济落后的局面。"六大中心工作"中，修路、造林、禁烟及推广识字等工作，均有不同程度的实施，其中尤以禁烟、造林收效显著。修路方面，马步芳也进行了有组织的规划与建设，先后投入大量的人、财、物力修筑了青兰、宁临（西宁至临夏）、青藏（西宁至玉树段）及青新等公路干线及 10 余条省内支线。除了"六大中心工作"之外，马步芳还提出"清理县政"、"提倡教育"、"开发青海"等口号，并采取一些相应的举措，使青海教育及经济建设在某些方面得到了不同程度的推进。

但马步芳的核心利益是维护马家军阀统治，他的一切作为都是围绕着这个核心利益进行的。所以，他极力宣传和强调所谓"一个团体"的理念，积极培植甘心情愿效力于马家军阀统治的军政干部，并极力强化这些军政干部对他的服从与效忠意识，在军队中更是任用亲族、乡党等"私人"。对于"中央"即蒋介石南京国民政府，他一方面表示服从与效忠，另一方面却抵制蒋介石嫡系力量对青海的渗透，并设法控制国民党驻青组织，最后集青海省党政军权于一身。同时，严密控制人民思想和言行，严防外界进步思想和人士进入青海。

马步芳时期，更是高度重视军事力量的强化。一方面，不断扩充和加强军队实力；另一方面，极力倡导"军事民众化，民众军事化"。1931 年，马家军队被蒋介石收编后，以新编第九师为主，总兵力约 1.2 万人。1934 年，新编第九师改编为陆军第 100 师，继之又扩编为新编第二军，总兵力超过 2 万人。此后，通过两次"反共"军事活动即河两阻击红军和赴陇东参加内战，青马军规模极度膨胀，至新中国成立前夕，青马正规军总数达 10 万之众，另有民团数万人，而当时全省人口尚不足 150 万人，庞大的军队，必得巨额的军费开支和充足的兵源才能维持。因此，马步芳时期，苛捐杂税名目繁多，搜刮榨取，到了人民无法承受的地步，而抽丁拔兵也成为马步芳统治时期一大虐政。马步芳为了扩大兵源，强化他的军事统治，采取了按户抽丁的办法，把大部分青壮年抓去当常备兵。这一兵役制度，使许多人家失去劳动力，农村田园荒芜，生计艰难，人民对马步芳的拔兵深恶痛绝，怨声载道。

马步芳统治时期，马家军阀的军队，除了抗战时期派出一个师赴中原参加对日作战之外，主要用于维护马家军阀的统治。在省内，青马军多次用兵青南，对果洛、玉树及黄南等地藏族部落进行了残酷镇压。在省外则积极参与反共作战，特别是 1936～1937 年，在河西疯狂阻击西路军，残杀虐待被俘红军将士，暴露出马家军阀血腥反动的本质。到 1947 年，马步芳又积极追随蒋介石参加内战，派其子马继援率青马八十二军开赴陇东反共前线，结果遭到解放军沉重的打击。

（三）青海解放

1949 年初，已是穷途末路的蒋介石为了做垂死的挣扎，将扭转西北战局的渺茫希望寄于青海及宁夏的地方军阀力量，特别是青海的马步芳。这一年 5 月，马步芳受命代理西北军政长官，与宁夏马鸿逵及蒋介石嫡系胡宗南部配合，进攻咸阳，反扑西安。结果，扶眉一战，胡宗南部惨败，固关一役，青马军遭到解放军重创，溃退兰州。7 月，马步芳被正式任命为西北军政长官，受到蒋介石“赏识”和“重托”，马步芳也以“西北支柱”自诩，在兰州组织会战，摆开决战姿态，幻想遏制解放军的胜利步伐。1949 年 8 月，人民解放军在彭德怀的指挥下，向兰州推进，发起战役，青马军迅速溃败。

兰州解放后，人民解放军第一野战军王震兵团一、二军向青海进军。马步芳父子见大势已去，先后逃离青海。

中共青海省委成立，全权负责青海解放后的统一指导。8 月 28 日，解放军挺进青海省境内，解放了循化。9 月 4 日，人民解放军西进大军第一路军从甘肃永靖攻入民和、乐都，直指西宁。各地人民群众积极协助人民解放军修架桥梁，寻找渡船，进献面粉食盐。中国人民解放军第一野战军第一兵团在兄弟部队的配合下，长驱直入，于 9 月 5 日解放了高原古城西宁。至此，结束了马氏家族将近四十年的黑暗统治，开创了青海历史的新篇章。

西宁一经解放，恢复社会秩序和建立人民政权的工作立即开展。解放军干部们积极访问和联系各族各界人士，向广大人民群众宣传中国人民解放军的约法八章和党的政策。当解放军到达西宁时，西宁市市民、学生、宗教界人士、地方绅士等两万余人，前往乐家湾迎候解放军入城部队。解放军入城后在东郊大教场召开群众大会，西宁各族各界和四乡赶来的群众达四五万人，盛况空前。

1949 年 9 月 8 日，西宁市军事管制委员会和西宁市人民政府成立。军管会由冼恒汉任主任，张国声任副主任。下设民政、文教、卫生、财经、公安、民族、军事、交通共八个处。西宁市人民政府由刘枫、钱平担任正副市长。随即开始进行各项接管工作，安定社会秩序，恢复生产，建立各级人民政权。同时，解放军继续西进，越过祁连山，解放河西走廊，直指新疆。解放军向省内各县挺进的部队，于 9 月 10 日解放湟源、大通，9 月 12 日解放门源。其他各县除玉树、果洛地区外相继得到解放。9 月 26 日，青海省人民军政委员会宣告成立，负责处理青海省人民政府成立前的军政大事。10 月 1 日，青海省军区成立。

1950 年 1 月 1 日，青海省人民政府正式成立，中央人民政府任命赵寿山为青海省人民政府主席，张仲良、廖汉生、喜饶嘉措、马朴为副主席，贺炳炎、周仁山、本巴、扎西等十五人为委员。青海省各族人民在省人民政府领导下，在全省五县一市开展减租反霸运动。到 1950 年年底，全省共建立一个市、一个专区、十八个县、四个县级区和三百四十九个乡的新生政权，基本完成了全省初期建政的工作。

青海各族人民群众在蒋马政权的黑暗统治下得到彻底解放，焕发出空前的生产积极性，人民群众的生活很快得到改善，在中国共产党和各级人民政府领导下进入了社会主义建设的新的历史时期。

中华人民共和国成立后，党和政府为了加快青海经济和社会的发展，尽快摆脱贫困、落后的面貌，结合本地的地理条件、历史传统、经济联系和民族分布等情况，对青海省的行政区划作了几次较大的调整和变动。截至 2013 年 4 月，青海省行政区划共有 2 个地级市、6 个自治州，下属 49 个县级行政单位。

工作任务完成

(1)认真学习完成本任务的必备知识，尤其是青海人文旅游资源形成的历史背景的相关内容。

(2)收集相关资料,以小组为单位描述青海人文旅游资源形成的历史背景的相关内容。

巩固和提高

(1)分析青海多元人文旅游资源形成的历史背景。

(2)试述青海历史的分期,各时期的特征,同乳共生民族格局历史背景。

任务二　青海人文旅游资源的主要类型及判断

工作任务描述

请收集青海各种遗址、遗迹旅游资源的代表性景区(资源),青海各种建筑与设施旅游资源代表性景区(资源),青海各种旅游商品旅游资源代表性资源,青海人文活动旅游资源,然后对其进行讲解,在讲解过程中注意体现该类人文旅游资源的内涵与特征。请分析:青海各种人文旅游资源的特色是什么?

任务分析

分析青海各种人文旅游资源特色的形成原因,可以从观察青海的人文历史背景演进过程入手,分析青海各地的人文历史背景的地理差异,从而得出结论。利用下面提供的相关知识,完成此项任务。

完成任务必备知识

一、青海地域文化演进

青海地处青藏高原东北部,自古以来是多民族迁徙活动的历史舞台,所以,青海文化的一个重要特点就是文化的多元性。近年来,随着对青海文化研究的不断深入,青海文化历史的发展轨迹逐渐清晰起来。

1. 古史传说时期的古羌文化

这里曾是羌人的故土,在黄河与湟水的滋养下,他们创造了青海远古的灿烂文化,并引领青海踏进了文明社会的门槛,奠定了青海历史文化最初的基石。战同时期,秦文化在羌族中产生了影响。曾经被秦国掳为奴隶的无弋爰剑,从秦国逃到河湟地区,把从秦人那里学到的种植和饲养家畜的技术传授给羌人,对羌人的农业和畜牧业的发展起到了推进作用。从文化形态来说,青海上古文化可概括为:双峰并峙,奇异瑰丽。有两种主要文化:一是彩陶文化,它以马家窑文化和宗日文化为代表;二是昆仑文化,它源于先秦时期氏羌民族系统的西王母神话,之后演变成系统庞大的昆仑神话。根据现存的神话资料,昆仑神话以昆仑山及其相关神话人物如黄帝、西王母、穆天子等的神话故事为主。有人把昆仑文化视为中华文明肇始的母体文化。

2. 汉文化与羌戎文化的交融

秦汉以来,随着中原统一王朝的建立和发展,随着蒙古草原上匈奴单于政权的崛兴,青海地区的民族格局也开始发生变化。一部分月氏人以及匈奴人在秦汉之际进入青海,与众羌杂处。到西汉时期,更有大批汉族进入河湟谷地,在青海第一次形成了多民族共存共生的局面,也开启了青海多民族文化汇聚、碰撞和交融的历史大幕。此后,东部河湟地区纳入中原郡县的统治体系，受高度发展的汉文化的浸润；而广大西部地区仍然保持着逐水草而牧的游牧社会状态，汉朝设立护羌校尉来统领那些众多而分散的羌族部落。

迁到青海的月氏人是河西大月氏的一部分，秦汉之际匈奴破河西，月氏人大部西迁中亚，余部越祁连山进入湟水流域，史称“小月氏”，或称“湟中月氏胡”。称之为“胡”，是因为月氏人属于“深目多须”的印欧人种。小月氏人与众羌杂处，相互联姻，到东汉时，其服饰、饮食以及语言都呈羌化趋向，因而也被视为羌人。小月氏人与汉朝的关系也很密切，许多人也与河湟汉族杂居。三国以后，他们逐渐融合于羌、汉及其他民族之中，不再见于史籍记载。1942 年发现于乐都县老鸦城的东汉《三老赵掾之碑》，就记载了赵充国及其后裔在青海艰苦创业的事迹，碑文称：赵充国之孙赵宽曾闲“郡县残破，吏民流散”而迁往冯翊，修习曲艺，博贯史略，声名远播。正因为有赵宽这样的“宿德”学士的努力，汉文化在河湟地区得以长足发展。汉魏时期，小月支和匈奴别部文化也随民族迁徙，传入河湟等地，各民族文化经过汉魏晋 400 多年的发展，羌汉文化逐渐融汇为具有独特区域特点的河湟文化。

3. 羌戎文化与鲜卑文化的融合

魏晋南北朝时期，是青海历史上民族大迁徙、大变动和大融合的一个时期。其中最重要的一个变化就是鲜卑族的到来，鲜卑各部在甘青地区大显风采。先后有秃发氏、乞伏氏、乙伏氏、折掘氏、吐谷浑等部，鲜卑与氐、羌、卢水胡等民族共登历史舞台，史称“五胡乱华”，这种多民族迁徙往来，使青海文化更显多元化。鲜卑族原居于东北大兴安岭北部，东汉时陆续南迁，进入大漠南北，此后，各分支又不断向东、南、西各方向迁徙流布。进入青海的鲜卑部族众多，但主要是秃发鲜卑和慕容鲜卑的吐谷浑部。秃发鲜卑本身融合了大量的匈奴成分。公元 397 ~ 414 年，秃发鲜卑在河湟地区建立南凉小国，这个政权虽然由秃发鲜卑贵族主导，但政权内容纳了鲜卑、汉、羌及匈奴、氐等多个民族，对各族豪隽都量才录用，在制度与文化上也大力仿效中原王朝。吐谷浑人约在 4 世纪初期时由辽东迁居于甘青川交界地区，建立了吐谷浑游牧政权。后来，其统治中心逐渐西移到青海环湖地区。势力最强盛时，所控制的区域除青海草原外，东面包括川西北、甘南，两面到达塔里木盆地东南缘。吐谷浑人在众羌之地建立起了自己的政权，并维系了 350 年之久，其中很重要的一个原因是其内部有很强的凝聚力，而这个凝聚力的重要基础之一，就是吐谷浑内部良好的族际关系。作为吐谷浑政权的建立者，最初迁到青海的慕容氏部族最多不超过 2000 户，因此，这个政权的民族主体是羌族，另外，还有为数不少的氐族、匈奴族和西域诸胡族。吐谷浑政权还吸纳了不少汉族知识分子为其所用。早在辽东时吐谷浑就“渐变胡风，遵循华俗”，很受汉族影响。到青海后，仍然礼用汉族士人，并使用汉文典籍及礼仪官制。有学者认为，青海吐谷浑经过 350 年的历史演进，实际上已形成了一个在慕容鲜卑主导下，以羌族为主体，并吸收其他民族成分的新的民族共同体。匈奴、鲜卑等部的迁徙活动，将我国北方草原文化带入青海，与青海羌戎文化相融合，为后来纥鹘、蒙古等民族进入青海高原开了先河。

4. 唐蕃文化

公元 581 年，隋朝建立，结束了魏晋南北朝分裂局面。公元 618 年，唐朝取代隋朝，唐朝建立后，中国封建国家制度在前朝的基础上进一步发展、完备。隋唐时期，青海东部地区为中央王朝所控制，并建有州(郡)、县，汉文化再次伸入青海河湟一带。但为时不久，吐蕃北进青海并破灭吐谷浑，这是青海民族发展史上的一大变局。吐蕃王朝崛起于西藏山南地区，后以拉萨为都，东征西讨，强盛时期与唐王朝、阿拉伯帝国鼎足而立。公元 663 年，吐蕃军队大举北进，吐谷浑亡国。吐谷浑所属族民除少数随吐谷浑王室迁离之外，大多都成为吐蕃臣民。到 7 世纪中期,吐蕃又利用唐安史之乱之机,大举东进,尽得河湟、河西及陇右之地,百万之众的汉族沦为吐蕃属民。吐蕃对青海地区的统治直到8世纪中期才结束,前后近200年中,吐蕃全力推行民族同化政策,在这个强大的蕃化风潮中,原吐谷浑所属族民以及河湟汉族都被吐蕃化了。因此,青海藏族最初的主要成分是蕃化了的吐谷浑所属众羌以及河湟汉族。

5. 宋元以后多元文化格局的形成

青海逐步形成以汉族、藏族、回族、蒙古族、土族、撒拉族六个民族为主体的较为稳定的多民族格局。从宋代开始,随着中原于朝对青海地区的经营,汉族又陆续移居于河湟地区,特别是明代,在河湟地区设立卫所,大量驻兵屯戍,这些屯军及其家眷最终落籍为民。随着社会经济的发展和人口的增殖,汉族逐渐成为河湟乃至整个青海地区人口最多的民族。青海回族先民的历史可以上溯到唐宋时期进入青海地区的少量阿拉伯或波斯的穆斯林商人:元代,回族形成,青海成为回族重要的分布区域;明清时期,回族人口不断增加,成为青海民族大家庭中的重要一员。蒙古族在1127年就来到青海,明代中期又有大批东蒙古部落移牧于环湖地区;明末,原游牧于新疆伊犁河流域的厄鲁特蒙古和硕特部在其首领顾实汗的率领下,南迁青海地区,当今青海蒙古族便是他们的后裔;土族和撒拉族都是在青海这块土地上孕育形成的民族共同体,因而也被称为青海"特有"的民族。

到了近现代,青海的文化可归纳为四种族系,两个大圈,两个小圈。四种族系为:汉族族系;羌藏族系;鲜卑蒙古族系和突厥伊斯兰族系。与上述相适应的两个大文化圈是汉文化圈和藏文化圈。前者是中原农耕文化向河湟地区的延伸,后者是青藏高原羌藏文化东向发展延续,两个大文化圈是在河湟地区的交汇和重叠。两个小文化圈,一个是鲜卑蒙古文化,历史上大量北方草原民族文化在这里的延续,虽有变异,但传统依然。例如,蒙古与藏族,虽共同信奉黄教,但马背民族的独特风貌与藏文化的差异,一望而知。又如,历经沧桑,吸收了羌、汉、藏、蒙古等血液而留存下来的吐谷浑后裔土族,其俗文化、官文化和宗教文化,具有三元一体的独特风貌。另一个是突厥伊斯兰文化,体现在回族、撒拉族文化中。

宋元时期形成的这个基本的民族格局,一直维持发展到了今天。在这个格局当中的每一个民族共同体,在民族文化上各有独特的内涵,但相互之间又有着千丝万缕的联系。无论各个民族共同体及其文化体系的孕育形成,还是共发展传承,都不是在孤立的过程中进行的。无论是血脉还是文化,每一民族共同体都有与他族相融的成分,每一民族共同体也都对其他民族产生了影响、作为完全在青海大地上孕生而成的民族共同体,土族和撒拉族更是多民族融合的结果。

6. 独特的民族文化现象

在青海各民族的交融发展过程中,还形成了一些很具"边缘"性的独特的民族文化现象,如"家西番"、"卡力岗"信奉伊斯兰教的藏族、托茂人、同仁土族、河南蒙古族等。"家西番"是河湟农区藏族汉化的一部分群体,语言上完全使用汉语,服饰、风俗习惯上也趋于汉化,但仍保留不少藏族特征。卡力岗位于青海省化隆县南部山区,清康熙年间甘肃河州花寺门宦阿訇马来迟前往传教,当地部分藏族皈信伊斯兰教,从而在文化上形成半藏半回的独特风貌。托茂人主要生活于青海省祁连县境内。托茂意为"流散者"。据史籍记载,清初甘肃河西地区回族进行反清起义,失败后,很多人逃到青海,受到青海蒙古贵族的庇护。其中一部分人因长期与蒙古族杂处,除保持伊斯兰教信仰及遵循相应的教规之外,在语言、生活方式以及习俗上都形成蒙古化趋向。同仁土族所在地区正是藏传佛教热贡艺术的摇篮,这里的土族长期居住生活在藏族文化及宗教氛围浓郁的隆务河流域,不仅全民信奉藏传佛教,而且文化上也深受藏文化的浸润,河南蒙古族本是清代青海和硕特蒙古右翼前首旗部众,同样是全民信奉藏传佛教,这部分蒙古族经过清一代的历史变迁,除居住形式上保持蒙古包之外,生活方式、语言及习俗等方面都被深度藏化了。

这些"边缘"性的民族文化现象无疑是青海地区多民族共生背景下,彼此交融的"进行式"和典型化的体现。血脉相通,文化相融,经济互补,共同发展。在青海这个多民族大家庭中,各民族"你中有我,我中有你",和谐共生,充分诠释了中华民族"多元一体"的真正含意。

二、青海人文景观的地域分异规律

人文景观是人地关系的社会文化地域综合体,包括人口地域综合体、聚落景观(通常划分为城市景观和乡村景观)、旅游景观、地域政治系统(或集团)、社会景观(社会群体类型)、民族共同体、文化景观等组成成分,各组分相互联系、相互制约。青海人文景观的地域分异是在青海这一特定空间范围内,社会文化地域综合体及其组成成分在一定的地理坐标上所形成的相互更替的各级人文景观单元的现象。反映这一分异现象的客观规律,就是青海人文景观的地域分异规律。

根据影响人文景观形成和发展的政治、社会、文化、民族、宗教等因素在长期历史发展过程中所产生的地域差异,青海人文景观的最高级的地域分异,表现在以东昆仑山为界的南北半壁的鲜明对比上。由此,可将青海分为北部人文景观大区和南部人文景观大区。

(一)北部人文景观大区

1. 河湟多民族民俗文化圈

河湟地区主要是指青海东部黄河、湟水谷地。具体是指青藏高原大坂山与积石山之间,黄河与湟水流域肥沃的三角地带,位于青海省东部农业区,由东向西依次为湟水流域的民和县、乐都县、平安县、互助县、西宁市、大通县、湟中县、湟源县、海晏县及黄河流域的循化县、化隆县、尖扎县、贵德县。

河湟谷地与青海省其他地区相比,气候温暖、土地肥沃、山川秀丽、民风淳厚、历史悠长,是人类活动最早的地区之一。原始社会末期,在河湟谷地形成了著名的卡约文化。这种类型的文化以1923年首次发现于湟中县云谷川的卡约村而得名。卡约文化充分显示了当时人们农牧兼营,过着相对稳定的定居生活。卡约文化的陶器制作更加丰富,有双耳罐、四耳罐、杯、瓮、豆、鬲等,彩绘以赭色为主,花纹丰富多彩,并出现了羊、鹿、狗等动物图纹。

众多古老文化的交替出现,使河湟谷地的历史文化显得古老而灿烂。这条湟水古文化带上到处可见的遗址,留给我们的是一条完整的旅游考察线,从民和县核桃庄到乐都县柳湾,从互助县高寨到大通县孙家寨、湟中县卡约,只要沿湟水河而上,沟汊、台地、土坡上,古文化遗址交错分布,古老的传说如袅袅炊烟,生生不息。

河湟谷地多民族、多元文化的特征十分明显。河湟地区是黄土高原与青藏高原的接壤之地,也是农耕文化与游牧文化的交错过渡地带。河湟地区的汉族、藏族、土族、回族、保安族、东乡族、撒拉族等民族在历史的演进中相依相靠、相互渗透、互相交融,在汉藏、回藏两大族群关系之下因利互补、和谐共处,在"你中有我,我中有你"、平等、团结的基础上和睦共处,形成了良好的民族关系。作为多民族地区,青海也是一个多宗教并存的地区。藏传佛教、汉传佛教、伊斯兰教、道教、天主教、基督教均有传播流布,并形成深厚的宗教文化传统。在青海,藏传佛教主要流行于藏族、蒙古族和土族中,对汉族也有一定的影响。伊斯兰教主要在回族和撒拉族中流布。汉传佛教、道教、天主教、基督教则主要对汉族有影响。此外,藏族古老的原始宗教苯教至今还有余脉。各种形形色色的民间信仰则更广泛地渗透于各民族的生产生活当中,与民俗相杂糅,成为青海宗教文化中不可忽视的重要内容。

河湟地区存在着汉文化、藏传佛教文化、穆斯林文化三大文化系统。其中属于藏传佛教文化的有土族文化、蒙古族文化、裕固族文化和藏文化;属于穆斯林文化的有回族文化、撒拉族文化、东乡族和保安族文化。这是三大相对完整的文化系统,它们相互影响。此外,还有游牧文化、农耕文化、商业文化和手工业文化共存其间,这是河湟人文景观的又一独特之处。

2. 环湖地区藏族民俗文化圈

环湖地区主要是指环青海湖地区,具体是指祁连山和阿尼玛卿山之间的广阔地区,包括海南藏族自治州所属共和县、贵南县,海北藏族自治州所属海晏县、刚察县、祁连县,海西蒙古族藏族自治州所属天峻县。环湖人文景观小区主要分布在日月山以西、柴达木盆地以东的地区。本区人口组成以藏族为主,有一定数量的回族、汉族和蒙古族,在长期的历史发展中形成了以藏文化为核心的多元文化。本区东与河湟农耕文化接壤,西向柴达木戈壁辐射,南与青南高原牧业文化相邻,处于青海民族文化的核心地带。

青海湖因其质朴、纯净、坦荡的自然之美被赋予各种美名和桂冠。青海湖被认为是我国上古神话中的西王母瑶池。古代文献典籍中称为"西海"、"鲜水"、"鲜海"、"卑禾羌海"、"仙海"、"青海"等。蒙语称"库库诺尔",藏语称"错温波",意为"青色的海"、"蓝色的海洋"。青海湖地处青藏高原的东北部,湖的四周被大通山、日月山、青海湖南山、橡皮山所环抱。湖区有大小河流近 30 条,其中布哈河水量最大。从青海湖历史上众多的名称中,我们领略到了环湖地区的沧桑变迁和历史风云。在这片特异自然风貌的大地上,先后有古羌人、鲜卑人、吐谷浑人、吐蕃人以及后来的蒙古族、藏族和汉族等民族生息于此,故而多民族共生共存的生活方式、多元文化融合的人文景观,孕育了以青海湖为中心的环湖地区丰富的历史与文化,使青海原本旖旎的自然风光,增添了一抹浓重的人文色彩,更显生机和魅力。

今天环湖地区以藏族文化为主体,兼有汉、回等民族,藏族人口约占区内少数民族总人口的 80% 以上。青海湖是藏文化区,不仅具有藏文化区的共同特点,拥有藏文化区共有的民族风情、文化渊源,同时还具有自己独特的水文化特点,包括祭海、转湖等历史悠久的文化习俗,以及昆仑文化、西王母文化等也在一定程度上影响着青海湖地区的文化发展,构成了青海湖独有的文化氛围。这些特色文化在民族节庆活动、环湖藏族群众的日常生活中都得到了很好的保留和体现。

3. 柴达木蒙古族民俗文化圈

海西蒙古族藏族自治州东西长 837km,南北宽 486 km,总面积 32.58 万 km^2,占青海省总面积的 45.17%。海西蒙古族藏族自治州州域主体是我国四大盆地之一的柴达木盆地,面积 25.66km^2,占全州总面积的 78.76%。自治州建政于 1954 年 1 月 25 日,时称海西蒙古族藏族哈萨克族自治区;1955 年改称海西蒙古族藏族哈萨克族自治州;1984 年 5 月,根据青海、新疆两省(区)座谈会议纪要,州内的哈萨克族群众全部迁回新疆;1985 年 4 月经国务院批复,更名为海西蒙古族藏族自治州(以下简称海西州)。州人民政府驻德令哈市乌兰东路 16 号,距省会西宁市 514km。全州有汉、蒙古、藏、回、布依、侗、满、土家、鄂伦春、东乡、苗、黎、白、锡伯、哈尼、瑶、维吾尔、土、撒拉等 29 个民族,少数民族人口 7.91 万人,占总人口的 24.85%。其中蒙古族 2.42 万人,占 7.5%,藏族 3.67 万人,占 11.4%。海西州的地形主要是昆仑山、阿尔金山、祁连山环抱的柴达木盆地和唐古拉山北麓高原两部分。柴达木盆地平均海拔 3000m 左右。北部、东部较高,中部、西北部较低,盆地最低点位于格尔木市附近的达布逊和霍布逊湖区,海拔 2675m。盆地从边缘至中央大体依次为高山、丘陵、戈壁、平原及湖沼。盆地内有大小河流 100 多条，湖泊 90 多个，其中察尔汗盐湖最大。州境南缘的唐古拉山主峰各拉丹冬是长江发源地，唐古拉山口是出入西藏的重要关隘。

海西州古为羌地，汉时州境东部为先零卑禾等部落活动范同，西部属“西羌”族牧地。唐时隶属吐蕃腊城节度使至宋代。元代，西北地区为甘肃行省沙州路辖区，其余大部分地区为宣政院所属吐蕃等处宣慰司辖区。明初，定为安定、阿端、曲先、罕东四卫地，由西宁卫兼管。这里是和硕特蒙古的地方，清雍正三年，编定青海蒙古左右两翼盟 29 旗，州境划定 9 个蒙古旗，统归“钦差办理青海蒙古番子事务大臣”管辖。民国元年海西地区隶属青海省办事长官。民国 19 年(1930 年)改都兰理事为都兰县，辖今海西州全境，直隶青海省政府。

海西州是青海的蒙古族文化最为集中的地区。青海境内的蒙古族与内蒙古、新疆的蒙古族风俗习惯基本相同，但因长期与藏、汉、回、土等民族杂居，风俗习惯既有蒙古族的特点，也吸收了其他民族的优点。他们信奉藏传佛教，住传统的蒙古包，也有受藏族影响，住牛毛帐篷的。

在服饰上，青海蒙古族穿长大襟长袍，头戴毡帽或皮帽，腰束各色腰带，足穿长筒靴。妇女头上梳长辫，脖子上戴金银、珠宝、珊瑚等首饰。蒙古族的饮食与藏族基本相同，喜食炒面和牛羊肉。用鲜牛奶和酥油晒“曲拉”，用马奶造酒，马奶酒芳香纯正，味道独特，是招待客人的佳品。在盛大喜庆的日子，按照传统习惯，把煮熟的整只羊摆到宴席上，作为最珍贵的食品敬奉长者或贵宾。蒙古族热情奔放，喜爱歌舞和文化活动，每年夏、秋季节，人们按照传统习惯，举行祭山活动，届时杀牛宰羊，喝酒唱歌，还要举行射箭打靶、赛马等活动。现在虽然不再举行祭山活动，但每年都要举行一次那达慕大会，欢庆丰收，进行物资交流和赛马、摔跤、射箭等丰富多彩的体育活动。蒙古族的祭海和祭俄博活动在青海颇有特色。这里的海是指青海湖。自从清朝有组织地召集青海一带的蒙古族头领们到青海湖边祭海立碑时起，现在已经变成蒙古族牧民们自发的群众活动。

(二)南部人文景观大区——三江源藏族民俗文化圈

三江源也是一个藏族集聚区，藏族文化其主导地位。三江源地区位于我国的西部，平均海拔 3500 ~ 4800 m，是世界屋脊——青藏高原的腹地、青海省南部，为孕育中华民族、中南半岛悠久文明历史的世界著名江河：长江、黄河和澜沧江的源头汇水区。地理位置为北纬 31°39′ ~ 36°12′东经 89°45′ ~ 102°23′，行政区域涉及包括玉树、果洛、海南、黄南四个藏族自治州的 16 个县和格尔木市的唐古拉乡，总面积为 30.25 万 km^2，约占青海省总面积的 43%，占 16 县 1 乡总面积的 97%。现有人口 55.6 万，其中藏族人口占 90% 以上，其他还有汉、回、撒拉、蒙古等民族。

早在旧石器时代晚期，在唐古拉的沱沱河沿、可可西里等地就有人类活动。在这一地区出土的石核、石片等工具，被认为是旧石器时代的遗物。考古学者认为，在青藏高原腹地发现打制石器是极为重要的，它不仅填补了这个地区考古学的空白点，而且为研究青藏高原旧石器时代的分布、特点及其有关问题提供了难得的实物资料。同时，它的发现，也说明青藏高原唐古拉地区在远古时代并不是荒无人烟的不毛之地，而是远古人类劳动、生息、繁衍的地方。

三江源文化自古至今，与羌人文化、吐蕃文化、藏族文化有着紧密联系。秦汉时，三江源地区为西羌部落驻牧的地区。魏晋南北朝时，今玉树囊谦地区属苏毗女国政权(后亡于吐蕃)，苏毗东部有多弥部落(后亡于吐蕃)。今果洛等地属党项羌活动地区。隋代与唐初，苏毗、党项与中央封建王朝通好。唐太宗贞观年间，吐蕃王朝征服苏毗诸部，苏毗遂成为吐蕃政权的五茹之一，称孙波茹。党项羌因受吐蕃逼迫，屡有内迁，其地则由吐蕃统治。后孙波茹、党项羌首领请求内附，今三江地区归唐帝国版图。唐末五代，种族分散，各部落互不统属，唃厮啰青唐政权(都今西宁市)控制范围达到今果洛地区。宋代，囊谦部落头人归附南宋，黎州官吏授予文册。元代,今果洛地区由中央王朝所设“吐蕃等处宣慰使司都元帅府”节制。明代,青南藏区基本沿用元代旧制。清初青南藏区为和硕特蒙古属地。雍正三年(1725 年),玉树地区归“钦差总理青海蒙古番子事务大臣衙门”管辖。

果洛地区归四川松潘直隶厅管辖。民国初,设玉树理事,后设玉树行政督察区;在果洛地区设果洛行政督察区,管辖藏族部落。历史上,三江源自唐代以后一直由藏族驻牧,藏族文化是三江源地区代表性的文化。

在三江源地区的游牧风情、藏族歌舞、藏族拉伊、藏族弹唱、康巴服饰、牦牛帐篷、民间游艺、格萨尔传唱等民俗文化最具代表。

玉树藏族自治州属于康巴地区,其人文景观与安多地区有差异。康巴地区地处藏族与汉、羌、彝、纳西等民族交接的边缘,费孝通先生称之为“民族走廊”、“藏彝走廊”。地域文化是以藏文化为主体的康巴文化。康巴文化其主体与核心是藏文化,但又不是康巴文化不是单一的藏文化,除藏文化之外,它还包含着其他一些民族文化,具有文化兼容和复合的特色,藏文化与汉文化、纳西文化、蒙古文化、羌文化、彝文化等众多民族文化会合于此,组合成千姿百态的民风民俗;藏传佛教、苯教、儒教、道教、东巴教、伊斯兰教、基督教和形形色色的民间宗教、原始宗教齐集于此,交织成纷繁多彩的信仰习惯。在一个文化区内包含着如此之多的文化内涵,已是极为罕见,再加上各种文化在长期的共处中彼此交流,相互影响,产生复合文化现象,更使康巴文化具有独特的、无可替代的风采。

康巴文化在语言、习俗、生活方式、信仰习惯等许多方面虽然与西藏等其他藏区存在一定的共性,但又有不少明显的差异,具有自己独有的特性,形成了康巴藏文化特有的风格和魅力。

三、青海人文旅游资源的主要类型

(一)遗址、遗迹旅游资源判断

1. *史前人类活动场所*

1)旧石器时代

旧石器时代在考古学上是以使用打制石器为标志的人类文化发展阶段,是石器时代的早期阶段。一般认为这段时期在距今 250 万 ~1 万年前。时期划分一般采用三分法,即旧石器时代早期、中期和晚期,大体上分别相当于人类体质进化的能人和直立人阶段、早期智人阶段、晚期智人阶段。在旧石器时代早期,人类已经学会了用火,中期出现了骨器,晚期已经能制造简单的组合工具,而且开始形成了母系氏族。

(1)资源内涵

整个旧石器时代,采集和捕食小动物始终是人们的主要经济活动。集体围猎犬动物,往往要付出很大的代价。旧石器时代早期遗址中,与猿人化石共存的都有大量哺乳类动物化石和人类用火的痕迹,除了粗糙笨拙的打制石器,还有经过加工的鹿角和砍砸刮削的兽骨。

旧石器时代中期,打制石器的技术比早期进步了,遗址中出土的各式砍砸器、刮削器、三棱大尖状器和石球等,有的形制相当规整。说明了石器功能作用的分化。距今两三万年前,是中国旧石器时代的晚期,以采集为主、狩猎为辅的原始经济在各地有了更快的发展。以弓箭的发明为标志,狩猎经济又获得进一步的发展。石器原料开采和比较固定的石器制造场的出现,是社会生产力发展的标志。

(2)代表资源

前已阐述。

2)新石器时代

年代大约从1.8万年前开始,结束时间从距今5000多年至距今2000多年不等。一般认为新石器时代有3个基本特征:开始制造和使用磨制石器;发明了陶器;出现了农业和养畜业。

(1)资源内涵

早期公元前10000~公元前7000年,有少量磨制石器和陶器,农业已有萌芽,个别地点已会养猪。

中期公元前7000~公元前5000年,种植粟、黍,养猪,并有较发达的磨制石器和陶器。

晚期公元前5000~公元前3500年,农业进一步发展,有较大的聚落,流行多人二次合葬,发达的彩陶是一大特色。

最后一期是铜石并用时代,当公元前3500~公元前2000年。已普遍出现小件铜器,有了中心聚落和最早的城址,房屋建筑中出现分间式大型建筑,开始用白灰和土坯抹地、筑墙。陶器普遍采用轮制,出现大量的精美玉器,石器中钺、镞等武器明显增加。

(2)代表资源

①宗日遗址。

宗日遗址位于黄河上游海南州同德县团结村内,东距同德县城40km有余,面积约5万m^2。青海省考古所在1994~1995年对该遗址进行了比较彻底的发掘,目前认定的同类遗址有51处,主要分布在黄河两岸以及各支流接近入河口处的岸边,上起自同德、兴海两县交界处的巴曲入河口,下至贵德县的松巴峡,分布区域主要是青海湖南面的共和盆地。

宗日遗址的文化内涵比较丰富。宗日遗址的葬俗同新石器时代以后一个时期的其他地区的葬俗相同,墓坑平面呈圆角长方形或长方形,有二层台和侧室,葬具有木椁、木棺、石棺、瓮棺等。葬式普遍存在着二次扰乱葬、俯身葬、石棺葬。宗日遗址的贮物所在是窖穴和灰坑,造型规整,平面有圆形、椭圆形和不规则形几种,结构上有直壁和袋装两种,底面平整,有为了储物需要直接挖就的,也有利用天然凹坑的。宗日遗址出土遗物有陶器、石器、骨器等。其中陶器最为典型,器类有壶、缸、碗、杯等,陶质分夹砂陶和泥质陶两种。彩绘纹饰主要是鸟纹、变形鸟纹、连弧纹、连续折线纹,以及三角纹、斜线纹、旋涡纹、网纹、圆点纹、弧线三角纹等。宗日遗址出土的舞蹈纹彩陶盆、双人抬物彩陶盆以及骨叉等珍贵文物在全国罕见。

宗日遗址是目前黄河上游分布位置靠西、发掘面积最大、出土文物最多、内涵最为丰富、延续年代久远的新石器时代文化遗存之一,也是新石器时期青海的土著文化。

②柳湾遗址。

柳湾遗址位于乐都县高庙镇柳湾村,前后延续六百年,其早期为马家窑文化、晚期为齐家文化。共发掘古墓1714座,出土文化遗物4万余件。早期墓葬中陶器和装饰品较多,晚期墓葬中生产工具大量增加,表明当时生产力已有发展,农业已具有相当规模,并出现了家畜饲养业。柳湾墓地延续时间长,从马家窑文半山类型至辛店文化时期,有一千多年之久。出土文物包括生产工具、生活用具、装饰品等共计37925件,仅精美彩陶近2万件。

柳湾墓地是我国黄河上游迄今已知的规模最大、保存较好且经过科学发掘的一处氏族公共墓地。柳湾墓地出土的彩陶造型多样,纹饰繁缛,构图精美,艺术风韵独具一格,让人叹为观止。特别是一些珍贵的器物,如裸体人像彩陶壶、彩陶靴、人头像壶等,具有很高的艺术价值,被誉为"彩陶王国"。

2. 社会经济文化活动遗址遗迹

1）军事遗址与古战场

（1）资源内涵

军事遗址与古战场指的是发生过军事活动和战事的地方。战争是流血的政治，中国历史上的每个时期都有大小规模不同的战争和军事活动，留下了很多军事故事和军事遗址，体现了军事思想与智慧，有重大的军事史学研究价值。这些古战场遗址、遗迹相关联的历史事件、人物、故事、传说，文化内涵丰富，是人们缅怀历史、抒发思古之幽情的重要载体，是人类历史文化的重要遗产，因而对旅游者有巨大的吸引力，旅游开发价值突出。

（2）代表性资源

①覆袁川。

覆袁川即今青海门源县永安河谷。覆袁川战役是隋朝和吐谷浑之间展开的。

吐谷浑是慕容鲜卑的一支，原居于我国东北的辽宁一带。到吐谷浑孙叶延时，建立了以吐谷浑为核心、与氐羌上层联合的封建政权，以祖父吐谷浑的名字作为姓氏，也作为国号和部族名称。当时，吐谷浑北部又先后建立了前凉、前秦、后凉、西秦、南凉、北凉等政权。吐谷浑在与这些政权不断争斗的过程中积蓄着势力，逐渐进入了它的繁盛时期。由于吐谷浑控制了青海丝路，在丝路商业活动中获取了很大的经济利益，国力不断强盛，到夸吕时，国力达到极盛。

隋朝经过多年的经营，生产发展，社会安定，国力明显上升，有了开疆拓土的能力和条件，隋炀帝便有了打通西域，“混一戎夏”的想法。恰好当时西域商人来张掖贸易的较多，隋炀帝让吏部侍郎裴矩掌管西域贸易事宜。裴矩利用职务便利，通过对西域商人的调查，写成了《西域图记》三卷，书中详细介绍了西域各国的物产、山川险易、民俗风情等情况，还提出了消灭吐谷浑、突厥的主张。因炀帝本人好大喜功，具有向外扩张势力的野心，裴矩的建议很合他的心思，于是改变了以前与吐谷浑联姻通好的方略，积极开边拓土。隋大业五年（公元609年），炀帝亲自统帅大军出征吐谷浑，大批文武官员和后宫嫔妃随军，开始实施攻灭吐谷浑的计划。当时吐谷浑国主伏允率众在覆袁川游牧，炀帝准备包围覆袁川，全歼吐谷浑。隋军采取了四路合围的策略。6月初，隋军乘势攻占了伏俟城，尽有其国，在伏俟城置西海郡，赤水城置河源军，并迁徙内地犯人到此拓殖。

覆袁川战役是隋朝为了与吐谷浑争夺丝绸之路兼开拓疆土的一次争战，这次战役达到了目的。战后设立的西海、河源二郡包括了青海的大部分地区，而之前王莽设立的西海郡仅管辖有青海湖东北地区，与炀帝所设立的二郡无法比拟，这在青海被统一的中央王朝经略的历史上，具有十分重要的意义。吐谷浑被击溃后，丝路重新恢复了通畅，为中西贸易和交通的发展乃至国内各民族的交往、融合起到了积极的作用。隋炀帝西巡，金娥娘娘在金山殒命的故事，给青海历史文化增添了些许悲凄的气氛。

②大非川。

大非川在今兴海县大河坝河上游水塔拉地区，这是一条宽约30km，纵深约八九十里的山谷坡地，穿行其间的水塔拉河是大河坝河上源的一条主要支流。“塔拉”是藏语，意思是宽阔的原野和川原。大非川之战是唐朝和吐蕃之间的一场战役。

松赞干布时期的唐蕃联姻奠定了唐朝、吐蕃和吐谷浑之间友好相处的基础，使吐蕃保持了与唐朝的和睦关系，给当时的唐西北地区带来了20多年的和平局面。显庆三年（公元658年），解除了内忧外患的吐蕃向唐朝遣使请婚，遭到拒绝，遂以此为借口，在西域、吐谷浑问题上重挑事端。自唐显庆二年起，吐蕃在西域频繁地从事颠覆唐朝统治权的活动。龙朔三年

(公元663年),吐谷浑亲蕃大臣素和贵叛投吐蕃,把吐谷浑的虚实全部告诉禄东赞。吐蕃乘机进攻,诺曷钵和弘化公主统令数千帐属民败走凉州(今甘肃武威),向唐朝遣使告急。吐蕃占据吐谷浑全境,严重威胁到了唐朝西北边境的安全。

唐乾封二年,禄东赞病死,其子赞聂多布、钦陵、赞婆、悉多、于勃论凭恃乃父郧业余荫和自己出众的才干,分掌吐蕃军政大权,威震朝野。噶氏家族为了维护吐蕃王朝的既得利益和本家族的权势地位,不遗余力地奉行了禄东赞时的扩张政策,与唐朝对抗,吐蕃从此成了唐朝西陲最大的边患。吐蕃咄咄逼人的攻势,使唐朝感到如兵在颈,迫不得已之下,开始组织兵力进行反击。

唐咸亨元年四月,唐朝结束了辽东战事,兵力紧张的状况得到缓解,唐高宗遂任命薛仁贵为逻娑(今拉萨)道行军大总管,以左卫员外大将军阿史那道真、左卫将军郭待封为其副将,统军10万,以护送吐谷浑归还故土的名义进讨吐蕃。

八月,唐军进抵大非川。大非川是唐蕃古道上的重要一站,由西宁到拉萨途中,翻过河卡山,就会看见一条宽广平坦的草原,这就是兴海县的大河坝川。从这里到鄂拉山口,草原虽略有起伏,但基本平坦,这里就是著名的大非川。当时,薛仁贵要郭待封领2万兵屯于大非岭上,置栅保护军需辎重,待命而进,以为后援。他自率大部急行军去乌海(今冬给错纳湖),欲奇袭吐蕃,但吐蕃方面早有准备,吐蕃大将钦陵统所部40万人马驻扎于大非川西南,以逸待劳。当薛仁贵率军进到河口(约今玛多县城一带),遇到一支蕃军,唐军"大败之,斩获甚众,收其牛羊万余头",遂进到乌海城(约今玛多县黑海乡一带)。郭待封是唐开国元勋、西域郭孝恪之子,他曾任鄯城(今西宁)镇守,官职与薛仁贵相平。此次征讨吐蕃,对列于薛仁贵之下愤愤不平,因而对薛仁贵多不尊崇。这时听到薛仁贵获胜的消息,遂违背主帅命令,携带大量辎重缓进乌海,欲图争功。他还没到乌海,途中遇到20万吐蕃军队围攻,唐军不敌,粮秣辎重尽失,郭待封大败而逃。薛仁贵闻讯,率部急忙退回大非川,此时钦陵集合40万人马围攻。大非川一带海拔4000m以上,是高海拔黑土带冻土区,广泛分布着片状的大小泉眼,属于草甸草原。积水多时成了沼泽地,泉水干枯后地貌高低不平。吐蕃军马熟悉这种地形地貌,而唐军人困马乏,惊慌又无外援,结果大败,全军覆没。最后钦陵答应了薛仁贵的求和,释放了所有的唐军将士。

大非川一战,钦陵以绝对优势兵力一举歼灭唐朝10万大军,打败了赫赫有名的薛仁贵,吐谷浑复国的希望彻底破灭。而唐朝也失去了与吐蕃之间的缓冲地带,形成了与吐蕃的直接对峙,其控制区域从河源一带退缩至日月山一线,薛仁贵被贬为庶人。吐蕃占领吐谷浑后,取得了继续东侵、西进、北上的立足点和主动权。它以水草肥美的黄河源头和环青海湖地区为战略基地,充分利用吐谷浑的羌浑部落,凭借就近供给的便利条件,正式拉开了和唐朝争斗的帷幕,成为唐西北边地最大的威胁。

2)交通遗迹

(1)资源内涵

交通遗迹包括关隘遗址、驿道和驿站遗址。

关隘即关津要隘,是古代设于交通要道、险峻之地、边关要塞、出入路口的防御守卫设施,承担守国卫土、检查行人、征收关税等职能。古语有"一夫当关,万夫莫开;一人守隘,万夫莫向"之说,因此关隘遗址以其地理形势之险要、历史遗存之丰富、文化含义之浓厚而颇具旅游吸引力。

驿道是指中国古代陆地交通主通道,同时也是重要的军事设施之一,主要用于运输军用粮草物资,传递军令军情。驿道是历史发展的脉络,文化传播的桥梁,重大事件的张扬。我国古代有修路利民的传统,历朝历代皆有驿道的修设。古代驿道沿途设有驿站,是古代供传递官府文书和军事情报的人或来往官员途中食宿、换马的场所。古代驿站极多,如汉代 15km 置驿一所,宋代 10km 设有邮铺,清代则进一步细化为“省内为驿、军报为站”。

(2)代表性资源

①青海丝路。

青海丝路又被称作“丝路南线青海道”,是与丝路河西道并行的交通要道。青海丝路不是单纯的一条线路,而是包括很多条,有自青海湖东到中原的河湟古道,自青海湖到西域的若羌道,自西宁北接匈奴的羌胡通道,自西宁东南连接四川的河南道等。其中从今甘肃临夏到民和、西宁、大通,经过扁都口,到张掖的西平张掖道,以及从西宁经青海湖、柴达木盆地到新疆若羌的羌中道是青海丝路的主干线。青海丝路的创立可以追溯到遥远的史前时期,早在数万年前的旧石器时代,居住在青海地区的先民在生产生活活动中,创立了最原始的交通。两汉以来,青海丝路空前繁荣,为沟通中外起了很大的作用。清以后,青海丝路趋于衰落。民国以后,在西平张掖道、羌中道的基础上修筑了宁张(西宁至张掖)公路和青新公路。

青海丝路是中西友好交往的政治通道。我国是幅员辽阔,具有高度封建文明的大国,在相当长的历史时期,都是世界上的头号强国。中华民族热爱和平,素有与各国人民友好交往、和睦相处的传统。张骞出使西域以及历代对西域的经营,起到了沟通中西、对外开放、相互交流、共同进步的作用。通过青海丝路,向西方传输了我国的政治制度、政治经验和政治思想,有力地推动了西域各地封建化助历史进程。青海丝路还是经济文化交往的通道,古代中国,特别是汉唐盛世,经济发达,物产丰富,吸引着西域和欧亚各国的商人,他们跋山涉水,来中国进行贸易。通过中西文化的频繁交往,丝路成了东西文化交汇的集中地带之一。通过这条路线,中国的历法、医药、音乐、建筑、造纸、印刷、火药等优秀文化传到了西城,而西域国家的杂技百戏、乐曲歌舞、各种宗教也传入了中国,经济文化的广泛交流,促进了双方经济社会的发展。

②唐蕃古道。

唐蕃古道是唐朝经今青海地区到今西藏的线路,在唐朝以前就已存在,在贞观十五年(公元 641 年)文成公主入蕃后定型。唐蕃古道不是一条单纯的路线,在各个地段,总有若干条线路并行。但其中由长安出发,越陇山经甘肃的天水、陇西临夏,在炳灵寺或大河家附近渡黄河转入青海境内,再经过民和、乐都、西宁、湟源、日月山、倒淌河、恰卜恰、大河坝、温泉、玛多黄河沿,由巴颜喀拉山口至玉树的清水河,渡过通天河到子曲,溯子曲河上至子野云松多,沿当地人通称的“通藏大道”过当曲,自唐古拉山脉查午拉山口逾山,到西藏自治区的聂荣县,经那曲、当雄到拉萨的线路是唐蕃古道的主干线。这条线路全长约大于 3000km,横跨陕西、甘肃、青海、西藏四个省区,横贯我国西部。

唐蕃古道是唐蕃联姻的通道,也是唐蕃双方进行战争和经济文化交往的通道。文成公主入蕃和亲奠定了唐蕃甥舅关系的基础,揭开了唐蕃友好相处的新篇章,也开拓了唐蕃大道,发展了边陲交通。据有关资料统计,自唐贞观八年(公元 634 年)吐蕃首次遣使者入唐到 9 世纪中叶吐蕃王朝崩溃,200 多年间唐蕃双方往来使者多达 200 多次,在这样的交往中,唐朝一些先进的生产技术、优良的农作物种子传入西藏地区,而吐蕃的马匹、耕牛也传入中原地区,唐蕃双方还在宗教、历史以及建筑、医药、音乐等领域内进行了广泛的交流,形成了“金玉绮绣,问遣往来,道路相望,欢好不绝”的关系。唐蕃古道把中原与青藏高原连接在一起,加强了它们之间的联系。自从这条道路畅通以后,西藏与中原地区在政治、经济、文化上的来往大大加强了,并为唐朝以后中原王朝与西藏地方关系的进一步发展起到了积极作用。唐蕃古道还开辟了由长安经吐蕃到泥婆罗(今尼泊尔)、印度等南亚各国的新通道。今天的青康公路、青藏公路乃至青藏铁路都是在唐蕃古道的基础上修建起来的。

③临津渡。

临津渡也叫官亭渡,是黄河上的重要渡口,位于黄河上游甘青交界处,以河为界,河南是甘肃临夏县的大河家镇,河北是青海民和县官亭镇。古渡即在南岸滩头到北岸崖脚的缓流处,该渡口早在汉代以前即存在,是陇右进入河湟地区的第一个要津。

凡从此渡河的,可由官亭经允吾(今民和下川口一带)到令居(今甘肃河桥驿一带),或者取道古鄯,沿柴沟、峡门经乐都到西宁,再分路去河西走廊或柴达木盆地以及吐蕃乃至南亚地区。

临津渡是黄河上游最重要的渡口之一,也是中原地区与青藏高原乃至西域交流的重要关津,它在中西交通中发挥了重要的作用。

3. 革命遗址

1)资源内涵

革命战争时期和新中国建设时期,广大革命战士和祖国的建设者们为了劳苦大众的翻身解放,为了新中国的繁荣昌盛,不怕流血牺牲、不畏艰难险阻,为后来者留下了进行爱国主义教育的生动素材。

2)代表性资源

(1)中国工农红军西路军纪念馆

中国工农红军西路军纪念馆位于西宁市烈士陵园,建成于1986年6月,是为了纪念红军西路军战士坚苦卓绝的英勇斗争事迹,激发后人的爱国主义思想而修建的大型纪念馆。

纪念馆分为序馆和正馆两大部分,序馆内展有红西路军革命战士在“万人坑”前就义的巨幅油画、群雕和反映河西战役的沙盘模型,还有各界人士敬献的匾额题词28面。纪念馆记载了红军西路军的战斗足迹,是红军西路军艰苦卓绝英勇斗争的历史缩影。纪念馆成为西宁市的景观之一,是国家六部委命名的全国百家爱国主义教育基地,全国重点烈士纪念建筑物保护单位,中宣部全国百个爱国主义教育示范基地。

(2)新中国第一个核武器研制基地旧址

中国第一个核武器研制基地旧址位于青海省海北藏族自治州海晏县的金银滩草原上,北靠祁连山,南临青海湖,东接西宁市,西临柴达木盆地,海拔3100~3500m,横跨小滩、金滩、银滩三个河谷盆地,距省会西宁103km,距海晏县城13km,距青海湖仅20km,是国家重点风景名胜区青海湖的重要组成部分,周边分布有西汉末年的西海郡遗址,以及沙岛、温泉等旅游景区。

1958年5月31日,当时的中共中央总书记邓小平代表中央批准了选址报告。因保密需要,基地对外称“221厂”。1964年10月16日下午3点,在这里研制的我国第一颗原子弹爆炸成功。1966年,邓小平等党和国家领导人视察核武器研制基地,邓小平为基地题词:“别人已经做到的事,我们要做到;别人没有做到的事,我们也要做到。”1967年6月17日,在这里研制的我国第一颗氢弹爆炸试验成功。

1995年5月15日我国政府向全世界宣布,我国第一个核武器研制基地已全面退役。从此这个神秘的地方“化剑为犁”,揭开其神秘的面纱,开始向世人展示真实的面容。1993年,退役后的基地被移交给地方政府,青海省将此地命名为西海镇,并确定为海北藏族自治州首府。2001年原子城被国务院列为全国重点文物保护单位。2005年,原子城被确定为全国爱国主义教育示范基地。

(3)循化西路红军革命旧址

西路红军革命旧址位于循化撒拉族自治县察汗都斯乡赞卜乎村，是中国工农红军西路军1939～1946年期间在循化县赞卜乎地区同马步芳军阀集团进行艰苦斗争遗留下来的革命遗迹。主要包括革命遗物、西路红军战士修建的道路庄廓、房屋、赞卜乎清真寺以及为纪念西路红军战士修建的西路红军纪念馆等。

西路红军革命旧址是全国保存的唯一一处全面体现工农红军西路军坚忍不拔，在逆境中坚定革命信念、坚持斗争的革命遗迹。

(二)建筑与设施旅游资源判断

1. 楼阁

1)资源内涵

楼阁为藏书、远眺、巡更、饮宴、娱乐、休憩、观景等而建的二层或二层以上的建筑。楼与阁在早期是有区别的，后来楼阁二字互通，无严格区分。我国古代的楼阁基本都是木结构建筑。古代楼阁有多种建筑形式和用途，如城楼、阙楼、市楼、望楼、佛塔、戏楼、藏书等。

楼阁是高大的形体和高效实用的空间的结合体，在外形上崇尚“高峻宏敞”，追求“欲与南山齐”和“高处不胜寒”的双重审美效果。名楼的存在也为众多文学名作的写作提供对象。

2)代表性资源

互助钟鼓楼位于威远镇什字。始建于明天启四年(1624年)，为三层重檐十字歇山式木结构建筑，基座为方形，边长12.85m，通高15m，建筑面积165.12m^2。共3层，由低到高，逐层递减内收，四周均有回廊。楼体的檐柱、门窗上均有精致的雕刻或彩绘。楼顶覆盖有绿色琉璃瓦，脊为黄绿色，有宝瓶吻兽。整栋楼工艺精巧、结构玲珑、飞檐斗拱、雕梁画栋、高大庄重、气势雄伟，是一座具有浓郁民族风格的砖木结构建筑。历史上，威远堡钟鼓楼经历过多次修缮，现在看到的是1989年修建的建筑。威远镇处于西平张掖道上，地理位置比较重要，历来是兵家必争之地。互助县威远镇在宋代时称为“牧马营”，明嘉靖十四年(1535年)改名为威远堡。明代中叶后，威远堡成为军事要塞，鼓楼随之成为军事设施的一部分，地位日益显著。

2. 军事工程

1)边墙

(1)资源内涵

古代青海在明朝时期为抵御塞北游牧部落联盟侵袭而修筑的规模宏大的军事工程的统称。

(2)代表性资源

西宁卫边墙是指位于西宁卫西部的边墙。大致来说，从今互助县东和乡的柏木峡起，经边滩、林川、南门峡至大通县桥头镇以西的娘娘山麓；从湟中县云固川的沟脑起，经四营、上五庄、拦隆口、拉沙至西石峡口；再从湟水南岸的西石峡起，经共和、维新、大才、大源、鲁沙尔至上新庄，这些边墙是连成一线的。从《西宁府新志》舆图来看，西宁卫边墙基本上围绕着明西宁卫城，从北、西、南三面构成拱卫形状，形成了西宁卫的外围防御工事。当时这样构筑、布局边墙，其用意是重点防御蒙古卜儿孩部、俺答汗部对明西宁卫的侵扰。西宁卫边墙由边墙(部分附有随墙壕)、边壕、堑墙以及因地而设的石柞和水关组成，并非单一的墙体。其建筑依山势、地形和土质的不同，分别构筑成不同形式。大体上来说，在川道、谷口等地势比较平缓且土质较好的地段，掘土夯筑成墙，墙外掘土部分形成墙壕，墙壕成了边墙的有机组成部分，增强了防御功效。有些地方并不筑墙，而采用改挖边壕的办法。边壕是口宽6m、底宽3m、深6m的深沟，具有一定的防卫作用。在西宁边防体系中,边壕所占比例甚小,只出现在哈拉直沟、土官沟等少数地段。另外还采用堑墙的办法来构筑边墙体系。西宁卫四隅群山环抱,山岭纵横,山岭川道相间,适宜修筑边墙的地段有限。因此,在山势陡峭的地段,就因地制宜地采取斩削土石山崖为墙的办法。修筑堑墙时,只须将山体外部挖削成陡峭的断崖,使之不便攀登即可。有些地方还利用了天然的陡峭石崖作为屏障,峡谷逼窄处还制作了水栅等防卫形式。

西宁卫边墙的修筑肇自明嘉靖二十五年(1546 年),由西宁兵备副使王继芳、周京等官吏主持修建。万历二十四年(1596 年),西宁兵备使刘敏宽等最后兴修西石峡口到娘娘山南麓的边墙,从而使西宁北部与西南部边墙在这里合龙,连成一线。这就是今天能看到的西宁卫边墙的基本面貌。

西宁卫边墙的兴建主要是为了防御西海蒙古的侵扰,修筑竣工后,发挥了重要的防卫作用,这个规模庞大的防卫工程是古代青海人民辛勤劳动的结晶。边墙也给当地留下了不少相关的地名,丰富了当地的文化内涵。

2)城池

(1)资源内涵

在古代,城池泛指城市,这里的“城”指的是城墙,“池”指的是护城河,城墙和护城河都是用于军事防御。我国古代城池是由城墙、城楼、护城河、马面、敌楼、角楼、瓮城等组成的立体城防格局,这种格局基本在春秋战国时期即已成熟定型,并一直持续到明清时代。

(2)代表性资源

西宁卫城位于西宁市城中区,为明朝西宁卫城,清因之。现仅存北城墙、东城、南城墙部分残墙。由于西宁“右控青海,左引甘凉,内屏河兰,外限‘羌虏’”,在西北防务中具有重要地位和作用,因此在洪武十九年(1386 年),朝廷命长信侯耿秉文率陕西诸卫军士修筑了此城。竣西宁卫城“基割元西宁州古城之半”,因城墙高而险,号称“岩疆”。有四座城门,四座角楼,十九座敌楼,三十四间逻铺。其中东门为“迎恩门”,西门叫“怀远门”,南门叫“迎薰门”,北门叫“拱辰门”,东门连关厢,商贾市肆皆集以后历代皆有修补。万历三年(1575 年),在城墙内外添加了护城砖,成了名副其实的“砖包城”。抗日战争期间,为便于防空疏散群众,在东、西、南、北四面城墙上曾掘开过四个豁口。新中国成立后,该城城门及大部分城墙在西宁市城市建设中被拆除。

西宁卫城处在中原入西藏、新疆的交通要道上,地理位置十分重要,被称作“天河锁钥”、“海藏咽喉”。明清以来,封建中央政府都把西宁的安定作为经营西藏乃至新疆的后方基地。

3. 青海民居

青海的古代建筑类型多样。一般来说,在风格上基本遵循了传统的建筑技法和思想,但也突出了地域和民族特点。河湟农业区接近中原,受中原文化熏染深,因此,民居则采用地方特有的四合院——庄廓形式。在西部牧区,多采用体现游牧文化特点的“牛毛帐篷”。农业区、农业区和牧业区交汇地带,藏式建筑多采用碉房的住房形式。

1)“牛毛帐篷”

(1)资源内涵

牛毛帐篷,藏语称之为“芭”,是青海牧区藏族牧民普遍采用的古老的住房形式,其历史十分悠久。据《青唐书》记载:吐蕃时期藏族先民就“联毳帐以居,号大佛庐,容数百人”。牛毛帐篷是以牦牛毛为原料制成,厚实保暖,冬暖夏凉,一般呈黑色,又有“黑帐篷”之称。

(2)代表性资源

帐篷主要有“黑帐”(牛毛帐篷)、“白帐”(羊毛帐篷)、“黑顶”或“花帐”(厚布帐篷)和“布帐篷”等类别,其中“黑帐”与人们的生产和生活关系最为密切。

牛毛帐篷,系用牦牛的长毛织成的称为“日雅”的粗氆氇缝制。粗氆氇每幅宽约30cm,长短由帐篷的大小而定。将若干幅“日雅”拼接缝合成两大片,两片相接的缝隙有约60cm宽,放在顶部当作天窗。连接的两边镶白色帐篷料,因为以白对白,黑对黑相接是人们所忌讳的。帐篷的大小根据经济条件和家庭人口而定,一般缝制一顶帐篷需“日雅”二三十幅,也有的需要四五十幅。帐篷越大,需要的“日雅”数量越多。

“白帐”,大多用羊毛织的帐篷料缝制。这是富裕牧户在小范围内游牧时带的。春夏之交下羔时可当作羔圈,防止羊羔被冻。还有些人去盐湖驮盐等一般外出也带“白帐”,既保暖又轻便。

“黑顶”或“花帐”,用质地厚的白布或羊毛所织的“日雅”做帐篷的“四壁”,而用牛毛“日雅”做顶,看上去黑顶白壁,十分漂亮。帐内还给人以光亮清新的感觉。常用于“夏乐”等节日野游,是随时可带的一种方便帐篷。

“布帐篷”,是藏北牧区较高档的一种帐篷。帐篷顶上多搭一块面积稍大的布,用来遮阳挡雨。帐篷门顶及两边有各种图案,如火焰宝、八宝图、花卉、狮子、大鹏鸟等。有些还带有庭院。这种帐篷只用于公众集会的大型活动。

2)碉房

(1)资源内涵

碉房是藏族传统民居,用石头垒砌而成,因其外观像碉堡,故称为“碉房”,主要见于西藏、青海和四川西部。碉房的产生由来已久,在东汉已形成,《后汉书·西南夷列传》中称之为“邛笼”,而碉房的名称最早可追溯到清代乾隆年间。就青海高原而言,碉房是玉树、果洛、黄南州等藏族自治州农牧兼营的半农半牧地区常见的民居建筑。藏族群众充分利用当地多石的地理条件,就地取材,在背风向阳的山坡地带用石头砌成二层或三层小楼,称为“碉房”或“碉楼”。

(2)代表性资源

碉房的内外墙全用片石和泥巴垒砌而成,其厚度都在1m左右,墙上开孔少,门窗洞也很小,一般南开小窗。碉房多为两层,也有三四层者,楼形下宽上窄,呈等腰梯形,多用独木锯形木梯上下。碉房底层是牛、羊圈和杂用房,楼上中间房供佛,两边是卧室、厨房,有个别小的碉房是厨房和卧室同一间。如果是三层,最上层是佛堂,中间住人。碉房屋顶为平顶,用石板铺成,在屋面之上可作打麦场、晾晒柴草、眺望牧群及户外活动之处。顶角立一木杆,悬挂五色经布,藏语称为“嘛呢达乔”(汉语称“嘛呢杆”)。

从形式来说,碉房可分为碉楼式碉房、碉塔式碉房、独立式和院式碉房。碉楼式碉房一般为两三层,个别有四层,四周高墙封闭,有的上层为凹型平面,利于采光和户外活动,是青南藏居的主要形式。

从群体布局来说,在藏族人居住集中的村落,碉房依山就势,高低错落;层而上,以塔式碉房或院式碉房为村落中心,小径石阶曲曲折折地联系于各碉房之间,整体布局自由多变,风格凝重质朴,颇具民族色彩。过去,青南地区野兽出没,碉房可以防御野兽和强盗的侵袭,是较为安全和牢固的住居,同时,它还有就地取材、建造方便等特点,所以被广泛采用。新中国成立后,这种碉房日趋减少,现在青南地区多为钢筋砖瓦的新式楼房。

3)河湟民居庄廓

(1)资源内涵

庄廓是河湟的广大农村地区最古老、最典型的民居建筑,它是一种用当地的黄土和柏木为基本建筑材料修建起来的,被土筑墙所包围的院落式民居,一户一院,有点像北京的四合院,但又有浓郁的地方特色和民族特色。

(2)代表性资源

庄廓是青海东部农业区最普遍的民居,在河湟地区,修庄廓先要筑庄墙,用墙杆、墙板、杵子、铁锨等工具,先筑成土围墙,叫作“打庄廓”。打庄廓有很多讲究,打庄廓前,要请风水先生勘测地势,选择良辰吉日。筑庄墙的方式很原始,是就地取材,用黄土夯筑而成。在修庄廓的过程中,上大梁是一项十分隆重的仪式,一般要选择黄道吉日,焚烧香表,鸣放鞭炮,杀羊宰鸡,招待前来祝贺的亲友。上大梁时,要在大梁中央悬一个红色布袋,或凿一小洞,里面装小麦、青稞、豌豆、莜麦、玉米等五色粮食,取“五谷丰登”之意。在大梁上还要贴写有“上梁大吉”、“大吉大材”等红纸条,取个吉利。

庄廓是方形封闭式平面民居,其形状呈方形或长方形,庄墙高4~5m、宽50~80cm。它像一道屏障,将所有的房屋和庭院都包围在里面,除了唯一的大门外,庄墙没有其他开口。庄廓里的房屋是土木结构,屋面是黄土平顶屋面,带有廊檐,使房屋和庭院融成一体。庄廓内的房屋以一堂两室为基本单元,其二面、三面或四面均建造有各种用途的住房。按乡俗,一般将北房作为主房,称之为“上房”、“堂房”、“堂屋”。主房的东头是炕,炕上放炕柜和炕桌,中间放八仙桌或方形钱柜,西面供佛龛。

庄廓里的主房和厢房内均盘着火炕,火炕是用土坯、石板、草泥等砌抹而成。炕面上泥有一层混有毛发、草屑,经过糅合捶打的胶泥,上涂有“鼻邋遢”(学名为巴天酸模的草本植物)茎叶的黏液,打火炕时须用瓷器片将胶泥抹得光滑平整。

建筑装饰是人们在共同的社会生活和文化环境中所形成的,反映着群体的审美情趣和文化上的取向。河湟庄廓内雕梁画栋,装饰十分精美,其装饰艺术集中体现在门窗、房梁的雕刻上。庄廓里的门大都是双扇门,窗格式样则很多,有揭窗、推窗之分,还有揭推两用的。木雕是庄廓装饰的主要手段,屋子额楣、大门门梁上精雕细刻着各种花草树木与飞禽走兽组成的吉祥图案。

在河湟地区,庄廓不仅是各民族日常起居的生活空间,还是他们传承传统文化的文化空间,承载着他们的生活情趣和文化审美。无论是那些带有浓厚民间信仰色彩的修建习俗,还是富有象征意义的雕刻和绘画图案,都具有十分丰富的民俗文化内涵。

4)撒拉族篱笆楼营造技艺

撒拉族古民居篱笆楼,是一种将木、石、土混为一体的古老民居建筑,因楼房墙体大部分用树条笆桩制作而成,故得名篱笆楼,目前仅存于循化县孟达地区。撒拉族篱笆楼始建于元代,生活在孟达地区的撒拉族人,利用当地丰富的林木、石土资源,吸收汉、藏、回等民族的建筑艺术,修建创造了撒拉族特有的民居篱笆楼。撒拉族的古民居篱笆楼,明清以来分布在循化撒拉族自治县的孟达、大庄、旱平、塔撒坡、木厂等村落,以及甘肃省积石山县的大河家关门村一带。后来,经过几个世纪的拆建改修,尤其是20世纪60年代后,人为拆除建筑群落的现象突出,篱笆楼遭到了严重破坏,濒临消失。

篱笆楼营造技艺是撒拉族人民智慧的结晶,是具有民族区域特色的古建艺术。撒拉族人修建的篱笆楼,吸收了汉、藏以及伊斯兰文化,可以说是各民族智慧的结晶,也是研究撒拉族政治、经济、文化、社会、历史的实物资料。同时,这种独具特色的篱笆楼建筑丰富了我国民居建筑文化,具有重要的建筑艺术价值。

4. 宗教建筑

(1)佛教建筑

佛教建筑包括佛寺、佛塔和石窟。

①佛寺。佛寺布局有如下特点:

山门:是佛寺的大门,一般是三门并立,中间是一大门,两旁各一小门,称"三门殿",在山门殿里,门内两旁常立两座金刚像。

钟楼、鼓楼:进了山门之后,有钟鼓二楼两相对称。左为钟楼,右为鼓楼。所谓的"晨钟暮鼓",其敲击方法一般是早晨先击钟,以鼓相应;傍晚先打鼓,以钟相应。

天王殿:较大的佛寺都筑有天王殿,进入山门之后,两旁的钟楼、鼓楼和中间的天王殿形成了寺院的第一重院落。天王殿内正面供奉弥勒佛,背面供奉韦驮菩萨,两旁是四大金刚。

大雄宝殿:是佛寺的正殿。在大雄宝殿中,有供奉一尊佛像的,是供奉佛教缔造者释迦牟尼佛。一般供奉三尊佛像的,是供奉三世佛。中间为释迦牟尼,称现在佛;左边的为燃灯佛,亦称过去佛;右边的为弥勒佛,弥勒佛被指定为释迦牟尼的接班人,故称未来佛。这三尊佛是按时间先后排列,是前后上下关系,故称为竖三世佛。

②佛塔。佛塔原是印度梵文 Stupa 的音译,还有称为浮屠。佛塔是佛教的象征。佛塔最早用来供奉和安置舍利、经文和各种法物。

③石窟。石窟原是印度的一种佛教建筑形式。佛教提倡遁世隐修,因此僧侣们选择崇山峻岭的幽僻之地开凿石窟,以便修行之用。我国的石窟起初是仿印度石窟的制度开凿的,多建在我国北方的黄河流域。石窟里面有佛像或佛教故事的壁画。从北魏至隋唐,是凿窟的鼎盛时期,尤其是在唐朝时期修筑了许多大石窟,唐代以后逐渐减少。

(2)道教建筑

道教建筑门类很多,有宫、观、殿、堂、府、庙、楼、馆、舍、轩、斋、廊、阁、阙、门、坛、台、亭、塔、榭、坊、桥等,这些建筑按其性质和用途,可分为供奉祭祀的殿堂、斋醮祈禳的坛台、修炼诵经的静室、生活居住的房舍和供人游览憩息的园林建筑五大部分。

道教的建筑形制和布局有两种形式。一种是按中轴线前后递进、左右均衡对称展开的传统建筑手法;另一种就是按五行八卦方位确定主要建筑位置,然后再围绕八卦方位放射展开具有神秘色彩的建筑手法。前一种均衡对称式建筑,以道教正一派祖庭上清官和全真派祖庭白云观为代表。山门以内,正面设主殿,两旁设灵官、文昌殿,沿中轴线上,设规模大小不等的玉皇殿或三清、四御殿。第二种五行八卦式建筑,可以江西省三清山丹鼎派建筑为代表。

道教建筑的装饰,鲜明地反映了道教追求吉祥如意、延年益寿和羽化登仙的思想。另外还直接以福、禄、寿、喜、吉、天、丰、乐等字变化其形体,用在窗棂门扇裙板及檐头蜀柱、斜撑、雀替、梁枋等建筑构件上,其对民间民俗传统文化的影响,十分深远。

各地还有为数甚多的民俗奉祀之庙,如关帝、土地、文昌、城隍、妈祖、龙王、药王等,也是道教建筑的一部分。

(3)伊斯兰教建筑

清真寺是伊斯兰教建筑的主要类型,清真寺建筑必须遵守伊斯兰教的通行规则,如礼拜殿的朝向必须使朝拜者可以朝向圣地麦加的方向做礼拜。

青海是个多民族地区,宗教信仰丰富,境内寺院林立。据不完全统计,现有藏传 600 多座,有伊斯兰教寺院近千座，还有少量的道观和基督教、天主教教堂。不同的宗教信仰反映了不同民族的精神生活，不同类型的文物反映出了不同的价值取向。青海藏传佛教建筑主要有塔尔寺、隆务寺、瞿昙寺、却藏寺、格萨尔灵塔和达那寺、藏娘佛塔与桑周寺、贝大日如来佛石窟寺与勒巴沟摩崖，新寨嘉那嘛呢经堆等是全国重点文物保护单位，以历史悠久、建筑风格独特、文物珍贵、壁画富丽堂皇、佛像造型形象奇特、石经雕刻规模宏大著称于西北及内地。

汉传佛教建筑有南禅寺、乐都的西来寺、青海最大的汉传佛教寺院——法幢寺。

道教建筑有西宁土楼观、湟中西元山、互助五峰寺、大通老爷山。伊斯兰教寺院中规模可观的有西宁东关清真大寺、循化街子清真寺、平安洪水泉清真寺等。

(三)旅游商品旅游资源判断

广义的旅游商品是指旅游者因旅游或在旅游过程中而购买的，具有旅游文化内涵的有形商品和无形商品的总称。它几乎涵盖了旅游者在旅游之前、旅游活动之中所购买的所有商品，包括旅游日常消费品、旅游纪念品、旅游线路以及商品等。

(1)风味小吃

①烤羊肉。将羊肉切成小块，穿于铁扦子上，放特制的长方形烤炉焙烤，然后在羊肉上抹上酱油、精盐、姜粉、辣面、孜然、椒粉等作料，并翻动铁扦子。其肉嫩味香，营养丰富。现在烤羊肉已经发展到烤蹄筋、烤腰子等。

②牛杂碎、羊杂碎。指煮熟的牛、羊的头、心、肝、肺、肠、胃、蹄等切片，舀原汤汁，加调料，即成。杂碎柔、嫩、烂、脆，汤香味浓。青海最有名气的“羊杂碎”要数离市区25km处的大通后子河杂碎馆。

③高原一绝—爆焖羊羔肉。羊羔肉一般只有春秋产羔时期才能品尝到。将出生15d左右的羊羔宰杀剥皮、洗净切成3~6cm的方块，入油锅爆炒，待皮肉淡黄时加入面酱、辣面、姜粉、椒粉、精盐等，再反复炒至肉块呈红色时，加适量凉水，封锅慢煨，水干肉烂即成。其肉细嫩，辣酥爽口，色泽暗红，芳香柔软。

④酸奶。此产品是当地回族人民自己加工制作的酸奶，盛在小碗中，并在碗口盖上一块小玻璃将其出售。在制作中一般用小碗装熟牛奶制作酸奶，并特意在碗口滴上几滴菜油，致使表层奶皮金黄，油渍点点，洁白如脂，芳香扑鼻，鲜嫩质细，清凉微酸，加一勺白糖，酸中带甜，更是凉爽可口。

⑤馓子。馓子是一种油炸面食，是青海穆斯林民众及其他民族节庆的主要食品。每当回族和撒拉族群众在欢度传统的“古尔邦节”、“尔德节”、“圣纪节”以及婚丧大事，都把馓子作为待客的主要面食。馓子是以头罗白面为原料，稍加盐和调料，搓成细条，一圈圈放入油中炸制而成。

⑥炒面片。在面片已下锅的同时用炒锅炒好肉丁或肉片及辣子、笋片、菜瓜等蔬菜或粉条、木耳，待面片开锅，即用漏勺捞出面片，放到炒好的菜中翻炒，略炒片刻，即可出锅食用。

⑦烩面片。先将肉片、豆腐片、新鲜蔬菜如红辣椒片等在锅中煸炒，放上羊肉汤，加盐、味精、酱油、姜末、胡椒粉等入味，再加进黄花、木耳烧沸，略勾芡汁，撒上蒜苗丝待用。再将面片煮熟，用漏勺捞在碗中，舀上烹调好的烩菜即可食用。

⑧狗浇尿。又称狗浇尿油饼。是本地较流行的用菜油煎的一种薄饼面食。制作中分只加一点酵子的“半死面”和不加酵子的“死面”两种。将小麦面和好揉匀、擀开，撒上香豆粉，浇少许清油抹匀，卷成长卷。再顺面卷方向擀成螺丝状，切成小段，逐个压平微薄。在烧热的烙馍锅中倒上约半两清油，将饼放进，沿锅边浇上一圈清油，并不停转动薄饼，使其入色均匀。待饼

上了火色,立即翻过来,再沿锅边浇一圈清油,并不断转动饼子,煎熟即可食用。

⑨甜醅。将莜麦或青稞(去外皮)簸净,清水洗去杂质,入锅煮熟(表层开口),沥出晾凉,加入甜醅曲和匀,装进坛中密封,保持恒温(15℃上下),经3~5天发酵,开坛食用,醇香、清凉、甘甜,夏能清心提神,冬则壮身暖胃。

⑩锟锅馍馍。锟锅馍馍是在金属的锟锅模具中烤制而成,故群众习称"锟锅",是青海农业区和半农半牧地区人们的面食品。其制作是在普通发面里卷进菜油,抹上红曲、姜黄、香豆粉等民间食用色素,再层层叠叠地卷成红、黄、绿各色交织的面团(藏、回族同胞在和面时,有时掺鸡蛋和牛奶),揉成和锟锅形状大小相同的圆柱状,放入锟锅内,埋在用麦草为燃料的灶膛或炕洞内的火灰里。锟锅壁较厚,传热缓慢,麦草燃料火力均匀,热度适中,半个小时后即可出锅。烙出的锟锅馍馍,外脆内软,绽开如花,色彩鲜明,异香扑鼻。它的特点是省时,省事,制作简单,松脆好吃,携带方便,经久耐贮。

⑪尕面片。尕面片是青海人面食中最普遍而又很独特的家常饭。这种画片不是用擀面杖擀出来的,而是用手揪出来的。尕面片,又叫面片子。将揉好的软面先切成粗条,叫"面基基"。然后用湿毛巾盖上片刻(此时称"回面")。"回"好后,拿在手中,用手指捏扁、揪断,每个大约手指宽,投入沸水中,煮熟可食。由于面片小,故叫"尕面片"。

⑫拉条。又叫拉面,也叫臊子面,是青海人民的一种传统地方风味食品。拉条和画片的制作方法大体相似。不过,拉条的面要多揉,且稍软一些,待面醒后才能拉。拉条一般分为两种:一种是扁形的,又叫"兰叶";一种是圆形的,又叫"鸡肠子"。

⑬酿皮。酿皮是青海地方风味浓厚的传统小吃。其制作方法是,在麦面中掺和一定量的碱面,用温水调成硬性的面团,几经揉搓,等面团精细光滑,再放到凉水中连续搓洗,洗去淀粉,直到面团呈蜂窝状的软胶样时为止。这软胶样的面团煮熟后称作面筋。剩下的面糊待水沉淀后,倒出浮水,将沉淀面糊舀在铺有棉布的蒸笼中蒸熟,取出,吃时须切成长条,缀以面筋数片,浇拌上调料即可。

⑭干板鱼。青海有句顺口溜:"贵德的梨儿享堂的瓜,湟源的干板鱼天下夸",这话一点儿不假。青海省盛产鳇鱼,因其体肥肉嫩味鲜而远近驰名。将鳇鱼剖去内脏,洗净,按大小摆列在滚烫的石板上或沙滩上晒干,即为干板鱼。干板鱼经水泡软后,肉质柔韧,可烹制出风味别具的佳肴。市面上出售的干板蒸鱼是把泡透的干板鱼,用葱末、食盐、蒜泥、胡椒、辣椒、花椒等作料粉末加入面粉,调为糊状,涂抹在洗净的干板鱼上蒸熟。由于干鱼软化,作料也就渗入肉中,待蒸汽弥漫、香味扑鼻时取出,连鱼肉带面块一起食用,辛辣鲜美,芳香可口。

⑮羊肠面。羊肠面是西宁地区常见的一种风味小吃。它以羊肠为主料,并伴以热汤切面共食。做法是将羊的大小肠管洗净,肠壁油不剔剥,装入葱、姜、花椒、精盐等为调料的糊状豆面粉,扎口煮熟,并在煮羊肠的汤内投入已煮熟的萝卜小丁、葱蒜丁混合的臊子汤。食时,先喝一口热羊肠汤,而后切豆面肠为寸段一小碗,再吃一碗臊子汤浇的面条。羊肠面汤色淡黄,肠段洁净,肥肠粉白,面条金黄,葱末浮上,萝卜小丁沉于碗中,肠段细脆馅软,面条悠长爽口,夏天吃凉冬天可吃热,实属实惠之小吃。

⑯五香牛肉干。五香牛肉干是青海特产,行销国内外市场,颇得消费者的好评。牛肉干不仅是招待贵宾的上品,而且也是馈赠亲朋好友的礼物;既便于携带,又宜于长期存放,可供家宴或旅游途中食用。

(2)青海代表性土特产品

①青稞烧酒。酿酒在我国有着悠久的历史,早在5000多年前的龙山文化时期,人们就已

学会酿造美酒，并创造了多种精美的酒具酒器，形成历史悠久、内容丰富的酒文化。

青稞酒可大致分为酩(mǐng)酒和烧酒两种。

酩酒是青海汉族、土族等世居民族家酿的低度白酒，乡间称之为“酩”或“酩子”，乙醇度为30°~40°，酒味香浓醇正，绵甜柔和，是青海各民族群众迎宾待客的上品酒类，也是访亲走友时携带的体面礼物。在河湟地区，民间酿酒之风极盛，尤其是土族人家，几乎家家都有酿酩酒的习惯，土族家庭主妇大都是酿酒能手。

青海的青稞烧酒中，以互助县威远镇的“威远烧酒”最负盛名，历史也最为悠久。相传在300多年前，一位山西的酒把式到河湟地区，于是在此定居下来，以青稞为原料，用井水酿造，巧妙地将山西的酿酒法与青稞的酿酒法结合起来，取长补短，酿成了闻名遐迩的“威远烧酒”。从此，威远烧酒誉满高原，远销西北。

中华人民共和国成立后，数家酿酒匠人联合建立了互助酒厂并将威远镇烧酒改名叫“互助大曲”。建厂后，酿酒匠人们对原来的酿酒工艺进行了改革和完善，并不断探索新的技艺，酒厂也配备了现代化的酿酒机器，形成了从踩曲、制坯到煮馏等完整系统的酿造技艺和独特的科学配方，研制了互助特曲、互助头曲、青稞液、天佑德、青稞王、七彩互助等新品种。

②牦牛牛肉干。牦牛肉质鲜嫩，低脂肪高蛋白，不仅营养丰富，而且鲜香可口。青海果洛藏族自治州乳品厂以新鲜牦牛肉为原料，经过考究的加工，生产出的“雪山牌”优质咖喱牛肉干，既保持了牛肉的风味，又形成了久存不变质，浓香鲜美的特点，是青海省的优质名牌产品，获得首届中国食品会金奖。

③西宁毛。青海藏羊的毛，色白、丝粗，具有很大的回弹性和光泽度。用这种西宁毛织出的纺织品柔美温暖，大大优于其他地区的毛织品，因而，自古以来很受各族人民和外商的欢迎。

④湟源陈醋。青海的名特产之一，有200多年历史。湟源陈醋，又叫黑醋，酸味醇正，清香甜润，质地浓稠，色香俱佳，多吃能增食欲、助消化、健脾胃、防感冒、清心解毒。

⑤药材补品。

a. 冬虫夏草。冬虫夏草又称“虫草”、“冬虫草”，为我国特产，主要产于我国青海、四川、西藏境内的青藏高原上。自明代开始，青海冬虫夏草就在国际市场上享有盛誉，被称为中国传奇式的珍宝。目前，冬虫夏草仍是青海省换汇度最高的出口商品之一。

b. 红景天。红景天在青藏高原各地均有分布，藏语称“索罗玛保”。其品种达30多种，蕴藏量大，是常用的藏药。红景天生长于低温、缺氧、紫外线照射强烈、昼夜温差大、海拔1700~5000m的高寒地带。尤其多见于大山阴坡的岩石缝隙和高山砾石带。我国远在清代就有人将它作为滋补强壮药，用来消除疲劳、抗御寒冷。红景天主要以根茎和花入药，目前在食品工业行业中，用红景天为原料开发出了不含酒精的饮料。

c. 蕨麻。又称“人参果”，是高原特有植物，是一种生长在青藏高原的蔷薇科多年生野生植物。该产品是纯天然、无污染野生蕨麻的地下块根，富含人体所需要的18种氨基酸和维生素及铁、锰、锌、镍、钙等元素，具有极高的医疗和营养价值。药理研究证明，长期食用有延年益寿及减肥抗癌作用。

⑥丁香花。又称华北紫丁香，西宁市市花。木樨科，落叶灌木或小乔木。常见高度3~5m，树龄古老的可达10m多。青海俗称轮柏，因一年开花两次，又称二度梅。丁香花在青海高原有极强适应性，栽培历史悠久。其花序大，花期长，风姿典雅，香气浓郁，被誉为“高原花魁”；又可提取芳香油，嫩枝晒干后可代茶，根和枝条可以入药，具有清热、镇咳化痰、平喘等作用。因其既是香料植物，又是蜜源植物，既有观赏价值，又有药用价值，在西宁得到普遍栽种。

⑦青海地毯。青海地毯采用驰名中外的“西宁毛”经过加工精制而成，是一种高级装饰品，它能保暖、消声而又牢固耐用，具有很高的实用价值，其姹紫嫣红的色调和千姿百态的图案，又是一种高级手工艺术品。早在3000多年前，青海就出现了原始地毯“毛席”。“西宁毛”是生长在海拔3000m以上，高寒地区的青藏高原特有藏系绵羊所产的天然动物纤维。此种羊毛纤维长，拉力强，光泽亮，弹性好，是生产地毯的优质原料。

⑧蚕豆。蚕豆即大豆，是青海省的特色农产品，以籽粒大而饱满、蛋白质高等特点被国际市场公认为世界上最好的蚕豆。蚕豆作为绿色植物含有优质的蛋白源，具有“营养—保健”双重功效。其蛋白质含量22%～25%，淀粉43%，并含脂肪、粗纤维及磷、钙、铁、多种维生素，尤以B族维生素为多，有丰富营养价值。果荚、种壳、种子及叶均可入药，有止血利尿、解毒消肿之效，治肺热咳嗽、湿热带下、脓疮烫伤等症。既可作为粮食或蔬菜，又是食品工业的原料。

(3)工艺品

①雕刻工艺品。在青海雕刻工艺画廊中，主要有玉石雕刻、木雕、泥塑和酥油花等。玉石雕刻在民间有着悠久的传统历史，常见玉石雕刻制品的原料有青海境内的格尔木玉、乌兰翠玉、祁连翠玉、冻石、中坝工石、丹麻彩石和嘛呢石刻等。其中格尔木玉(昆仑玉)以其独特的品质入选为奥运会奖牌用料。

②工艺画。青海著名的工艺画是新中国成立以后发展起来的，具有本地特色的工艺画类有绒毛画、农民画、唐卡、皮毛画、金箔画等。

③唐卡画。唐卡是一种布面彩绘的卷轴画，原意为彩绘，现在成为卷轴画的代名词。画面内容以藏传佛教中的佛神等形象为主，绘画技艺大多采用勾线平涂技法，略加晕染和色块填勾。在人物刻画方面，设色匀净、协调，其工艺细腻、线条流畅、勾勒自如，造型生动、传神。现代唐卡绘画艺术，不仅用于寺院，也陆续走向市场，逐渐从宗教文化的交流发展转化为绘画艺术的交流研究，从宗教用品的收藏发展转变到绘画商品的销售，成为世人交流与研究、宗教与艺术相融合的多属性功能的宗教商品，也成为本地非常有特色的宗教工艺产品之一。

④土族盘绣。土族盘绣艺术是我国少数民族刺绣艺术中的一枝奇葩。土族妇女擅长刺绣，盘绣是其刺绣艺术的主体部分，它流行于青海省东北部的互助土族自治县，是互助县土族妇女世世代代传承的一种古老而传统的民族刺绣艺术。土族的盘绣艺术历史悠久，其源流虽无文字记载，但从考古发掘中可以发现一些线索，土族的盘绣艺术早在1000多年前就已经发轫。土族盘绣艺术的历史十分古老，是土族传统文化中不可或缺的重要组成部分，具有鲜明的民族特色和深刻的文化内涵。

⑤湟源排灯。湟源排灯是具有独特地方特色的灯影画合一的灯类艺术，它起源于清嘉庆、道光年间，距今已有200多年的历史。

清末民初，英、法、美、俄及京津商人在丹噶尔设立商行，丹噶尔城商贾云集，通达四海，被誉为“小北京”，闻名遐迩。在丹噶尔商业特盛之际，各商铺纷纷制作本商铺的商号名号招牌摆在街头，内插蜡烛，到夜晚点亮，以招徕顾客。此后，这种名号招牌制作得越来越精致，越来越华美，形成了有底座、有图案、形式迥异的牌灯，成为历史上茶马互市的一大亮点。后来，商家别出心裁，给牌灯加上灯框，灯面蒙上绢纱，灯框下饰以彩穗流苏，改制成大型的能横跨街道悬挂的像纱窗一样的排灯，里面仍用蜡烛点亮。在各商会、当地火神会的赞赏和支持下，湟源逐渐形成了在每年的正月十五元宵节集中展挂排灯的民俗习惯，并一直沿袭下来，排灯成了元宵节花灯会的主角，湟源的花灯会也就被称作排灯会。

(四)人文活动旅游资源判断

人文活动类旅游资源是指那些以社会风情为主体,反映社会风貌、人文意识、人文教育以及人文文化等内容,可以被旅游业所开发利用的活动性旅游资源。

1. 青海代表性民族文化旅游资源

1)昆仑神话

昆仑神话是中华神话大系中的主题神话。亦是中华传统文化的远古部分,它产生在5500年前,绵延于封建社会之后,其中融进了道家文化,儒家文化,佛教文化等,是中华古老文化之根和华夏民族之宗,是中华民族用辛勤汗水、心血凝结成的一颗灿烂夺目的东方明珠,是先祖们开创基业,生息繁衍的历史写照,是华夏儿女共同的珍贵财富。

从广义上说,昆仑神话是以昆仑山及其相关的神话人物为主题的神话,除了昆仑山、昆仑山上的神人、神兽、神物、神地的神话外,还包括与此密切相关的神人传说,如伏羲、女娲、共工、黄帝、少昊、鲧、大禹、西王母、周穆王、后羿、嫦娥、东王公、牛郎织女等传说故事;从狭义上说,昆仑神话是以昆仑山、黄帝在昆仑山的行迹及西王母传说为本体的神话故事。

我国古代流传下来的神话有两个重要系统,一个是发源于西部的昆仑神话,一个是受昆仑神话影响而形成于东部沿海地区的蓬莱神话。这两大神话系统后来相互融合,形成了楚辞中的中原神话。由此,我们认为昆仑神话是中国古典神话的主体。如果说,神话是一个民族文化的源头,是文明古国的象征,那么作为中国古典神话主体的昆仑神话,至少也是中华民族文化的源头之一,这无疑是我国早期文明的曙光。中华文明的繁荣光大,无不与昆仑神话有着直接的关联。

2)民族文学

各民族的民间文学创作,题材和内容丰富多样,有反映人类开天辟地的创世史诗的,有民间神话、传说、故事,有各种演唱形式的山歌、情歌、古歌、酒歌等。

(1)藏族英雄史诗《格萨尔》

《格萨尔王传》,简称《格萨尔》,篇幅浩繁,内容丰富,流传久远,是我国藏族人民集体创作的一部伟大的英雄史诗。它产生在藏族氏族社会开始解体、奴隶制的国家政权逐渐形成的历史时期这一时期,大约在纪元前后至公元5、6世纪。吐蕃王朝时期,即公元7~9世纪前后,基本形成。

《格萨尔》被誉为"东方的荷马史诗"和"东方的伊利亚特",是目前世界上发掘的篇幅最长、流传最广的史诗,也是世上唯一仍在民间流传的活史诗。最新研究成果显示,该史诗有320多部,300余万诗行,其字数远远超过了世界上几大著名史诗的总和。

《格萨尔》藏文流传的有两种本子。一种叫"分章本",是指把格萨尔王的一生事迹集中写在一部书里,分为若干章。一种叫"分部本",每一本只叙述格萨尔王的一个事迹,首位完整,独立为一本,与别的部有前后顺序,是全部《格萨尔》的一个组成部分。

(2)土族民间叙事诗《拉仁布与吉门索》

《拉仁布与吉门索》是用土语演唱,长达300多行的长篇叙事诗,广泛流传于互助土族自治县威远、东沟、东山、丹麻等地区,主要叙述一对土族青年男女从相识、相恋到爱情失败的悲剧故事,歌颂了他们坚贞不屈的爱情,被誉为土族的"梁山伯与祝英台"。这部诗是土族社会由畜牧业生产逐渐转向农业生产,社会生产资料的占有悬殊,阶级对立严重,阶级矛盾十分激烈时期的产物。这部民间叙事长诗用朴实生动的形象、深沉悲壮的语言,以讲唱的形式,围绕牧主的妹妹"吉门索"与牧工"拉仁布"的爱情故事而展开。

《拉仁布与吉门索》是一部现实主义和浪漫主义相结合的作品,它深深地植根于土族传统文化和历史文化之中,具有较高的民族学、语言学、社会学和历史学研究价值。

(3)海西蒙古族英雄史诗《汗青格勒》

海西蒙古族英雄史诗《汗青格勒》,是海西蒙古族民间艺人以说唱或演讲形式,反映蒙古族英雄汗青格勒(胡德尔阿泰汗)赛马娶亲、与情敌结为好友、征服恶魔蟒古思的英雄事迹的史诗。《汗青格勒》发源于蒙古族部落战争时代,主要流传于海西蒙古族藏族自治州的德令哈市、乌兰县、格尔木市、大柴旦等地区。

《汗青格勒》以质朴的语言,形象而生动地讲述了蒙古族英雄消灭恶魔拯救百姓的故事。在这首英雄史诗中,各英雄人物之间、英雄人物与恶魔之间激烈争战,目的都是为了掠夺牧场、人口、美女、骏马、牲畜、财产及血亲复仇等,表现了人征服自然,追求幸福的美好愿望及对旧时代黑暗势力的深恶痛绝,反映着蒙古族历史、社会生活和生产状况。

3)民族服饰

(1)汉族的服饰

汉族是我国第一大民族,文化深厚,服饰文化就是其中一枝奇葩。在阶级社会里,服饰本身并不仅仅是为了美化生活,也不是为了满足人们御寒遮体的本能需要,而是作为一种等级伦理观念的标志出现在社会生活中。服饰中最醒目、最活跃、最敏感的要素是色彩和服饰,色彩纹饰不仅仅是服饰的主旋律,而且是政治权力的标志。黄色和龙纹是帝王专用的,是神圣的、不可侵犯的。除帝王自己用黄衣、龙纹外,其他官僚、诸侯王一律都不能使用。现代人穿着都相差不大,但从其服饰的质地、款式也能反映出其经济状况、职业和社会地位等。

(2)青海主要少数民族服饰

①藏族服饰。

现代藏族服饰具有明显的地域特色,根据地区划分,大致可分为卫藏、康巴、安多三种类型。卫藏包括除昌都地区以外的西藏自治区全部,康巴类型的服装包括西藏昌都地区、四川甘孜州、云南迪庆,安多类型的服饰除了青海、甘肃等地外,还包括西藏自治区在那曲地区与安多接壤的地方。

青海藏族服饰具有独特的结构样式和艺术特点,其服装以大襟袍服为主,即人们通常所说的藏袍。藏袍的特点是宽、大、长,一般用羊羔皮或老羊皮做成,也有用狼皮、狐狸皮或猞猁皮等名贵皮子做成的,分为冬夏两装及常服礼服多种。藏袍中的礼服华贵富丽,多在盛大节日和婚庆时穿。礼服一般用白羊羔皮制成,藏语称为“擦日”,挂各色灯芯绒、平绒、绸缎、毛呢等面料的面子,以团花缎、织锦缎为上品,有纯黑、紫青、墨绿、碧兰、咖啡等颜色。藏袍讲究边饰,作为礼服的“擦日”更讲究边饰,边饰用料有氆氇、织锦、豹皮、水獭皮等,其中,以水獭皮最为名贵,镶獭边的藏袍称为“察日桑吉”,价格不菲。

在广大藏区,服饰还是一种身份和财富的标示,尤其是藏族妇女的服饰依据其婚姻状况和家庭财富有一定差别,往往从着装和头饰中可以看出其婚姻状况。

②土族服饰。

土族服饰具有独特的民族风格。新中国成立之前,互助土族主要穿褐衣。“木尔格迭”,土语,意为褐衣,是褐衫、褐褂、褐坎肩、褐裤等的总称,也是长褐衣的称谓。褐匠用细毛线织成宽约30cm的褐子料,经过洗、踩、染,再加工。手工缝制成各种款式的褐衣。男女褐衫式样不同:男式褐衣多用白色褐料制成,饰有黑色或蓝色布边,有开衩和不开衩两种。婚礼上“纳什金”(即娶亲人)要穿不开衩大领白褐衫,取吉祥、避邪之意。女式褐衣多用黑羔毛线精制而成,式样为小圆领大襟,两侧开衩至胯部,除下沿外均以蓝布或黑布镶边,胸前饰有花边,四只纽扣。褐衣一年四季都可以穿,褐坎肩轻便耐用,是男女下地劳动时必备的衣着。

土族服饰十分讲究刺绣和色彩,其腰带和围肚缝制十分精美。土族服饰色彩艳丽,其最醒目、最美丽的服饰是土族人称为"秀苏"的七彩花袖衫。花袖衫是土族传统服饰,有着悠久的历史,据说是由古装演变而来。花袖衫是用红黄蓝白黑紫绿共七种颜色的布或丝绸制作成套袖,缝于长衫上。花袖衫上的颜色具有一定的象征意义,一种说法认为黄、绿、蓝、红、紫分别象征五行,黑、白象征阴阳;另一种说法又认为这七种颜色象征七色彩虹。因此,互助土族之乡得名为"彩虹之乡"。

③回族、撒拉族服饰。

青海回族服饰具有明显的民族特征,一般分为夏装和冬装。

夏季,男子头戴白色或黑色的平顶圆帽,穿大襟或对襟单(夹)主腰儿,白汗榻、青坎肩和大裆裤,老年人穿白布高筒袜,布鞋;妇女穿单(夹)绑身儿、大襟单(夹)主腰儿及大裆裤,中老年人还穿过膝袍衫或旗袍式的"膀衫",青年妇女和姑娘穿红绿花绣鞋。

冬季,男子穿大领子布面皮袄、布面絮羊毛长袍、白板子皮袄、大襟或对襟絮羊毛棉袄和大裆棉裤,腰系大包腰带,脚穿皮袜、鸡窝儿(用布料缝制)和毡窝儿(用毡料缝制)棉鞋;妇女穿絮羊毛棉绑身儿、皮里长袍、棉(皮)主腰儿和大裆棉裤,不系腰带,穿绣花棉鞋。阿訇、满拉和经常做礼拜的中老年人头戴称为"代斯达勒"的缠头巾,身穿称为"中拜"的阿拉伯式长袍。按照习俗,妇女要戴盖头,"盖头"是阿拉伯妇女所戴面罩的仿制品。多以绸缎、丝绒制成,也有以棉布为料。戴上盖头,额、耳、刘海、左右鬓发及下巴以下的脖项部分,全部都被遮起来了,后面盖住了全部头发及后颈部分。盖头颜色分为绿、黑、白三种,年轻姑娘和新婚妇女戴绿盖头,中年妇女戴黑盖头,老年妇女戴白盖头。因此,回族、撒拉族服饰是综合性的文化事象,蕴含着其历史发展和社会生活方面的丰富内容,是传承和弘扬回族、撒拉族民族文化的重要载体,具有十分珍贵的价值。

2. 青海代表性文学艺术旅游资源

1)音乐

撒拉族"口细"又名"口弦",是撒拉族妇女用的一种传统乐器,也是我国最小的民族乐器。关于口细的来历,据考证是撒拉族从中亚撒马尔罕以"松乃提"(遵圣行)带来并保留至今的一种古老的乐器。据说先知穆罕默德的外孙哈三和胡才在战场上阵亡后,他们的母亲——先知的独生女哈其麦悲痛欲绝,以致哭哑了嗓子,于是就用口细来诉说衷肠。从此,弹"口细"被当成"圣行"来遵循。撒拉族妇女用其抒发个人情怀的传统流传至今。

2)戏剧

戏剧是包括文学、音乐、舞蹈、美术在内的综合艺术,有着鲜明的民族性和地方特色。

(1)青海"藏戏"

藏戏是起源于西藏地区的藏族戏曲剧种。青海藏戏是藏剧的一个支脉。藏戏在全国少数民族戏剧中,是历史最久、产生最早的一个。青海藏戏的演出,多集中于黄南藏族自治州的同仁、泽库、尖扎以及海东的乐都、循化等地区。藏戏有自己的独特风格,它将歌剧、舞蹈、哑剧等表演手段糅合在一起,用多种手段塑造艺术形象并展开剧情。藏戏集藏族古典文学、音乐、舞蹈、表演、美术等各种艺术手段之大成。

(2)河湟皮影戏

皮影戏又称"灯影戏"、"皮影子",是用灯光照射兽皮或纸版雕刻成的人物剪影来进行表演的戏剧。它发祥于西汉时期的陕西，成熟于唐宋时代的秦晋豫，兴盛于清代的河北，距今有1000多年的历史，其流行范围极为广泛，几乎遍布全国各省区。青海的皮影戏主要流传于河湟地区，即西宁及其直辖县和海东地区，是深受汉族群众喜爱的地方戏。

青海皮影戏是明清时期随着大批移民的迁移而传入河湟地区的，在流传过程中，经过当地皮影艺人的大胆创造，吸收了青海多民族历史文化的营养，最终形成了具有浓郁的乡土气息和高原特色的河湟皮影戏。

河湟皮影戏戏班以民间戏班为主，演员平时务农或从事手工业，农闲时搭班演出。一般在庙会、岁时节日中演出，有的人家结婚、祝寿时也请皮影子戏班演出助兴。

河湟皮影戏是集民间美术、音乐、戏剧为一体的古老的地方戏剧艺术独立的造型艺术和音乐声腔系统。河湟皮影的制作过程极为烦琐，要经过制皮、落样、镂刻、敷彩、发汗熨平、缀接合成等步骤。在数百年的发展中，皮影艺人们在制作工艺上继承传统工艺造型的同时，在影人脸谱、服饰、道具、图案纹样装饰及敷彩等方面，吸收河湟民间美术的表现手法和装饰特色，形成了绚丽、浑厚、古朴、粗犷的乡土风格。

(3)藏族舞蹈

藏族人民能歌善舞，其歌舞自成体系，非常有特点。其中最为常见的有“卓”、“依”、“则柔”、“热巴”、“热伊”、“锅哇”、“狮子舞”、“踢踏舞”等。

“卓”，藏语意即舞。青海主要流行于玉树、称多、囊谦。玉树“卓”又分“孟卓”、“秋卓”。节奏为两段体，即先慢后快。玉树、称多“卓”舞由男子在迎送贵宾、举行庙会或盛大节日时表演，而囊谦“卓”则由男女结队围成圆圈一起跳唱或由男女轮流，不受时间、场地的限制。

“依”，为流行极广的民间舞蹈。青海境内的为“安多依”，流行于环湖及河湟地区，其动作特点是幅度小，节奏柔和，歌舞结合，以舞传情，以歌达意，模仿劳动动作，唱词内容多为赞美劳动，歌唱草原、牛羊。表演时，男前女后围成圈，一人领舞，群起歌舞。

“则柔”，意为玩耍。是流行于青海省内的一种以舞伴歌的表演形式，多在婚嫁、迎宾、祝寿、添丁等喜庆宴席中演出。不分男女老少，一起表演。特点是以歌传意，辅助比拟性动作。

“热巴”，意为“流浪艺人”。源于西藏昌都地区，后流动表演，表演诙谐，有“热巴”和“热伊”两种风格截然不同的形式。“热巴”以“铃鼓舞”为代表，“热伊”没有复杂的技巧动作，以模仿禽兽的动作和叫声为表演手段，造型逼真，趣味十足。

(4)塔尔寺“跳欠”

“跳欠”是一种汉藏合璧的叫法，藏语叫“尕欠”，意为古朴的神的舞蹈，当地人称为“跳神”、“喇嘛社火”、“哑社火”，也音译为“羌姆”，是一种独特的、带有浓厚宗教色彩的舞蹈形式，是各大藏传佛教寺院法会上不可缺少的仪轨之一。“跳欠”的历史非常悠久，据史料记载，在1200年前，吐蕃赞普赤德祖赞邀请印度高僧莲华生大师主持桑耶寺典礼时，大师巧妙地吸收了藏族已有的鼓舞、拟兽舞等土风舞和藏族苯教的巫舞等内容，融合佛教的教义、教规，创编成了羌姆进行表演，这种宗教舞蹈从此便在藏传佛教寺院流行并延续下来。

(5)土族“安昭舞”

安昭土语称为“千佼日”，意为弯曲转圈，是青海省互助土族自治县广泛流传的一种古老的土族民间歌舞艺术，就其形成渊源在土族民间还有一段动人的故事。说古代有一个聪明的鲁姓姑娘，为给百姓除害，带领土族的姐妹们编排了安昭舞，用旋转的安昭舞迷乱了妖魔王蟒的眼睛和心智，最终斩杀妖魔，让百姓过上了安定的生活，从此安昭舞在民间流传至今。

安昭舞是土族民间喜庆节日和婚礼仪式中，用于礼赞祈福的一种圆场舞。每逢岁时节庆，土族人民就欢喜地集聚在庭院圆槽旁或开阔的场院中，燃起熊熊篝火围成圆圈翩翩起舞。安昭舞是一种歌舞结合、无乐器伴奏的集体舞蹈，表演人数从三人至上百人不等，男女老幼均可参加。

(6)撒拉族的"骆驼舞"

"骆驼舞"又称"对委奥依娜"，是撒拉族古老的民间传统叙事性舞蹈，流传于青海省循化撒拉族自治县街子、孟达等撒拉族集聚区。骆驼舞的主要内容是叙述撒拉族先民们从中亚撒马尔罕不远万里跋涉到青海循化一带，然后在这里繁衍生息的民族迁移历史，是具有纪念和追溯民族起源性质的叙事舞蹈。关于其产生年代，学者们认为形成于撒拉族祖先尕勒莽之子奥玛尔时期，距今约有600年的历史。

3)民歌

(1)河湟"花儿"

青海人将世代生活在高原上的各族人民创造的优美山歌统称为"花儿"或"少年"。"花儿"是高原人民的口头文学遗产之一，是日常生活中，或民间的节日里，人们不断歌唱，不断加工、创造、流传而成的具有地方特色的艺术形式。高原人民生活中的欢乐、苦难、愿望、理想、遗迹、风俗、传说、审美感情等尽情地在"花儿"中得到倾吐和表现。

青海"花儿"的内容同人们的社会生活紧密相连，但其主要内容仍然以歌唱爱情为主。从其名称就可以看到那些饶有诗意、富有青春的曲调。因此，歌唱爱情是"花儿"的主旋律。同时，抒喜怒哀乐之情，咏奋发图强之志，歌颂美好、鞭挞丑恶，也是"花儿"的主要题材。"花儿"的内容不同，题材不同，演唱的方法也不同。

(2)藏族"拉伊"

拉伊，藏语意为"山歌"，流行于甘南、川北、青海等广大安多藏族聚居区，是藏族男女青年相互表达爱慕之情的情歌。拉伊是情歌，如汉族地区的"花儿"与"少年"一样，不能在家和村庄中唱，只能在山野中唱；唱时还要避开长辈和一切亲属。拉伊没有固定的唱词，几乎是演唱者触景生情即兴创作，演唱者常常运用比兴手法，形象而生动地向对方表达爱慕、相思之情，在其中流传的不少是六世达赖仓央嘉措所创作的情歌。

演唱时主要用藏语演唱，也有用藏汉双语演唱的，不过藏汉混合的拉伊只在青海的海北、海南、海东藏族地区流行，在正式场合中拉伊演唱使用藏语。

(3)藏族民歌(玉树民歌)

玉树地区素有"歌的海洋、舞的民族"之美誉。这里的民歌种类十分繁多，主要有"夏卓"(歌舞曲)、"群结"(祝酒歌)、"拉勒"(山歌)、"拉伊"(情歌)、"格莫"(打卦情歌)、"利伊"(劳动歌)、"拜咏"(嘛呢调)等。此外，还有婚礼曲、迎宾曲、挤奶曲、催眠曲等。这些民歌意蕴深厚，音域开阔，风格迥异，具有浓郁的高原特色。

夏卓是歌舞曲，按照地域分布可分为卓格玛、贝龙和拉布曲卓、新寨卓三种。卓格玛流行于青海省玉树藏族自治州囊谦县等地。

拉勒是山歌，一般用地名或部落名称命名，以歌唱家乡风光、抒发个人情怀为主题，曲调极为丰富。拉伊和格莫都是情歌，区别在于拉伊大多抒发男女爱慕、相思之情；格莫为情卦，是猜测爱情命运的歌，传统唱词有着宿命的意味，曲调抒情华丽、唱词幽默风趣。

玉树的民歌演唱形式多样，有自吟自唱，有对歌互答，有自唱也有群歌，有男唱有女对等。玉树民歌可以称得上是研究玉树藏族人民的百科全书，是研究玉树宗教、民俗风情、民间歌舞艺术的宝库，具有重要的艺术、民俗及文化价值。

(4)土族婚礼歌

土族婚礼歌在当地称为“道拉”,是青海省民和回族土族自治县三川土族群众独有的民族歌曲,在土族婚礼的每一项中都有相应的“道拉”。其内容包罗万象,从土族的神话故事到天文地理、伦理道德等,比较系统地体现在“道拉”之中。

4)青海“社火”

“社火”是流行于青海汉族地区的一种民俗形式,是一种包括音乐、舞蹈、曲艺、戏曲、杂剧为一体的综合性民间艺术,有秧歌、龙灯、狮子、旱船、骑驴、高跷、大头罗汉、胖婆娘等十几种表现形式。每当正月上旬过了初七至正月十五,“社火”将祥和的春节带入欢乐的海洋,表演千姿百态,具有浓郁的地方特色。青海的“社火”与内地的“社火”一脉相承,是历代从内地迁徙来的移民,将故乡文化与当地兄弟民族长期在生产、生活中创造的优秀文化形式共同融合,演绎而成的具有青海地方特色的汉乡习俗。

5)河湟曲艺

“曲艺”属于说唱艺术,青海河湟地区的曲艺品种繁多、源远流长,是青海民间传统表演艺术中的奇葩。河湟地区的曲艺既有汉族曲艺,也有少数民族曲艺,其中汉族曲艺比较流行。河湟汉族曲艺有青海平弦、越弦、下弦、西宁贤孝、青海道情、打搅尔、倒江水等。其中,平弦、下弦、西宁贤孝先后入选国家非物质文化遗产项目名录和扩展名录。

青海平弦是一种民间坐唱艺术,因其主要伴奏乐器三弦的定弦格式属于民间定弦法中的“平弦”而得名。流行在以青海西宁为中心的湟中、湟源、大通、互助、乐都等地。平弦是一种联曲式的曲艺形式,只唱不说,每个唱段都有固定的曲调,曲牌丰富,有“十八杂腔、二十四调”之说,传统曲目有200多个。

青海越弦又名“越调”、“月调”、“月弦”、“背调”、“座场眉户”,是仅次于平弦的青海地方剧种。因较为通俗且易上口,流传甚广。除在西宁周边外,在青海省汉族居住的地方都较流行。其起源是陕西“眉户调”,大约于清代中叶传入青海后,民间艺术家们将其与青海的地方民间小调、古代小曲充分融合,唱腔、语调、语言、风格通过改造后有了创新发展。

青海下弦因其演唱者多为盲人,又名“瞎弦”,主要流传于西宁周边,伴奏以三弦为主。下弦的词曲均为一唱到底,不加道白,风格多种多样。下弦是坐唱艺术,并没有固定的演唱队伍,一般是由演唱多种曲艺的艺人兼唱的一种曲种。

西宁贤孝因演唱内容主要为忠臣良将、孝子贤孙一类的劝善题材而得名。主要流传于青海汉族集聚区。究其起源,据《说唱艺术简史》记载,西宁贤孝形成于18世纪。通过当地老艺人的推算,最迟可追溯到清朝同治年间。西宁贤孝的曲目非常丰富,从现在流行的唱腔来判断,可分为大贤孝调、小贤孝调、越牌调、官弦调,以及部分小曲。西宁贤孝一直以来都是养济院盲人学唱的主要曲种。他们学成之后,怀抱三弦,走街串巷,赶赴庙会,边行乞边演唱谋生。音乐的基调受民间哭丧调、乞讨调的影响,贤孝的音乐曲调亦凄婉悲凉,演唱风格自然淳朴。

3.青海代表性婚俗旅游资源

1)土族婚礼

在青海的各民族婚礼中,土族婚礼仪式繁缛,风格独特,自始至终是在载歌载舞中进行,是“歌舞剧”式的婚礼,其程序大致可分为娶亲、送亲、结婚、仪式、谢宴等。

2)撒拉族婚礼

撒拉族婚礼一般在隆冬举行,具有浓厚的伊斯兰教色彩,其程序大致可分为征婚、送亲、开面、谢媒、宴请等仪式。撒拉族的婚礼吉日大都定在伊斯兰教的聚礼日,即星期五“主麻日”。

撒拉族在长期的发展中,在伊斯兰文化与周边其他民族文化的相互交融中形成了自己独特的文化。从婚姻习俗来说,撒拉族在保留伊斯兰文化要素和自己特有习俗的同时,也吸收了其他民族的一些婚姻文化,尤其是藏族婚俗,对撒拉族婚礼影响很大。作为信仰伊斯兰教的民族,撒拉族婚姻文化深受伊斯兰教法有关婚姻规定的影响,具有浓郁的伊斯兰文化色彩。

4. 青海代表性传统节庆活动旅游资源

节庆活动是在固定或不固定的日期内,以特定主题活动方式,约定俗成、世代相传的一种社会活动。节庆从性质可分为单一性和综合性节庆,从时代性可分为传统性节庆和现代节庆。

1)青海中华民族传统节庆活动

青海汉族的传统节日名目繁多,主要是春节、正月十五、二月二、端午节、六月六(旧时为"天贶节",青海民间大多举办花儿会)、中秋节、重阳节(俗称九九登高节)、腊八(阴历腊月初八,吃腊八粥,在田间地头、庄廓院墙等处放置腊八冰,以示来年五谷丰登)等。还有些祭祀性质的节日,如田社(春分前后,为民间大型祭祖之日,杀猪宰羊,上祖坟,族人聚餐)、中元(农历七月十五日,给祖坟举行秋祭活动)、十月一(阴历十月一,上坟祭祖给亡人送"寒衣")。

2)青海主要少数民族节会

(1)藏族的主要节庆

①热贡六月会。热贡六月会,藏族人称为"六月鲁若"(鲁若,藏语,意为与神共舞),土族人称为"六月拉顿"等,是流传于青海省黄南州热贡地区藏族、土族聚居区的一种古老而神秘的民间传统宗教节日。一般在每年的农历六月十七日至六月二十五日举行,大约有50多个藏族、土族村落参加。热贡六月会是以祭祀活动为主、贯穿歌舞表演的盛大的宗教性节庆活动,它是以神巫为中心、以村庄为单位分别举办的大规模的民间传统仪式活动,其主旨是通过祭祀本村保护神以祈求风调雨顺、五谷丰登、人畜平安。

②藏历年。藏历年是青海藏区各地普遍盛行的节日,时间与汉族的春节大体一致,有时因闰月而晚一个月。藏历十二月初,家家户户开始杀牛宰羊,缝制新衣,准备年货。十九日,家家都要清扫账房或庭院。二十四日,购买糕点糖果,蒸炸节日食品,海北的藏族还要送灶神。除夕下午,住在庄廓的藏族在院墙顶每隔一尺放一拳头大小的冰块,以表祭祀。除夕夜全家人团聚一起,吃年夜饭。大年初一,早早起床,煨桑点灯,祭祀神灵。吃过早饭,人们穿上节日盛装,亲人及朋友间相互拜年,每到一家道"扎西得勒"(吉祥如意)和"罗赛尔桑"(新年好)。从初一到十五,有些地方还少不了举行"赛马"、"射箭"等活动,为节日增添欢乐。

③宗教节日。由于藏族全民信仰藏传佛教,所以藏传佛教一些重大的宗教活动自然也是重大节日,如果洛地区每年的农历五月初四要举行祭山神节(祭祀阿尼玛沁山神),海北、海南两州居住于青海湖两岸的藏族群众在每年的农历五月要举行盛大的"祭海"活动。此外,各大寺院每年都有一些佛事活动,在佛事活动中寺院的相关人员还会演出一些宣扬宗教义理的歌舞、戏剧,这些日子也成为广大民众获得赐福从而幸福快乐的节日。

④赛马会。赛马会每到七月,是青海草原最美的季节,也是草原藏族儿女最为欢乐开心的盛大节日。藏区各州县选择各自的时间与地点,都要举行一年一度的赛马会,据说赛马起源于英雄格萨尔赛马称王。每当赛马会来临,牧民们穿着节日盛装,带上丰盛的食品,扶老携幼,骑马乘车,从四面八方汇集到一起搭起华丽的帐篷(盛大的赛马会的帐篷数量可上千顶,绵延几里,筑起草原上的帐篷城,蔚为大观),插上五颜六色的彩旗,把赛马场点缀得五彩缤纷,一派节日喜庆气氛。赛马会是娱乐性的民间节日,主角是牧民,他们或赛马(赛马形式各不相同,如谚语所说"赛马多异俗,各自有千秋"),或赛牦牛,或射箭,民间歌

寺院宗教舞尽情展示，当然还少不了民族服饰展演，这期间还要举行物资交流会、农牧科技展览等，节日时间3～5天，此时，开满鲜花的草原变成了欢乐的海洋。青海最负盛名的赛马会要数“玉树赛马会”。

(2)土族的主要节庆

①土族和汉族人民一样，每年都要过传统的春节、端午节和中秋节。土族自己民族的节日主要是庙会、花儿会、观经会等又因土族聚居地的不同，产生了许多区域性的节日。有民和土族最隆重的节日“纳顿节”，有佑宁寺的“观经会”，互助五峰寺、大通老爷山的“六月六的花儿会”等。

②土族“纳顿”节。“纳顿”节是青海省民和县土族特有的酬神祈福、庆祝丰收的民族传统节日。三川地区的大部分土族村庄按庄稼收割的排列顺序轮流举行。每年从农历七月十二日至农历九月十五日，夏粮收割完毕，人们为了感谢神灵、欢庆丰收而举行的宗教色彩浓郁的群众性文化娱乐活动。“纳顿”节历时两个多月，被誉为“世界上最长的狂欢节”。

“纳顿”节仪式中表现出来的农耕文化显然是汉文化在土族文化中的体现，是将汉族的庙会文化移植到了土族文化当中后，结合土族文化所形成的一枝民俗奇葩，包含了十分丰富的土族文化元素。

(3)回族和撒拉族的节日

由于都信仰伊斯兰教，所以回族和撒拉族的节日基本相同，主要有“尔德节”、“古尔邦节”等。

①“尔德节”。“尔德节”又称“开斋节”，“小尔德”，根据伊斯兰教教规，凡穆斯林每年都必须封斋一个月，开斋当日，穆斯林穿着一新，在指定的地点进行隆重的聚会仪式，然后走亲探故，祝贺节日。

②“古尔邦节”。“古尔邦节”俗称“宰牲节”，是在尔德节后的第70天。是日，各地穆斯林信徒沐浴盛装、宰牛宰羊，然后分送亲友，互相拜会，连续3天。

③“圣纪节”。“圣纪节”即穆罕默德逝世纪念日(阿拉伯希吉拉历三月十二日)。届时，信徒们聚会一起诵经，讲说穆罕默德之生平事迹等，并以油饼、麦仁等会餐，馈赠亲友。

(4)蒙古族节日

蒙古族一生除三大盛事即洗礼、剪胎发礼和婚礼外，还有两个全民性重大活动迎年礼和那达慕大会。

①洗礼。洗礼在婴儿出生后7～10日内举行，邀请主要亲属参加，温水中放少许青盐和柏叶冲洗婴儿，祝词送礼后设宴款待客人。

②剪胎发礼。剪胎发礼是在幼儿3岁时择鲜花盛开的季节，邀请亲戚朋友共同剪取胎毛的礼仪。

③迎年礼。迎年礼在阴历大年初一开始进行拜年、走亲、喜庆等活动的礼仪，一般可持续一个月。

④海西蒙古族那达慕。海西蒙古族那达慕，是海西蒙古族传统的节日文化活动，那达慕是海西蒙古族人民十分喜爱的群众性娱乐活动。古老的“那达慕”盛会，以辽阔的草原为舞台，身着长袍、脚蹬皮靴的青年小伙子们，赛马、射箭、摔跤，表现蒙古族人民的勇猛、剽悍和刚强。它不仅蕴含了许多有关海西蒙古族历史文化、经济生产、宗教信仰和民俗风情等方面的丰富内容，还展现着蒙古民族勇猛、强悍、进取、奋发的民族精神，是传承海西蒙古族传统文化的重要载体。那达慕大会一般在牲畜肥壮的七八月举行的一种文化与物资交流相结合的活动。届时

蒙古族群众以乡、县、州为单位举行歌舞、物资交流、表彰先进、宣传政策与科技等活动，一般要进行3～7天。

今天，海西蒙古族那达慕已不仅仅是一个盛大的民族传统节日，还增添了不少现代文化的内容，成了海西各族人民交流感情、互通信息、招商引资、文化交流和观光旅游的重要平台，在海西蒙古族的社会经济与文化生活中发挥着不可估量的作用。

工作任务完成

(1)认真学习完成本任务的必备知识，尤其是青海人文旅游资源形成的地理差异的相关内容。

(2)收集相关资料，以小组为单位描述青海人文旅游资源形成的地理差异的相关内容。

巩固和提高

(1)分析青海多元人文旅游资源形成的地理差异。

(2)分析、判断青海人文旅游资源的类型及特色。

项目五　青海旅游交通认知

能力目标

(1)能在地图上查找青海旅游铁路线路;

(2)能在地图上查找青海省的国道、主要省道公路网;

(3)能够熟练绘制青海旅游交通示意图;

(4)能灵活运用各方面的知识和方法,进行青海旅游区划;

(5)能够进行地图与实地对照、按图行进。

知识目标

(1)掌握青海铁路交通布局的基本情况;

(2)掌握青海国道、主要省道公路线网布局的基本情况。

素质目标

(1)培养学生分析、归纳能力;

(2)培养学习能力、资料的查阅能力;

(3)培养分析和解决问题的能力。

任务　青海旅游交通认知

工作任务描述

小李是一名旅游管理专业的大学毕业生。他刚刚入职青海夏都国际旅行社。2010 年 7 月,北京某企业为答谢客户欲组织一次青海风情体验游,向旅行社提出要求安排一条既能领略高原风光又能体验民族风情的旅游线路,整个行程 8 ~ 10 天,人员年龄在 25 ~ 45 岁,部分人员有户外经验,但均无高原生活经历,请为该团设计一条质量较高的旅游线。小李在该社老计调的指导下,利用自己所学,结合青海交通路网的实际,前期进行了踩线。安全、经济、性价比条件下的乘坐舒适度,是小李在选择主要交通方式时重点考虑的因素。请问,小李该选择何种交通方式为主要交通方式?请你帮小李描绘出该交通方式在青海经过的主要线路。

任务分析

青海的自然风光、民族风情和宗教文化与其他地区有很大的差异,具有很强的吸引力。但是,由于青海地处世界第三极,加之青海经济欠发达,交通发展滞后,不少公路等级较低,通畅性差,给旅游线路设计和旅游本身带来了不小的影响,在设计线路时应注意以下问题。

先安排在青海河湟地区旅游，给游客一定时间适应高原气候，行程安排既要考虑到自然风光、民族风情和宗教文化等景点的代表性和多样性，又要注意劳逸结合，行程应较为宽松。此次活动是答谢客户，因此在用车和食宿方面的标准可以适当提高。青海地方菜肴很有特色，可以适当考虑安排。利用下面提供的相关知识，完成此项任务。

完成任务必备知识

一、青海的公路

1. 国道

我国大陆的国道包括重要的国际公路、国防公路、连接首都与各省、自治区、直辖市首府的公路，连接各大经济中心、港站枢纽、商品生产基地和战略要地的公路。国道采用数字编号，分为四种编号方式。(1)放射状，这一类是放射状的，这些公路排序都是“1”字开头。(2)南北向，以“2”字开头。(3)东西向，以“3”字开头。(4)五纵七横的主干线，以“0”字开头。

青海省三纵二横主要公路干线的布局

(1)青藏公路(109 国道)

自省内民和享堂至西藏自治区首府拉萨，全长 2050km，省内长 1498km。为世界上海拔最高的公路，其中唐古拉山口海拔 5231m。自昆仑山口至羊八井，海拔一直在 4600 m 以上，冻土广布。1954 年 12 月建成通车，经过多次大规模改造，现黑色路面全线贯通，成为我国内地通往西南边陲的交通大动脉，在青藏铁路第二期工程建成前，80% 的进藏物资走这条公路，为国防安全和西藏经济的发展做出了贡献。

(2)西景公路(214 国道)

起于西宁，经湟源、恰卜恰、花石峡、结古，在囊谦麻衣勇进入西藏昌都，终点为云南省的景洪市，全长 3184km，青海境内长 1084km，其中西宁至倒淌河段 102 km 与青藏公路共线。西景公路是青海省内一条南北向的公路干线，沿线翻越日月山、巴颜喀拉山、唐古拉山东段等名山，跨越黄河、长江、澜沧江等大川，是青海省进入西藏的第二条公路要道。青康公路的货运物资中，南运的主要是日用工业品、粮食、副食品等，北运的主要是畜产品。

(3)青新公路(315 国道)

全长 2746km，在青海境内长 1281km，东起西宁，西止新疆喀什。沿线通过湟水谷地、日月山、青海湖北岸，横穿柴达木盆地，翻越阿尔金山进入塔里木盆地。青新公路是青海北部东西向的一条大动脉，为东西客货运输起到积极作用，也是内地联系新疆南部的重要通道。

(4)宁张公路(227 国道)

全长 345km，省境内长 245km。起于西宁，北经大通回族土族自治县、门源回族自治县，至扁都口到甘肃省张掖市，为古丝绸之路南线的一部分。宁张公路是青海东部地区通往省东北部门源回族自治县、祁连县和甘肃河西走廊的交通干线，是甘青物资交流的主要通道。

(5)柳格公路(215 国道)

全长 655km，省内长 401km。起于甘肃省瓜州县柳园镇，向南经敦煌，翻越当金山口进入青海境内，经鱼卡至格尔木市。柳格公路北端柳园镇与兰新铁路相接，南端格尔木市与青藏公路、青藏铁路相接，是一条沟通青、藏、甘、新四省区的重要公路。

2. 高速公路

高速公路一般能适应每小时 120 km 或者更高的速度，要求路线顺畅，纵坡平缓，路面有 4

个以上车道的宽度。中间设置分隔带，采用沥青混凝土或水泥混凝土高级路面，为保证行车安全设有齐全的标志、标线、信号及照明装置；禁止行人和非机动车在路上行走，与其他线路采用立体交叉、行人跨线桥或地道通过。

截至 2012 年年底，青海共开通高等级公路 20 条，总里程 1551.497km。平安至西宁高速公路 34.863km，马场垣至平安高速公路 73.534km，西宁至湟源一级公路 48.516km，湟源至倒淌河一级公路 46.453km，西宁至塔尔寺高速公路 24.478km，西宁至大通高速公路 37.854km，平安至阿岱高速公路 41.022km，西宁至互助一级公路 29.323km，湟中至贵德一级公路 95.402km，德令哈至小柴旦湖高速公路 181km，当金山至大柴旦高速公路 194.27km，大柴旦至察尔汗高速公路 135km，西宁西过境西段高速公路 20.766km，察尔汗之格尔木高速公路 73.4km，共和至茶卡高速公路 163.9 km，湟源至西海一级公路 20km，察汗诺至德令哈一级公路 227km，阿岱至李家峡高速公路 27.919km，倒淌河至共和高速公路 36.87km。青海公路交通示意图见图 5-1-1。

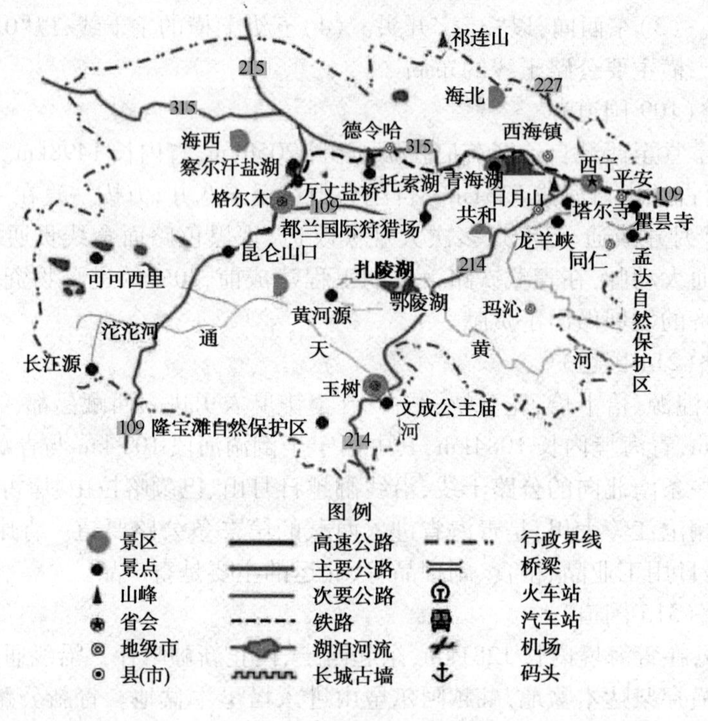

图 5-1-1　青海公路交通示意图

3. 青海省道

青海省道共有 29 条。西宁放射线 5 条，其中 S101（西久线）西宁到果洛藏族自治州久治县，全长 906 km。南北线 10 条，其中 S202（平大线），从平安经到化隆到达循化的大力加山垭口，全长 162 km；S203（平赛线），平安到河南县城优干宁镇，全长 320km。东西线 14 条。

目前青海省公路由 5 条国道、23 条省道、244 条县道、283 条乡道及 84 条专用公路组成，已初步形成了以 8 条国省道（国道青藏公路、宁张公路、西景公路、青新公路和柳格公路，以及省道平大公路、西久公路、阿赛公路）为主骨架的干支相连、脉络相通、通达青海省城镇乡村和通往外省的公路网。截至 2011 年年底，高速公路 1133km，一级公路 312km，二级公路 5289km，三级公路 5733km，四级公路 37504km。青海省县乡公路里程达 64280km。

公路通车里程64280km,比2010年年末增加2095km。公路运输在青海省运输总量中占有重要地位,公路承担的客运量占青海省客运总量的89%以上。旅客运输量在2010年达到11930.24万人,比上年增长8.5%。旅客运输周转量在2011年达到55.64亿人公里,比上年增长10.8%。

二、青海的铁路

(一)青海铁路运输的发展

60年多来,青海铁路从无到有,新建了兰青铁路、青藏铁路(一期、二期)以及许多支线铁路,正在建设青海省第一条地方铁路——柴达尔至木里铁路。截至2011年,全省铁路营业里程达1667km,比2010年年末增加16 km。2011年铁路运输所完成的客运量达到520.31万人,比上年增长9.9%。旅客运输周转量在2011年达到49.75亿人公里,比上年增长11.5%。

(二)青海铁路主要干线的布局

(1)兰青铁路

兰青铁路既有线于1958年5月开工,1959年10月1日开通,1960年2月交付运营。是青、藏两省区通往内陆的唯一铁路通道,是青藏高原对外联系的交通大动脉,东起甘肃省兰州市,西到青海省省会西宁,全长216km,青海境内长121 km。线路由兰新线上的河口南站引出,在八盘峡过黄河,八跨湟水,中经民和、乐都,到达西宁。兰青铁路建设从1958年5月动工至1959年9月竣工,通车仅用了一年时间,1960年2月交付运营。兰青铁路的建成结束了青海没有铁路的历史,是连接我国甘肃兰州和青海西宁的一条铁路,是联系甘肃和青海的铁路干线。兰青铁路是西北铁路网中重要枢纽线路之一。兰青铁路在兰州同包兰线、陇海线相接,在河口与兰新线相接,成为全国铁路网的一部分。兰青铁路基本沿黄河及其支流湟水谷地西进,沿途为青海省主要农业区,人烟稠密,城镇较多,对促进青海经济发展作用重大,成为青海东部农业区最重要的交通运输干线。

兰青铁路复线自兰州市河口南站起,经红古区至西宁市小桥西宁西站,全长169.9 km,其中青海境内104.5km,设计时速为160~200km/h。2008年6月底,兰青铁路复线开通运营,这是青海省的第一条电气化铁路。

(2)青藏铁路

青藏铁路是我国21世纪四大工程之一。该路东起青海西宁,西至拉萨,全长1956 km,青海境内长1408km。其中,青藏铁路西格段814km已于1979年铺通,1984年投入运营。青藏铁路格拉段北起青海省格尔木市,经纳赤台、五道梁、沱沱河、雁石坪,翻越唐古拉山,再经西藏自治区安多、那曲、当雄、羊八井,至拉萨,全长1142km,青藏铁路格拉段于2001年6月29日正式开工,2006年7月1日正式通车运营。青藏铁路是世界上海拔最高的高原铁路,线路最长的高原铁路,铁路在海拔4000 m以上地段达960km,最高海拔5072km。青藏铁路西格段沿途经过湟源县、海晏县、刚察县、天峻县、乌兰县和德令哈市,是青海省东西向的一条交通大动脉。青藏铁路西格段除主干线外,还修建了4条长136km的支线:大通线,长约30km,主要运送煤炭;柴达尔支线,长约51km,主要运送热水煤矿的煤炭;海湖支线,长约7km,主要运输青海湖岸沙砾;茶卡支线,长约42 km,主要运输茶卡盐湖产的盐。青藏铁路格拉段与青藏公路并行南下,沿途经纳赤台、昆仑山口、五道梁、沱沱河,翻越唐古拉山进入西藏境内,经安多、那曲、当雄、羊八井到拉萨,西藏境内548km。青藏铁路的建成,改善了青、藏两省区的对外交通条件,加强了两省区与内地的联系,大大降低了进出青藏的客运和货运成本。

(3)兰新铁路第二双线(在建)

兰新铁路第二双线又称兰新客运专线(兰新高铁),东起甘肃兰州,途径青海,最终到达新疆的乌鲁木齐,全长 1776 km,其中在青海境内为 280km,经过民和、乐都、平安、西宁、大通、门源、6 个站点,穿越祁连山,经过甘肃张掖、酒泉、嘉峪关后,进入新疆的哈密、吐鲁番市,到达乌鲁木齐站。这是新疆境内的第一条高速铁路。建成后,新疆到北京、上海、广州的运行时间将压缩到现在的四分之一,实现夕发朝至。

兰新铁路第二双线是我国《中长期铁路网规划》的重点项目,是国家实施西部大开发战略的标志性工程,也是欧亚大陆桥铁路通道的重要组成部分。

(4)兰新铁路第二双线(在建)

兰新铁路客运专线自 2010 年开工到 2014 年 12 月底全线贯通,是目前世界上一次性建设里程最长的高速铁路,最高时速达 250km。兰新铁路客运专线贯通甘肃、青海、新疆三省区,在三省区间形成了一条新的大能力快速铁路大通道。完善了我国西部铁路网,大大提升了欧亚大陆桥通道的运输能力,增进了我国西部地区与华北、华东和西南地区的经济、文化交流,加快了沿线工业化、新型城镇化的进程,对加快建设丝路经济带,打造向西开放的桥头堡,促进甘、青、新三省区实现跨越式发展和长治久安产生了深远影响。

(5)敦格线(在建)

南起青海格尔木,穿越当金山口,到达兰新线的柳园,正线长度 509km。其中甘肃境内 263.7 km,青海境内 245.3km,2012 年 10 月 18 日开工建设。

敦格铁路位于甘肃省酒泉市和青海省海西蒙古族藏族自治州境内,经敦煌沿敦格公路溯党河而上,经肃北、阿克塞两县境内,翻越祁连山脉的当金山后,于苏干湖盆地进入青海海西州境内,翻赛什腾山,经鱼卡、大柴旦行委,与青藏铁路西格段的饮马峡车站接轨。

敦格铁路是沟通新疆、青海、甘肃、西藏四省区的一条最便捷通道,填补了这一区域的路网空白,连接起兰新铁路和青藏铁路两大干线,建成后与兰青铁路、兰新铁路、青藏铁路串连成我国西北地区的首条环形闭合铁路网络,这对完善我国西部铁路网布局,加强青海、甘肃、新疆、西藏四省区的经济往来与交流合作,加快柴达木盆地资源开发,带动西部地区旅游业发展,强力助推民族地区经济社会发展具有重要意义。

(6)格库线(在建)

格库铁路自格尔木、格尔木南站客货分线引出,经乌图美仁、甘森、花土沟,从巴什考垭供口翻越阿尔金山,经米兰、若羌、尉犁后到达库尔勒站,全长 1240km,其中青海境内为 540km。

格库铁路是我国通往西亚、地中海和黑海地区的陆路运输大通道,该铁路的建设对构建我国能源陆路通道安全,完善区域路网结构,加快沿线地区资源开发利用,加强民族团结、稳定边疆、巩固国防均具有重要的意义。格库铁路对青海省经济社会发展提供有力的交通运输支撑,形成新的出疆通道格局,对进一步完善西北区域路网布局、增强该区域路网机动灵活性、促进沿线国土资源开发和巩固国防,推动青海省经济进一步发展具有重要作用。格库铁路是新疆资源通过青海走向外省,为青海省资源和新疆资源实现融合以及共同加快工业发展创造了新的机遇,可以对西部众多旅游资源进行整合和开发,带动西部旅游业快速发展。同时格库铁路对完善我国西部铁路网具有十分重要的作用,对新疆的经济发展也起着重要的作用,对南疆的交通的完善也发挥着重要的作用。

三、青海的航空运输发展与布局

(一)青海的航空运输发展概况

航空运输是高度现代化的交通运输部门,具有快速、机动、用途广、投资收益好的特点。

青海省航空运输业起步较晚,1949 年后,青海民航事业才有一个较大发展。1985 年新建西宁曹家堡民用机场;1974 年建成格尔木机场。截至 2011 年,民用航线通达里程达 37612km,比 2010 年年末增加 5010km。2011 年,青海民用航空运输所完成的客运量达到 101.59 万人,比上年增长 19.7%。旅客运输周转量在 2011 年达到 15.11 亿人公里,比上年增长 22.1%。

(二)青海主要的航空港

根据我国民航机场布局规划(2020 年),青海的机场布局为"一主八辅"❶,其中西宁机场和格尔木机场是青海主要的航空港。

西宁机场位于西宁市以东 29km 互助土族自治县高寨乡曹家堡,海拔 2160 ~ 2179m,是青海省唯一的 4E 级国内干线Ⅱ级民用机场❷,为西北地区第二家获得 4E 级得人干线机场,标志着西宁机场运营飞机时代的到来,意味着西宁机场的服务保障能力进入新的量级。西宁机场跑道长 3000m,宽 45m,可供双向起降 MD-82、TU-154 等大中型客机。2014 年已开辟西宁直达北京、上海、广州等城市 60 个航班。

西宁机场已开通的航线主要有:西宁到北京航线、乌鲁木齐到西宁到广州航线、西宁到成都航线、西安到西宁到格尔木航线、上海到武汉到西宁航线等 48 条,通航城市达到 41 个。

格尔木机场位于格尔木市西郊 12km 处,为二级军民合用机场。机场海拔 284lm,主跑道长 4800m,宽 50m,可供双向起降 TU-154 型和 MD-82 型以下飞机,有较完善的通信、导航、气象等设施。

玉树民用机场作为青海省海拔最高的机场,已于 2009 年 6 月投入使用。2014 年 6 月,青海省海西德令哈机场竣工通航。

为了完善青藏高原航空网络和青海省交通运输体系,促进青海经济跨越式发展,2011 年青海省成立了首家国有航空投资企业——青海航空投资有限公司,到 2014 年 5 月,形成了 5 架飞机的机队规模,逐步形成了较为合理的干线航线、重要航线、支线航线三级航线网络布局结构。

工作任务完成

(1)认真学习完成本任务的必备知识,认真学习关于青海交通方式的相关知识,青海铁路线网、青海公路线网分布知识。

(2)收集相关资料,以小组为单位描述青海铁路线网、青海公路线网的相关内容。

巩固和提高

(1)在青海空白地图上描绘出兰青线—青藏线,并标出各干线经过的主要城市和主要的

---

❶青海"一主八辅"民用机场格局:以西宁机场为主,辅之以格尔木、德令哈、花土沟、玉树巴塘、果洛、祁连、青海湖(共和)、黄南 8 个支线机场。

❷4E 级机场:是指在标准条件下,可用跑道长度≥1800m,可用最大飞机翼展 52 ~ 65m 和主起落架外轮外侧间距 9 ~ 14m。

地形区。

(2)在青海空白地图上描绘出的三纵二横主要公路干线的布局图,并标出各公路干线经过的主要旅游景点和经过的主要地区。

(3)在青海空白地图上描绘出的S101(西久线)、S202(平大线)、S203(平赛线)公路干线的布局图,并标出这三条省级公路干线经过的主要旅游景点和经过的主要地区。

项目六　青海旅游地理分区认知

能力目标

(1)能够准确表述青海各旅游资源区的景点或景区的名称、类型、特征,并能对此加以分析;

(2)能够介绍青海各旅游区旅游资源的特色;

(3)能够在地图上标出青海各旅游资源区以及该旅游资源区的景点或景区的位置;

(4)能够根据青海各旅游资源区旅游资源(或景点或景区)的内涵,结合游客的需求,设计出能体现青海各旅游资源区特色的旅游线路。

知识目标

(1)认识青海旅游区旅游地理环境特征和旅游资源特征;

(2)了解青海旅游区各旅游地及旅游线路概况;

(3)掌握青海旅游区主要的旅游景区景点概况。

素质目标

(1)自学能力、资料的查阅能力;

(2)与人协作的能力、工作的责任心;

(3)分析和解决问题的能力;

(4)自学能力、资料的查阅能力,学生的团队协作与创新能力。

任务一　“中国夏都——清凉西宁”环西宁旅游区认知

工作任务描述

王佳是春秋旅行社的一名地接导游,接待了一个有 15 人组成的武汉旅游团。他们从有中国“火炉”之称的武汉到西宁旅游,想体验一下西宁凉爽宜人的气候,再体验一下不同于华中地区的古老文化,领略绚丽多彩的民族风情。请您以模拟导游的身份,完成王佳在旅游车上进行的本次旅游服务工作。

任务分析

客人旅游的地点确定了,需求的内容是体验西宁凉爽宜人的气候,感悟古老多元的文化,领略绚丽多彩的民族风情,西宁的自然风光,并对多种文化和谐并存特别感兴趣,这样就确定了在介绍西宁旅游景点时应该包括西宁自然风光的特色、西宁的多元文化。利用下面提供的相关知识,完成此次任务。

完成任务必备知识

一、高原古城,"中国夏都——清凉西宁"基本概况

无论是从南到北,还是从东到西穿越青海,西宁都是必经地,就像一个十字交叉中心,怎么绕都绕不过去。

西宁市位于青藏高原东部边缘,是青海省的省会,也是青藏高原的东方门户,地理位置十分重要,古有"西海锁钥"之称,取"西陲安宁"之意。它"右通海藏,左引甘凉",扼控边陲,卫屏中原,所以为历代统治者所重视,也为文人墨客们所吟咏。西宁市地处黄河支流湟水上游,四面环山,三川会聚,扼青藏高原东方之门户。地理坐标为东经101°49′17″,北纬36°34′3″。地势由北向南倾斜,西北高,东南低,东西狭长,形似一叶扁舟。湟水及其支流南川河、北川河由西、南、北汇合于市区,向东流经全市。

西宁市包括西宁市区(辖4个区)和大通、湟中、湟源三个市属县。属全省核心旅游枢纽,该旅游区以宗教旅游、文化旅游、商务旅游、购物旅游为主题。它是青藏高原旅游的门户,古丝绸南路与唐蕃古道交汇地带最具魅力的旅游城市,中国少数民族地区旅游购物中心。

西宁市总面积7665.23km^2,市区面积350km^2,总人口230多万人,是一个汉、回、藏、蒙、土、撒拉等多个民族居住的地区。市区平均海拔2275m,属温带半干旱高原大陆性气候,大气较为干爽。西宁每年10月到次年4月为冬季供暖期,这里冬无严寒、夏无酷暑,按气候均温来划分四季。这里没有真正的夏季,气候特点是长冬无夏,春秋相连,冬无严寒,夏无酷暑,夏天平均气温在10~25℃,全年平均气温6.5℃。大自然赋予西宁一个非常凉爽宜人的夏天,无炎热相逼、无蚊虫叮咬,非常凉爽,是盛夏理想的避暑胜地,被誉为"夏都"。

西宁是古"丝绸南路"和"唐蕃古道"的重镇,是古代东西往来的必经之地,是西北地区著名的历史名城。初到西宁,给人的印象是新兴的城市,其实,西宁是青藏高原上最古老的城市。在汉武帝以前,西宁一带是羌人的游牧地。骠骑将军霍去病于西汉元狩二年(前121年)出兵居延,击败匈奴,占据今甘肃河西走廊,军威震及湟水流域。西汉元鼎六年(前111年),汉朝军队再次进击羌人,深入湟水流域,羌人退居青海湖地区,汉军便修筑了军事据点西平亭,这是西宁在历史上最早之建筑。北宋崇于三年(1104年),北宋军队攻略河湟,消灭了当时的地方政权,以青唐城为中心设西宁州。这是"西宁"一词出现之始,至今也有900多年历史了。

二、"中国夏都——清凉西宁"环西宁旅游区经典景区(点)

(一)中国夏都——西宁市

1. 北禅寺

北山土楼观,又名北山寺,曾名永兴寺。位于西宁市北山(土楼山)半山腰上,是湟中羌人为纪念东汉护羌校尉邓训在北山修建的"贤圣之祠",明末清初,一些道士上山居住。北山一些洞窟内有浓厚的道教色彩,北山土楼神祠成为佛道合一的地方。1979年,政府正式将土楼神祠划归道教界使用,并更名为"北山土楼观"。

相传该寺始建于汉魏时代,为"湟中古寺第一",迄今已有2000多年历史。北魏时期著名地理学家郦道元在《水经注》中记载:"上有土楼寺,北依山原,峰高三百尺,有若削成,楼下有神祠,彤墙故壁存焉。"北禅寺依山面水,居高临下,上有断岩壁立,下有陡坡相连,地势险峻,

气势宏伟。北山寺的建筑是依山腰之中的红砂岩天然断层，由西向东，依次而建的。有玉皇洞、无量洞和城隍洞。正中是圣母殿，它是北山寺最大的建筑，也是游人最多的地方。大殿紧靠岩壁，面临陡坡，屋脊高耸，飞檐斗拱，远看似空中楼阁，巍峨雄峙，颇为壮观。北山寺早先为佛教寺庙，后由于道教盛行而成为道教寺庙。北山寺最险要、最神秘的地方是吕祖祠，往东是由栈桥、曲廊联结在一起的金山圣母洞、黑虎洞和王母洞。人在栈桥上行走，只能侧身扶崖而行。栈桥装有朱栅，站在朱栅前鸟瞰山下，只觉坡陡崖险，令人目眩，眺望古城，满城风物，一览无余。

北山寺附近的丹霞地貌发育很完美，北山寺依丹霞地貌造型而建造，赤壁、洞穴、险峰为主要几乎水平状的紫红色砂岩、砾岩，夹有石膏和芒硝层，岩性软硬相间，软层在流水、风化等外力作用下，向里凹进，形成大小不等的洞穴，人称“九窟十八洞”，洞内有玉皇、观世音、文殊、普贤、关云长等神佛塑像。洞壁上所绘的神像图案、花卉山水具有汉、藏佛教绘画艺术风格。其中东部古洞群中藏传佛教壁画最为珍贵。现有的50多个洞窟中还保留部分隋唐壁画，画中刻有宋代宣和、明代建文、永庆年号，还有回纥文、藏文字迹，艺术价值很高，曾有“西平莫高窟”的美称。硬的岩层向外凸起，犹如屋檐，庙宇殿堂建在其上，殿宇高悬，栈道回廊将殿宇楼阁与洞穴群相连，使殿中有洞，洞内套洞，洞中藏佛，栈道回曲廊紧靠悬崖，甚至悬空架设，可以称得上一座名副其实的悬空寺了。北禅寺东侧有一座高达数十米名叫“露天金刚”的巨大佛像，也称天王，当地群众称为“闪佛”，远远清晰看出它的头、身躯、下肢和面部五官，显得雄浑粗犷，具有唐代艺术风格。

北山寺的自然景观与人文景观达到完美的结合。

北禅寺的殿宇楼阁十分壮观，有山门、山腰牌坊、奎星阁、吕祖殿、斗母殿、三教堂、无量殿、福宁楼、三宝殿、灵宫殿等。殿宇依山势而建，福宁楼飞檐斗拱，窟檐下悬有“花雨丹崖”匾额，两侧有阁楼配衬，名曰小西天。魁星楼是用青砖砌筑而成的塔楼，分上下两层，高约7m，建筑玲珑精巧。斗母殿正殿和附廊共17间，门窗屋宇绘有花草图案，殿中斗母居中，呈四头八臂之相，是北禅寺内最宏伟的殿宇。

由北禅寺上攀则杨柳成林，草绿花香，山顶为宁寿塔。每当烟雨蒙蒙，山隐雾中，苍苍茫茫，远望云雾中的殿宇，洞群塔寺时隐时现，正如古诗所吟“北山隐约树模糊，烟雨朝朝入画图”“多少楼台云树掩，天然画图米家村”，“北山烟雨”由此而得名。北禅寺从清代开始，每逢重阳节，老百姓纷纷上山抛掷印有“鹿马”等字的鹿马纸，求神拜佛，祈求平安吉祥。近几年来，每当重阳节晚上，数万人云集于此，北禅寺张灯结彩，热闹非凡，平日更多的游人、香客登上土楼山巅，眺望古城新姿，别有一番情趣。

2. 东关清真大寺

东关清真大寺是西宁市一座规模最大、保存最完整的古代建筑，是青海省目前最大的伊斯兰教寺院，它同西安的化觉寺、兰州桥门寺、喀什艾提尕清真寺并列为西北四大清真寺。

东关清真大寺是西北地区四大清真寺之一。该寺坐落在西宁市东关大街，初建于明朝洪武年间，即公元1380年前后，已有600多年的历史。清真寺正中是可容纳3000人进行礼拜的大殿，面积约1102km^2。

东关清真大寺始建于公元1380年前后的明朝洪武年间，迄今有600多年的历史。据史料记载，它是由明朝回族大将、西平侯沐英，奏请明太祖朱元璋恩准而修建，后来几经扩建，规模愈大。清同治年间，左宗棠率兵镇压西北回族反清斗争时，东关大寺及所藏的石碑等文物毁于兵燹。1913年，在当地回族群众的呼吁和甘边宁海镇守使马哄的支持下，在旧址重建，1919年秋竣工。以后在1926年、1946年经过两次大规模的维修和扩建。特别是1999年大规模扩建,形成了今日的宏大规模。寺正中的礼拜大殿是全寺最大的建筑物,外形呈凤凰单展翅,砖木结构,具有我国古代宫殿建筑风格。外形宏伟壮观,内部清静素雅。整个建筑飞檐斗拱,雕梁画栋,描金涂彩,显得艳丽华贵,蔚为壮观。该寺主麻日和尔德节,附近伊斯兰教信徒,纷纷来这里礼拜,少则上千人,多则上万人。现在,该寺为四方人士游览的重要场所,每年都有大批中外游人到此观光朝觐。东关清真大寺,不仅是穆斯林群众宗教活动场所,也是伊斯兰经学研究的最高学府。民国以来,该寺作为海乙寺(即中心寺),培养造就了一大批伊斯兰教学者。甘、青近千座清真寺的开学阿訇,都由该寺选派或认可,因而在海内外享有盛誉。

3. 青海省博物馆建筑群

(1)青海民俗博物馆

位于西宁火车站南侧,是以西北军阀马步芳私宅“馨庐”为基础修缮改造而成的。始建于20世纪40年代的“馨庐”,是目前青海省保存完整的具有典型地域特色的古建筑群,院落设计精巧,建筑古朴典雅。因其在建筑材料上选用了大量的玉石,民间又称为“玉石公馆”,具有较高的历史文物价值。

(2)青海省国土资源博物馆

位于西宁市城西区胜利路24号,现馆藏古生物、化石、岩石、矿物等标本2000多件;新设的青海省概况模型沙盘采用现代控制技术与沙盘模型互动的多媒体,集文字、图片、显示屏于一身,画面美观,在国内处于领先位置,2000多个页面涵盖青海省的地理地貌、矿产资源、自然风光、土地资源、地学科普等方面。在全国同行业博物馆中首次采用的幻影成像技术,生动形象,科技含量极高,具有数字博物馆特征的多媒体软件,不仅可满足面向社会大众的科普宣传,还可满足专业人员和社会公众查询信息的要求。该馆已成为宣传青海国土资源风貌,服务资源开发,普及国土资源科普知识,让外界了解青海、认识青海的窗口。

(3)青海省博物馆

青海省博物馆成立于1986年9月。多年来致力于青海地方历史、民族文物的搜集整理,现以收藏包括陶器、瓷器、木器、丝帛、彩陶和民族用品、宗教文物等多种展品。2000年10月23日,坐落于西宁市新宁广场的青海省博物馆新馆落成。新馆总建筑面积20800km^2,其中文物库房4000km^2,各类展厅11个。它的落成,结束了青海省无省级博物馆馆舍的历史,标志着青海省文物、展览、研究、开发、利用将进入一个崭新阶段。

青海省博物馆坐落于西宁市城西区新宁广场东侧,是日本友人小岛镣次郎先生援建的青海第一座具有现代化功能的大型博物馆。博物馆占地面积17000km^2,主楼建筑面积20800km^2,内设展厅9个,面积9146km^2。其整体建筑采用传统的中轴对称手法,具有浓厚的民族和地方特色。

青海省博物馆内目前设有“青海史前文明展”、“青海民族文物展”、“藏传佛教艺术展”、“黄河源头奇石展”4个展厅。青海历史悠久,地上和地下蕴藏着丰富的文物资源,在展出的出土文物中,不少珍品是举世瞩目的国之瑰宝。以彩陶为突出特色的新石器时代和青铜器时代文化,是青海历史上最辉煌的时期,出土的彩陶之多、种类之繁、造型之美、工艺之精令人叹为观止,青海享有彩陶故乡的美称;青海的多民族文化艺术和宗教文化艺术也是中华民族文化艺术宝库中的重要组成部分。主要陈列有“青海历史文物展览”、“藏汉关系文物展览”等。

藏品中的彩陶器物,造型多样,纹饰流畅,舞蹈纹彩陶盆为稀世艺术珍品,显示出我国古代彩陶艺术时期的风貌。收藏的民族、民俗文物中,有反映少数民族政治、经济、文化等方面的实物，诸如封诰、铜印、货币、服饰、佛像、佛经、唐卡、法器和其他宗教艺术品。壁画、唐卡、堆绣等文物，多以佛教故事为题材，构图庄重，色彩绚丽，具有独特的民族风味。近年接待了来自美、日和港澳、台等国家和地区的众多游客。编辑出版了《唐蕃古道考察记》、《藏传佛教艺术》、《唐蕃古道史料辑》等专著和画册。

(4)青海藏医药文化博物馆

青海藏医药文化博物馆位于青海生物科技产业园区，是青海金诃藏药投资兴建的世界第一座藏医药文化博物馆。2006 年 9 月 9 日，青海藏医药文化博物馆在西宁落成开馆。青海藏医药文化博物馆的建立，旨在向国内外展示藏医药辉煌文化，重现藏医药发展历史，拯救和继承传统藏医药非物质文化遗产。博物馆由青海金诃藏药药业集团投资 1.2 亿元人民币兴建，总面积 1.2 万 m^2，其主体建筑以天圆地方为主题，融藏族传统建筑风格与现代建筑艺术为一体，气势宏伟，内涵深邃。博物馆共分三层，设有藏药标本、藏医医史、医学唐卡、医疗器械、古籍文献、天文历算、彩绘大观 7 个展厅，展出反映藏医药历史、发展进程、理论基础等方面的文物标本 2000 余件。特别是馆内永久性展出的长 618m、宽 2.5m 的《中国藏族文化艺术彩绘大观》唐卡巨作，由 400 位藏、蒙古、汉、土家等民族顶尖工艺美术师历时 4 年精心制作完成，已被载入吉尼斯世界纪录。

具有青海特色的“三藏”(藏毯、藏药、藏艺)产品，是推动特色文化与旅游有机结合、促进旅游消费、加快地方经济发展的一个重要的经济增长点。藏医药文化博物馆作为宣传和弘扬藏族文化的旅游景点，已成为青海省文化旅游精品和文化旅游基地之一。藏药博物馆的建设，不仅填补了我国藏医药文化事业的空白，而且将在世界上产生积极而重大的影响，对弘扬我国民族传统文化精粹，促进国内外藏医药学术交流，带动藏医药深层次科研开发，都将产生重大的作用。青海藏医药文化博物馆是集保护、研究、展示青藏高原藏医药文化、藏族民俗文化、藏传佛教文化的博物馆，是目前全国乃至世界唯一的展示藏文化的专业博物馆。

此外，西宁市还有三所博物馆：位于青海生物科技产业园区投资兴建的青藏高原自然博物馆；位于西宁市南山公园的青海雪域民俗博物馆和位于湟中县的青海藏文化博物馆。

4.人民公园

位于城西区湟水之畔，公园内树木葱翠，花团锦簇，湖水荡漾，环境幽静，为青海省内最大的人工风景游览胜地，是市区内最大的综合性公园，园内树木葱翠，花鸟锦簇，湖水荡漾，各种服务设施和大型游乐设备齐全。每年在这里举行的花卉盆景展和大型郁金香花展，吸引着省内外宾朋。

公园内的东湖和西湖，水面面积 $9hm^2$，隆冬湖面封冻，成为天然滑冰场。湖心建有湖风亭，湖西岸约 202m 长廊造型独特，亭台楼榭，景色秀丽。公园内高原花卉品种繁多，冬季温室花房内盆景花卉品种繁多，冬季温室花房内盆景花卉常年展出，引种国际名花郁金香获得成功。节假日期间公园有大型文艺节目演出，特别是一年一度的六月六“花儿会”歌手云集，散发出浓厚的高原乡土文化气息。

5.虎台

位于西宁市西郊杨家寨，传说是樊梨花西征时点将台，故当地群众称之为“点将台”。十六国时，南凉王朝第三代秃发傉檀迁都青唐，立其子“虎台”为太子。为向周围强敌武力，秃发傉檀命太子修筑这座高台，当时调集西平、河湟羌兵和民间劳役万余人。用近三年时间筑成，并以其“虎台”命名，相沿至今。据地方志记载：虎台共九层，高九丈八尺，台顶有建筑。南凉国极盛时，台下曾陈兵十万检阅而局海，故称“点将台”。民国蔡元本《青海乡土志》记载：“台之东有高墩四，四隅直立，相距各一百二十丈，高七八丈。”这在当时西宁古城称得上是宏伟建筑了。

6. 馨庐

原为国民党青海地方军阀马步芳的公馆，始建于1942年。当时国民政府代主席林森为公馆题写“馨庐”二字，用玉石镌刻镶嵌于正门的门额上。公馆建筑群体为6组相互接连的四合院，各院落房舍对称排列，有廊柱环立；高脊低檐错落，结构严谨，体现了典型的20世纪40年代青海回族建筑风格。墙面用打磨过的青砖砌成，并以质地细腻、洁白光滑的“羊脑石”磨砌嵌饰，故人称“馨庐”为“玉石公馆”。

“馨庐”南侧是花园，园内有清泉（原名晓泉、周家泉）、古亭，还有卫茅、探春、榆叶梅等名贵花卉树木，使整个公馆形成了一个结构严谨、统一和谐的建筑群体。它同东关清真大寺浑然一体，使人感受到伊斯兰文化的浓厚气息。

7. 西宁园林植物园

该园位于城西区南山北麓，是集城市园林绿化、科研和游览为一体的专业性植物园，也是西宁市中小学生教学实习基地。占地面积66.7hm^2，有引种园、松柏园、卉草园、丁香园、蔷薇园、盆景园、岩石园、树木园、忍冬药物园等。各类植物共计82科、110属、400余种，其中本地野生植物和花卉达227种。

西宁市的市花丁香花，在西宁园林植物园汇集有近20个品种，还有金露梅、银露梅等朵朵鲜花竞相怒放。盆景园融我国南北方园林建筑艺术风格于一炉，充分展现了现代园林特色。

8. 南山公园

公园坐落于西宁市南凤凰山上，占地面积约53hm^2。以青海云杉、祁连圆柏、油松、青杨、榆树为主形成的人工森林景观、中心地带以牡丹花为主的数十种高原名花组成的百花园和西宁市独有的人工瀑布五彩水景，这三大景色成为南山公园的特色景观。

公园西北部的凤凰台，每逢农历九月九重阳节，人们纷纷登上凤凰台俯视西宁城景。古刹南禅寺，建于明代，古香古色，众多善男信女来此求神拜佛。

9. 南禅寺

位于西宁市南郊凤凰山麓，同北禅寺遥遥相望，成为南山公园附近的重要景点。始建于明永乐八年（公元1410年）。永乐十四年，明成祖朱棣赐“华藏寺”匾额。寺院建筑以山势而就，层层叠叠；山门以内，殿堂庙宇布局有序，建有老祖殿、萧曹殿、马祖殿、关帝庙等，曾是当地佛道信徒进行宗教活动的重要场所。

南禅寺所在的凤凰山，林木茂盛，气候湿润，春夏之际，鸟语花香，环境幽美，游人不绝，热闹异常。

10. 三棵榆

西大街是西宁市最繁华的街道之一，在路南临近大十字环形天桥的地方有三棵树干粗壮、枝繁叶茂的大榆树。这三棵古榆植于清康熙六十一年（1722年），距今已有近300年的历史，但仍然树冠如云，浓荫蔽日，充满了勃勃的生机。由于它们见证了西宁古城发展的历史风云，因而受到了市民们的普遍珍爱，成为人们引以为豪的“古树名木”。西宁地处青藏高原，林木栽植不易，存留下的古树更是弥足珍贵，这三棵古老的榆树作为活的历史文物，成为古城中一道靓丽的人文景观。

11. 法幢寺

法幢寺是一座规模不大、历史也不长的寺院，然而由于它是青海地区最大的也是唯一的一座汉传佛教尼姑寺院,所以这座寺院在西宁佛教界具有独特的地位,也成为西宁市一个独具特色的旅游景点。

法幢寺位于西宁市城西区圆树庄,由尘空法师于 1943 年创建。由于南过境路的修建,法幢寺于 2003 年迁至于南山寺东侧,主持是慈云法师。寺内塑像众多,造型优美,其中正殿内的释迦牟尼塑像,据说是用古寺崇兴寺遗留的旧佛像改塑而成的,神态庄严,气度壮阔,其雕塑工艺之高超,居西宁各佛寺之冠。从尼泊尔迎来的白玉佛像更是珍贵,它仪容端庄,神态自然,侍立两侧的菩萨安适,护法狰狞,罗汉金刚造型各异,都极具观赏价值。法幢寺每年有七次大的宗教活动,二月十九的观音诞、四月初八的释迦诞、七月十五的盂兰盆会是其中最大的几次节日法会。每逢这些日期,进香祈福者络绎不绝,整座寺院香火鼎盛,呈现出一派繁忙。

12. 沈那遗址

沈那遗址是西宁市境内发现的面积最大、文化内涵丰富、保存完好的一处古代大型聚落遗址。这一遗址的发掘,为人们再现了四千多年前古羌人的生活场景,也为西宁的悠久历史提供了充分的例证。沈那这个名不见经传的地方也成为人们寻觅先民遗踪的一方胜地。

沈那遗址位于西宁市城北区马坊乡小桥村,属北川河西岸二级台地。它北起阴坡沟,南至坟墓沟,东至宁张公路,总面积约 1077m^2,这一遗址文化类型多种多样,包含了马家窑类型、半山类型、齐家文化和卡约文化的遗物,其中以齐家文化类型为主。

沈那遗址最早发现于 1948 年。这一年,我国著名考古学家、人类学家裴文中教授赴湟水流域进行史前考古调查。他在距西宁以西 5km 的小桥村一带发现了这一遗址,并进行了初步勘查,当时将此遗址定名为“小桥遗址”。新中国成立以后,文化部门进行了多次复查,将这一遗址更名为“沈那遗址”,并采取了有效的保护措施。1986 年 5 月,青海省人民政府将沈那遗址正式公布为省级文物保护单位,开始准备大规模的正式发掘。1990 年,经国家文物局批准,沈那遗址被列入青海省重点发掘项目。其后经过数次发掘,这一遗址的面貌清晰地呈现在世人面前。

沈那遗址的遗迹遗物十分丰富,有大量的房基、墓葬、灰坑以及陶器、石器、骨器、青铜器。房屋一般为半地穴式建筑,冬暖夏凉,非常适合西宁地区高寒、干燥的气候特点。房址的居住面有硬土面和白灰面两种,十分美观,同时也具有防潮的功能。房址周围布满了灰坑窖穴,有的大型圆状窖穴直径达到了 2～3m,深达 1.5～2.5m。这些窖穴是原始先民用来贮藏物品的,说明当时农业生产已达到一定水平,农作物产量已经比较高了。

13. 西宁大佛寺

西宁大佛寺位于西宁市西大街省人民政府西侧。该寺初建于元代,9 世纪中叶吐蕃赞普达磨灭佛时,逃到青海的“三贤哲”约格迴等人在此去世,以此为建寺缘由,形成一座寺院,因殿内塑有“三贤哲”身像,故称之为大佛寺。明洪武二十三年(公元 1390 年),土官李南哥重建,修 1 座三层空心阁楼,此楼呈方形,每面 5 间,各设 6 根褚红圆柱,第三层收向每面为 4 根圆柱,往间有护壁板,上彩绘有众多佛像及佛教传说故事,形象生动,手法细腻。除阁楼外,还建有经堂、僧舍、茶房等 20 余间,建筑占地十余亩。明洪武二十七年(公元 1394 年),西宁卫奏请明廷,敕赐寺额曰“宁番”。

1922 年,第七世夏茸杀布根敦丹增诺尔布曾整修大佛寺,修葺后的大佛寺占地约 2hm^2,由前院、后院、马房和花园等组成。前院建有山门、经堂、僧舍;后院有一大殿,是一组两进两侧院的建筑群。后院大殿仍为三层空心阁楼,内塑有三像,中为约格迴,两边为藏饶赛和玛尔释迎牟尼。佛像后壁是一组大型浮雕泥塑,画面有山水人物、十八罗汉、佛本生故事等。大殿重檐歇山屋顶,飞檐起翘,青色筒瓦面,正脊装有宝瓶,两端设有兽吻,下部为藏式大墙面碉房式建筑,大殿上下汉藏建筑艺术融为一体,是历史上汉藏文化交流的珍贵文物。新中国成立后班禅堪布会议厅驻西宁办事处曾设在院内。1985 年确定为青海藏传佛教重点开放寺院之一。

14.西宁古八景

(1)北山烟雨——北山(北禅寺)

位于西宁湟水北的土楼山峭崖间,历史上称为土楼山寺、永兴寺、北禅寺,现又称为土楼观。始建于北魏,已有 1500 多年的历史。北山寺多用洞窟建成,北魏壁画存于悬崖岩洞中,还利用山势崖形凿造高达 10m 的两尊金刚佛雕像,因雨水冲刷,现只有一尊雕像还依稀可辨。现存的北山寺于明代重建。山顶有宁寿塔,悬崖有“九窟十八洞”,用栈桥曲廊连接,是青海少有的寺院建筑。土楼山峻拔雄伟,北禅寺嵌筑危岩,奇巧玲珑。山上林木苍翠,山下湟水环巍。登山远眺俯瞰,西宁尽收眼底,并与对面南山上的凤凰亭遥遥相望。

(2)凤台留云——南山

西宁南山又叫凤凰山,山上有亭,名叫凤凰亭。相传南凉时有凤凰飞临其上,故名凤凰台。这和当时流传的“龙现于长宁,麒麟游于绥羌”同为附会之说,但由此而来的西宁古八景之一的“凤台留云”却成为西宁的一处胜景。

(3)湟流春涨——湟水河

所谓湟流,即是指流经西宁城北的黄河重要支流——湟水河,又名西宁河。每当春夏之际,湟水上游冰雪消融,水源充足,流至西宁市区后有西郊河、北川河、南川河先后注入湟水,遂河水骤涨,波涛汹涌,故称“湟流春涨”,为西宁古八景之一。清代西宁诗人张思宪有诗赞道:“湟流一带绕长川,河上垂杨拂翠烟。把钓人来春涨满,溶溶分润几多田?”

(4)奇峰突兀——老爷山

老爷山,又叫元朔山、北武当山,距西宁市 30km,是西宁附近山势雄伟、风景最优美的山峰,自古以“苍松蓊翳,石磴盘梯,川流潆带,风景佳丽”而闻名遐迩。景色四时不同而终年常新:春则山岚缭绕,夏日佳木葱茏,金秋红叶似火,寒冬银装素裹。有人这样描绘老爷山的景色:“奇峰叠叠水汤汤,林壑森然比武当。身外云烟心上事,偶逢山鸟语斜阳。”

(5)金娥晓日——娘娘山

娘娘山又名金娥山,位于西宁市大通新城。山顶有一座天池,每到夏季雨水旺盛之时,天池里水波荡漾,池畔蝴蝶飞舞,五彩斑斓。有诗云:“危峰挂日,奇日撑云,一道中穿,西通青海,山上湫池,久旱不涸。”娘娘山以其幽深秀丽、气象万千而闻名遐迩。据史料记载,公元 609 年隋炀帝率文武百官和各种服役人员约十万之众,巡游河右(河西的别称)亲征吐谷浑。炀帝胞妹乐平公主随行,殂于金娥山,后建成圣姥庙。因圣姥俗称娘娘,故金娥山又叫娘娘山。此山不仅风景秀丽,而且还是一座宝山,山下蕴藏着丰富的煤炭,已开采五六百年之久。娘娘山麓中岭还埋藏着大量的石英石,水利资源也十分丰富。

(6)五峰飞瀑——五峰山

在西宁东北 40km 的地方,坐落在互助土族自治县的北沟脑。因为这里的山峰很像五个手指,所以叫五峰山。有诗云:“五峰如掌列云端,瀑布飞流似激湍。六月炎天来避暑,松声飒飒水声寒。”古人认为“五峰飞瀑”是西宁古八景之冠,至今仍然是青海旅游胜地。五峰山的主要景色是三林、三洞、三泉。三林是松树林、杨树林和桦树林,夏季三林郁郁葱葱,繁茂遍野,到了秋季,松青、杨黄、桦红,层林尽染,各具特色。三洞是东洞、西洞、北洞。东洞深 8m、高 3m、宽 3m;西洞深 7m、高 2m、宽 3m;北洞深 10m、高 3m、宽 4m。洞内露冷苔苍,别有韵味。三泉是龙宫泉、隐泉、裂口泉。三泉水以龙宫泉水质最好,泉水经石雕龙口喷吐,沿七级石壁泻下,形成瀑布，水溅山径，在泉石周围刻有“山幽林更静，人间歌不尽，鸟语花香地，泉中水长流”等诗句。从龙宫泉拾级而上，便是五峰寺。五峰寺始建于清乾隆年间，主要建筑有菩萨殿、龙王阁、玉皇宫、香公楼、同乐亭。

五峰山也是青海民歌演唱胜地，俗称“花儿会”，每年六月六，正是五峰山风光最美的季节，五峰山六月六“花儿会”也就闻名遐迩。届时西北各路歌手云集五峰山上，引吭高歌，声震四野，从黎明一直唱到深夜，“五峰六月歌仙会，八乡四野觅知音”。如此大规模的群众艺术盛会，为五峰盛景增添了异彩。

(7)虎台雄踞——虎台

西宁市城西区有一座覆斗形土台，现存台高30m，周长360m，这就是公元397年，南凉王国建都西平(今西宁)时期修建的虎台，当地群众称其为“将台”或“点将台”。这个高大的土台本是南凉王朝第三代君王为太子虎台修建的阅兵台，“虎台”之名由此而来。现已建成南凉虎台遗址公园，作为省级重点文物保护单位，是南凉王朝在西宁建政的重要遗迹之一。

(8)石峡清风——小峡

从西宁东行15km，便可到达一个秀丽清爽的避暑好去处，那就是西宁古八景之一的“石峡清风”。石峡俗称小峡，清代西宁诗人张思宪曾写诗曰：“石峡新开武定关，东西流水南北山。行人莫道征尘污，两袖清风自在还。”意思是说行人每到峡中，清风徐来，汗颜尽除，使人心旷神怡。小峡，在历史上是以险关危隘著称的。清代西宁诗人朱向芳写诗记叙了这一传说：“传闻开此山，丸脱神手间。百丈惊星落，三生逐月还。烟凝苔草绿，两点土花斑。会待娲皇炼，补成天九寰。”如今小峡已建成西宁市区最大的人工湖，古景展新姿。

15.“浦宁之珠”

“浦宁之珠”多功能观光塔项目是上海浦东新区援建西宁的标志性建筑，“浦宁之珠”是上海浦东新区和青海西宁市友好城区的结晶，该塔位于市区西南的西山植物园内，周边为起伏的山地，地势高拔，环境自然而幽美。电视塔选址位于2395m高的山地上，规划用地约2万m^2。由四个三角形截面的钢结构及塔座、塔楼组成，总体以45°轴线方向正对市区中心景观。

（二）大通风光

1.老爷山

老爷山位于大通县桥头镇东侧的苏木莲河畔，是西宁附近一座山势最雄伟、风景最为优美的山峰，山顶海拔大于2900m。

老爷山旧时称北武当，又名元朔山，因山峰顶部建有太元宫，庙内雕塑有关公塑像而得名。老爷山岩体主要由石灰岩构成，地貌多奇峰岩洞和峡谷，南坡山势陡峭，危崖耸立。老爷山植被生长茂盛，计有百余种植物，以云杉、柳树、白杨、红柳及多种灌木为主。每到盛夏季节，满山遍野郁郁葱葱，遮天蔽日，丛林中各种高原野花竞相开放。

老爷山自古以“苍松蓊翳，石磴盘梯，川流萦带，风景佳丽”而闻名遐迩。其山南坡因山势陡峭，危崖耸立，而被人称为天险。其北坡因树木葱茏，繁花似锦，景色宜人，而成为有名的风景胜地。老爷山之美，主要在于山清水秀，林荫花香，尤其是春夏之际，满山遍野高大的云杉，茁壮的桦树，青翠的白杨，娇柔的红柳，繁茂的灌木，郁郁葱葱、遮天蔽日，一派浓绿。山林之中，玫瑰、牡丹、芍药、金露梅、银露梅及各种野花，点缀其间，芬芳扑鼻，令人心醉。与老爷山相去不远的娘娘山，又是另一番风光，有金峨晓日、夕照流金、五峰迎宾、空谷鸟音、冰洞奇观、鹿鸣泉湾等诸多景致。

2. 娘娘山及明长城

大通娘娘山与老爷山遥遥相对，又称金娥山，海拔4010m。相传隋炀帝大业五年(609年)率领文武百官士兵及嫔妃10万之众，西巡亲征吐谷浑，来到金娥山下大宴群臣。有个名叫金娥儿的嫔妃，由于厌弃禁宫生活再次出家，她病死后葬在半山腰，被封为“圣母”。后来人们为纪念这位妃子建圣姥庙，俗称娘娘，这就是娘娘山的来历。至今，娘娘山“圣母”庙香客络绎不断。沿娘娘山脊部有蜿蜒崎岖的明长城绵延数百里，是明代中期为保护西宁卫的安定而建，当地称“古边墙”。百余米城墙之间有逢火台矗立其间，虽经400余年的风雨剥蚀，至今仍保存完好，气势雄伟壮观。

3. 察罕河森林公园(见项目三)

4. 鹞子沟森林公园(见项目三)

5. 藏区古刹“广惠寺”

广惠寺建于清顺治七年(1650年)，由西藏喇嘛赞布·顿珠嘉措主持修建，成为西藏哲蚌寺属寺。后由敏珠尔主持寺务，寺院规模不断扩大，成为显密双修的格鲁派大寺，鼎盛时寺僧达700余名，建筑宏伟壮观，经堂、佛殿、僧舍达600余间。其寺主敏珠尔为青海驻京八大呼图克图之一，其地位仅次于章嘉国师。“文革”动乱年代，青海五大寺院之一的广惠寺遭到毁灭性的破坏，现已开放，部分建筑物重建。寺院藏有明永乐八年二月初一大明皇帝所赐“灌顶圆修净慧大国师勅隆逋瓦桑尔加领真”的圣旨一轴，清乾隆年间钦赐的“法海寺”匾额一方，九世班禅来寺写的藏文长挂轴三幅，敏珠尔“净明禅师之印”和原广惠寺全景照片及僧舍、经堂照片等珍贵文物。

(三)湟流春涨——湟中

1. 黄教圣地——塔尔寺

塔尔寺位于青海省湟中县鲁沙尔镇西南，距西宁市25km，是藏传佛教格鲁派六大寺院之一。据历史记载，塔尔寺建于明嘉靖三十九年(1560年)，整个寺院依山势起伏，富丽堂皇，内有大金瓦寺、小金瓦寺、小花寺、大经堂、九间殿、大拉浪、如意塔、太平塔、菩提塔、过门塔等大小建筑，为格鲁派六大丛林之一，被国务院于1961年第一批公布为全国重点文物保护单位。

塔尔寺是藏传佛教格鲁派(黄教)创始人宗喀巴诞生地。宗喀巴大师诞生于现塔尔寺大金瓦殿，其母剪脐带滴血之地，数年后长出一株白旃檀树，枝叶繁茂，有10万片叶子，每片叶子上显示出一尊狮子吼佛像(即释迦牟尼身像的一种)。

宗喀巴离家赴藏学法6年，大师母亲香萨阿切思儿心切，让人捎去自己头上的一束白发，其意让儿子回家一晤。宗喀巴为佛教事业决意不返，给母亲和姐姐各捎去用刺破自己鼻子的鲜血绘成的自绘像和狮子吼佛像各一幅，并在信中写道：“若能在我出生地点用10万狮子吼佛像和菩提树(指宗喀巴出生处长的那株白旃檀树)为胎藏，修建一座佛塔，就如同与我见面一样。”第二年，香萨阿切与众信徒按宗喀巴旨意，用石片砌成一座莲聚塔(今宗喀巴纪念塔雏形)。这是塔尔寺最早的建筑物，也是塔尔寺第一座宝塔，迄今有620多年历史。后在塔旁建弥勒佛殿，藏语称“衮本贤巴林”，意为十万佛像。

塔尔寺占地40 hm^2有余，建筑面积45万 km^2，有数以千计的殿堂、僧舍组成的佛教园林建筑群，以建筑物为主要旅游景点。

2. 多巴国家高原体育训练基地

多巴国家高原体育训练基地是体育训练最佳的基地。高度海拔2366m，自然环境优越的体育训练基地，它是我国也是亚洲海拔最高的高原体育训练基地。基地占地26.4万 km^2，拥有设施先进的各种体育场馆16处,内有标准400m田径赛场,200m田径馆,塑胶和木质地板的球类、柔道、摔跤馆,有健身馆、射击馆(10m、25m、50m),国际标准的塑胶田径场和网球场等。日本天美公司赞助修建的体育公园已接待游人,内有人工湖、假山、鱼塘、茶园等,树木参天,绿草如茵。田径场北侧开设了民族特色茶园,形成体育训练、度假休养的佳境。

基地在距西宁市26.5km的多巴镇旁,109国道由此通过。1986年青海省与国家体委共建,系利用原军械厂改造而成。多巴拥有海拔高度优势,国际公认海拔2300~2400m,是中长跑、竞走、马拉松、自行车、游泳等耐力和力量型运动员最适宜的高海拔区训练基地。

目前国家自行车队、竞走队、中长跑队、射击队、辽宁中长跑队及20多个省市区的体育队来此训练,日本、韩国体育队也曾在此培训,培养出一批世界体育名将和冠军。

3.上新庄温泉(见项目三)

4.扎麻隆凤凰山

扎麻隆凤凰山位于湟中扎麻隆乡,是神话传说中华夏母亲九天玄女的降生地,山势形状神似一只巨大的凤凰展翅欲飞,人称“九龙朝风”和“龙门风阙”的圣地。相传很早以前,凤凰山上降生了一只凤凰神鸟,这只神鸟经过千年修炼,成为一个美丽善良、神通广大的仙女并升至九天,被称为“九天玄女”。西王母曾请她做了天兵大元帅和特使,成为天上人间第一女战神,又有“吉祥天女”之称。据说扎麻隆凤凰山还是西王圣母、九天玄女和黄帝经常光临、游玩、居住的理想之地。1958年和1998年,在此出土了九天玄女古宝瓶、昆仑神石记事碑等珍贵文物。昔日扎麻隆凤凰山下曾建有一座九天玄女庙,于1998年建成了华夏三祖:九天玄女、西王圣母、轩辕黄帝的纪念馆和昆仑神话艺术馆,馆内雕塑有华夏三祖圣像。每年这里都举行各种形式的祭祖活动。

5.南朔山

我国的很多名山都是和宗教联系在一起的,位于湟中县境内的南朔山就是这样一座闻名遐迩的西宁名山。

南朔山,旧称西源山,又名南佛山,也叫朔屏山,是积石山西段的一座奇特山体。它背倚雄伟的照壁山,襟连清澈的金纳溪,山青景幽,云雾缭绕,满山杂花生树,异草攀坡,是一个养性怡情的理想处所。据史料记载,早在明万历十七年(1589年),就有张、徐两名道士自四川云游至此结庐建观,四百年来,这里逐步发展成为道教的灵山胜地。据《西宁府新志》记载:“西源山,在县(西宁县)西南八十里康缠沟脑。巨石崇悚,黛色侵云,即道藏之第四太元极真洞天是也,俗称为佛山。”这里不仅在道藏三十六洞天中占到了第四位,在七十二福地中也位列第六十六福地,自古就以人间仙境著称于世。尤其是炎炎夏日,登临此山,那深邃的幽谷,满目的青翠,氤氲的飞瀑,徐徐的清风,无不使人“望峰息心,窥谷忘返”。“一鱼点化,二道成仙”的传说更加增添了南朔山的魅力。

(四)海藏通衢——湟源

日月山脚下的湟源县城,风光秀丽,历史上曾是内地通往西部新疆、西藏等地的重要门户,素有“海藏通衢”之称,自古以来在我国东西方交通上一直处于非常重要的战略要冲的位置。清雍正三年(1725年),青海东部“茶马互市”中心移至这里,修筑了丹噶尔城,内地晋、甘、陕、川、鄂等地的商贩、工匠大批涌入,从事经商活动。西部草原牧区的大量产品,如马、毛皮、肉类、酥油、药材等,在这里可以交换内地的茶、布、火柴等大量百货日用品,商业贸易十分兴旺。目前我们看到的城隍庙、火祖阁、北极山以及高等小学堂,就是那个时期的代表性建筑物。因此,湟源素有“小北京”之称,闻名我国西北边陲。

1. 海藏咽喉——西石峡

从西宁沿湟水谷地西行进入湟源西石峡，这里是古代丝绸之路南线道和唐蕃古道的要隘，峡长约10km，两侧山势异常陡峭，湟水在其间蜿蜒流淌。南侧山体每到夏秋季节林木茂盛，特别是秋天的景色分外迷人；北面山体秃岭，多为峭壁，在岩壁上刻有释迦佛等大小佛像12尊，形态各异；还建有一间小僧房，称海藏寺。峭壁上多有文人墨客留下的"水高水长"、"海藏咽喉""转危为安"等石刻，在湟源县城西药水峡有"海藏通衢""山清水秀"等石刻。这些石刻字体苍劲有力、气势宏伟，成为古道上一条亮丽的风景线，过往行人大都要驻足观赏一番。

2. 东峡佛儿崖石窟

东峡佛儿崖石窟位于湟源县东峡乡下悖项村东山崖处。石窟坐东向西，紧靠青藏公路。由于公路路基垫高，洞窟下部被埋于地下，所有窟檐也被拆除。仅现存的部分从左向右依次有石刻经文、释迦牟尼像、三世佛像5组，阴刻线雕小型画面。崖洞上方有"山高水长"四个大字，大字旁有"道光二十一年辛丑夏，知丹噶尔厅抚边府事相农黄文炳书，口年汪口督工"题记。属明、清时期，系县级文物保护单位。

3. 湟源城隍庙

湟源城隍庙始建于清乾隆年间，嘉庆七年（1802年）落成，距今有200多年的历史，是湟源县保存最完整的清代古建筑，也是西北地区保存最完整的城隍庙之一。城隍庙整体建筑坐北朝南，三进两院布局，砖木结构，占地面积6000m^2。庙舍古朴典雅、雄伟壮观、金碧辉煌、远近闻名，在初一、十五重大节日期间，游客不断、香火旺盛。湟源城隍庙几经沧桑、几经兴衰，曾在嘉庆、宣统年间先后维修了多次。在改革开放后又进行了较大规模的修缮，逐渐形成现在的规模。

湟源城隍庙由山门、戏楼、钟鼓楼、大殿组成，院内的巨型铁香炉，铸工奇古、铭文清晰。中部庭院内古柏参天、苍劲挺拔。城隍庙建筑为砖木结构，举架、斗拱为纯汉式手法，部分装饰揉进了藏式风格。东西廊房和大殿的壁画，有较高的文物价值。

从山门外就可以看到湟源城隍庙的古朴、幽静。山门雄伟华丽，建于六层台阶之上，山门东西各竖立围杆一个，围杆上下有大小两个雕斗，与山门相映成趣，也使山门显得更加威仪壮观。山门对面的青砖照壁，高6.6m，宽10m，上面刻有花云纹图案，属于清代的砖雕艺术。进入山门便是戏楼，其东西两侧为钟鼓楼，"晨钟暮鼓"，早上敲钟，晚上打鼓，一般钟鼓为僧侣报时的工具，现在钟鼓设而不敲，传说一旦敲撞，声闻于天。

4. 扎藏寺

扎藏寺位于湟源县城西15km青新公路南侧，这里林木茂盛、地貌独特、风光秀丽。初建于东汉延康元年（220年），汉僧在此建僧舍，从事宗教活动，距今已有1700年。唐贞观十五年（641年），文成公主赴藏和亲，唐河源郡王吐谷浑首领诺曷钵在此迎接公主。明崇祯十年（1637年），在蒙古和硕特首领固实汗支持下，正式建成扎藏寺，成为青海境内最有影响的蒙古族寺院。明万历六年（1578年），三世达赖喇嘛索南嘉措因曾到该寺讲经传法而名声大振。明末，西藏地区藏传佛教教派之争愈演愈烈，都极力将自己的势力扩展到青海，五世达赖阿旺罗桑嘉措派其弟子扎藏曲结和加尖喜饶前来会晤当时青海的统治者固始汗，并请固始汗作施主，建成了一所规模宏大的格鲁派寺院，全称为"扎藏噶丹曲科寺"，意为诚悦法轮寺。至此，扎藏寺成为安多地区十三大寺院之一。清康熙年间扎藏寺香火最盛，佛事日繁，特别是为了每年一度的朝廷钦差大臣和各蒙古王公的祭海会盟活动，寺内建起了7座青海和硕特蒙古王公的府邸，俗称"衙门"的王公府第，使寺院规模更加宏大。

该寺原来保存有固实汗的盔甲、战刀等遗物，还有藏、蒙、汉三种文字合璧的《甘珠尔》一套，十分珍贵。清朝廷每年农历七月十五日派钦差大臣来寺，与诸王公贵族祭海合盟。青海设都兰县前，该寺一直是青海蒙古二十九族联合会商政务中心和左右两翼蒙古盟长代表常设办事处所在地。然而，这片佛界净土也遭到过三次大劫难，首次是清雍正二年，年羹尧戡平罗卜藏丹津的叛乱，一把火烧了扎藏寺的原始森林；清同治年间，又是无情的火，烧毁了所有经堂，连同珍贵的文物和历史书籍一并葬身火海；“文化大革命”期间，寺院多尊佛像被毁坏。十一届三中全会后，政府对扎藏寺进行了多次修缮与扩建。如今这里风景秀丽，林木茂密，寺院两翼的两座山脉似两条巨龙将扎藏寺环抱其中，气势壮观。现为省级文物保护单位。

5. 东科尔寺

东科尔寺迄今有350多年的历史，建寺初得到青海和硕特蒙古首领固实汗大力支持，成为青海湖祭海时蒙藏贵族王公和清朝大臣的馆驿。清朝大臣会见蒙藏贵族王公、举行会盟仪式、宣布朝廷有关政令、处理日常事务，都在东科尔寺进行，备受朝廷重视。清康熙四年（1665年），东科尔奉召入京，被朝廷奉为“文殊禅师”，任职于北京。从此，历世东科尔成为驻京呼图克图，地位甚尊。

东科尔寺注重密宗修持，以修供胜乐、密集、大威德三大本尊的彩粉坛场最为出名。每年农历正月、三月、十月，举行隆重的祈愿法会、修供会、供养会、念诵会、嘛呢会等佛事活动，是省内颇有影响的蒙古族寺院。

6. 石堡城

石堡城位于青藏公路湟源县日月山东麓，湟源县药水峡东面的哈拉库图附近。东距湟源县城大于20km，西距日月山大于10km，在青海古代历史上，它是一个十分险要的战略要塞。石堡城背靠华石山，面临药水河，坐落在一座褐红色的悬崖峭壁上，从远处就能看到它那虎虎雄姿。石城正面的崖壁十分陡峭，两侧山峦逶迤多姿，险绝峻极，令人生畏。石堡城在青海古代历史上是一个十分险要的要塞。

一说相传唐开元六年（718年），该城由吐蕃所筑，因三面断崖、地势险峻，又称铁仞城。方台长100m，宽90m，面积大于5000km²。考古工作者发现有唐代房址、铜钱、陶片、砖、开元通宝钱币。地处交通要冲，地势险要，成为唐蕃必争之地。另一说相传为隋文帝时所修，由于它地处交通要塞，地理形势十分险要，是当时设置屯兵的重要军事据点。隋代名将长安诗人史万岁曾专门写过一首《石城山》诗：“石城门峻谁开辟，更鼓误闻风落石，界天白岭胜金汤，镇压西南天半壁”。石堡城原是个不大的三角形方台，堡内可容纳上千人驻守。城堡沿三面断崖依形就势垒建而成，城墙是用长条形巨石堆砌起来，非常坚固。离大方台不远还有一个叫小方台，人们称之为“万人台”，又有人称为“万人坑”。据史书记载，自隋唐以来，在石堡城下曾发生过无数次惊心动魄的战斗，其中最残酷、最激烈的莫过于唐天宝年间的唐蕃之战。当时，唐王朝的军队为了攻占被吐蕃扼守的石堡城，曾使数万人死于城下，石堡城始终未能攻下。后来，陇右节度使哥舒翰采取深夜偷袭的办法，才将它攻了下来。哥舒翰因此而威名大振。《新唐书·玄宗本纪》中有“天宝八年，陇右节度使哥舒翰攻吐蕃石堡城，拔之”的记载。唐王朝为了表彰哥舒翰，封他为“西平郡王”。边塞诗人高适等人还写过不少吟颂“哥大夫”的诗篇，称颂他为唐王朝立下的功劳。天宝八年（749年），唐军以死伤数万人的代价再次攻占石堡城，设神武军，不久改为天威军，成为阻击吐蕃的重要军事据点。唐蕃之间仅有80多年间，在此进行过8次大的争夺战，双方死亡将士计10万余人。近年在古城绝壁下发现一处可能为当时阵亡将士的葬地。现为省级文物保护单位。

7. 湟源峡石刻文化走廊

青藏线湟源峡石刻文化走廊为大型人文景观工程，以湟源县城为中心，西石峡、药水峡为重点，西湟一级公路为主线，有层次地恢复和再造历史与人文景观，形成了一条以石刻公园、浮雕、雕刻、摩崖石刻、湟水石小景等为主要内容的景观轴线，整个石刻文化走廊立足于历史与现实相结合，分散与集中相结合，人文景观与自然景观相结合，汉、藏、蒙、回各民族文化相结合的原则，立足湟源，面向青海，挖掘旅游资源，勾勒历史画卷，展现灿烂文化。主题突出，特色鲜明，体现了人与自然的和谐。位于县城东南侧、药水河和湟水河交汇处的石刻公园是整个走廊的核心部分。整体设计以日月山名称和形象为主题，体现日月同辉、社会和谐、民族和睦的理念，并设置了雕塑、浮雕、湟水石小景、"花儿"石刻林等景观，再现了文成公主进藏、茶马互市、唐蕃古道、丝绸南路、民间艺术及历史著名人物的风采。在"花儿"石刻林，精心镌刻了百首青海经典"花儿"歌词，为全国第一家。同时，还修建了文化柱、小湖，古代水车及草坪、小径等，古朴大方，既可供游人休闲娱乐，又可使之了解湟源历史文化。

工作任务完成

(1)认真学习完成本任务的必备知识，认真学习关于"中国夏都——清凉西宁"环西宁旅游区的相关知识，挖掘环西宁旅游区相关景点的特色。

(2)收集相关资料，以小组为单位描述环西宁旅游区相关景点的特色，能针对游客需求设计出特色旅游线路。

巩固和提高

(1)假如某旅行社计划开发银发族旅游市场，依据旅游线路设计的原则，你能为其提供什么建议？

(2)组织学生以团队(小组)形式，到旅行社企业、旅游集散中心进行实地调研受消费者欢迎的旅游产品，形成调研报告。制作成 PPT，进行分组交流。

任务二　青海东部河湟谷地旅游区认知

工作任务描述

李卓玛是西羌旅行社的一名地接导游，接待了一个有 20 人组成的杭州旅游团。他们想体验一下青海特有的土族文化和撒拉族文化，领略绚丽多彩的土族和撒拉族民族风情。请你以模拟导游德身份，完成李卓玛在旅游车上进行的本次旅游服务工作。

任务分析

游客的地点确定了，需求的内容是体验青海特有的土族文化和撒拉族文化，领略绚丽多彩的土族和撒拉族民族风情。这样就确定了在介绍领略绚丽多彩的土族和撒拉族民族风情时应该包括土族文化和撒拉族文化的内涵。利用下面提供的相关知识，完成此次任务。

完成任务必备知识

本旅游区位于青海东部，位于日月山以东，北、东与甘肃省毗邻，南以黄南山地为界，行政区包括：西宁市及管辖的大通回族土族自治县、湟中县和湟源县；海东市的平安县、互助土族自治县、民和回族土族自治县、乐都县、循化撒拉族自治县、化隆回族自治县；黄南藏族自治州的同仁县和尖扎县；海南藏族自治州的贵德县（本旅游区不包含西宁市及管辖的大通回族土族自治县、湟中县和湟源县）。区域面积约 $3.69 \times 10^4 km^2$，约占青海省面积的5.18%；河湟区处在黄土高原与青藏高原的过渡地带，黄土广布，黄土地貌发育典型。黄河及其支流湟水、大通河从西向东流过，形成盆峡相间的地貌格局。宽展的河谷盆地地势平坦，土质肥沃，水热条件好，开发历史悠久，形成了多民族杂居和丰富多彩的民族文化。大的地貌单元包括湟水谷地、黄河谷地和这两谷地之间的拉脊山脉，以中山、丘陵、山间谷地为主。谷地海拔1650～2560m，山地在4000m以下，广泛分布黄土，黄土地貌发育典型。由于不同高度水热条件的差异，山体从下向上明显分为河谷、浅山、脑山带截然不同的自然景色。谷地内年均温2～9℃，7月份平均气温13～20℃，为全省最暖区。年降水量300～500㎜，属温带半干旱高原大陆性气候。黄河及其支流湟水、大通河、隆务河等从西、北、南向东流过，盆峡相间串珠式地貌格局。宽展的河谷盆地地势平坦，土质肥沃，热量足，灌溉条件便利，开发历史悠久，是目前青海省城镇和工农业生产布局最集中的地区。

本旅游区人口稠密，集中了全省72%的人口。除汉族外，还居住着回、土、撒拉、蒙古族和藏族等少数民族。闻名于世的唐蕃古道和丝路南线青海道从这里穿过；现在甘青公路、兰青铁路、青藏公路、青藏铁路等省内主干交通线横贯境内。以西宁为中心的公路交通网四通八达，是我国西部地理中心区域，具有极其重要的独特区位优势。

该区位于青海省会西宁市与甘肃省会兰州市的中间地带，北京至拉萨的109国道、兰青、青藏铁路贯穿全境，地区所在地平安镇有较大型铁路转运站；全区通信网络四通八达，实现全国自动漫游通话。该区是青海省重要的农业经济区和乡镇企业发展最快的地区。全区蕴藏着丰富的矿产资源和水能资源，已探明矿产资源30多种，蕴藏量数亿吨计的有石灰石、硅石、石膏、钙芒硝等。目前全区已基本形成了以资源开发为依托的六大工业体系。该区旅游资源十分丰富，区内国家自然保护区2处、重点风景名胜区51处。

本旅游区旅游资源丰富，加上自然条件较好，靠近国内东部发达地区，有省会西宁市的区位优势，旅游服务配套设施初具规模，目前已成为全省旅游的热点和中心，而且正在创造条件，发展成为全国旅游热点之一，越来越引起国内外游客的青睐。

一、知识链接

1. 湟水谷地

位于达坂山与拉脊山之间，南北两侧是由古老变质岩系及花岗岩侵入体所组成的高山。地势自西向东倾斜，海拔1600～2900m，地质构造属于祁连褶皱系，为中新生代山间断陷谷地。海晏以东，湟水下切入峡，自此峡谷与盆地相间，自西向东依次为扎马隆峡—西宁盆地—小峡—平安盆地—大峡—乐都盆地—老鸦峡—民和盆地。峡谷一般长1～5km，宽50～100m，峡谷组成岩石均为古老的变质岩花岗岩系。盆地长10～30km，宽2～4km，其中西宁盆地最大。

第四纪黄土遍布谷地，其中浅山和高位阶地上为原生黄土，厚度可达数十米至200m，低位阶地上为次生冲积黄土。经过流水侵蚀切割作用，多数成为黄土墚、峁和黄土低山丘陵，地表支离破碎，水土流失严重。

2. 黄河谷地

位于拉脊山与黄南山地之间，西起龙羊峡东端，东至甘青交界处的寺沟峡，长160km，海拔

1700～2400m。谷地地貌为峡谷与盆地相间分布,自西往东依次为龙羊峡—贵德盆地—李家峡—尖扎盆地—公伯峡—循化盆地—积石峡—官亭盆地—寺沟峡。峡谷一般宽仅百米,甚至数十米。这里河床比降大,水流量大且稳定,水力资源丰富,是我国水能资源丰富的地区之一。

盆地大都宽3～4km,其中贵德盆地面积最大。这些盆地是在青藏高原的挤压和隆起过程中形成的,盆地中充填的沉积物是盆地水系范围内造山带经风化、剥蚀、搬运和沉积的产物,这些沉积物不仅反映盆地在接受沉积物充填过程中盆地的动力学性质和周围造山带岩石圈的基本特征,而且反映沉积物在各种地质作用过程中气候和环境变化的信息。河谷边缘地带第三纪红层出露,在长期流水作用下形成连绵的红色丘陵、低山。岩层条件好的部位,发育了典型的丹霞地貌,具有较高的旅游观赏价值。第四纪黄土在河谷内广泛分布。黄河的侵蚀和新构造运动,使河谷中有多级阶地发育。

二、青海东部河湟谷地旅游景区(点)

(一)彩虹飞落的地方——互助土族之乡

1. 奇异的民风习俗

互助是我国唯一的土族自治县。土族以勤劳纯朴、热情好客、能歌善舞而著称。土族妇女服饰很独特,衣袖是用黑、绿、黄、白、蓝、橙、红七色彩布或绸缎拼制而成,据说是按照彩虹的色调而来,配色协调、鲜艳夺目、美观大方,故称土族是彩虹飞落的地方。七彩袖在土族语里称作秀苏,意为"花袖衫",鲜艳夺目,美观大方,为土族妇女服饰的象征。从最底层数,第一道为黑色花边,象征土族人民对黑油油土地的眷恋;第二道绿色花边,象征土族人民对绿色世界的憧憬;第三道黄色花边,象征土族人民对丰收的渴望;第四道白色花边,象征土族人民纯洁的心灵;第五道蓝色花边,象征土族人民性格直率,正如蔚蓝的天空、浩渺的大海一样纯真;第六道橙色花边,象征金色的光芒;第七道红色花边,象征土族人民对太阳的敬仰。

土族的民宅是四合院式的庄廓,多土木结构的平房,门面上雕刻有花纹图案,北房为正房,供奉神佛像,院正中大都竖有嘛呢旗杆。

土族人民热情好客,很注重礼节。客人前来拜访被认为"客来了,福来了",尊贵的客人是富贵的象征。主人用"吉祥如意三杯酒"欢迎客人来到。客人离去,全家出门送客、敬酒,祝愿客人吉祥如意,一路顺风。

土族人的婚礼是在歌舞中进行的,作为男女双方介绍人的"纳什金",同时还扮演着娶亲人的角色。没有能言善辩的招数,休想把女方嫁娶到男方家中。因此,土族婚礼表演是土乡旅游中最有趣的一幕。

土族的文化艺术十分丰富多彩。有民间文学"花儿"、叙事诗等;舞蹈有"安昭舞"。土族妇女刺绣工艺十分精湛,衣领、袖子、腰带、烟袋、钱包、鞋袜上面都绣上美丽的图案。刺绣制品除装饰自己外,还送给长辈和亲朋好友,有的作为爱情的信物,有的作为敬献神佛的供品。寺院和民宅建筑,吸收藏汉建筑风格,创造出土族风格的建筑形式。精湛的木刻图案、姿态各异的神佛造型、色彩斑斓的花卉鸟兽,土乡味很浓。

土族在节假日或闲暇时,人们欢聚一堂,有说有唱,边歌边舞。"安昭舞"是歌舞结合,男女老少聚集在庭院或麦场上,排成圆圈,一般由一人带领,一唱众和,歌声悠扬,舞步轻盈。土族人特别喜欢唱"花儿",民间有不少出众的"花儿"歌手。农历六月十五至十七日丹麻花儿会及农历六月初六五峰寺"花儿"会,在省内享有名气。

2. 湟北诸寺之母——佑宁寺

位于互助县境内五十乡，始建于明万历三十二年(1604 年)。鼎盛时有经堂、僧舍等 2000 多个院落，寺僧 7700 多人，下属寺庙达 49 个，有“湟北诸寺之母”美称。有大小活佛多位，其中土观、章嘉、松布、却藏、王佛五大活佛，清代封为呼图克图，其中章嘉活佛是青海驻京呼图克图首领，被封为大国师，与达赖、班禅和哲布尊丹巴并称为“黄教四圣”。

佑宁寺在历史上学经风气很浓，涌现出大批海内外有声誉的高僧哲人，历史上佑宁寺的影响曾一度超过了塔尔寺。该寺附近的天门寺，石灰岩造型地貌千奇百怪，流传着许多有关佛教的神话故事。寺周围山势雄伟壮观、林木茂密、自然风光秀美。

3. 北山国家森林公园(见项目三)

4. 却藏寺

却藏寺位于互助县城北约 20km 处，南门峡乡政府所在地。是由一世却藏活佛南杰班觉始建于顺治六年(公元 1649 年)，清雍正元年因罗卜藏丹津事件被毁，后重建，乾隆三十年(公元 1765 年)，清廷赐“广教寺”匾，再赐“祥轮永护”匾额，却藏寺除有却藏、章嘉昂等古建筑外，却藏寺还有千年佛殿，该殿上下两层，共 42 间。却藏寺藏语称“却藏具喜不变洲”，意为“佛教宏扬洲”。

却藏寺被东西二山环抱，右如盘龙绕卧，左似凤凰展翅，后山松柏苍翠，寺前良田千亩，南门峡水库及林区风景优美宜人。

5. 丹麻会

在互助县丹麻乡政府所在地东丹麻村的丹麻滩中央，有两株数人合抱的古杨树。传说从前这里树木葱茏，一土司伐尽林木修寺，此地遂成为河滩。天复大旱，禾苗焦枯。有一对土族男女于六月初六在滩里对唱“花儿”，对天哭诉，唱了七天七夜，感动苍天，遂降甘霖，禾苗复苏，生灵得救。两男女唱“花儿”处，后来生出了两株参天大树。

为纪念这两个男女青年，丹麻地区的百姓于每年农历六月初六请戏班在树前唱戏，丹麻滩里的男男女女演唱“花儿”。丹麻“六月六”花儿会，每年农历六月初六，在丹麻举行传统的“花儿会”，届时，各地“花儿”高手如约而至，游人如织，或对歌，或独唱，消夏踏青，以歌传情，此一习惯延续至今，遂成为传统的丹麻“花儿会”。

6. 五峰山

五峰山位于互助县威远镇西北 15km 处的五峰乡白多脑村，距西宁市 45km，交通十分便利。五峰山因五座山峰并立，故称五峰山。山上有寺，故称五峰寺。五峰寺始建于明崇祯十五年(公元 1642 年)，属道教寺观，为我国古典式庙宇建筑。五峰山主要景点有三林、三洞、三泉。三林即松树林、杨树林、桦树林；三洞是无量洞、黑虎洞、三清洞；三泉即澄花泉、隐泉、裂口泉。寺庙建筑有菩萨殿、无量庙、岷生亭、玉泉殿、黑虎庙和香公楼等。

五峰山翠峰青峦，雾披云裹，泉水叮咚，风景十分优美。“五峰烟雨”清代时期就被称为“湟中八景”之一，现在仍然是青海省有名的旅游风景区。

7. 白马寺

从平安镇北眺，隔湟水对岸红色山体的半山腰上，有一座梵寺，香烟袅袅，游人不绝，这就是青海最早的藏传佛教寺院之一的白马寺，当地人称金刚崖寺。该寺虽然规模不大，但其影响远及国内藏区，每年正月十五、端午节，当地藏、土、汉等民族的信教群众纷纷前来顶礼膜拜，甚至还有来自西藏、甘肃等地的信徒。

公元 9 世纪中叶，西藏赞普达玛禁佛，这时西藏曲卧日名叫藏饶赛、玛释迦牟尼、约格琼的三位僧人(藏史称“三智士”),携带藏经卷,经阿里高原、新疆的高昌(今吐鲁番),最后辗转来到青海东部黄河谷地循化、化隆、尖扎等地传戒授徒。他们曾在尖扎阿琼南宗、化隆丹斗等地定居过,收当地牧童贡巴饶赛为徒。贡巴绕赛这位苯教徒皈依佛教,以“三智士”为师,苦心钻研佛经,终于成为高僧。西藏佛教再度兴起时,西藏桑耶地区领主派鲁梅等十人宋青海向贡巴绕赛求法。他接收十人为徒,这些人学成返藏,使佛教从安多地区重新传入西藏,而且其发展的程度远超过达玛灭佛前的规模。这在藏传佛教史上称之为后弘期的“下路弘传”,贡巴绕赛被奉为藏传佛教后弘期下路弘传的鼻祖,尊称为喇钦·贡巴绕赛,意为智慧大师。相传,三智士晚年来到今白马寺旧址凿洞修行,后来在青唐城(今西宁)圆寂,信徒们为纪念他们修建佛寺,这便是现在青海省政府旁的大佛寺。贡巴饶赛晚年追师也来到了白马寺附近金刚崖下,在此建佛塔镯佛像,命名为玛藏岩寺(取玛释迦牟尼、藏绕赛俩人名字的头一个字),作为讲经中心,弘扬佛法,最后圆寂于此。据说他的肉体就保存在寺内,这就是白马寺出名的缘由。

至于白马寺名称的来历,众说不一。有的说是三世达赖喇嘛于 1584 年去佑宁寺,中途他的白马就死在这里,故名;另一说有个名叫贝吉多杰的人骑着用墨涂黑的白马,穿着黑面皮袄,在拉萨刺杀了达玛赞普,王室亲兵追赶,在危急时刻,他骑马渡过拉萨河,河水把马身上的墨色冲洗干净,恢复了原来的毛色,他把皮袄翻过来穿,白羊毛露在外面,这才躲过了追兵的搜捕,最后他来到青海,这匹白马死在玛藏岩寺。后人为纪念刺杀暴君达玛有功的贝吉多杰和他的白马,把这座寺改叫白马寺。

(二)乐都古文化

1. 青海故宫——瞿昙寺

瞿昙寺位于乐都县瞿昙乡新联村,在 1982 年 3 月 23 日,被国务院颁布为第二批全国重点文物保护单位。

在青海众多的寺院中,它以辉煌的建筑,精美的壁画,珍贵的文物而著称。瞿昙寺始建于明代洪武年间,明太祖将该寺命名为瞿昙寺,瞿昙为梵文译音,原是佛教始祖释迦牟尼的姓氏和尊称。该寺迄今已近 600 年历史,面临瞿昙河,背依罗汉山,整个寺院依山傍河而建,占地约 $27570m^2$,建筑面积约 1 万 m^2。寺院坐落在略呈正方形的城堡内,坐西向东,总体布局为前、中、后三进院落,并在一条中轴线上。寺院地势高低错落,殿宇雄伟壮观,是典型的明代早期宫殿式建筑群。

相传明代初年,人称“三罗喇嘛”的西藏高僧,从西藏洛扎来青海湖海心山静修,后到乐都南山瞿昙附近的“官隆古洞”中修仙,弘扬佛法。朱元璋派兵进军西域时,三罗喇嘛率众归顺朝廷。朱元璋念其忠顺,于明洪武二十二年(1389 年)请他到京城尊为上师,并由朝廷拨款,于洪武二十五年(1392 年)建寺。次年,朱元璋赐名“瞿昙寺”,成为明代青海东部河湟地区最大佛寺。三罗喇嘛被封为西宁僧纲司都纲,成为西宁卫的宗教领袖。明朝历代皇帝为瞿昙寺赐匾额、修佛堂、立碑记、封国师、赐印诰等,给予大力扶植。清代,三罗喇嘛家族的班觉丹增喇嘛还被康熙皇帝封为“灌顶净觉弘法大国师”衔。以后该寺多次扩建,历经 600 多年形成如今规模。该寺珍藏的明清文物十分丰富,如明朝皇帝所赐御碑,明清时十多方匾额,御制的金印、象牙印、象牙佛珠、檀香木佛珠、石雕米拉日巴像、明宣德青铜巨钟。特别是该寺内近 $800m^2$ 的壁画,填补了我国西北地区明代壁画的空白,是国内藏传佛教壁画中历史最久的遗存。瞿昙寺总体建筑布局极似北京故宫,人称“小故宫”,对研究 12 世纪青海地区寺院建筑、佛教艺术、宗教制度等方面有重要价值。

2. 柳湾墓地——彩陶艺术博物馆

位于乐都县东17km高庙乡柳湾村，考古工作者在该墓地进行了大规模的考古发掘，总面积11.25万m^2，发掘清理墓葬1691座，出土文物3.7万余件，其中彩陶约万件，该墓地成为我国黄河上游迄今已知规模最大、保存完好的一处原始社会氏族公共墓地。

柳湾墓地属新石器时代的马家窑文化类型，因文化内涵和地域上的差异性，这些墓葬按文化性质的不同，可分为马家窑文化、半山类型、马厂类型以及齐家文化、辛店文化等，以马厂类型为主。该墓地总面积为11.25万m^2，其合葬墓葬法特殊，一般都有随葬品。为了让人们更好地了解柳湾原始墓地的出土文物，青海省政府在柳湾村建了省级博物馆——柳湾彩陶艺术博物馆。

柳湾彩陶艺术博物馆，集中展示了出土于柳湾墓地、大通上孙家寨遗址、民和阴山墓地、循化苏乎撒遗址、同德宗日遗址等大量精美的彩陶制品。青海东部新石器时代马家窑文化彩陶制品数量之多、造型之奇、纹饰之繁、图案之美，在我国远古文化中占有十分重要地位。考古界把青海东部、甘肃西南部称为“远古彩陶的故乡”，彩陶成为甘青地区新石器时代文化的重要标志。

3. 乐都关帝庙牌坊

关帝庙规模宏伟壮观，由南向北依次建牌坊、庙门、东西廊房、正殿、后进宫等，历经400余年沧桑，逐渐埋没，独有关帝庙牌坊至今仍威严屹立于此，牌坊为木质结构，高15m，宽10m，六根直径70cm的柱子支起重亭式牌坊。柱基围雕有各种花纹的方石，八个八角楼亭相连接，拱成三层重亭。第一层4亭，第二层2亭，第三层1亭，三层亭又形成一个大亭，建筑结构严谨，玲珑剔透，亭上有亭，又浑然一体，造型十分独特，被誉为“八卦绰楔”。亭内雕梁画栋，亭顶琉璃绿瓦，门楹大匾“关帝庙”三字苍劲有力。始建于明神宗万历年间。1956年，关帝庙牌坊由青海省人民政府列为重点文物保护单位，是乐都12景之一。1960年和1969年，乐都县人民政府曾两次拨款重新彩绘，使牌坊面目一新，游人常常驻足其前流连忘返。

4. 鲁班亭

鲁班亭位于乐都县老鸦峡西口湟水中央，又称“中流砥柱”，为乐都县八景之一。始建于清初，后被毁，现亭为1984年重建，此亭建在边长6m、高9m的湟水河中的一块自然石墩上，石墩右壁刻有“米颠拜石”四字，下款为“渠阳刘殿衡题并书”的题记。刘殿衡系清康熙二十九年(1690年)西宁道台。鲁班亭远远看去好像在湟水上漂着的一只画舫，给人以无穷的遐想。至今在老鸦峡口北山上还留有鲁班生活用过的石缸和坐过的痕迹、南山上形似鲁班妻子站在那里看鲁班建亭的巨石。

5. 西来寺

西来寺是省级重点文物保护单位，位于青海省东部乐都县碾伯镇，距省会西宁50km有余。始建于清雍正十一年(1733年)，由比丘尼募建，祭祀释迦佛和弥勒佛。清道光、光绪年间重修。1976年修建新大街时，街面经由院内通过，前殿被拆除，现仅存正殿及两庑，占地2500m^2，坐南向北。大殿属单檐歇山顶抬梁式木结构，斗拱装饰，屋顶两边吻兽，屋脊有宝顶。1984年宗教政策落实，比丘尼捐资按原样修葺，并新修了山门；山门置挑檐斗拱，为一斗三升，上下两层，并油饰彩绘协调。院内增添了匾额楹联，满院奇花异草，环境清新幽雅。殿内增塑了佛像，1990年从瑞丽接来玉佛一尊，1991年又从九华山接来药师、阿弥陀佛、地藏、阿难、迦叶等5尊坐佛。还从江苏订铸了一座铁鼎，摆放在寺中。每逢初一、十五都要举办庙会，诸如正月十五等盛大节日活动更是热闹非凡。

西来寺名称的由来还有一段美丽的传说。据说,修寺过程中资金发生困难,眼看就要半途而废,施工主人们想再出远方化布施。晨起,在院中发现两骆驼,背负重囊,朝东而卧。邑人们认为是行脚驼峰,驼主会来赶走。迟至日中,未见驼主,于是派人到处寻找,夜幕降临,未见赶走,于是有人解囊启袋,发现满是白银,约有 9000 余两。得此银后加快了进度,增建了殿堂。竣工后为寺命名时,人们以为若无西来之资,此寺难以完工,今能完工实乃西主资助之力,故定名"西来寺"。另一传说则是,有人在河边拾得一铜佛,为之建寺,特名为"西来寺"。

6. 乐都武当山

乐都武当山始建于雍熙甲申年,位于青海省乐都县县城东北的引胜沟内,距县城 10km 处的杨家岗村对面,距西宁 60km 有余。武当山坐落在引胜河东岸,山势陡峻,荆棘丛生,桦木、苍松挺拔,生长于陡坡岩壁上。山脚有温泉流注于引胜河中。南北两侧有曲径可攀登达到顶峰。山顶有无量殿、磨针宫、三清殿、观音殿、老爷殿(关羽殿),以及黑虎宫、山神土主、牛王、吕祖和百子宫、雷祖殿。

(三)民和三川土族之乡

1. 青海的"三川"

民和县官亭地区素有青海"三川"之称,官亭镇位于民和县最南部的黄河谷地,其盆地呈东西狭长形分布,长约 20km,宽 3 ~ 5km,从西向东依次划分为上川、中川、下川,故从地域上官亭盆地又称"三川"。就地质构造属新生代山间断陷盆地,西面和东面分别是积石峡和寺沟峡,黄河从西向东流贯其间。盆地内海拔 760 ~ 1850m,年平均气温 9℃,降水量 350mm,是青海省内地势最低、水热条件最优越的地区。根据有关史料记载及考古发掘,史学家们提出官亭是大禹故里。

2. 三川土乡"纳顿"会

民和县最南部的三川,是青海省土族群众最集中的地区之一,黄河从中部穿过。三川素有"青海小江南""瓜果之乡"的美称。

"纳顿"是土族人的传统节日。"纳顿"土语为"玩"的意思。是每年农历七月十二日 ~ 九月十五日,夏粮收割完毕,人们为了感谢神灵、欢庆丰收而举行的宗教色彩浓郁的群众性文化娱乐活动。三川土乡到处前后持续 63 天,堪称世界上最长的狂欢节。

"纳顿"会上首先表演的是"会手舞",参加人员从白发苍苍的老年人到七八岁的顽童,少则几十人,多则数百人。最前面的老年人队伍,他们身着白绸缎长衫,外套黑色坎肩,戴上心爱的礼帽和表示身份的茶镜,手持鲜花、柳枝或扇子,一招一式庄重而典雅,虽已年过花甲,银须飘胸,跳起来仍从容自如,姿态优美;中间是中年人组成的锣鼓队,腰系红绸带,扎着裤腿,整齐而有节奏地敲着锣鼓,舞姿热烈而奔放;最后是儿童队,他们认真模仿着大人的舞姿,神态憨厚而可爱。

民间舞剧《庄稼其》,剧情是说一位土族老人教自己儿子和儿媳务农的故事,基本上没有对白,完全以细腻传神的动作表达人物感情,戏剧味很浓。表演"三将"、"五将"等三国故事的舞蹈,显然是受到汉文化影响的结果。最后表演的是《杀虎将》,用"杀虎将"的形象,赞颂了土族的祖先在同虎狼豺豹搏斗中取得胜利的英雄气概。舞蹈动作原始、质朴、粗犷,是一出古老而优美的传统民间舞蹈,具有强烈的艺术魅力和感染。

3. 民和喇家遗址

该遗址位于民和县南端三川土族之乡官亭镇喇家村河北岸二致阶地上,出土器物主要有陶器、铜器、骨器、玉器、石制品等。陶器的烧成温度在 1000℃左右,大部分玉器属新疆和田玉,这在当时生产力发展水平十分低下的情况下是一件不可思议的事。人们从遗址处发现长约600m、宽约200m、平面呈长方形的壕沟,还发现了黄河磬王。从这里,我们有理由推断,古代这里是一个大型聚落乃至一个古国城堡的重要标志,喇家遗址因而有东方"庞贝"古城之誉。

喇家遗址的全面发掘,给我们展示了我国远古时期的文明,对研究自然地理环境变迁、文化发展、社会结构形态等相关联的众多课题均有十分重要的价值,为国务院第5批全国重点文物保护单位。

4. 七里寺药水泉

该药水泉位于民和县古鄯镇。据《西宁府志》记载:"此泉水其味辛温,饮之愈胃疾",泉水透明清澈,味道麻辣,爽口清凉,不断冒出气泡,犹如啤酒,风味独特。

经水质分析,该矿泉水为含锶、偏硅酸及硫酸的复合型饮用矿泉水,水质为碳酸、钙、镁型,其中游离二氧化碳的含量高达1680mg/L,可溶性二氧化硅含量也达到硅酸矿泉水标准,富含人体健康发育必需的微量元素40余种,为国内不多见的优质天然饮用矿泉水。对治疗心血管疾病、血液、神经系统疾病、皮肤病,特别对消化系统多种疾病有奇特疗效。

5. 丹阳城

黑城(又称白土城或丹阳城)位于民和县南中川乡美田村,东西长235m,南北宽239m,占地53328m^2,城基厚11m,高8m,设南北2门,有瓮城,居中川台地最高处。丹阳城源于丹阳公主的传说。宋代,三川地区有位叫丹阳公主的女中英豪,她雄才大略,万民推选她为王,并占领了这座城池,带领百姓抵抗宋王朝的征讨,最后因寡不敌众,丹阳城毁于宋军烈火包围中,在熊熊烈火中升腾起一只鲜血淋漓的大凤凰,一声呼号,背负丹阳公主直冲云霄。据说三川土族妇女的服饰打扮都是模仿丹阳公主的,公主的神话传说故事代代流传,像是矗立在土族人民心上的一座丰碑,流芳百世。

(四)循化撒拉族之乡

1. 骆驼泉

骆驼泉位于循化撒拉族自治县积石镇西4km的街子村,骆驼泉的景点面积约为3500m^2,呈一长方形,周边有围墙。中央部分为一长约40m、宽约20m的水池,泉水从池中央的泉眼中涌出。池深0.6m左右,周边为水泥砌成。池的南边岸上有一石刻骆驼,池的东北面有一亭子,池边栽有松柏。

该泉与撒拉族的来历有关。民间传说,撒拉族的先祖从中亚辗转来到黄河之滨,同行的白骆驼卧在一山下,化为玉石骆驼,嘴中喷出清泉,撒拉族先祖就定居于此。距骆驼泉不远有撒拉族祖寺——街子清真大寺。

骆驼泉被撒拉族视为圣泉,在撒拉族文化中占有重要地位。据说泉水原来是从白骆驼嘴里吐出来的,就是在大旱之年,泉水也哗哗流淌而不枯竭。饮了这泉水,男人长得端庄,女子生得俊俏,牛羊格外肥壮;用这泉水浇灌农田则五谷丰登,瓜果格外甘甜。撒拉人把这眼泉叫骆驼泉,视其为"圣泉"、"幸福泉"。骆驼泉,民间流传着一个优美神奇的传说:700多年前,中亚撒马尔罕地方,有个逐水草而居的撒鲁尔部落。部落头领尕勒莽有很高的威信,有个弟弟阿合莽,兄弟两人受到国王的妒恨和迫害,便决定离开这里去寻找新的生活乐园。于是他们与同族中的16个人牵了一峰白骆驼,驮着手抄《古兰经》及故乡的土和水,向着太阳升起的地方走,翻过崇山峻岭、越过沙漠戈壁,历经艰难险阻,来到了今日黄河之畔的循化县街子村。一天,白骆驼失踪了,后来他们发现白骆驼卧在一泓泉水之中,已变成了玉石骆驼。从驼嘴中喷出清泉，所驮负的经卷、土、水完好无缺；而且这里的土和水同他们带来的土和水完全一样，于是他们意识到，这里是他们日夜寻找的新乐土，于是就在这里定居下来了。不久建起了宏伟壮观的街子清真大寺，将手抄《古兰经》供奉在寺内，白骆驼依然卧在那里，骆驼泉水一直汩汩地流淌着，浇灌着撒拉人的心田。

2. 撒拉族民风习俗

撒拉族是一个勤劳、勇敢、强悍，并有强烈自尊心的民族。宾客来家，捧出“油香”（一种油炸面食）、“手抓羊肉”、“三泡台盖碗茶”，这是上等的款待。他们的服饰根据年岁、性别不同有较大差异。小伙子爱穿白色汗褂，外套黑色坎肩，腰系红布带（或绸带），头戴白色六牙帽，显得潇洒俊美。居住多为一家一个小庭院，房屋门面雕刻各种花卉图案，涂以清漆，显得格外雅致。庭院内种满了各种花草树木、蔬菜，院内花香扑鼻、果实累累，显得清秀别致。

撒拉族婚俗，既古朴又喜气。娶亲人一般先在女方家门外场院守候，听阿訇诵“尼卡亥”（合婚经）；新娘要进男方大门时，男方闭门索礼，送新娘的人簇拥着新娘骑马夺门而人，其间双方相互推拉，互不相让，但不计较。

撒拉族的民间文学艺术，内容丰富，其中神话故事、传说占有很大比重。歌曲有撒拉曲，是用本民族的语言演唱的一种节奏明快、独具情调的歌曲；宴席曲、撒拉花儿用汉语演唱，高亢嘹亮、自由奔放、婉转动听；“撒赫斯”则是撒拉族姑娘出嫁时唱的一曲悲歌，曲调哀婉。舞蹈有骆驼舞，一般在举行婚礼时表演，追述撒拉族祖先从中亚东迁的经过，表演大多是在月光下进行。撒拉族妇女擅长刺绣，枕头、袜底、鞋帮两侧绣着各种花卉图案，青年男子的围肚则绣有五彩花鸟。

3. 循化街子清真大寺

街子清真大寺为撒拉族祖寺，是省内著名清真寺之一。始建于明洪武二年（1370 年）。现已仿照新疆喀什清真大寺重新修建，展现出纯阿拉伯风格建筑。新建大寺占地面积 4000 多 m^2，大殿呈长方形，总面积 $2394m^2$，可容纳 1000 多穆斯林礼拜。殿内 4 根大柱支持着 49 间殿顶，穹隆式的绿色圆顶覆盖其上，东、南、北走廊相通，大殿四角是四个完全相同的高 23m 的宣礼楼，中间为大圆包塔。大殿两侧有两栋学房楼，南北对称。寺内珍藏有撒拉族祖先从中亚撒马尔罕东迁时带来的手抄《古兰经》，寺对面是撒拉族祖先尕勒莽和阿合莽的坟墓（拱北），附近有骆驼泉。这些珍稀文物古迹、古老建筑群以及在民间流传的有关族源的神话传说故事，给撒拉族蒙上了一层神秘色彩。

4. 十世班禅大师故居

十世班禅大师全名班禅额尔德尼·确吉坚赞。班禅额尔德尼是藏传佛教格鲁派两大活佛转世系统的一种称号，确吉坚赞是他的法名。班禅大师于 1938 年 2 月 19 日诞生于循化县文都藏族乡毛玉村，俗名贡布才旦。1941 年他被认定为九世班禅转世灵童，于 1949 年 8 月 10 日在塔尔寺坐床，1952 年 6 月底抵达日喀则扎什伦布寺，1989 年 1 月 28 日 l 在日喀则扎什伦布寺圆寂。大师担任过全国人大常委会副委员长、全国政协副主席、中国佛教协会名誉会长等重要职务，是一位伟大的爱国主义者和杰出的佛教领袖。

大师故居的正院是一处藏式四合院，整个建筑典雅大方，雄伟气派。北面是经堂，门上有一副对联：“九曲安禅爱国早传拒虏，八荒向化护教所以安邦”，上悬“河源须弥”镀金大匾，经堂正中是班禅大师的遗像，金灯银座，明丽灿烂。

班禅大师故居附近的文都寺，是大师幼年出家学经的母寺。该寺于公元 1402 年（明惠帝建文四年）由宗喀巴大师弟子东宗喜绕坚赞创建。现建有十世班禅大师纪念塔，气势宏伟、精美壮观，具藏传佛教风格。

5.“青海高原的西双版纳”

孟达自然风景区位于循化县东北部黄河南岸的黑大山中，面积1.73万hm^2，地处我国黄土高原向青藏高原过渡区，成为华北黄土高原、青藏高原和横断山脉植物区系交汇地带。特殊的生态环境，遗留了一些热带和亚热带的植物种类，各种植物区系相互渗透。孟达自然风景区是一个山高沟深、树大林密、植物繁多、风景优美的原始自然林区，被人们称之为“青海高原的西双版纳”。孟达林区是高山深谷和天池形成的小盆地，气候温和，空气湿润。林区有植物90科，296属，517种。孟达林区500多种植物中，有50多种植物是青海省内其他地区没有的。

许多物种是国内水平分布的西部边缘，被称为“青海高原天然植物园”。植物种类主要以温带成分占优势，其中巴山冷杉、侧柏、啤酒花、文冠果、白首乌等40余种植物，在青海其他林区尚未发现；还有30多个寡型属和单种属。森林覆盖率77.6%，是青海省内次森林系统最为复杂的林区之一。林区的药用植物有300多种，其中载入国家药典的有81种。风景区内药用植物326种，其中载入国家药典的就有80余种，有大叶三七、羽叶三七、贝母、何首乌、大黄、羌活等几十种名贵和稀有药材。有可供观赏的珍奇植物不下百种，这一切使孟达自然保护区成为青海高原上的天然大花园。如羽叶丁香、紫丁香、珍珠梅、东陵八仙花、山梅花以及多种蔷薇、海棠、花秋等野生花卉，把孟达风景区点缀得花团锦簇。

孟达林区有野生珍稀动物10多种，其中属于国家重点保护的野生动物有10余种，成为野生动物的天然乐园。飞禽30多种，在天池里还有各种鱼类。这些飞禽走兽和鱼类使林区生机盎然，景致迷人。孟达林区的大森林中有一个风光绮丽的高原湖泊——天池，天池水面海拔2504m，水面积1.75km^2，平均水深15m左右，池水清澈，水质甘美，是令人神往的旅游胜地。

黄河在风景区北端自西向东滚滚流去，河道十分狭窄，称为积石峡。峡内有一称“野狐跳”的河水面只宽4~5m，野狐遇有急难便可一跃而过。河两岸发育的丹霞地貌极为壮观，奇峰有宫殿式、麦垛式、帷幕式等多样类型，红色赤壁陡立，大都高达200~300m，形成色如渥丹、灿若明霞、奇峰秀美的丹霞地貌的长卷画廊。史书上大禹辟积石导黄河的故事就发生在这里，峭壁上至今留有大禹挥斧劈山的痕迹，河边岩石上大禹足迹依稀可辨。积石峡是黄河上游水电资源重点开发坝址之一，装机容量60万kW，不久将有风光秀丽迷人的高峡平湖出现在这里。

孟达自然风景区，以丰富珍贵的野生动植物资源和复杂的植物区系特征，使这座高原物种基因库具有较高的生物学价值，加上秀丽多彩的地貌、人文风光，2000年4月被国务院批准为国家级森林保护区。孟达天池附近还有飞泉瀑布、卧虎石、神仙洞、虎啸泉、回音壁等景点。

6.文都寺

文都大寺以研习佛教的显密哲学闻名藏区，鼎盛时期僧众达500人，占地39996m^2，拥有佛塔两座，经堂、佛殿、赞亢12座，昂欠（活佛院）8处，僧舍290处。从远处眺望，整个建筑群依山势布局，错落有致，经过这几年重新修葺，显得更加宏伟壮观，气势非凡。寺对面的智登山上原始云杉林郁郁苍苍，将文都大寺衬托得格外幽雅。其中大经堂呈两层楼式，楼下100间，楼上50间，共计150间。有方形通天大柱210根，经彩绘后用藏毯包裹，全寺200名僧人就在这里念经；曼巴扎仓设在一个幽静的院里，是僧人研习藏医藏药的地方，汉语意为“医学院”。现在曼巴扎仓对外开放，远近群众多来就医。

文都寺是班禅大师早年学经、受戒和回乡后进行佛事活动的主要场所。1991年9月，建成了大师纪念塔并进行开光典礼。塔殿占地面积1410m^2，建筑面积740m^2，殿高20m。殿内塔身金碧辉煌，美轮美奂，珠闪玉映，富丽堂皇，具有藏传佛教特色和藏式风格，宏伟壮观，气势非凡。塔殿东侧建有大师纪念馆，用石雕、图片、文字等形式介绍大师生平，常有信徒朝拜和旅游者观光。

7. 黄河皮筏

皮筏子也叫黄河皮筏，是黄河上的一种古渡工具，在青海主要流传于化隆、循化一带，沿传至今已有几千年。自古黄河上漂着两种皮筏子，一种为牛皮筏，编圆木为排，下拴十几个牛皮囊，载重可达数十吨，多用于货运，到达目的地后，不仅将货物卖出，连架船的圆木也卖掉。筏客子（划筏人）雇骆驼驮牛皮囊返回，以备下次再用。另一种是羊皮筏，形制小，负重轻，以客运为主。摆渡时，皮筏基本是顺流而下，返回原地时，则山筏客子扛于肩头，步行于上游处，再放筏急划过来。以羊皮筏子为漂流工具，由6个左右的充气整羊皮与几根树杆绑制而成，长约1m，宽约0.7m，可供1～2人漂流。漂流者手握划桨一副，顺流而下。漂流段水面宽展，黄河南岸入水处河滩平坦，入水方便，周围空间大，水质优良，河北岸奇峰耸立，近水边有河滩相接，每当开展漂流活动，村民不约而同来观赏、喝彩。黄河皮筏是循化县城黄河段当前百姓保留着的一种传统漂流方式。漂流段水面平缓，水质优良，南岸砂砾滩舒缓，可觅黄河奇石，北岸山势较陡，丹山碧水，环境宜人，风光隽永。

（五）化隆的宗教文化

1. 夏琼寺

夏琼寺属省级文物保护单位，位于青海省化隆县查甫乡，距省会西宁95km，临平公路南侧15km处，是化隆县风景区中较著名的宗教文化游览圣地，始建于1394年，为青海最古老的藏佛寺之一。“夏琼”藏语意为大鹏，乃附会山形之势以命名。其山在查甫乡南尽头，势如展翅欲飞之大鹏，雄踞黄河北岸，俯瞰九曲盘旋，远眺千山万壑，左倚尕吾山，右靠多尔福山，后托八宝山，有赞曰：“青龙游于前，黄龟伏于后，灰虎卧于左，红鸟翔于右。”东、西、北三面重峦叠嶂，南面如刀劈斧削，陡峭万仞，险绝异常。山顶建有古刹夏琼寺，从南向北远望，寺院恰似位于大鹏右肩，古人誉为佛教圣地，距今已有600多年的历史。夏琼寺为藏佛寺院，因藏传佛教格鲁派一代宗师喀巴大师在此剃度出家而闻名于世。

夏琼寺是藏传佛教格鲁派创始人宗喀巴的发祥地，历代三世、七世、十三世达赖捐金数千两修饰了该寺殿堂，使该寺更加金碧辉煌，光彩四溢。该寺第一批经师先后充当了七世、八世达赖、九世班禅和三世章嘉活佛的经师。1788年乾隆皇帝赐名“法静寺”，并敕赐汉、藏、蒙、满四种文匾一幅，上题“大乘兴盛地”金字。夏琼寺自创建以来，先后修建了妙音菩萨殿、弥勒殿、金顶殿、阿底峡殿、金刚佛殿、支扎佛殿、煨桑殿、地藏菩萨殿、监河弥勒殿、山佛殿、护法神殿11个殿堂，构成了一处汉、藏艺术风格相结合的古建筑群，整体建筑庄严大方，雄伟壮观，布局井然，气势磅礴。1980年批准开放，在夏日东、却卜藏等活佛主持下重新整修，庄严气象逐渐恢复。现主要建筑有大经堂、大雄宝殿、文殊殿、大金塔殿等，并开设有因时学院、密宗学院、时轮学院、毗卢遮那现证学院、医明学院。大经堂气势宏伟，三副十分壮观的双扇大门，令人油然生出神圣之感。大金塔殿内的顿珠仁钦舍利亦重放灵光，接受海内外佛教徒的顶礼膜拜。寺内现藏佛经千部以上，其中珍贵版本有《甘珠尔》、《丹珠尔》、《宗喀巴大师文集》等。

2. 化隆城本清真寺

城本清真寺占地面积约3999m^2，礼拜大殿为宫殿式建筑，前卷后脊形，开面5间，纵深5间，650m^2有余。大殿层面均由阴阳瓦铺盖，起脊飞檐，雕梁画栋，山墙壁画和门窗之处的各种砖雕、木刻等装饰尤为精美，南北两侧为各5间的出檐厢房。正东为3间门楼，门顶建木质结构的3层宣礼楼，门楼正面营造有一堵长12m、高5m的青砖照壁，壁画镶刻有各种草木花卉的图案，20世纪60年代末，宣礼楼、砖照壁被毁，后新建南北二层各8间的学房楼两栋，四层宣礼塔一座。始建年代为明末清初，1986年，该寺被列为县级重点文物保护单位。

3. 化隆西关清真大寺

全寺占地面积约3000m^2，建筑总面积1213m^2，由礼拜大殿、学房、宣礼楼、净房、三门等建筑组成。礼拜大殿为古典庙宇式建筑，开面5间，纵深6间，从正面看去，6根红色巨柱之上穹隆大屋顶篷遮，显示出大殿高大宏伟的气势。南北两侧平行建造各7间的出檐走廊式学房，在大殿正对东面，有一座木质结构的六角八卦亭式宣礼楼。

4. 阿河滩清真寺

阿河滩清真寺位于化隆县甘都镇东的阿河滩村，建于清乾隆四十五年（1780年），其规模仅次于循化县街子清真大寺，占地1938m^2。其建筑风格融藏式、汉式和伊斯兰建筑艺术为一体，是清真寺建筑群中甚为罕见的建筑工艺。

5. 丹斗寺

丹斗寺位于化隆县境东部金源乡，坐落在黄河北岸的小积石山中，寺院虽规模不太大，但兴建成在塔尔寺、佑宁寺未兴建之前，是青海地区颇负盛名的寺院。约建于9世纪末，是藏传佛教后弘期发祥之地，丹斗寺是青海地区藏传佛教中比较古老的一座佛寺。

（六）平安的宗教文化

1. 夏宗寺

夏宗寺位于平安镇西南28km的寺台乡境内，又称“峡峻寺”、“夏峻寺”，皆为藏语之异译。这里是个林木茂盛、重峦叠嶂、山花烂漫、景色迷人的地方。

据传早在东晋隆安三年（公元399年），汉僧法显与法友等人赴印度求经，曾在此活动留有遗迹；宋代唃厮啰后裔益麻当征建有静房；元代至正十九年（公元1359年），西藏噶玛噶举派四世活佛若必多杰，应诏进京途中一度在此居住，并给年仅3岁的宗喀巴授近事戒。后来宗喀巴的启蒙经师曲结·顿珠仁钦、塔尔寺首任法台鄂色嘉措等都在这里修行过。若必多杰去世后还建有若必多杰灵塔和佛殿，又经罕达隆、塔尔寺一世安加苏、二世三世当彩的扩建，成为相当规模的格鲁派寺院，鼎盛时僧人300多，经堂、佛殿、僧舍300余间，有经堂、噶玛、八卦亭三个建筑群。在6～9月的旅游旺季，西宁市及附近游人前来观光，成为海东地区一处理想的宗教文化和风景名胜旅游地。

青海地区诸多名僧都曾在此修行，使夏宗寺在青海享有盛名，遂成为藏传佛教界的名刹。鼎盛时有400多间殿堂和僧舍。整个寺院依崖而建，山崖寺址洞窟，气势非凡。经堂后面的山峰上，有一座建于乾隆年间的八卦亭，是览物观景的好去处。

2. 洪水泉清真寺

位于平安镇西南20km的洪水泉村，为青海省伊斯兰教三大清真寺之一。始建于明代，经五次扩建，尤其乾隆年间扩建工程最大，形成现在规模。总建筑面积4200m^2，由大殿、宣礼楼、山门、砖牌坊、学房楼、净房等组成，均为我国古典汉式庙宇建筑形制。大殿为五开间，几根巨柱撑顶，雕梁画栋，飞檐斗拱。

3. 寺台石窟寺

位于平安县寺台乡寺台村西。共有5窟，开凿于红砂砾石岩上，高出地面5m余，其中四窟保存较好，一窟已坍塌。洞窟平面皆长方形。窟内有泥塑佛像及部分壁画。壁画部分脱落残损。从壁画风格观察似为宋代作品。此寺暂定为宋代开凿。

(七)清清黄河贵德

贵德县历史悠久,人杰地灵,物产丰富,民风朴实,气候宜人,被誉为青海的"小江南"。黄河从西向东在县城河阴镇北缓缓流过,河水清澈,一反黄河含沙量大的常态,素有"天下黄河贵德青"之说。

1. 贵德文庙及玉皇阁

贵德文庙及玉皇阁为明清古建筑群,位于贵德县河阴镇北,始建于明代万历十七年(公元1592年),占地面积40662m^2,建筑面积4915m^2,是一处庙观相互毗邻,集儒、道、佛为一体,整体建筑采用我国传统的中轴线左右对称的形式,单体建筑以甘、青地方做法为主,布局独特的古建筑群。这一古建筑群规模宏大,历史悠久,布局风格在国内建筑中十分罕见,极具历史文物价值和建筑艺术观赏价值,为国务院第五批全国重点文物保护单位。

古建筑面积897m^2,由大成殿、棂星门(门牌坊)、泮池、戟门、乡贤名宦祠、七十二贤祠等12个单体建筑组成。其中大成殿规模最为宏大,供奉中华民族伟大先哲孔子的神位,是历代文人墨客祭祀孔子和集合的场所。

玉皇阁古建筑群始建于明万历二十年(1592年)。建筑包括玉皇阁万寿观、文庙、大佛寺、关岳庙、城隍庙、民众教育馆(现为梨馨园)六个院落及古校场(俗称隍庙场)和贵德古城。庙观相互毗邻,集中坐落于贵德古城内北侧,总建筑面积4915m^2,现存大殿11座,东西两庑46间,钟鼓楼4座,牌坊1座,亭子长廊23间,明清壁画62m^2,明清建筑彩画940m^2。贵德玉皇阁古建筑群融儒、道、佛、神为一体,摒弃门户之见,并存相依,其格局实为国内罕见。建筑形式多样,以甘青地方做法为主,庙观庭院以中轴线左右对称,大殿厢房雍容大度,气势恢宏。文庙花园及民众教育馆为园林建筑,亭轩长廊,曲折迂回,别具风采。明清碑刻、壁画为珍贵文物。贵德古城三面基本完好,是国内现存不多的古城之一。贵德古兵戍地,校场在历史上是演武、团练的场所。

贵德玉皇阁古建筑群规模宏大,历史悠久,有较高的历史文物价值和建筑艺术价值,1986年被青海省人民政府列为省级文物保护单位。

贵德玉皇阁古建筑群呈长方形,东西长192m,南北宽212m。文庙建筑由棂星门(牌坊)、泮池、戟门、乡贤名宦祠、七十二贤祠和大成殿组成,大成殿供奉伟大先哲孔子神位,历来为文人祭孔和集会的场所,是整个建筑群中体量最大的单位建筑。

关岳庙俗称武庙、马祖庙,建筑由山门戏台、过厅、钟鼓楼、东西配殿和正殿组成,供奉关羽、岳飞、马祖三尊神像,是军旅、戍边将士拜谒的场所,关岳庙过厅体积较小,但极为精彩。大佛寺原为藏传佛教,现仅存大雄宝殿,殿内供三世佛。城隍庙建缉由过厅、十八层地狱廊、正殿、地藏王菩萨殿、后寝宫组成。其过厅及钟鼓楼与关岳庙相似,后寝宫为硬山式建筑,殿内山墙上仍留有清光绪年间壁画20m^{2}有余。殿内原置巨床被褥,意为城隍下榻之所。民众教育馆建于1927年,现为梨馨园,院内现存藏书楼,因上层倾斜,20世纪50年代被拆除,现仅存下层,1945年抗日胜利后,建"抗日阵亡将士纪念亭"一座,单檐八方亭,故称八卦亭。亭内原有"抗日阵亡将士纪念碑"一通,现无存。

贵德古城筑建于明洪武十三年(1380年),城呈正方形,周长2278m,高11.7m,底宽9.3m,顶宽4m,城四面有马面32个,四面正中设城门、上有敌楼,现东西北三面基本完好,敌楼城门均无存。

2. 扎仓温泉(见项目三)

3. 贵德古城

贵德古城位于青海海南藏族自治州河阴镇中心,北距黄河0.5km,始建于明洪武七年

(1374 年),洪武十三年(1380 年)竣工,万历十八年(1590 年)增修,后又于清同治元年(1862 年)和 1919 年、1928 年三次维修。城呈正方形。周长 2278m,高 11.7m,开有南北城门,并建有门楼,南门称天启门,北门为平安门。南城门顶建有城楼,上置守铺 32 间,城西北、西南、东北角及东部建有敌楼五座,北城门顶东侧建有真武殿(俗称无量殿),北城中部建有文昌阁,东南角建有魁星阁,城南门外有瓮城,东西长 30m,南北宽 23m,开东门,北城门外也有一些小的瓮城,城外有深 5m、宽 10.7m 的护城壕。1958 年将古城南北门及城楼等建筑拆毁,至今只存北城墙及东西城墙部分残垣。现被列为省级文物保护单位。

贵德历史悠久、气候温和、山清水秀、瓜果飘香、绿荫翠碧、民风淳朴。上百个旅游景点遍布全县,人文景观和自然景观交相辉映,被誉为"青海小江南"。

4. 毕家寺城堡

毕家寺城堡位于河阴镇大史家村五社(下毕家)之南。城堡呈正方形,东西宽 80m,南北长 90m,设南门,围墙基本完好,墙基厚 3m,墙头宽 0.5m。

据考证,城堡系元代宁河县古城遗址。明洪武十三年贵德城竣工后,毕家寺城堡一度为必里中千户所在地,清代废弃,清顺治八年(1651 年)利用废址建立"毕家寺",亦称"庆善寺",藏语称"毕家扎仓"或"贡德吉哇"。城堡内建筑风格不像寺庙建筑,门前有牌楼、校场,全是官邸模样,现已毁。民间传说"先有毕家寺,后有贵德城",都因宁河古城早于明代所建贵德城而致。

5. 贵德古八景

黄河自西向东横贯县境中部,形成两山夹峙、中间河谷开阔,"三河四沟"的地形格局。县城居黄河之南,位于以三河(河阴、河东、河西简称)为主的川水地区,林木葱郁,阡陌纵横,风景绝佳;四沟(东沟、西沟、罗汉堂沟、尕让沟)开阔、山峦起伏,水草丰美,牛羊遍野,青稞碧绿,油菜金黄。

因此,1929 年,县长姚钧与邑绅游览谈及,戏拟八景,撰作"河阴八景诗",广为流传。八景为:黄河春涨、沸泉冬温、东山烟雨、南海溪声、素石积雪、仙阁插云、龙池灵湫、羊峡古碑。

6. 贵德新八景

随着贵德旅游业的发展,在古八景的基础上开发出了贵德新八景:石峡飞瀑、丹霞千佛、河滨翠珠、遗珠献佛、长虹卧波、梨花堆雪、虎台揽春、文昌仙阁。

7. 阿什贡丹霞

阿什贡丹霞地貌分布在黄河北岸的贵德县阿什贡村周围,西(宁)久(治)公路从中穿插而过,这里距西宁 80km,距贵德县城 34km。丹霞地貌从狭长山谷的羊圈湾开始,出阿什贡峡口至黄河边,西至达卡沟口,东至格石匠。这里山峰挺立,重重叠叠,奇形怪状,绵延十数里,颜色火红火红,十分壮观。

阿什贡丹霞地貌是地质时期白垩纪至第三纪的红色砂砾岩层,由于黄河水下切,喜马拉雅山造山运动隆升,使深藏在地层深处的红砂砾岩裸露出来,又经过千万年水的侵蚀、风的雕凿,便形成了千姿百态的危岩峭壁。它们有的万丈壁立,似一巨大帷幕;有的似古代宫殿、城堡,嵯峨宏伟;有的似现代的高楼大厦,拔地而起;有的似巨人,居高仰视;有的似野兽,静卧山冈;有的似耄耋老人,久经风霜;又有的似蛟龙头上的须眉角鼻。人们从不同的角度观察,各处山崖又会是不同的形象,惟妙惟肖,真正是千奇百怪,鬼斧神工。

8. 乜纳塔(寺)

贵德很多寺院都有宗教活动,其形式有举行多咱法会、晒佛像等。唯独乜纳塔(寺)有比较特殊的宗教活动,每年农历四月十五日进行转象活动。即象拉车,其实象为假象,木车辕条由和尚拉动,车里面为释迦牟尼塑像。转象由来有多种说法。其一,据乜氏族人说,从前某年,贵德县河阴镇李家卡卡村有一书生从北京背回一尊释迦佛塑像,献给该寺,从此,该寺开始转象。其二,佛教有八相成道和佛本生故事,八相成道,又叫"八相示现",简称"八相",是佛讲述释迦佛一生的八个阶段。这里说佛教教主如来佛(即释迦佛)在天上,其中有:下天,佛陀(即如来佛)乘白象兜率天降下人间;入胎,(佛陀)乘白象由摩耶夫人(即佛陀之母)右胁入胎。还有说法是释迦佛出游时的坐骑为大象拉车,他坐在车里(实际在印度大象是人们的坐骑),故乜纳塔(寺)有转象的宗教活动。

乜纳塔又称"贵德白塔"、"弥勒塔"。相传塔的基部有避水的宝珠,经黄河千百年冲刷,仍不坍塌,被誉为"避水宝塔"。这座佛塔初建约在唐代,《安多政教史》根据当地口传记载:吐蕃赞普赤热巴金(即赤祖德赞吐蕃王)曾北征到此,于汉藏交界处建成此塔,内贮其发辫。清嘉庆十一年(1806 年),重建镏金顶,造型与北京白塔相似。被称为青海第一塔,颇负盛名。塔高约 30m,基座五层方形,边长 18m,土筑包砖,塔内塑千眼千佛一尊。清康熙年间在此建成乜纳寺。每当丽日当空,阳光照射下的镏金塔顶金光四射,附近绿树成荫,黄河似带,桃红柳绿,是人们踏青出游的理想之地。

9. 珍珠寺

珍珠寺位于贵德县城东 3km 处河东乡保宁村西,即贡巴大路东侧。珍珠寺始建于宋末元初。藏语称"觉觉拉康"。珍珠寺依照西藏大昭寺而建,主供的释迦牟尼佛像其加持力相当于拉萨大昭寺的释迦牟尼,因此朝拜大昭寺的人,常会被问到是否朝拜过贵德珍珠寺,可见这座寺院在青藏高原的声誉之大。据说珍珠寺为前藏寺院,赴西藏朝拜的信徒,必先赴珍珠寺朝拜,而后才能进藏朝拜。甘、青等地藏族虔诚者络绎不绝。

现珍珠寺有二层正殿 1 座,规模虽小,但用料考究,造型优美,光彩夺目,殿顶以琉璃瓦覆盖,上立镀金铜塔,直径 4m,高 5m。殿内释迦牟尼、三世佛等的巨型坐像和大门两侧的四大金刚皆出自高超的五屯艺术家之手,依照拉萨大昭寺的样式塑造而成。供桌上有大小不等的银质酥油灯数千盏,最大的可盛酥油 70 多斤,最小的也能装 8 ~ 9 斤。每逢重大宗教节日,特别是农历三月十五日的守齐节,安多、康巴、西藏乃至印度等地的善男信女,纷至沓来,顶礼膜拜,场面十分壮观。

10. 贵德河阴清真寺

贵德县河阴清真寺修建于 1933 年。由寺院大殿和唤醒楼(即木纳乃)两大部分组成,是仿照平安县洪水泉清真寺模式,定向正西偏南 25°,整个建筑艺术较高,大殿顶部是拱起的天罗伞形的阿拉伯六角屋顶精细浮雕,富丽美观,殿堂门顶上嵌镶有砖雕的"开天古教"匾额一块。除大殿、唤醒楼外,另有其他房屋 18 间。寺院附近有"贵德县阿文中学",每年接收满拉,教授阿拉伯文,诵经传礼,培养宗教职业人员。唤醒楼,仿照甘肃临夏市小南关寺唤醒楼,为钢筋混凝土结构,并增至五层,楼顶为绿色琉璃瓦,向外延伸的六个角上盘伏六条龙。楼的底层是清真寺的大门,门庭建造肃穆庄严,仿传统的阿拉伯式样,门柱旁有浮雕楹联三组,整个建筑造型美观新颖,别具一格,登楼可俯瞰县城景色。

11. 文昌仙阁

即河西文昌宫,汉语亦称"河西文昌庙",藏语称"尤拉"或"尤拉康"。始建于明代后期(1590 ~ 1600 年),距今有 400 多年的历史,民国时期编修的《贵德县志稿》云:"文昌宫在县城西十二里古边墙处,依山傍岭,河流萦绕,汉藏信仰,士民供奉,每逢朔望,香烟甚盛,有事祈祷,灵验显著,久为汉藏祈福消灾之所。”清同治六年(1867 年)毁于兵燹,清光绪三年至十三年(1877—1887 年)由官绅汉藏捐资重建。1958 年后又遭破坏,全部建筑物荡然无存。1982 年河西乡上下刘屯、下排、格尔加等村乡老 12 人多次倡议并自行组成文昌宫筹建组,在县内外募化,汉藏群众踊跃捐资,从 1984 年至 1995 年,历经十余年,在旧遗址上按原规模复建。全部殿堂依山坪坡平台而筑,形成级式的寺观,登石而上第一平台建有山汛二平台上三面修有楼阁,东楼为奎星阁,塑有王母、送子、献花娘娘三座塑像,三平台上有雄伟的歇山顶式的大殿,高 10m,正面阔五间,进深 8m,殿顶为琉璃脊,屋面盖有琉璃瓦,殿内塑有文昌帝君的坐像,两旁塑有“天聋”、“地哑”侍位站立像。文昌宫整个建筑布局严谨、结构精巧、错落有致、雕梁画栋、气势雄伟、金碧辉煌,堪称贵德寺观建筑中之最。

12. 贵德“六月丰登会”

“六月丰登会”是由农历六月二十日在毕家寺举行的“跳神会”和六月二十二日在刘屯举行的“神牛会”组合而成的一次地方性集会,在贵德县河滨公园举行,时间为每年农历六月二十至二十四日。农历六月是高原的黄金季节,此时的贵德树木成荫、绿草成茵,会期则商贾云集、赶会的人成群结队而来,人山人海,盛况空前。现每年举办的物资交流会由此而来。六月会又是一次文艺大会演,州县歌舞团演出精彩歌舞,外地赶来马戏团、曲艺歌唱者,并举行各种群众文艺活动,届时游人密集,“拉伊”、“山歌”此起彼伏,整个“河滨公园”沉浸在欢乐的海洋中。

13. 拉西瓦水电站

拉西瓦水电站位于青海省海南藏族自治州所辖的贵德县与贵南县交界的黄河干流上。水电站距上游龙羊峡水电站 32.8km,距下流李家峡水电站 73km,距青海省会西宁市 134km。拉西瓦,系藏语,意为鸡冠形山坡。拉西瓦峡长 3km,峡口为贵德县拉西瓦镇(原称罗汉堂乡)昨那村。峡内河床较窄,两岸陡壁峙立,高耸入云,势若门户,险为天堑。黄河在峡中白浪涛涛,奔腾而下;这里水流急,落差大,地形得天独厚。

拉西瓦水电站是黄河上游龙羊峡至青铜峡河段规划的大中型水电站紧接龙羊峡的第二座梯级电站,又是黄河流域装机容量最大,发电量最多,单位千瓦造价最低,经济效益最好的水电站。由于电站地址多峡谷,少平地,两岩高边坡高 700m 有余,山高坡陡,河谷狭窄,属典型“V”形河谷。故厂房等主体工程在山洞世界里,而黄河左岸(北岸)山体处于断裂带上。因此工程打破常规,采取了用锚杆将断裂山体牢牢加固,用钢丝网将山体罩着,用水泥喷护的方法。故地下洞室密集,各种永久和临时隧洞加起来总长度约 15km。主厂房洞室高 75m,开挖跨度宽达 30m,主要开关洞室高 50m。如此小间距,大洞室,在国内名列前茅,在国际上也属罕见。

14. 贵德千姿湖

贵德千姿湖位于黄河北岩西久公路 96km 南侧的黄河滩地,是由黄河滩涂形成的沼泽湿地,有宽阔的水域或茂密的绿草(主要是芦苇)及灌丛,自然风光优美如画。于 2001 年开发为“千姿湖风景旅游区”,有专人经营的溪水鱼池和餐饮、娱乐点,还备有小型划船,供客人游玩、娱乐。每逢双休日时,青海省内外游客纷至沓来,游玩、娱乐,享受大自然的甜美。

15. 贵德艺术“梨花节”

史册记载表明,贵德历史悠久,古文化灿烂绚丽。瓜果种植始于明代,因而清康熙年间《河州志》就有“贵德州地方,多水田,瓜果蔬乐”记载,而梨中尤为“长把梨”引以为豪,闻名遐迩,成为贵德的代名词。贵德辖内所有果树中梨树占七成左右。当你漫步在田间地头,做客在农家小院,嗅之清香诱人,食之甘甜爽口;当你走过葱郁的梨花园,一股淡淡的香味,一丝清冽的自然气息扑鼻而来，沁人心脾，令人迷醉。这时屏住呼吸，静神闭目，深深地吸一口清洌的空气，仿佛全身充满透亮。从1998年开始每年4月中旬举办的"梨花艺术节"，是贵德县内规模较大的群众游园会，届时伴着漫天的梨花芬芳，游客络绎不绝，于梨园、林间或河边，欣赏怒放的梨花，唱歌、跳舞、啜饮，充分表现了人们生活的美满与乐趣。在"梨花节"上，还有物资交流、商贸洽谈等活动，实为一大盛况。

（八）秀丽尖扎

1.坎布拉国家地质森林公园

坎布拉国家地质公园森林位于青海省黄南藏族自治州尖扎县西北部的黄河峡谷带，面积$154km^2$。距尖扎县城73km，北距西宁市131km，离李家峡镇35km。由山地、风蚀残丘、山间小盆地相间组成峰为申保山，海拔4614m。奇特的丹霞地貌景观以奇峰、高山、洞穴、峭壁为主要特征。

该风景区为拉脊山支脉，由山地、风蚀残丘、山间小盆地相间组成，地层构成以红色砂砾岩为主，岩体表面丹红如霞。奇峰、方山、洞穴、峭壁为主要地貌特征，山体如柱如塔、似壁似堡、似人如兽、形态各异。各种造型栩栩如生，形态千奇百怪，有鬼斧神工之妙。"丹霞"峰林地貌的原始风韵、森林资源、人文景观资源构成地质公园的三大景区。主要地质遗迹有：丹霞地貌景观遗迹、新生代地层沉积序列遗迹、黄河侵蚀基座阶地及峡谷地貌遗迹、松坝坎松动体及李家峡滑坡遗迹、申宝山冰缘地貌遗迹。主要人文景观遗迹有：李家峡水电站（水库）、宗教文化景观遗迹——阿琼南宗寺、南宗尼姑庙。坎布拉宗教文化历史悠久，是藏传佛教后弘期的发祥地，有宗扎西寺、南宗寺、尼姑寺，成为显、密、僧、尼各教派并存的藏传佛教圣地，具有丰富的文化内涵。

坎布拉林区夏季气候凉爽湿润，雨量丰沛，植物生长旺盛，森林覆盖率达25.9%。桦树、青海云杉、油松、山杨是林区的主要树种。每年6～8月，山花烂漫，野草芳菲；9月金秋，霜叶橘红，硕果累累。游览区内有鹿、麝、锦鸡、盘羊、百灵、画眉、马鸡、灰喜鹊等珍禽异兽栖息，鸟语花香，令人神往。

公园融科学性、独特性和趣味性为一体，涵盖"丹霞"峰林地貌景观、新生界沉积环境和沉积构造类型、3800万年以来的地质生态环境演化遗迹及森林、峡谷、阶地、水库、人文历史古迹等重要内容，是一本天然的第三纪以来青藏高原隆升过程与气候环境演化和黄河发育历史的地史教科书，蕴藏着十分丰富的科学价值。目前，青海坎布拉国家地质公园是青海省境内第一个国家级地质公园。

森林植被垂直自然景观带谱很明显，由下向上依次为温性河谷草原—温带针阔叶林—寒温带针阔叶林—高寒灌丛—高寒草甸—高山流石坡稀疏植被。各种类型镶嵌性强，形成较典型的多姿多彩的森林景观。1992年国家林业局批准为国家级森林公园。林中栖息有鹿、石羊、麝香、锦难、盘羊、百灵、画眉、马鸡、布谷鸟等野牛动物。

坎布拉森林公园是以"丹霞地貌、佛教寺院"为主体景观，并兼有宏大的李家峡水电工程，是以游览观赏、宗教朝觐、消夏避暑为主动能的综合性地质森林公园。

2.南宗寺

南宗寺地处黄河上游的坎布拉林区，距尖扎县城20km有余，是一座古老的藏传佛教宁玛派寺院。该寺环境幽僻，形势险要。寺院修建在一座高约500m的孤峰之上，山峰三面是直上直下，陡峭壁立的红砂石悬崖，只有北面有一条能够登上峰顶的石阶羊肠小道。小道大部分是在陡峭的山坡上开凿而成，有的地方从悬崖下斜穿而过，有的地方则从悬崖上靠梯子和石阶直上直下,真是险要至极。寺庙的建筑有的修在天然形成的石窟岩洞上,有的则巧妙地利用地形开凿修筑而成,有的凌空飞架,有的依山就势,看上去十分雄险。

南宗寺有1000多年的历史,是藏传佛教后弘期的发祥地。公元9世纪,西藏赞普达玛禁佛,西藏的藏饶赛等3名僧人携带经卷经阿里、新疆,最后来到这里避难修行,收牧童贡巴饶赛为徒,居住在阿琼南宗峰的丹霞洞穴内。贡巴饶赛苦心钻研佛经而成为著名的高僧大德,西藏僧人来青海向贡巴饶赛求法,使佛教从青海的安多地区重新传入西藏,而且超过达玛灭佛前的规模,这在藏传佛教史上称之为后宏期的下路宏传。贡巴饶赛被尊为藏传佛教后宏期下路宏传的鼻祖,坎布拉成为藏传佛教后宏期的发祥地之一而闻名国内藏区及海内外。

清代,尖扎一带宁玛派宗教领袖藏欠·班玛仁杉在这群峰之间主持修建阿琼南宗寺、本卜子寺(南宗扎寺)、南宗尼姑寺,这三座寺院为宁玛派寺院,成为省内宁玛派活动中心之一,还有格鲁派寺院南宗扎西南杰林寺,使这里成为青海省内显、密、僧、尼并存的唯一法地。200多年来,藏区各教派的许多著名学者,先后在这里居住修行,使南宗沟成为青海省乃至全国藏区著名的佛教圣地。坎布拉森林公园位于李家峡库区边,可坐船到达,公园与水库组合成一幅丹山碧水的美丽图画。

3.坎布拉丹霞地貌

丹霞地貌是以方山、奇峰、洞穴、峭壁为显著特点的一种地貌类型,青海省内集中分布在东部河湟谷地。其中,黄河谷地坎布拉风景名胜区的丹霞地貌发育最为典型,它位于尖扎县城西北73km处,北距西宁市131km,离李家峡工委35km。地貌以奇峰、高山、洞穴、峭壁为主要特征。大型山体如柱状、塔形、城堡,陡峭直立,雄伟壮观。小尺度造型地貌似巨人、异兽,千奇百怪,有鬼斧神工之妙。有一座叫德杰的山峰,在阳光照耀下,远望似布达拉宫之盛景,在这些造型地貌中以“仙女聚会”、“强起岗”、“南宗沟”的风光最具代表性。“仙女聚会”位于德洪村附近,是由十个拔地而起,形态各异的圆锥形山体组成,上有奇花异草点缀,四周地形隆起,犹如一座规模宏大的“古城堡”。强起岗位于风景区的西部,海拔2700m,是由大小数十座峭壁如削的土垒状山峰组成,在最佳点观赏,似神山起舞,林海茫茫。南宗沟长约5km,中段风景最迷人,两侧丹霞奇峰突起,景色千变万化,鸟语花香,谷底溪水潺潺,景色幽静,不时从远处寺院嘛呢房传来铎铃声,使人大有远离尘俗超脱之感。

风景区西部由几十座大小不等、陡壁如削的塔状山峰组成,形成神龟爬山、佛手指天、试剑峰、望郎崖、火箭山等不同的造型地貌形态。这里的丹霞地貌不仅发育典型,而且类型多样,主要有宫殿、麦垛、窗棂、蜂窝、帷幕等形式。

坎布拉丹霞地貌景观主要分布在小瑶池、强起岗、南宗沟三个小区,它是坎布拉国家森林公园的一部分。1997年7月,全国丹霞地貌旅游学术研讨会在这里举行,与会海内外专家、学者认为,该区为全国迄今发现的新第三系红层中发育最为典型的丹霞地貌群,不仅有很高的旅游观赏价值,而且有很高的地理学研究价值。

4.半农半牧藏乡习俗

坎布拉地处农牧交错地带,风景区内有坎布拉、多加两个藏族乡,民族特色浓厚。德洪村位于风景区南部,这里居住着藏族同胞,每家院中耸立着一根高大的经幡,随风飘动。这里的藏族同胞是阿琼南宗寺的忠实信徒。居民点周围牛羊成群,农田种植青稞、油菜、马铃薯等农作物,有着同纯牧区不同的藏族风情。

坎布拉国家级森林公园内的丹霞地貌及公园北面的李家峡水电站和人工水库,为古老的坎布拉增添了无穷魅力。

5. 李家峡水电站旅游区

位于尖扎县和化隆县交界处的李家峡。

李家峡水电站是青海境内继龙羊峡水电站之后又一大型电站，由拦河大坝、泄水建筑物、电站厂房组成。大坝为三心圆双曲拱坝，坝高175m，长414.39m，底宽45m。安装5台机组，总装机容量200万kW，年平均发电量59亿kW·h。形成的人工水库面积$32km^2$，库容量16.5亿m^3，为一大型高原人工湖泊，水库正常海拔2180m。坝体雄伟壮观，是国家在黄河上游的又一重要能源基地。

李家峡长30km有余，李家峡电站1988年4月正式开工，1991年10月13日截流成功。1996年第一台机组并网发电。

该水电站是黄河在青海境内继龙羊峡水电站之后又一大型水电站，水面辽阔，水质优良。大坝库区森林公园组成一个综合性大型游览区。待水位蓄积到一定的高度，由李家峡水库可直接乘船进入贵德，直抵龙羊峡库区下游。李家峡大型水电工程，给多姿多彩的坎布拉风景区增添了一颗闪闪明珠。游人可以在湖中荡舟，领略高原奇异的湖光山色，还可以开展垂钓、滑冰、赛艇等多项体育活动。

6. "龟山平湖"

"龟山平湖"是指李家峡水电站的库区，因从库区南岸的山腰公路上俯瞰大坝库区，库区内有一山岛形似大龟浮出水面，所以李家峡水库就有了龟山平湖的形象称谓。

(九)热贡艺术之乡——同仁

1. 热贡艺术

在青海省黄南藏族自治州同仁县境内的隆务河两岸，坐落着吾屯上下庄、年都乎、尕赛日、郭麻日、脱加五个自然村落，数百年来，这里聚居着大批从事宗教寺院美术装饰活动的艺人。他们世代相传，以绘画、雕塑为业，其从艺人员之多、群体技艺之精湛，都为其他藏区所少见，故被誉为"藏画之乡"。因同仁地区在藏语中称"热贡"，意为"金色谷地"，所以把这一带发源兴起的民间佛教绘塑艺术统称为"热贡艺术"。热贡艺术主要指唐卡、壁画、堆绣、雕塑等绘画造型艺术。

2. 青海唯一的国家级历史文化名城——同仁

同仁(藏语称"热贡")是黄南藏族自治州的首府，距西宁181km。同仁历史悠久，在3万年前的旧石器时代晚期，这里已有人类活动。秦汉以前这里被称为"羌戎之地"；唐时作为金城公主的汤沐邑，赐予吐蕃；元明两代，有中央屯军伸入，形成以隆务寺为中心的青海最大的藏传佛教政教合一的统治体系，一直延续到清代；在1949年以前的500多年里，均由藏传佛教实行政教合一统治，并产生出了"热贡艺术"。1994年被授予国家历史文化名城称号。

同仁目前是青海省境内保存最为完好的古城区之一，现居住着回、汉、藏、撒拉、东乡、保安等民族。老城区民居建筑古朴，布局自然，装饰简朴，依地形高低而错落有致，集中展示了隆务地区非宗教的传统建筑风格，其建筑凸显了极强的人文特色。特别是分别代表藏传佛教、汉传佛教、伊斯兰教的隆务寺、圆通寺、清真寺在百年沧桑中，始终和睦相处，同舟共济，共处一条街，是各种文化相互交融的物证，在黄南地区传为历史佳话，是全国罕见的一大人文景观。

同仁蜚声中外，被誉为"青藏高原上的一颗明珠"。隆务寺为国家重点文物保护单位，距今有600多年的历史。老城区建筑风格独特，距今有300多年的历史。

3. 西域圣境——隆务寺

隆务寺位于黄南藏族自治州州府所在地隆务镇。该镇西南角山底下有数十座经堂佛殿及数以千计的僧舍组成的佛教园林建筑群，这就是藏区赫赫有名的藏传佛教寺院隆务寺。隆务镇由该寺而得名。“隆务”系藏语，意为农业区。隆务寺，藏语全称“隆务大乐法轮洲”。在安多地区，其规模、地位、影响仅次于甘肃省拉卜楞寺和青海省的塔尔寺。隆务寺最早建于元代大德五年(1301 年)前后。

隆务寺的经堂、佛殿等建筑宏伟壮观，装饰华丽，文物丰富。经堂内供奉明朝皇帝赏赐的释迦牟尼等塑像数十尊，造型精美，庄严肃穆。保存宗喀巴大师法衣一件，高 11m 的宗喀巴大师像，底座周长 26m，通体贴金，上下周围镶嵌金玉宝石，更显得金碧辉煌。寺院建筑多为藏汉合璧式。大小经堂、佛殿星罗棋布、错落有致，有五米高的围墙，在东面和南面开有两处山门，门楼上建有嘛呢经轮，飞檐斗拱，状似城楼。寺北有八座佛塔，寺后山坡依山势，建有夏日仓活佛的夏宫，寺内北侧有 90 余院僧舍，僧舍围墙涂以白色石灰，排列有序。寺院中央为大经堂，大经堂前是一个近 10000m^2 的广场，大经堂内有巨柱 18 根，短柱 146 根，供奉释迦牟尼、宗喀巴大师像等数十尊佛像，造型精美，尤其是宗喀巴大师像高 11m，底座周长 26m，通体镀金，嵌满金玉宝石。还有夏日仓一世至七世的衣钵，成千上万件的法器，精美的壁画、堆绣、唐卡等艺术品，浩瀚的佛教经卷典籍，成为青海省内又一处佛教艺术博物馆，为全国重点文物保护单位。隆务寺是黄南地区重要的宗教文化学府，有显宗、密宗、医学、天文四大学院，经常举行辩经、念经、考试等宗教活动。

隆务寺佛事活动频繁，主要有每年正月祈愿法会。此会于农历正月初七至十六日举行，其间有十六日的“跳欠”等活动。隆务寺晒佛规模宏大，每次晒大佛，方圆数十里的群众均来礼佛。正月十五的转弥勒佛活动也热闹非常，尤其值得一提的是十六日跳欠活动，更是庄严中带有几分节庆气氛，法王舞和马首金刚舞皆分五场，约两小时后结束，这种活动既带有浓厚的说教意味，又有鲜明的青藏高原舞蹈艺术的色彩。

4.“热贡藏乡六月会”

藏乡六月盛会又称“热贡藏乡六月会”，是流传于黄南藏族自治州同仁县境内的一种具有独特风格的民间习俗活动，已有 400 多年的历史，在每年农历六月十五日至二十八日定期举办，热贡群众广泛参与。它蕴涵着宗教历史、民俗风情等丰富的文化内容，充满了神奇与欢乐。“六月会”的主要活动有：祭神、上口扦、上背扦、跳舞、爬龙杆、打龙鼓，最后是法师“开山”。其中最具特色的是“上口扦”、“上背扦”和“开山”。“上口扦”是法师为自愿的年轻人在左右腮帮扎入钢针，也称为“锁口”，据说此举可防止病从口入。“上背扦”是将 10～20 根钢针扎在脊背上，舞者赤裸上身，右手持鼓，左手击鼓，边团边舞。独特节奏的龙鼓、粗犷优美的舞姿、多彩华贵的服饰、神秘虔诚的祈祷，给喜庆丰收的热贡藏乡带来了欢乐和浪漫。“开山”是法师用刀划破自己的头顶，把鲜血洒向四面八方，这是一种古朴奇特的祭天方式，充分表现了藏族人民勤劳、朴实、智慧和勇敢的品格。

5. 土族於菟

土族於菟流传于青海省同仁县年都乎村，是当地特有的一种民俗文化形态，于每年腊月初五至二十日举行，包含念平安经、人神共娱、祛疫逐邪等仪式。於菟是舞者的称谓，於菟系古汉语，意为老虎。在青海省同仁县热贡地区，当地人认为，每年的农历腊月二十日为“黑日”，这时妖魔鬼怪纷纷出来作乱，所以要举行跳於菟的祭祀活动，跳於菟也就是模仿老虎的动作，以此来驱逐妖魔，保佑太平。跳於菟者为选定的八名男子，脱去上衣，挽起裤腿，用墨汁或者锅灰在全身(包括脸上)绘上虎豹的斑纹，并用法师施过咒的白纸条把头发扎成发怒状，恰似猛虎狂怒的情形。经过一定的祭祀仪式后，进入村子，挨家挨户进行驱魔。村民们则将准备好的中间有孔的馍馍穿在於菟们手持的棍子上，驱魔完成，於菟们聚齐后，边舞边走出村庄，由巫师诵经，驱赶於菟。扮演於菟者在逃窜到河边以后，砸开河面上的冰，然后用水洗去身上的虎豹花纹。

"於菟"的舞蹈语汇与节奏相对单一，"垫步吸腿跳"是整个舞蹈的主干动作。从"於菟"的舞蹈形态来看，它是一种原始拟兽舞在当代土族民俗活动中的形态表现。拟兽舞与原始人的狩猎生活紧密相连，是原始舞蹈中最常见、最有代表性的舞蹈形式。值得指出的是，年都乎土族的"於菟"舞则完全失去了狩猎生活的那种功能，成为当地民间祭祀活动中的重要内容，它的全部意义是"驱魔逐邪，祈求平安"，它是原始人万物有灵的宗教文化观念在民间艺术中的遗存。

6. 麦秀林场

麦秀林场全称为麦秀山森林公园，位于同仁、泽库两县的交界处，距离隆务镇不到40km。整个森林公园拥有无数的大山，被茂密的原始森林所覆盖，自然形成了许多险要的峡谷。旖旎的隆务河自南向北贯穿其间，两岸因此水草丰美，牛羊成群。森林公园东西长37km，南北宽40km有余，总面积达2万hm^2。林区内山峦起伏，沟渠纵横，生长有近800种高寒乔木、灌木和草本植物。林区树木主要以云杉为主，圆柏、杨树、杨树林也极为丰富，同时这里还生长少量的油松，这些树种按照自然垂直分布带、地势错杂生长，就形成了这种特殊的高寒森林景观。

丰富的植被当然会滋养丰富的动物，所以麦秀山森林公园内也是会聚了许多飞禽走兽，苏门羚、雪鸡、鹿、猞猁、黄羊、灰鹤、蓝马鸡、岩羊都是这里特有而且极其珍贵的高原动物。除了珍贵的动物，这里还出产许多稀有的中药材，不仅有号称"软黄金"的冬虫夏草，还有珍稀的雪莲、大黄、羌活等200余种名贵的中药材。

麦秀山森林公园附近的曲库乎温泉，四季恒温，清澈透明，经常洗浴浸泡对治疗皮肤病、风湿性关节炎有奇特疗效。另一处药泉，是低矿化型偏硅酸锂锶复合型优质天然矿泉水，经常饮用对治疗心血管、消化系统疾病疗效显著，当地藏族同胞称其为"神水"。

7. 瓜什则寺

该寺位于同仁县城东40km处，据传建于明代。寺名由拉卜楞寺第二世嘉木样活佛晋美旺布(1728～1791)命名，采用郭莽扎仓的学经教程，正月、四月、十月法会及四季学经期会等一切佛事活动均效仿拉卜楞寺。在历史上瓜什则寺及其香火部落曾显赫一时，成为甘肃、青海两省很有影响的寺院之一。

8. 同仁郭麻日寺和安多第一塔

郭麻日时轮佛塔位于同仁县郭麻日寺的寺前广场。藏语称"郭麻日噶丹彭措林"，意为郭麻日具喜圆满洲。据《安多政教史》载：藏历铁鸡年，叶什姜活佛在该寺建3层楼式弥勒殿1座，首创正月祈愿法会，成为该寺依怙。也有人推测郭麻日寺在历史上曾经是萨迦派寺院。郭麻日寺始建于明万历年间，1958年前，郭麻日寺计有大经堂、弥勒殿、护法殿各1座，昂欠3院约209间，僧舍105院，建筑总面积近百亩，寺僧305人。现保存下来的主要建筑有大经堂、弥勒殿以及两院昂欠。1981年开放后新建隆务仓和堪布仓昂欠各1院，僧舍40多院，现有寺僧72人，叶什姜活佛为寺主、由郭麻日活佛主持实际寺务。

该寺近年在当地群众捐助下修建了称"时轮塔"的巨型藏式佛塔，该塔位于同仁县城以北8km处的隆务河畔古寨——郭麻日村，居于古寨以南0.5km处的郭麻日寺是国家级重点文物保护单位。寺前的时轮解脱塔建于1989年，占地面积1700m^2，塔高38m，塔身分5层，沿塔内盘旋式阶梯逐层登高。塔壁塑有菩萨、观世音和35尊磐若佛。主塔四周有小塔，塔顶部设有佛堂。佛堂建筑结构严谨,布局新颖别致,造型独具匠心,显得非常雄浑高大、壮观无比,充分展示了藏传佛教艺术家们的聪明智慧。

整个佛塔气势宏伟,典雅秀丽,又显得十分富丽堂皇,轻巧精致,充分显示了藏传佛教的发展和热贡地区艺术家们的聪明才智和超人技艺。这是安多藏区最高的佛塔,又称安多第一塔。

工作任务完成

(1)认真学习完成本任务的必备知识,认真学习关于青海东部河湟谷地旅游区的相关知识,挖掘青海东部河湟谷地旅游区相关景点的特色。

(2)收集相关资料,以小组为单位描述青海东部河湟谷地旅游区相关景点的特色,针对游客需求设计出特色旅游线路。

巩固和提高

(1)假如某旅行社计划开发自由行旅游市场,依据旅游线路设计的原则,你能为其提供什么建议?

(2)组织学生以团队(小组)形式,到旅行社企业、旅游集散中心进行实地调研受消费者欢迎的旅游产品,形成调研报告。制作成 PPT,进行分组交流。

任务三　青海湖生态度假旅游区认知

工作任务描述

卓玛是西羌旅行社的一名地接导游,接待了一个由 20 人组成的北京旅游团。他们从晋人荀勗作序、郭璞作注的《穆天子传》里,找到了一段历史公案。周穆王这位提倡以礼乐治天下者,从内地洛阳出发到西域昆仑,与西王母邂逅在瑶池。北京旅游团的游客想破解这一历史公案,为此他们进行了深入的考察,体验了青海湖环湖地区的藏文化,领略了青海湖环湖地区绚丽多彩的民族风情。请你以模拟导游的身份,完成卓玛在旅游车上进行的本次旅游服务工作。

任务分析

客人旅游的地点确定了,需求的内容是进行深入考察,感悟青海湖环湖地区的藏文化,领略青海湖环湖地区绚丽多彩的民族风情。这样就确定了在介绍青海湖环湖地区特色旅游景点时应该包括青海湖环湖地区自然风光特色、青海湖环湖地区的藏文化,青海湖环湖地区绚丽多彩的民族风情。利用下面提供的相关知识,完成此次任务。

完成任务必备知识

一、青海湖度生态假旅游区概况

该区以青海湖为中心,含鸟岛、151 基地、原子城、日月山等旅游景区,青海湖是青海旅游的形象窗口。

青海湖是我国第一大咸水湖。青海湖旅游资源以其总量大、类型全、组合好、品位高、垄断性强、个性鲜明和极富科学内涵等特征而独树一帜。

青海湖独有的高原湖泊生态环境，不仅为鸟类提供了绝佳的生存环境，成为鸟类天堂，而且为人类提供了一个世间少有的休憩地。青海湖还是中华民族文化的一个重要沉淀地。昆仑神话是世界两大神话源系之一，在昆仑神话中，青海湖是西王母的故乡乐土，天帝的下都圣地，为青海湖增添了一份神秘色彩和文化内涵。王洛宾《在那遥远的地方》的爱情绝唱使青海湖金银滩草原上弥漫着浓浓的浪漫情调，浓郁的少数民族风情更使青海湖多姿多彩。西海镇“原子城”是我国第一个核武器研制基地，成为全国爱国主义教育基地的典范。

青海湖既有大海般的湖滨风光魅力，又拥有西部净土的空气、阳光，还有青藏高原的雄壮辽阔和特殊的凉爽气候，成为华夏避暑天堂。

青海湖景区行政隶属青海省海东地区湟源县、青海省海南藏族自治州共和县、龙羊峡行政工委、海北藏族自治州的海晏、刚察县及州府所在地西海镇、海西藏族自治州天峻县，景区范围 9000km^2，总人口 20 多万人，湖中盛产无鳞裸鲤（俗称湟鱼），是青海省重要的农牧渔业生产基地。青海湖四周被大通山、日月山、南山、橡皮山所环绕，地域辽阔，高原广袤，河流众多，水草丰美，环境幽静，空气清洁。整个湖泊不仅在地学、生态学等多学科有着较高的科研价值，而且可供观赏旅游的景物十分丰富。这里有闻名于世的鸟岛（1980 年被列为国家级自然保护区）和许多珍稀的动植物种。野生动物有白唇鹿、马鹿、棕熊、雪豹、盘羊、玉带海雕等 20 种，约 2 万头（只）；禽类有：斑头雁、黑颈鹤、棕头鸥、大天鹅等 163 种，数十万只之多。牧草植物有 41 种；经济药用植物有 30 余种，以冬虫夏草、雪莲等较著名。有雄伟的雪山和茫茫的草原。在不同的季节景色迥然不同，湖水变幻莫测。湖滨牧草丰茂，牛羊成群，菜花金黄，奶茶飘香，湖面上碧波荡漾，群鸟嬉戏，海天一色。湖中盛产裸鲤，肉质鲜美。绵延数十里的金色沙带和多姿多彩的地形地貌雄浑壮观。

青海湖度假旅游由五个主要景区组成：鸟岛景区、南山草原风光（151 基地）景区、原子城景区、海心山景区、日月山景区。

二、青海湖度假旅游区经典景区（点）

（一）青海湖核心景区

1. 高原明珠——青海湖

青海湖是国家级重点风景名胜区和自然保护区，位于海晏县西南部，是我国最大的内陆咸水湖，面积达 4456km^2，环湖周长为 360km 有余，平均水深 19m 有余，湖面海拔 3260m，水色青绿，青海省省名由此而得。湖中有三块石岛、鸟岛、海心山和沙岛。

青海湖位于青海湖盆地中心，四周被海拔 3600 ~ 5000m 的大通山、日月山、南山、橡皮山环抱，成为世界上高海拔大型湖泊之一。湖滨草原广袤，水草丰美。鸟岛位于青海湖西北处，有两个岛屿，一东一西，西边的小岛叫海西山，又叫蛋岛；东南的岛叫海西皮。两岛傍依在湖边，来自我国南方和东南亚一带的候鸟，成群结队飞到这里繁衍后代，成为鸟的乐园，为我国八大鸟类保护区之一。由于连年干旱、湖水下降，连岛成陆，鸟岛遂成半岛。

青海湖周围山峦起伏，群山环抱，湖畔碧草青青，湖面一望无际，碧波万顷，像一个巨大的翡翠盘镶嵌在高山草原之间，构成一幅山、湖、草原相映成趣的绚丽景色。每年春夏之季，青海湖冰雪消融。从南方迁徙来的棕头鸥、鱼鸥、斑头雁、鸬鹚、黑颈鹤等 10 余种鸟类共 10 万余只，栖息鸟岛、沙岛、海心山等，堪称鸟的王国。

湖北岸的沙岛（海晏境内）是青海湖中最大的岛屿，沙岛位于青海湖东北部，面积 18km^2，是湖中最大的岛屿，长约 13km，最宽处 2.8km，高出湖面 58m，是湖中沙垄突出水面受风沙作用堆积而成，为湖中的一大奇观。沙岛周围沙山起伏、巍峨雄伟，顺山势眺望，黄沙绵绵，簇簇沙柳微风摆姿，并有几处水潭点缀，海鸟成群嬉戏，组成了一幅美丽动人的画卷，实为一处海岸奇观。沙岛是整个青海湖最佳的自然风光旅游区。

青海湖在不同季节景色迥然不同。夏秋季节，山清水秀，湖岸草原葱绿，羊群如云，奶茶飘香，是理想的避暑胜地。冬季，湖面冰封玉砌，银装素裹，适宜开展各项冰上运动。

俗称湖心岛的海心山，位于青海湖心偏南，距南岸30km有余，面积为1km^2，形如螺壳。山顶高出湖面约数十米，海拔约3300m，海心山地势较平，岛上怪石嶙峋，沙洲点点，杂草丛生，野花纷披，是青海湖一大胜景。

三块石在湖的西南部，由密集在一起的白色石灰岩礁石组成，远望形似三块巨大的巨鼎屹立于波涛中，现栖息于礁上的鸟类数量已超过鸟岛。

青海湖是历史名湖，早在汉代以前，羌人便在这块地方游牧为生，所以统称“卑禾羌海”。古称“西海”，又称“鲜水海”，藏语称“错温波”（青色的湖），蒙语称“库库诺尔”（蓝色的海）。入湖有30多条河流。青海湖是国家级自然保护区和国家风景名胜区。鸟岛列入联合国《国际重要湿地手册》，同时加入《水禽栖息地国际重要湿地公约》。

青海湖是历史名湖，民间多称“西海”。从北魏起更名为“青海”。西汉末年在湖东设西海郡，筑城戍守。南北朝后期至唐初，这里成为吐谷浑王国活动的中心，湖西畔铁卜加草原上建有都城伏俟城。唐代，唐与吐蕃在此有过无数次争战，死伤不计其数。诗人杜甫有诗，“君不见青海头，古来白骨无人收。新鬼烦冤旧鬼哭，天阴雨湿声啾啾”，描述了当时战争的惨状；明代蒙古诸部为争夺草原和牛羊而相互杀戮，蒙古族头领俺答之子丙兔在湖周修建仰华寺；清朝对青海湖区十分重视，修筑察汉城（又名白城子）等，每年召集蒙藏王公祭海会盟。

据地质学家研究，地质时期第四纪以前，青海湖地区是一个连在一起的古老的大陆板块，古布哈河从西北向东南穿过这里流入黄河的外流河。后来经过多次地壳运动，中心地带断裂下沉而四周强烈隆升，且隆升速度超过河流下切侵蚀速度，堵住了古布哈河流入黄河的水道，从此布哈河成为内流河，青海湖则成为内流湖。湖四周高山带有冰雪分布，源自于这里的河流就有50余条，最大的布哈河长300km有余，入湖处由于大量泥沙沉积，形成了一个长达13km的三角洲。湖区6～8月份日平均气温10～20℃，凉爽宜人，空气清新，阳光灿烂，天、地、水连成一片。青海湖离西宁100km，交通便利。早看日出，晚观夕阳西下的湖光山色或绕岛荡舟，或信步于大草原，定让您心旷神怡，流连忘返。

2. 鸟岛——鸟的乐园

鸟岛又称鸟类天堂（王国），岛上栖息着十余万只候鸟。位于青海湖西北角、布哈河入湖处，面积0.73km^2，为我国八大鸟类保护区之一。距刚察县78km，由两个大小不等，形态各异的小岛组成。东边的大岛叫海西皮，海西皮岛的东侧悬崖绝壁，只隔10m多有一巨石突兀嶙峋，矗立在湖中，在顶部不足30m^{2}的面积上，甚至在四周悬崖峭壁上都筑满了数不清的鸬鹚窝巢，数以万计的鸬鹚在弹丸之地吵吵嚷嚷，俨然是一座鸟儿的城堡，故又称鸬鹚岛。

西边的小岛叫海西山，海西山仅0.27km^{2}的面积上，栖息有10万余只候鸟。飞鸟遮天蔽日，数公里外就能听到鸟儿的叫声，因鸟蛋遍地，故又称“蛋岛”。这两个岛合称为“鸟岛”。每年4、5月份，我国南方及东南亚一带的20余种候鸟相继成群结队飞来，翱翔湖面，遮天蔽日，声扬数里。它们在岛上安营筑巢，繁衍后代。9月份又返回南国越冬。鸟岛是鸟的世界、鸟的海洋，堪称天下一绝景，吸引着八方游客。现已建立了鸟岛国家级自然保护区。

鸟岛之所以成为鸟类繁衍生息的理想家园，主要是因为它有着独特的地理条件和自然环境，这里地势平坦，气候温和，三面绕水。环境幽静，水草茂盛，鱼类繁多，是鸟类繁衍生息的天然场所。

美丽的青海湖鸟岛，是鸟儿乐园，鸟儿的天堂，也是青海高原的一大奇观，近年来，这幽美壮丽的鸟岛风光，奇特的水禽生活，曾吸引过众多游人前来观光，引来过太多人对它的憧憬和向往。在鸟岛南部的设立了鸟岛管理站，又将鸟岛南部划为自然保护区。

3. 海心山

青海湖有五座小岛，即蛋岛、海西皮、海心山、沙岛和三块石岛。其中海心山最具神秘色彩。海心山俗称湖心岛，古称“龙驹岛”或“仙山”，位于湖心稍偏南，距西岸30km，面积3300m²，高出湖面76m，在历史上是一座小有名气的神山。历史上海心山以产“龙驹”而闻名，故称“龙驹岛”。早在汉代，海心山就建有寺庙。唐代名将哥舒翰曾在海心山建造应龙城。

海心山四周环水，远离尘世，加上神秘的传说，成为众多宗教信徒隐身修炼的佳境，山上修有白塔、古刹，山体南侧石崖上有山洞，洞内有经堂一所，僧舍两间，洞外庙宇六间，僧会舍两间，庙内有法器、壁画等。岛上绿草如茵，野花烂漫，淡水清泉，环境幽雅。登上山顶眺望青海湖全景，海阔天空，水天一色，鸥翔鱼跃，一派壮丽景色。特别是月出日落的壮观景象，使游人心旷神怡，如入仙境。

4. 沙岛

位于青海湖东北部，面积18km²，是湖中最大的岛屿，长约13km，最宽处2.8km，高出湖面58m，颇像一个新月形的大沙丘。沙岛是湖中沙垄突出水面受风沙作用堆积而成的，为湖中的一大奇观，现沙岛不断扩大，其东北端已与湖岸相连，围成一个33km²的沙岛湖。

5. 三块石(孤插山)

在湖的西南部，由密集在一起的白色石灰岩礁石组成，怪石峥嵘，远远望去，形似三块巨大的巨鼎屹立于波涛之中，水拍浪激，惊心动魄。现栖息于礁石上的鸟类数量已超过鸟岛。

6. 二郎剑

二郎剑位于湖南岸线，由一条延伸到湖里的沙地组成。其形恰似一把长长的利剑，剑柄与湖岸相连，剑身横卧湖面，剑尖直指碧波，黄沙绵绵，缓缓白浪，实为一难得的海水浴场。

(二)湖滨山水、草原景区

青海湖四周皆为高山，巍峨雄伟，犹如高大的天然屏风将青海湖环抱其间。河流众多，似静静的白练，平静小巧一泓如镜的小湖分布四周，与湖畔丰茂的草原、成群的牛羊组成了十分幽静、诱人的景色。主要景点有：日月山、倒淌河、耳海、小北湖、拉圣哲石、贡保洞、香禾谷、布哈河、沙柳河、五世达赖泉、月牙泉、热水温泉、错褡裢、夏格尔图听泉等。

1. 日月山

位于湖东，山岩赫赤色，史称赤岭。为中原农区与青藏牧区之分界岭，此山东西景观迥异。有许多优美的传说：格萨尔赤岭之战，硝烟四起，金戈铁马声声；唐文成公主西嫁松赞干布，现建有日亭、月亭等景物。

日月山位于青海省东部，是一条几乎呈南北走向的山脉，因山体顶端第三纪紫色砂岩广泛出露呈红色，故古时称“赤岭”。在青海众多山脉中论其高度和长度只能算是小字辈了，但它名气远及中外，其原因有两个：其一，日月山是我国自然地理上一条非常重要的分界线，是我国外流区域与内流区域、季风区与非季风区、黄土高原与青藏高原分界线，也是省内农业区与牧业区的分界线。日月山东侧阡陌良田，一派塞上江南风光；西侧草原辽阔，牛羊成群，是一幅塞外景色。其二，公元7世纪，松赞干布统一了青藏高原，在逻些建立了吐蕃王朝，他倾慕唐王朝的繁荣与文明，经常派使者去长安联系，并提出同唐王朝联姻。唐太宗为了与吐蕃永结友好，欣然答应将自己的宗室女文成公主嫁给松赞干布。于贞观十五年(641年)，指派江夏王李道宗随同吐蕃王朝使者禄东赞护送文成公主去吐蕃王朝的国都逻些。文成公主一行来到赤岭登高远望，山的西部群山起伏、草原茫茫，便拿出日月宝镜。宝镜上出现了"八水绕长安"的美景和皇宫中的舞榭歌台，公主泪珠纵横，柔肠欲断，可她想起临行前唐太宗的一再嘱咐，深知重任在肩，便毅然将日月宝镜抛在赤岭东坡，向西踏上了吐蕃的土地。人们为了纪念文成公主进藏和亲，将赤岭称之为日月山❶。公主和亲的事迹至今已有1300多年，但她的名字如同日月山一样永存，载入史册，成为藏汉人民兄弟情谊的象征。

为纪念文成公主为了祖国的统一大业及藏汉兄弟永久和好进藏和亲，青海各族人民在青藏公路穿过的日月山垭口(海拔3520m)两侧的山顶部修建了日亭和月亭。均为八角砖木结构，亭顶琉璃瓦，彩绘飞檐，绘有太阳、月亮图案，金碧辉煌，表现出浓厚的藏族建筑艺术风格。

2. 倒淌河

翻过日月山便是倒淌河小镇，镇旁边有一条涓涓细流流淌而过，这涓涓细流就是闻名中外的倒淌河，藏语称"柔莫曲"，意为"难舍的水"。它一反我国大多数河流自西向东流的常态，大致自东向西流，故称倒淌河。经地质学家考察，倒淌河极不相称地流淌在一个宽约数千米的宽展河谷中，成为天下奇观。

在地质时期第四纪初，现今倒淌河古河床是布哈河流入黄河的古河道，经过强烈的地壳抬升运动，日月山抬升速度超过河流下切的速度，堵截了古布哈河流入黄河的出口而迫使倒流入青海湖，古布哈河的这段河床成了倒淌河的河床，这就是新构造运动的具体表现。

共和县倒淌河乡坐落于此，系青藏公路线上的名镇，现在河岸建有雕塑等景。民间传说文成公主经过日月山时，眺望西部茫茫草原荒凉无比，悲伤的泪水汇成了这条小河，随同公主一行向西流去。

3. 小北湖

小北湖位于青海湖东崖的湖东种羊场附近。背靠沙漠，傍依青海湖，这里既可以领略清泉溪流、花卉万千、芦苇葱茏、鸟鸥飞翔、裸鲤畅流的"塞上江南"风光，欣赏沙漠绿洲的风韵，又可领略奇异的沙山，广袤雄浑的草原景象。

小北湖虽名为湖，但实际上是一片水草丰美的花草甸子，东西长而南北窄，面积3600hm^2有余，它是青海湖水位下降、面积缩小后遗留下的一片沼泽草甸。草甸周围是数以百计的淙淙泉水，众多的泉水在草甸中间汇合成一条清澈明亮的涓涓细流，然后弯弯曲曲流过草甸，绕过一段沙丘，注入青海湖中。夏季花开时节，有许多百灵、山鸟在草甸和小溪间嬉戏飞翔，偶尔还可以看到斑头雁、鱼鸥等珍禽寻欢觅食。

小北湖是青海湖周围一个有名的草茂花繁，景色迷人的去处，现已开辟为环湖地区旅游景点之一。自1981年以来，已有美、英、日、法等国和港澳地区的游客到此观光，电影界还在这里拍摄过《文成公主》、《格萨尔王》等影片。

4. 布哈河

位于吉尔孟乡南5km，布哈河大桥西南河谷地带。河两岸水草丰茂，飞鸟云集，沙柳花开

---

❶日月山最早见于战国初年到汉代初年的成书的《山海经·大荒西经》："大荒之中，有山名日月山，天枢也。吴姖天门，日月所入。有神，人面无臂，两足反属于头(山)[上]，名曰嘘。颛顼生老童，老童生重及黎，帝令重献上天，令黎(邛)[印]下地。下地是生噎，处于西极，以行日月星辰之行次。"

满枝条，色彩斑斓，视野宽阔，气息清新，蓝天、白云、绿草、花朵、牛羊、炊烟、野帐，构成一幅绝妙的牧野风光的秀丽画卷，是游览鸟岛后理想的娱乐休憩地。

5. 沙柳河

沙柳河又称伊乌克兰河，源头为冰冻沼泽区，流向由西向东南流入青海湖。河谷两岸长满沙柳，故得沙柳河其名。沿河两边群山连绵起伏，山川壮丽，奇景迭出，危崖耸立，形势雄险，河流湍急，气候温暖潮湿，空气清新凉爽，沙柳茂盛，红花绿叶，满山遍野，色彩缤纷，把山野点缀得万紫千红。每年5、6月间青海湖湟鱼成群结队沿河水逆游而产卵，黑压压的鱼脊遍布河口，景色壮观迷人，使人流连忘返，成为一大奇观。

6. 五世达赖泉

相传，五世达赖喇嘛罗桑嘉措，在清世祖顺治十年(1653年)，受命进京，封归返西藏时，途经青海湖，为祈祷海神护佑，按宗教仪式绕湖传经，宿营沙陀地区。由于长途跋涉，人困马乏，达赖喇嘛叫随人在南坡丛草乱石之中，挖得一涓流泉，解决了人畜饮水问题。后来人们为了纪念达赖佛恩，将这眼泉命名为“五世达赖泉”。

7. 月牙湖

月牙湖位于315国道120km南6km处，四周沙山环绕，从山下到湖畔则是草原景观，湖面约0.8km^2，湖水湛蓝清澈，5、6月鸟类较多。站在沙山高处往下看，月牙湖似一轮弯月似的蓝宝石镶嵌在沙山高原之间，令人心旷神怡。距国道4km的沙山斜坡最长处72m，是滑沙的好去处。这里的月牙湖、沙山可与敦煌的月牙泉、鸣沙山相媲美。

8. 热水温泉

热水温泉，俗称“西海第一神泉”藏语为“曲库贡玛”，位于海晏县城西北57km处的擦拉塘东南边缘的甘子河大草原上，环境幽雅，百灵翔鸣。现有泉眼9处，泉眼四季喷涌不竭，碧水如镜，水温51～55℃，水量972t/d。泉水含有锂、溴、锶等多种微量元素。泉边一石上有一大手印和两个膝印，传说是释迦牟尼曾在此石跪饮泉水所留。泉边有一转经厅，泉水的能量可推动经轮不停地转动，以祈求风调雨顺、吉祥如意。每逢夏秋，游人蜂拥，多来此洗浴疗养。

9. 错褡裢

错褡裢位于甘子河乡俄日村境内，有一大一小两个褡裢状湖，呈串珠状，湖面约1km^2，水呈湛蓝色。湖西北部分布有沼泽地。5、6月份，这里是丹顶鹤、白天鹅、黑鸭、黄鸭等鸟禽类的天堂，湖滨有少量的芦苇丛，风光秀美，并伴有优美的神话。

10. 年钦夏格日山

年钦夏格日山藏语全称为阿尼念青格日，海拔4100m，意为带着白帽子的山神。它耸立在海晏和刚察两县的交接处，峰顶常年积雪，白云缭绕。登上山顶，放眼望去，青海湖及周围湖光山色尽收眼底，顿觉天高地阔，给人一种“天人合一”的感觉。

夏格尔山上有许多溶洞，最大的可容纳百人，传说是西王母召集会议的宫殿，山顶上有一石柱，名为昆仑铜柱，高3m，腰围3.3m，宛如殿堂的廊柱般表面光洁，敲击之铿锵有金属声，海北藏族群众称之为“镇山神柱”，上面缠满了信徒们祈求吉祥如意的哈达，此石柱就是《山海经》记载的“昆仑铜柱”。史料表明，西王母源于海晏县，海晏是西王母在青海湖畔建立少数民族古老王国的政治活动中心，西王母作为远古时代环湖地区的民族首领，受到了这个地区各民族的崇信和神化。同时，也倍受现代史学家们的关注，有关研究西王母的活动日趋浓烈。

11. 包忽图听泉

包忽图听泉系蒙古语译音，意为有鹿的地方，海拔3400m，是湟水发源地。泉水四周牧草丰美,除有高山柳、金露梅、高山雪莲、鬼箭锦鸡儿等植物外,还有雪鸡、岩羊等珍禽异兽。

12. 金银滩大草原

金银滩大草原位于青海省海北藏族自治州海晏县境内。它的西部同宝山与青海湖紧邻,北、东部是高山峻岭环绕,南部与海晏县三角城接壤(三角城是西海郡遗址,建于西汉王莽秉政时期),在这 $1100km^2$ 的大草原上,有麻皮河和哈利津河贯穿,就是青海有名的金滩、银滩大草原。北岸草滩上盛开着一种叫金露梅的金黄芳香的小花,故称金滩;南岸草滩上则是洁白如银的银露梅的天下,谓之银滩。高原上的藏族兄弟世世代代生活在这块热土上,有 30 多万只牛羊在这里生息,是典型的牧区。

这里不仅是建国初期国产故事片《金银滩》的实拍现场,而且曾是"中国西部民歌之王"王洛宾先生的采风地。20 世纪 40 年代初,著名导演郑里君来到青海湖畔拍电影,选海晏三角城千户长的女儿卓玛扮演牧羊姑娘,王洛宾充当她的助手。在拍摄中王洛宾不经心地用马鞭抽打了一下卓玛骑的马,于是马蹦跳起来,卓玛回头用眼瞪了一下王洛宾,然后用马鞭在他背上轻轻抽了一鞭。这一鞭给了王洛宾创作的灵感,在离开青海湖前,他写下了蜚声中外的歌曲《在那遥远的地方》。《在那遥远的地方》从金银滩上传出,唱遍中国,风靡海内外。

13. 仙女湾湿地

仙女湾湿地位于青海湖北岸的刚察县城正南 16km 处,该处湿地是国际七大湿地之一——青海湖湿地的重要组成部分。每年秋季开始,数以千计的大天鹅在仙女湾湿地栖息,美丽的白天鹅如白色的哈达镶嵌在青海湖边,与低处静谧的湖水、高处白雪皑皑的高山相映生辉,景色非常迷人。与青海湖鸟岛等绝大多数相比,游人在这里不仅可体验秋冬季节人与鸟和谐相处的景象,而且可以欣赏高原的雪山风光以及金黄色的甸状草地,是青海海湖景区秋冬旅游的好去处。

(三)人文景物

青海湖是丝绸之路、唐蕃古道途经之地,是古代少数民族纷争割据的地方,无论是在古代交通,还是民族文化中都留下了历史的斑迹。古老而又充满神秘色彩的宗教寺院、历史古迹和历史传说众多。主要有:昆仑文化、西王母传说、日月山文成公主进藏历史故事及传说、三角城遗址——西海郡、伏俟城遗址、舍布齐岩画、哈龙岩画、刻经石、祭海台、白佛寺、佛海寺、沙陀寺、刚察大寺、班禅敖包、拉姆哲寺、香木谷、格萨尔时代的贤巴石城及众多的俄博等。同时,有现代大型建设工程龙羊峡水电站、我国第一个核武器研制基地。

1. 三角城遗址——西海郡

西海郡位于海晏县城西 1km 的城村,坐落于湟水沿岸的金银滩草原上。俗称"三角城",建于西汉末年,是王莽执政时为达到"四海"统一而设。城呈长方形,东西长 650m,南北宽 600m,城墙残高 4m,至今城址保存完整,四门尚隐约可见,观城廓为三角形,为世之古城绝妙之处,使人感到古人意图难以揣测。

三角城是汉代重镇,亦是通西域诸国的重要控制点,古丝绸南路的必经之地。三角城内出土的有西汉和王莽时期的五铢钱、货币、货泉、大泉五十等钱币以及东汉时期的铭文瓦当、唐代莲花纹瓦当和宋代的"崇宁重宝""圣宋元宝"等钱币及钱范、虎符石匮,东汉时期的《西海定定元兴元年作当》。1988 年被国务院公布为全国重点文物保护单位。

西海郡是建于青海年代最早,规模最大的一座郡建制的古城,属国家级文物保护单位。虎符石匮是青海省迄今为止发现的最早有铭文的石刻之一。

2. 尕海古城遗址

尕海古城位于海晏县甘子河乡尕海村，周围是丰茂的湖滨草原，地处海晏通往刚察的必经之路。城东西长435m，南北宽436m，呈正方形。城墙宽12m、高4.8m，夯土筑，夯土层厚6cm，城四面各开一门，门宽约7m，城内南高北低，东北部为一平坦的广场，西南部较高，为原来的房屋基址。出土的有汉代的五铢钱、灰色陶片、残铜镜等。此城为省级重点文物保护单位。

3. 伏俟城遗址

伏俟城位于青海湖西北岸共和县铁卜加草原上石乃亥铁卜加村，故又称铁卜加古城。公元540年，吐谷浑夸吕即位称汗，定都于此，名伏俟城，是吐谷浑王国历史上最悠久的国都，也是最后一个政治中心。城南北长270m，东西宽220m。城墙夯筑，残高7～12m，基宽18m，顶宽3m。开东门，外有方形遮墙、城外的廊、砾石筑成。城内有一条东西向中轴线，两旁各有长50m、宽30m的三组房址。最西端有边长70m的一座小方院，方院与城墙间有一座长15m、高9m的夯土台，台上有房址，为当时西海畔最宏大的建筑物。此城为省级重点文物保护单位。

城外残留有规模更大的用砾石砌成的外廓围墙。城内发现大量瓦当和少量碎陶片等遗物。

4. 西汉虎符石匮

石虎出土于三角城遗址，身长1.5m，高0.5m，背宽0.6m，俯卧在长方形石座上，虎尾搭背呈蹲伏状，双目前视，栩栩如生，似有一跃而起的神态，具有汉人石雕浑厚古朴的风格，雕刻纹路清晰，神情生动，实为稀世珍品。石匮出土于1986年，位于石虎石座之下，长1.39m，宽1.7m，高0.92m。虎符石匮正面和底部雕刻着“西海郡虎符石匮，始建国元年十月癸卯，工河南郭戎造”22个篆体字，虎符石匮是王莽企图靠阴谋诡计，假托天命，大造舆论，夺取西汉政权的产物。属省级重点保护文物。虎符石匮具有我国汉代石雕浑厚古朴的艺术风格。西海郡古城的存在，充分证实了早在汉代，青海东部广大地域已正式纳入了中央封建王朝的统一版图之内。

5. 岩画

岩画描绘、雕刻在岩石崖上的一种绘画，青海是我国岩画分布最多的省份之一，而青海湖盆地西北部近200～300km^2的土地上，就分布有哈龙、舍布其、卢山、鲁茫沟等多处岩画点。

这些岩画多以牛、马、羊等动物个体形象为主，还有宗教、文字、战争、狩猎等内容。这些作品出自长期生活在青海高原的羌人、吐谷浑、吐蕃等民族之手，真实反映了他们的生产生活和对艺术的追求，均有较高的艺术观赏价值。

(1)舍布齐岩画

位于刚察县石莆滩舍布齐沟的山顶海湖8km，此处地势平坦，水草丰茂。岩画石质为千枚岩。画面向东，高2.8m，宽3.4m，共33幅，有狗、牛、鹰、狩猎图等。线条粗犷豪放，形象古朴生动，造型、打制皆精，岩画的年代上限吐蕃时代，下限为晚唐。为省级重点文物保护单位。以动物和狩猎为主，其中有一幅单骑射猎野牦牛的形象有较高的艺术水平。

(2)哈龙岩画

位于吉尔孟乡政府西北18km处的哈龙沟，哈龙藏语意为“鹿沟”，哈龙岩画的主人以狩猎、捕鱼和放牧为生。岩口画刻在沟中两座海拔约3500m处的南部花岗岩石壁上，两壁相距300m，刻有牛、羊、鹿、野猪、骆驼等动物形象，在阳光照射下，图像若隐若现，富有神秘感，现仍有人在此祭祀。初步考证为羌族和吐谷浑人所作(其年代早于中外闻名的内蒙古阴山岩画)。为省级文物重点保护单位。

(3)卢山岩画

于天峻县布哈河谷的江河乡，有270幅个体形像，以及动物、狩猎、战争、生殖和藏文字等内容。动物以牛和鹿居多，画面宏大，有较高的艺术观赏价值。

(4)鲁茫沟岩画

位于天峻县天棚乡境内，分别刻画在3个大型石块上，不足20m^{2}的石面上有近80个个体形象画面，有牛、马、羊、野猪、狐狸、老虎等；有一块仅3m^{2}的石块上面就有21个动物个体形象，大都是头向一致的骆驼群，形态逼真，展现骆驼在沙漠里行走的场面。鲁茫沟岩画全是动物形象，千姿百态、场面宏大，为省内少见。

6. 祭海台

位于刚察县泉吉乡西南8km湖北岸处。清雍正二年(1724)，朝廷平叛时，在青海湖边与青海蒙古族首领罗卜藏丹津叛兵交锋，由于叛军早有提防，逃往南疆。清兵两天两夜未休息，喝不上水，吃不上饭，人困马乏，口干舌燥。饥渴到了山穷水尽的绝境，朝廷大将岳钟琪便令三军朝西海跪拜，求海神显灵，赐水救命。果然，在几处洼地挖出了泉水。后来岳钟琪回到京城，向皇帝复命，求万岁赐封海神显灵赐水，拯救三军性命。皇帝听后大喜，诏封"灵显宣威青海湖"御赐神位，并诏于每年秋八月定期祭海，不得有误，从此便开始正式祭海，一直延续后世。

7. 白佛寺寺院

白佛寺寺院位于青海湖北岸海晏县的同宝山下，是环青海湖地区最大的藏传佛教寺院，距海晏县城29km，寺院三面环山，南望青海湖，四周水草肥美，是藏传佛教格鲁派寺院，寺院前八大如意塔拔地而起，蔚为壮观。寺院依山而建，庭院楼阁，高低错落，碧瓦宫墙，挑角飞檐。佛堂建筑金碧辉煌，光彩夺目，晨钟暮鼓更显肃穆，寺内藏有《甘珠尔》大藏经全套，小经堂藏有鎏金铜质狮子一对，大象一只，神态栩栩如生，站在小经堂坐落处，极目远眺，那浩瀚的青海湖仿佛就在脚下，万顷碧波，水天一色。

白佛寺是尖扎县拉莫德千寺的属寺，是历代察汗诺门汗在青海湖区的主要寺院。明万历年间，西藏哲蚌寺高僧措尼嘉措受第三世达赖喇嘛之命，来青海弘扬格鲁教派教法，受到土默特蒙古首领火洛赤的供养，并尊称其为拉莫活佛，藏语称为"夏茸尕布"，汉语为"白佛"。该寺初建于明万历十一年(1583年)，清代嘉庆年间从尖扎迁入这里，20世纪初建成大小经堂和白佛府邸等，成为省内名寺之一。

8. 佛海寺

佛海寺又称新寺，位于白佛寺北约100m处，寺院建筑气势雄伟。寺内收藏有金粉书写的《丹珠尔》大藏经等经典，并保存有十三世达赖和藏王达扎赠赐的红檀木镶银金刚佛像、千佛像、银质千佛像等。

9. 沙陀寺

沙陀寺20世纪80年代初由原址迁到刚察县泉吉乡年乃索麻村境内，该寺坐落于青海湖北岸的半山腰上，地处青海湖鸟岛旅游区，依山傍水。距县城62km。始建于1665年。清朝顺治十年(1653年)，第五世达赖喇嘛罗桑嘉措进京朝见顺治皇帝受封。返藏途中经过青海湖时，见沙陀寺旧址上的"鄂博"上空祥云缭绕、瑞气万道，是弘扬佛法的理想之地，于是他举行了隆重的宗教仪式，开始筑殿建寺。为祈祷海神护佑，举行佛事活动，赠给当地群众高五寸的四臂观音佛像一尊。从此，该地区成为佛教圣地，吸引无数教徒到此煨桑朝拜。沙陀寺占地124875m^2，规模不断扩大，寺院建筑集藏汉建筑艺术于一体，雕梁画栋，错落有致，别具一格。

寺内雕塑、壁画、堆绣等艺术品富丽堂皇，雕梁画栋，显得肃穆神秘。寺内藏经400余部，大小佛雕铜佛40余尊，各种法器1240余件。是环湖地区影响较大的藏传佛教宁玛派寺院。沙陀寺在青海湖风光的衬托下，显得颇为壮观。从沙陀寺向南眺望，美丽迷人的青海湖、鸟岛尽收眼底，显得异常雄浑壮观。

10. 刚察大寺

刚察大寺位于刚察县城北25km处，地处伊乌河上游与恩乃水汇合处及德日冷宝山、德钦文桑山之间，是著名的藏传佛教格鲁派寺院。建于1915年，寺院依山而建，庭院楼阁，高低错落，碧瓦宫墙，挑角飞檐，为刚察县久负盛名的大寺之一，还是全县的宗教活动中心。佛堂建筑金碧辉煌，佛殿内珍藏颇多，雕塑、壁画、绒绣俱全。大经堂殿脊图腾塑像20余尊。寺院东西两侧建有3座洁白的舍利灵塔。大寺在青海湖地区负有盛名。

11. 龙羊峡水电站

龙羊峡水电站是黄河上游的第一座龙头大型水电站，它曾以最高的海拔、最高的大坝及最大的单机容量而著称于世，已成为青海湖景区的一个主要景点。“龙羊”为藏语悬崖深谷的译音，峡谷长40km，两岸高150m。1976年开始施工，拦河坝高178m，总库容247亿m^3，总装机128万kW，控制流域面积13万km^2。

12. 我国第一个核武器研制基地——原子城

原子城建于1958年，我国第一颗原子弹、第一颗氢弹均诞生于此，故称为“原子城”。1995年5月15日退役，经国务院批准更名为西海镇，现为海北州府所在地。原子城依然保留众多的实物纪念地，向人们展示了我国人民在非常困难时期艰苦创业的历程，它是一个巨大的精神财富，也是对全国人民进行爱国主义教育的宝贵资源。

13. 湖东种羊场

湖东种羊场位于青海湖东岸，是省内纯种羊繁育的中心生产基地。种羊场附近的小湖泊是青海湖水位下降后遗留下来的沼泽草甸地，这里泉水淙淙、溪流潺潺，草地上布满了各色野花；珍稀野生动物普氏原羚及鹿、黑颈鹤、石鸡、雪鸡、旱獭等飞禽走兽经常出没。

种羊场内珍藏着大清雍正四年（1726年）所立的“灵显青海之神祭海石碑”，是环青海湖地区乃至全省的珍贵文物之一。200多年前青海湖畔隆重的祭海活动，随着时间推移已烟消云散，但青海湖畔至今残留的察汗城、关帝庙、海神庙遗址及“灵显青海之神”石碑、“会亭”遗址，证实记录了往日青海湖祭海活动的宏大场面。现湖东种羊场开辟了祭海、民族风情、观海、滑沙等多种旅游项目，有较完善的旅游服务设施，成为省内富有特色的旅游景点。

（四）民族风情与人文景观

青海湖地区世代生息在这里的藏族等少数民族，他们以其独特的民族风情习俗吸引着中外游人。这些民族的服饰绚丽多彩，且人们均善歌舞，他们以天为幕，以地为台，即兴歌舞，尽兴而罢，如藏族优美的袖舞、风趣别致的对舞、如痴如狂的群舞等，这些歌舞大都旋律鲜明，节奏明快，舞姿奔放，令人赏心悦目。每当夏秋季节，藏族还要举行包括赛马、赛牦牛、射箭、摔跤、对歌等内容的传统活动。届时，方圆数百里的群众都要前往，他们穿着华丽的服装，宰牛屠羊，在绿草如茵的草地上，扎下帐篷和蒙古包，观看助兴。在这里，既可欣赏到少数民族的文体活动，又可体验、考察特异的民俗风情，展现在游客面前的是一幅幅绚丽多姿的少数民族的风俗画卷。

青海湖地区历史文化旅游资源极其丰富，有新石器时代文化的主要类型，马家窑文化和宗日类型，更有青铜时代的齐家文化，出土铜器中最著名的发现是贵南县尕马台墓地25号墓出土的青铜镜,经分析,其铜锡比例为1∶0.096,它是我国已知最早期的一面青铜质铜镜。

三、青海湖景区旅游资源类型与评价

(一)旅游资源类型与丰度

中国科学院地理科学与资源研究所在《青海湖景区旅游整体规划》里通过实地调查,依据国家标准《旅游资源分类、调查与评价》(GB/T 18972—2003)中旅游资源调查分类体系,提取了86个旅游资源单体,其中25处单体属于旅游商品主类和人文活动主类等,认为青海湖景区的旅游资源有8个主类,17个亚类,37个基本类型。

(二)旅游资源质量等级

《旅游资源分类、调查与评价》(GB/T-18972—2003)中的"旅游资源共有因子综合评价系统"设置了"资源要素价值"、"资源影响力"和"附加值"3个评价项目,包括"观赏游憩使用价值","历史文化科学艺术价值","珍稀奇特程度","规模、丰度与几率","完整性","知名度和影响力","适游期或使用范围"和"环境保护与环境安全"8个评价因子。根据该系统赋分(总分为100分)并划分等级。按得分高低可将旅游资源分为五个等级,其中五级、四级、三级旅游资源统称为"优良级旅游资源",二级、一级旅游资源统称为"普通级旅游资源"。评定结果显示,青海省优良级旅游资源单体为27处,普通级旅游资源单体为34处。在优良级资源中,列入三级的有18处,四级的有8处,五级的有1处。

(三)旅游资源景观类型评价

1. 自然生态旅游资源

青海湖景区自然生态旅游资源的基本类型,主要包括草地、水域、沙地等,它们在地域上渗透交叉,构成了独具特色的青海湖旅游资源系列。

(1)湖泊及水域景观

青海湖景区湖泊与水域景观资源主要有湖泊与子湖群景观、风景河段和湿地景观。

青海湖面色彩美丽,变幻多样,湖水微咸带苦,水色以青色为本,兼有青、蓝、绿三色,夏季有明显正温层现象;冬季湖面结冰,出现逆温层现象。每年11月中旬开始结冰,翌年元月形成稳定的冰盖,3月中旬冰盖开始融化,4月中旬湖冰消失。本区入湖河流较多,注入青海湖的河流大小有50余条。其中最大的布哈河总长超过300km,每年流入湖水量约$5 \times 10^8 m^3$。

目前青海湖周边有两个子湖,一为耳海,二为尕湖,它们随水位变化而出现或消失。耳海面积小,以发源于日月山向西而流的倒淌河为补给水源,矿化度仅为1.1g/L。尕湖面积比耳海大3倍,没有河水补给,矿化度高达25g/L。青海湖中水生动植物种类较少,有特色鱼类裸鲤(湟鱼);浮游生物有硅藻、蓝藻、金藻和裸藻等9类;浮游动物有4类,以原生动物为主,底栖动物很少。

风景河段特色鲜明。青海湖的风景河段主要有泉吉河观鱼河段和沙柳河风景河段。每年6月中旬,青海湖的产仔湟鱼以令人难以想象的毅力,历尽艰辛从青海湖逆流而上,到这些河流的上游产卵,8月初开始向青海湖洄游,湟色集中的地方,河流为之淤塞。泉吉河风景河段就向游客展示着这样的壮观景象。

湿地景观丰富,适宜观鸟旅游。青海湖景区的高原湿地景观类型多样,多为候鸟栖息地,具有发展观鸟生态旅游的潜力。

(2)草原景观

青海湖地区地势高,相对高差变化大,复杂的地貌类型和巨大的青海湖对气候都有一定的调节作用。植被基本上分为两大类:山前盆地四周以及河谷阶地为温性草原和高寒草原;四周中高山地为高寒灌丛、高寒草甸等。青海湖典型的高原草原草甸景观是品位较高的旅游资源,其垂直分布特征(从湖心到高山地区,垂直带谱依次是草原带、高寒灌丛、高寒草甸、高寒流石坡植被带)在青藏高原地区具有一定的代表性。从旅游的角度来看,青海湖区的垂直植被变化状况相当于青藏高原变化状况的一个缩影,游客在这里就可以"以小见大"地观赏到整个青藏高原的景观变化情况。草原是青海湖周边藏族等人民的生息之地,具有深厚的民俗与历史文化积淀,特色鲜明。草原所构成的青海湖旅游资源的强盛态势,树立起青海湖旅游业的主题形象,在国内占据了突出的地位。草原与藏族民俗风情结合,使青海湖旅游品牌的打造具有人文资源基础。

(3)沙地景观

青海湖盆地的风沙堆积基本上环湖分布,总面积超过700km^2,可分为四个区,主要的沙区有湖东沙区、甘子河沙区、鸟岛沙区、的浪玛舍岗沙区。

2. 军事文化旅游资源

青海湖景区的军事文化旅游资源具有独特性,开发潜力大。金银滩曾为我国的神秘军事禁区。221厂始建于1958年,服役30多年间,成功地进行了16次核试验,为打破垄断、维护世界和平做出了历史性重大贡献,是世界上第一个退役的核武器试验基地。目前,221基地已被国务院列入全国重点文物保护基地。这里收藏着大量保存完好的现代文物遗存,有张爱萍、王淦昌、朱光亚、邓稼先、周光召、李觉等住过的"将军楼",有基地第一批人员驻扎的"三顶帐篷"遗址和当时被确定为"禁中之禁"的基地指挥部、科技楼等建筑。

原中国鱼雷发射试验基地建造在青海湖南岸,因其在青藏公路151km处,又被称为151基地。现保留部分原有生产车间、实验区,以及鱼雷、电台等实物供游人参观。

3. 历史文化旅游资源

(1)穿越千年历史,从唐蕃古道到青藏铁路。1300多年前,大唐文成公主带着和亲的使命,从长安出发,远赴雪域高原,翻山越岭,历尽艰辛,用了近三年的时间才抵达拉萨。文成公主当年所走之路,就是闻名于世的"唐蕃古道"。斗转星移,2006年7月1日青藏铁路开通,青藏高原再次见证了一次伟大的穿越。从唐蕃古道到青藏铁路,一千多年,沧海桑田,青海湖见证着历史的变迁。

(2)边塞要道日月山。日月山地处要塞,战略地位重要。就是内地通往青藏高原的交通要道,也是汉藏人民友好往来、互市贸易的纽带。早在汉代,日月山已成为我国"丝绸辅道"的一大驿站。唐代时,日月山更是唐蕃古道的必经之路。

(3)"四海"之一的标志物——西海郡古城。西海古郡建于西汉末年,是青海省内年代最早、规模最大的一座郡建制古城,俗称"三角城"。传说两千年前的西汉末年,王莽上奏当时临朝的太后,说天下已经有东海、南海和北海郡,再有个西海郡,才算是四海一统。公元4年,汉朝在青海设置了西海郡,汉帝国的西部疆域深入到了青海草原。

(4)祭海活动历史悠久。唐代,吐蕃占据青海湖,日月山成为吐蕃与唐朝的分界线;元、明、清时期,环湖地区实行盟旗制度和千百户制度,清王朝设立了祭海制度,祭海活动延续长达200余年。历代皇帝都视青海湖为神湖并对青海湖题词、立碑与封号,唐玄宗曾封"西海"之神为"广润公",封号"青海湖";宋仁宗亲题"通圣广润公",并在长安设坛遥祭;到了清代,祭海活动已制度化康熙曾题"正恒",雍正赐封"青海灵显大渎之尊神",乾隆题"青海胜景"。

(四)旅游资源优势定位

青海湖的旅游资源丰富,八大主类旅游资源齐备,各类资源的组合良好,地域空间上配置较好,又各具特色。以倒淌河和布哈河连线为界,湖的北岸旅游资源更为多样化,典型的包括鸟岛、刚察草原、沙岛、原子城、金银滩草原、尕海、耳海、西海郡等,而南岸视野开阔,草甸发育较好。景区内的自然、人文旅游资源在独特性、规模度、组合条件、利用价值等方面均有比较显著的优势。由于保存相对完好,景区内各类自然资源的开发潜力均较大,有着比较明显的后发优势。

工作任务完成

(1)认真学习完成本任务的必备知识,认真学习关于青海湖生态度假旅游区的相关知识,挖掘青海湖生态度假旅游区相关景点的特色。

(2)收集相关资料,以小组为单位描述青海湖生态度假旅游区相关景点的特色,能针对游客需求设计出特色旅游线路。

巩固和提高

(1)根据上面提出的任务,请小组成员分别扮演前台接待员、顾客,分组准备资料,以小组为单位,通过资讯—决策—计划—实施—检查—评估教学实施活动六步法,完成此次任务。

(2)组织学生以团队(小组)形式,到旅行社企业、旅游集散中心进行实地调研受消费者欢迎的旅游产品,形成调研报告。制作成 PPT,进行分组交流。

任务四　柴达木荒漠昆仑文化旅游区认知

工作任务描述

李威是神州旅行社的一名前台接待,接待了一个有 20 人组成的上海大学生修学旅游团,特别想感悟一下青海丝路之旅。在出游前,他要了解一下青海柴达木荒漠昆仑文化旅游区的特色旅游资源。作为一名旅行社的前台接待,你能给他介绍一下吗?

任务分析

青海柴达木荒漠昆仑文化旅游区有特殊的地理位置,特殊的地貌地形、特殊的民族风情。作为一名旅行社的前台接待,应该在上海大学生修学旅游团出游前讲清该地区的地理条件、气候、民族禁忌等,同时要对青海柴达木荒漠昆仑文化旅游区的特色旅游资源进行介绍。利用下面提供的相关知识,完成此次任务。

完成任务必备知识

一、柴达木荒漠昆仑文化旅游区概况

柴达木旅游区是以柴达木盆地自然地理环境为基准,依托青藏铁路构建世界顶级旅游带为目的的旅游区域。柴达木盆地是青藏高原北部边缘的一个巨大的山间盆地,其主体位于青海省西北部,面积 20 万 km^2,海拔在 2675 ~ 3350m,其北部和东部有若干孤形山地。山地高度可达 4000m 以上。柴达木旅游区是以柴达木盆地自然地理环境为基准,依托青藏铁路构建世

界顶级旅游带为目的的旅游区域。盆地略呈三角形，西北、东北和南面分别为阿尔金山、祁连山和昆仑山地。阿尔金山是柴达木盆地与塔里木盆地间的天然界山，祁连山是这个盆地与河西走廊间的高大屏障，而昆仑山则阻隔着盆地与青海南部高原。这些高峻而宽厚的山体，在地形上实现了对柴达木盆地的完全封闭，由此形成了干旱少雨、阳光充足、植被稀疏的以戈壁、盐滩、沙漠为主的干旱荒漠自然景观。

柴达木盆地是我国四大盆地之一，其享有"聚宝盆"之称是因为：一是柴达木的宝藏种类繁多，储量丰富，遍布盆地各个角落。盆地南缘被东昆仑多金属成矿带所环抱；盆地北缘被阿尔金山中段石棉成矿带所圈闭；盆地北缘由赛什腾至锡铁山铅、锌、硫、铬多金属成矿带组成。根据地质工作者对青海省34种矿产资源潜在价值的测算，柴达木盆地已探明的矿产储量的潜在价值占青海省已探明的矿产储量潜在价值的84%。目前已知，柴达木有7种矿产的储量居全国首位，它们是钾盐、池盐、镁盐、锂、溴、碘、石棉；硼、天然碱的储量居全国第二位；芒硝、石膏、铅、锌、煤、铁、石油、天然气的储量也较丰富。如果按照矿产的储量、品位、价值、供求等情况综合分析，柴达木这个巨大的"聚宝盆"内孕育着池盐、钾盐、硼、镁盐、石棉、铅锌和石油等国家战略资源。二是柴达木盆地地势平坦、光热资源十分丰富。这里不仅发展绿洲农业取得了举世瞩目的成绩，是世界上春小麦产量创下最高纪录的地区，还是西部地区拥有宜农荒地规模最大的地区之一。三是拥有景色独特的自然景观和记载华夏文化变迁的历史遗迹，以及多彩的民俗风情。这里大部分的旅游资源都保持了原始风貌，景观独特、奇美、神秘，是开展登山旅游、生态旅游、科学考察、文化旅游、抢险旅游、宗教朝觐和了解蒙古、藏族民族风情的理想胜地，也是我国旅游开发向西部转移的一个新的增长极。四是钢铁巨龙——青藏铁路形成通达的联系通道，为区内自然资源优势转换、经济增长提供了巨大的动力。区内名山大川、长江源区、荒漠戈壁、昆仑文化传说、"外星人遗址"、吐蕃文化、蒙藏风俗等旅游资源均体现出青藏高原原始、淳朴、粗犷的自然环境和自然旅游景点特点，符合世界旅游求新、求知、求异、求乐的需求趋势。

柴达木盆地行政区划同海西蒙古族藏族自治州大致相吻合。现辖都兰县、乌兰县、天峻县、格尔木市、德令哈市和大柴旦、茫崖、冷湖三个行政委员会共8个县级单位，面积32万km^2，人口除汉族外，有蒙古族、藏族等少数民族。少数民族人口占总人口的30%，人口密度每平方公里不足1人，是一个地广人稀多民族的地区。位于东经90°6′~99°42′、北纬35°1′~39°20′，因在青海湖以西故称"海西"。北邻甘肃省酒泉地区，西接新疆巴音郭勒蒙古族自治州，南与青海玉树、果洛藏族自治州相连，东与海北、海南藏族自治州毗邻。全州东西长837km，南北宽486km，总面积32.58万km^2，占全省总面积的45.17%，区域主体为举世闻名的柴达木盆地，盆地面积25.66万km^2，占全州总面积的78.76%。此外，位于西南部的唐古拉山地区属玉树州，现由格尔木市代管。州内地形从边缘至中心依次为山地、丘陵、戈壁、湖沼、平原五类。境内最高点为位于昆仑山的布喀达坂峰，海拔7720m。境内的主要山脉有昆仑山、阿尔金山、祁连山。

二、柴达木荒漠昆仑文化旅游区旅游景区（点）

（一）柴达木荒漠昆仑文化旅游区自然景观

1. 中国的奥林匹斯山——昆仑山

昆仑山是由三组并列的高大山脉组成，位于柴达木盆地南部，在华夏历史上具有"中国第一神山"、"万山之祖"的地位，是中华儿女的寻祖地，也是神话传说的会聚中心和仙山圣地。

据《山海经》记载,这里是“帝之下都”,有“天柱”、“天门”,为“百神之所在”,因此被誉为“中国的奥林匹斯山”。在昆仑神州中,昆仑山有三界天,一界是凉风之山,登而不死;二界是玄圃,空中乐园,登之则灵,能使风雨;三界是上天,兜率空,登之乃升仙。又传,昆仑山有一至九重天,能上至九重天者,是大佛、大神、大圣。西王母、九天玄女均是九重天的大神。据一些典籍记载,西王母在昆仑山的宫阙十分富丽壮观,如“阆风巅”、“天墉城”、“碧玉堂”、“琼华宫”、“紫翠丹房”、“悬圃宫”、“昆仑宫”等。在昆仑山,不仅有许多岩羊、白鹿、雄鹰、灵雀、山狐、雪豹、瞎熊、猛虎,还有传说中的神兽,如守护昆仑山的开明兽、朱雀、彩凤、飞龙、走龙、蛟、九尾神兽等。

2. 昆仑山系

昆仑的称谓出自匈奴语,意为“横山”,“昆”为高之意,“仑”有屈曲盘结的意思。昆仑山西起帕米尔高原东部,横贯我国新疆、西藏、青海、四川 4 省(区),全长 2500km,平均海拔 5500 ~ 6000m,有许多超过 7000m 的山峰,成为世界著名的大山之一。在东经 89°20′,进入青海境内,称之为东昆仑山,长约 1200km,呈西北—东南走向,成为柴达木盆地和青南高原的界山。地势自西向东倾斜,位于西部的布喀达坂峰,海拔 6860m 是青海省的最高点,这里海拔 6000m 以上多为雪峰和冰川。

东昆仑山系地势异常高峻,南北坡呈明显不对称性,北坡陡峭,与柴达木盆地之间形成 1500 ~ 2500m 的高差,源于北坡的诸多河流流入柴达木盆地;南坡平缓,与青南高原形成500 ~ 1000m 的高差,源于南坡的河流汇入羌塘高原内陆盆地和长江、黄河等外流水系。东昆仑山系横亘于青海省中部和中南部,南北部自然地理环境具有明显的差异性,因而成为青海省内一条非常重要的自然地理分界线。整个东昆仑山系从北向南由北、中、南三列近乎平行的山脉组成:北列为阿喀祁文塔格山、祁文塔格山、楚拉克塔格山、沙松乌拉山、布尔汗布达山、鄂拉山;中列为阿尔格山、博卡雷克塔格山、唐格马拉山、布青山、阿尼玛卿山;南列为可可西里山、巴颜喀拉山,向东延伸至四川西北部与岷山、邛崃山相接。这三列山脉构成了青南高原地貌的基本框架。昆仑山系雄浑博大,被称为“亚洲的脊柱”,为中华民族的象征,也被称为“万山之祖”、“龙脉之祖”、“亚洲脊梁”,藏族同胞称“闷摩黎山”,被认为神山而崇拜。昆仑山在柴达木盆地绵延东行,有许多值得一提的景观。

3. 昆仑山口

位于青海西南部,昆仑山中段,格尔木市区南 160km 处,因山谷隘口而得名,也称“昆仑山垭口”,海拔 4767m,相对高度 80 ~ 100m,寒冻风化剥蚀作用强烈。昆仑山口属冻土荒漠地貌,地质系古代强烈侵蚀的复杂变质岩所构成,间有第三纪沉积物构成的丘陵低山和丘垅。山坡谷地生长点地梅、虎爪耳草、绿绒蒿、蚤缀、大拟鼻花、马先蒿等高原冻土荒漠野生植物。周围群山连绵,雪峰林立,遍布冰丘,冰锥及冻土层。东西两侧海拔 6000m 以上的玉虚峰和玉仙峰亭亭玉立,终年银装素裹,云雾缭绕,形成闻名遐迩的昆仑六月雪奇观。

昆仑山口是青藏公路穿越昆仑山脉的必经之地,咽喉之所,也是世界屋脊汽车探险线的必经之所,是昆仑六月雪观光的重要景点。昆仑山口标记碑分为主碑、副碑、陪碑、雕塑、底盘五部分,材质为汉白玉。主碑高 4.767m,是昆仑山口海拔高度的千分之一,碑底座 9.6m^2 用花岗岩块石砌成。象征她屹立在我国 960 万 km^2 的坚实土地上,2001 年 11 月 14 日,昆仑山发生了一次 8.1 级特大地震,主碑被震毁倒下,只留下“山口”二字。此次地震断裂带距“昆仑山口”纪念碑的确太近,往北仅约 4000m。昆仑山口碑南侧立有昆仑山口纪念碑及杰桑·索南达杰纪念碑,纪念这位为保护可可西里野生动物而捐躯的藏族优秀儿子。

4. 玉虚峰

玉虚峰位于格尔木市区160km有余的昆仑山中段,海拔5769m,常言"人间仙境在昆仑",这里是登山爱好者的一大去处。

银装素裹,积雪终年不化,形成了闻名遐迩的昆仑六月雪奇观。峰顶云雾缭绕,时隐时现,巍然挺立在千山万壑之中,远望似一只伸着长颈而静卧的神龟。这座山峰两侧有六个神洞,右面三洞号称佛家"三宝洞",左面三洞号称道家"三清洞"。六洞之上,还有一天洞,道家称为"圣洞",佛家称为"未来佛洞"。洞内像一间大居室,内有石桌一张,石凳三只排列有序。洞顶常年为冰雪覆盖,洞的下面有天墙似玉石砌成。天墙正对六洞有一眼喷泉,晶莹的水珠喷出一尺多高,日夜不息,-30℃亦不冬结,可谓奇观,泉下有三个小瑶池,盛夏奇花奇草,池水淙淙细语,汇入玉泉河,如锦似绣,美不胜收。

5. 玉珠峰

玉珠峰与玉虚峰遥遥相对,为姊妹峰,海拔6178m,终年积雪,多冰川,在盛夏六月依然银装素裹,分外妖娆。变幻莫测的冰川雪山在阳光照耀下,演示着一幕幕赏心悦目的自然景观。它山高而平缓,距109国道约40km,交通便利,可供群众性登山活动,也是国家登山队训练基地。

6. 昆仑神泉

又称昆仑泉,位于青藏公路纳赤台海拔3700m处,又称纳赤喷泉,一大一小相距50m,泉水日夜不停地向外喷涌,不时翻起层层小浪花并发出响声,全年水温恒定为20℃。泉池四周由花岗石板砌成的多边形图案,中央一股清泉从池底蓦然喷涌而出,形成一个晶莹透明的蘑菇状,将无数片碧玉般的花瓣抛向四周,似一朵盛开的莲花,又似无声四溅的碎玉落入一泓清池,然后奔向滔滔的昆仑河。经科学鉴定,该泉水属低矿化度重碳酸氯化物、钙镁型矿泉水。它喷出地层前,在地下蕴藏潜流达20余年,从周围环境中溶解锶、钙、钾、碳酸氢根等对人体健康有益的化学元素。其中锶含量达0.7mg/mL,对治疗高血压、心脏病、动脉硬化等疾病有较好的疗效,为优质、天然饮用矿泉水。

因泉水是昆仑山冰雪融化后渗入地下流动喷涌出来的,加上这里海拔高,没有污染,被誉为"冰山甘露"。至今在纳赤喷泉还流传着当年文成公主进藏时在此歇息的传说。传说创造神凡摩赴昆仑山瑶池之畔的西王母寿宴后归途中,饮兴未艾,信手把樽畅饮西王母馈赠的瑶池琼浆,金樽掷地,琼浆四溢。其乘坐的莲花神龛化为赤台群山,溢出琼浆化为昆仑泉。泉水冷冽甘甜,水质透明,是昆仑山中最大的不冻泉,被誉为神泉圣水、琼浆玉液。

7. 可可西里湖

位于治多县西北部,可可西里山与马兰山之间断陷盆地东段。半咸水湖,内流湖,岸边有盐碱结皮。湖水面积302.2km^2,湖水深度为25m,湖水体积为75.5亿m^3,湖以山名命名,东西长39.4km,南北宽14.7km。湖面海拔4878m。水色浅绿,汇入面积1125km^2,以冰雪融水补给,西北部冰川融水形成的连水河从湖西端注入源于西南面汉台山的冷水河从湖西南注入;北面兴军山,东西黑石山,南面可可西里山均有溪流以潜流形式汇入该湖。湖岸多为砂土带,植物覆盖度低,是高原野生动物出没之所。

8. 可可西里山

位于青海西南部,昆仑山系南侧支脉。蒙古语意为"青(或绿)色的山梁"。北西——南东走向,长300km有余,宽20~30km。可可西里属断块山,平均海拔5000~6000m,地貌表现为宽浅底山,山坡平缓,相对高度500~700km,最高峰岗扎日东峰海拔6136m。在海拔5600m山地夷平面上,发育有零星的平顶冰川,在青新交界处的山峰汇集众多冰川,最大冰川面积 $1000km^2$,为通天河支流楚玛尔河发源地。年均气温低于 -8℃°,年降水量 100mm 左右,属高寒荒漠气候。这里植物稀少,种类贫乏,有成群野牦牛、野驴、石羊、长角羊等蹄生动物出没。

9. 格拉丹冬雪山

格拉丹冬雪山位于格尔木市唐古拉山乡境内,为唐古拉山脉最高峰。藏语意为"高高尖尖的山峰",南北长 50km,东西宽 30km,除主峰格拉丹冬峰外,海拔 6000m 以上的山峰还有 40 余座,冰川覆盖面积 $790.4km^2$,有冰川 130 条。雪线高度北坡 5570m,南坡两侧各有一条弧形冰川,南支姜根迪如冰川,长 12.8km,宽 1.6km,尾部有 5km 长的冰塔林,是长江正源沱沱河的发源地;北支冰川长 10.1km,宽 1.3km,尾部有 2km 长的冰塔林、冰桥、冰草、冰针、冰蘑菇、冰湖、冰钟乳等构成千姿百态的冰塔林世界。格拉丹冬雪山有野牛、野驴、藏羚羊、雪鸡等珍禽异兽和水晶石,周围为优良的天然草场。格拉丹冬冰山群属于山岳冰川,高达六七十米的冰塔林,银盔白甲,高耸入云,一座挨一座,有的像撑天玉柱,有的如摩天水晶楼,有的似宝剑寒气凌凌直刺云天,有的锋如奇塔异峰千姿百态。冰塔林中,有高高耸起的冰柱,有玲珑剔透的冰笋,有形如彩虹的冰桥,有神秘莫测的冰洞,还有银雕玉琢的冰斗、冰舌、冰湖、冰沟……神工鬼斧,冰清玉洁,简直是一座奇美无比的艺术长廊。夏秋季节,山上银装素裹,山下野花烂漫。格拉丹冬冰峰附近海拔 6000km 以上蕴藏的冰山水晶石,被称为"江源瑰宝"。

10. 梦幻盐湖——察尔汗

察尔汗是蒙古语"盐泽"之意,是我国最大、世界第二大的盐湖,位于青海西部的柴达木盆地,青海省格尔木市境内,有"中国死海"之称。盐湖距格尔木市 60km,距西宁 750km,总面积 $5856km^2$(相当于 5 个香港特区的面积),堪称"中华第一湖",是柴达木四大盐湖中面积最大、储量最丰富的一个。盐湖东西长 160 多 km,南北宽 20 ~ 40km,盐层厚为 2 ~ 20m,海拔 2670m,形成了"沃野千里"的奇观。湖中仅氯化钠储藏量就有 500 亿 t 以上,可供全世界的人食用 1000 年,还出产闻名于世的光卤石,它晶莹透亮,十分可爱;并伴生着镁、锂、硼、碘等多种盐化物,察尔汗盐湖由别勒滩、达布逊、察尔汁和霍布逊 4 个湖区组成,大大小小一共 9 个子湖,有格尔木河、鱼卡河等 10 多条内陆河注入。降水量极少,大量水分通过蒸发流失,形成深厚的盐层,湖内盐盖厚 30m 左右,最厚处达 60m。2008 年 8 月,察尔汗盐湖国家矿山公园作为青海省第一个国家矿山公园正式开园迎客,现为国家 4A 级景区公园之一。现除建有察尔汗钾肥厂大型企业外,还建有多家钾肥企业。

盐湖上有万丈盐桥,盐海玉波,海市蜃楼等景观。最吸引人们眼球的就是"湖中湖"的奇观,在蔚蓝色的湖面上有一连串深蓝色的、圆圆的小湖散落期间,这就是"湖中湖",大的方圆有五六千米,小的只有几百米。从昆仑深山奔流而出的格尔木河、鱼卡河等几条大河流日夜不停地将淡水注入盐湖,由于只进不出,盐水淡水的重力不同等多种因素,就形成了一个个美丽的"湖中湖"。

11. 茶卡盐湖

"茶卡",藏语意为"盐海之滨"。茶卡盐湖位于乌兰县茶卡镇南侧,湖水面积、水深明显受季节影响,雨季湖水面积可达 $104km^2$,干季湖水面积明显减少。湖水属卤水型。底部有石盐层,一般厚 5m,最厚处达 9.68m,湖东南岸有长十几千米的玛亚纳河注入。其他注入盐湖的水流很小,且多为季节性河流。该盐湖为天然结晶盐,盐粒晶大质纯,盐味醇香。因其盐晶中含有矿物质,使盐晶呈青黑色,故称"青盐",该盐湖为天然结晶盐,晶大质纯,盐味醇香,是理想的食用盐。盐湖中景观万千,有采盐风光,盐湖日出,盐花奇观等,构成了一幅绚丽的画卷。

盐湖总面积105km²,相当于杭州西湖的十几倍,干季湖水面积明显减少。湖水属卤水型。底部有石盐层。

茶卡盐湖开采历史悠久,最早可推到秦汉时期。清乾隆二十八年颁布盐律,盐由政府开采。早在乾隆二十八年(1763年)就已开采,迄今已有230多年的历史,湖面上现代化大型采盐船游弋作业。湖畔,小火车来往奔驰,盐砣似雪山般矗立,展示着柴木盐湖的迷人风光和博大富有。

盐湖建有茶卡盐厂,北依青藏公路,有铁路与青藏铁路相连。盐厂采盐工艺现代化。已开发出加碘盐,洗涤盐,再生盐、粉干盐等十多个品种,产品销往全国20多个省区并出口日本、尼泊尔、中东等地区。新中国成立后,古老的茶卡盐池经过不断投入、开发,综合效益愈发显现出来,2006年青海省盐业股份有限公司所属的茶卡、柯柯盐湖两个食用盐生产基地被青海省绿色食品办公室和绿色食品协会评为"绿色食品标准化生产基地",成为全国盐行业第一家获此殊荣的单位。

12. 可鲁克湖和托素湖

在柴达木盆地的东北部,距海西蒙古族藏族自治州首府德令哈约50km的怀头他拉草原上,有两个一大一小的湖泊——可鲁克湖和托素湖。可鲁克湖(蒙古语意为"水草茂盛的地方")发源于德令哈北部柏树山中的巴音河,流过200km后,形成了面积57km²,平均水深7m多的湖泊。可鲁克湖是一个外流湖,巴音河的水在湖中回旋后,流入与它相通的另一个湖——托素湖(蒙古语意为"油湖")。可鲁克湖属于微咸性淡水湖,湖中湟鱼和条鳅属鱼类很多。托素湖则是典型的内陆咸水湖,水生动植物和浮游动植物很少。托素湖的面积比可鲁克湖大3倍还多,约180km²,是一个典型的高原内陆湖,周围是一望无际的戈壁滩,在可鲁克湖和托素湖中有珍贵的水生皮毛兽——麝鼠。

可鲁克湖和托素湖虽然相距很近,且有着相同的生态环境和变迁历史,然而它们的姿态风貌和性格却迥然不同,可鲁克湖有着丰富的天然养料,为鱼类生存和发展提供了极好的条件,该湖环湖浅水区还盛产大量芦苇,是黑颈鹤、天鹅、麝鼠等食草性动物的理想食品。托素湖却为咸水湖,也有候鸟栖息。可鲁克湖,水中丰富的浮游植物,成为鱼类的饵料,湖畔草原牧业兴旺,为鱼类繁殖提供了条件。从我国南方引进投放的鲤、鲫、草、青、团头鲂等淡水鱼类生长良好,又引进了青虾、螃蟹、池沼公鱼3种新鱼苗和北京鸭也获得了成功。克鲁克湖成为青海省渔业生产基地。

13. 胡杨林

柴达木盆地位于欧亚大陆的腹心地带,是封闭性极强的高原内陆盆地,成为我国最为少雨干旱的地区,生态环境异常严酷,植物种类少且很稀疏,形成典型的干旱荒漠自然景观。在干旱、超干旱的柴达木盆地,胡杨林成为这里十分宝贵的财富,它们在防风固沙、水土保持、改善生态环境等方面显示出其他植物不可替代的优势。

胡杨林是一种落叶阔叶乔木,耐盐碱和干旱,喜生于盐碱沙地、河谷两岸及沙丘间,对大陆性气候大幅度变化的适应能力强,是绿化荒漠区的优良树种。青海省的天然胡杨林,分布于柴达木盆地西部昆仑山北麓托拉亥河沿岸河滩地,海拔2850m左右,林下以芦苇为优势,还有怪柳、白刺、枸杞、盐爪爪等,覆盖度30%~50%,自然环境优良,是旅游、科研的好去处。

胡杨林被称为"活着的植物化石",生长在托拉亥河畔,依山傍水,树木繁茂,夏秋时节林区树叶黄绿相伴,在微风中不断闪动,此景美不胜收,胡杨林旁是大片草原,牛羊成群,在此有许多白色的蒙古包,可以领略独特的蒙古风情,欣赏传统的民族歌舞。胡杨林是我国罕见的珍稀树种，具有很高的研究、保存和观赏价值。

14. 千佛崖

茫崖花土沟地区的千佛崖，是在第三纪红砂岩组成的陡峭山崖上，红色泥质凝结物，由于褶皱构造铸就了千佛集聚的壮观场景。它是地球内应力为主加上外应力风雨、日光联合雕塑的艺术杰作。柴达木花土沟千佛崖未经人工刻削，自第三纪以来历时7000多年，是世界古老的天成佛像。千佛崖以它的形态、神韵看，摩崖上的佛群坐立、倚卧、伏、仰视仪态各异。该崖技法繁多高妙，圆雕、浮雕统一多变，有均衡对称的构图，又有大写意的潇洒，造化无形的刀、笔、手在似与非似间展示出生命力，给人间带来道不明的美之顿悟。

千佛崖自第三纪以来历时7000多年，实在是一个天然佛学馆，其艺术水平之高，确非任何奇匠可造，也不是名师大家能展其意。茫崖花土沟地区的地貌独具特色，千佛崖更使其具有宗教文化色彩。

15. 锡铁山矿区

锡铁山矿区位于柴达木盆地腹地，西北离大柴旦镇72km，南距格尔木100km有余，锡铁山总面积约140km^{2}有余，山脉东西长而南北窄，海拔3300m以上，主峰海拔4000m，山高沟深，崖峭壁陡，岩石裸露，整个山脉没有土质覆盖，也没有花草树木生长，山体四周都是茫茫戈壁和干旱的荒原。锡铁山的山峦，有呈褐红色的，有呈赭紫色的，有呈墨绿色的，山地表面温度高达40~50℃。锡铁山中蕴藏着丰富的铅、锌、锡、铜、金、银、锑、钼、锗、镓等十多种有色金属，其中铅锌储量最大，内有几百万吨，品位高，平均在25%以上。矿石有的乌黑，有的锃亮，有的金黄。锡铁山背靠祁连，面对昆仑，北接柴达木山，南临察尔汗盐湖，东依泉吉草原，西连绿梁山，地理上属于祁连山脉的延续，是埃姆尼克山系的成员。

该矿已基本建成为年产矿石百万吨的大型选矿厂，每年可向国家提供铅锌近10万吨和相当数量的黄金、白银及稀有金属。

16. 额木尼克梭梭林

柴达木盆地是我国除新疆外梭梭林分布最多的地区，主要分布在盆地东部，位于诺木洪农场北30km的卜良河以西、艾姆尼克以东的荒漠戈壁滩上。集中连片分布的原始梭梭灌木林，东西长130km，南北宽约4km。

梭梭是一种独特的沙漠植物，它每枝高达2~3m，有的高达5m，枝枝杈杈蓬勃向上，一簇簇、一蓬蓬竞相而生，它是一种灌木植物，当地人称之为“沙漠植被之王”。诺木洪额木尼克梭梭林是戈壁沙漠最优良的防风固沙植被之一，性耐干旱，抗风沙，耐严寒，生长快，富有顽强的生命力，在柴达木盆地广大的干旱少雨砾质荒漠地区，梭梭林顶着严寒酷热和“一年一场风，从春刮到冬”的七八级大风，傲然挺立，枝青叶翠，生机勃勃，将大漠风沙治服，成为盆地沙漠造林的最佳植物，被治沙专家誉为“沙漠植被之王”。梭梭林为超旱生无叶灌木，根系发达，有很强的抗逆能力，适应性强。在风积沙丘、沙地、干涸河流沿岸，甚至砾质戈壁滩上都能生长，易燃烧、热量高，是干旱地区抗风沙和作燃料的优良树种。

诺木洪额木尼克梭梭林是柴达木盆地保护最完好的原始梭梭林带，也是青海省唯一的国家级梭梭林自然保护区。

17. 天峻石林

天峻山是柴达木东方的屏风和门户，天峻石林位于天峻县城西部天峻山上，这座山巍峨高大，气势雄伟，山上山下风光绮丽、景象万千。

天峻山最高峰海拔4000m有余，坐西朝东，在主峰背后，连绵交错一座座高耸入云的山峰，峰顶光秃秃没有绿色。在主峰的南面坡上，矗立着数以百计的群山石林，多半呈青灰色、褐红、灰、白等色掺杂其间。在石林的一侧，有一座达十多丈的石壁，石壁间有许多石洞。继而向下，在一块绿草滩上，横卧着几块粉红色的岩石，有大有小，多姿多态。天峻山也是动物的极乐世界，山上栖息着雪豹、马鹿、獐子、石羊、黄羊、狐狸、兔子等动物，还有老鹰、雪鸡、马鸡等众多的珍禽。

数以百计的群山石林，有的笔直高大，有的婀娜多姿，有的傲骨不凡，有的憨态可掬，惟妙惟肖。这些石林色彩掺杂，横涂竖抹，有淡雅的，有浓烈的，浑然天成，妙然成趣。

18. 奇妙的雅丹地貌区

"雅丹"一词来自维吾尔语，意为"陡壁的小丘。"以新疆塔里木盆地罗布泊附近雅丹地区最为典型而得名，在柴达木称之为"开特米里克地貌。"此种地貌为世界所罕见，仅在新疆罗布泊附近和柴达木盆地西北部分布广泛。青海省柴达木冷湖以南，形成于7500万年的雅丹地貌总面积达2.15万km^2，是迄今国内发现的最大的风蚀土林群，也是世界最大、最典型的雅丹景观之一。雅丹地貌的形成，据科学家研究认为，是褶皱隆起与断裂破碎的第三纪地层，经周围山地阵发性暴雨洪水的侵蚀切割，又经过长期强烈的风力侵蚀，软硬岩层抗蚀能力差异，形成土墩与沟槽相间排列的地貌形态。柴达木盆地西北部广泛分布的第三系湖相地层，由于地形的作用，西北盛行风非常强烈，发育典型的雅丹地貌，集中分布于老茫崖—三湖沉陷区以北和格尔木—大柴旦公路以西的广大地区，包括俄博梁、牛鼻子梁、大风山、开特米里克、尕斯库勒湖盆地、南八仙、一里坪和茶冷口等地第三纪构造区。其中南八仙、一里坪一带最为典型壮观、面积近1000km^2。远远望去，是无边无际的盐碱滩，高高低低的小山丘翩翩起舞，似鲸鱼、游龙在沙海中翻腾，驾云滚动。近看千奇百怪的造型地貌，有如古城堡，金字塔、桌状、蘑菇状、圆柱状、麦垛、巨人、兽类等，身临其境，犹如进入迷宫。这样宏大的雕凿工艺品，是大自然这位鬼斧神工的雕塑家经过漫长的地质时期而完成的，今天它将成为最有魅力的旅游景物。

柴达木的风称得上是伟大的雕刻家，雅丹林是它的杰作。其西部地貌景观，比云南石林规模更大、更奇特。远看是无边无际的山丘，好像"群鲸戏瀚海，百万海狮朝太阳"；近看有的像船队破浪远航，有的如古堡耸立峭壁，有的似麦垛托出丰收，有的如营帐排列古战场……奇幻万千，给人一种神秘莫测的感觉，难怪有人把它叫作魔鬼城迷魂阵。雅丹林广布于柴达木西北部，诗意盎然，别具一格。

19. 戈壁奇观——海市蜃楼

海市蜃楼现象在我国西北干旱荒漠戈壁上经常可以看到。它是由于气温在大气的垂直方向上的剧烈变化，导致空气密度也在垂直方向上的相应变化，从而引起光线的折射和全反射现象，使远处的地面景物在人眼前造成奇异的幻觉。古往今来，不知有多少走入戈壁荒漠的人陷入茫茫沙海之中，迷失方向，甚至发生过悲剧。

当汽车驶进柴达木盆地，道路笔直又笔直，一直通往太阳落下去的地方。公路两旁单调的自然景色，在烈日照晒下，扑来一阵阵热浪，使人不由深深陷入昏昏欲睡的状态。忽然前面冒出一片大海，碧波荡漾，海水翻滚，还飘着几条渔船。另一处，隐隐约约看见一座大都市，高耸入云的摩天大楼，宽阔的街道，街道两旁的绿茵大道，人们似乎很快就可以看到，但随着奔驰着的汽车，越走越近，越来越模糊，最后都无影无踪而全然消逝，我们这才明白过来了，这是荒漠戈壁中经常出现的海市蜃楼现象。

20. 唐古拉山口

"唐古拉"，藏语"高原上的山"，由于终年风雪交加，号称"风雪仓库"。唐古拉是青海和西藏的分界线,海拔5231m,山口处建有纪念碑及标志碑,是沿青藏公路进入西藏的必经之地。

21. 盐海玉波

众多有卤水的盐湖,在太阳光照射下呈现各种不同的颜色,有的湖水干涸成干盐滩,地表呈坚硬的盐壳,其上有各种式样的盐花,在强烈太阳光下,形成盐滩幻境。湖水中或湖边结晶形成色彩斑斓的结晶盐,按色调分有红、黄、蓝、紫、白各色俱全,按质分为钾、镁、钠、锂、硼等盐类。按形态分有雪花、珍珠、粉条、蘑菇、钟乳、玻璃、花环等式样。从个体看似珊瑚、宝塔、花朵、象牙、星座、宝石……晶莹透亮、千姿百态。其中的珍珠盐被誉为“盐湖之王”,宛如银白色珍珠,晶莹明洁。刚出土的玻璃盐呈黄、橙、蓝、粉红、乳白等色。这些千姿百态的结晶盐是游客馈赠亲友或留作盐海纪念的佳品。

22. 布喀达坂峰

“布喀达坂峰”蒙古语意为“野公牛峰”,以山形得名。布喀达坂峰是东昆仑山脉主峰,海拔6860m,为青海省最高峰,位于新疆、青海交界处,又名“青新峰”。南坡陡峭,北坡较缓,山顶部较平坦。山体由砂岩、石灰岩、花岗岩组成,西北部与阿尔格山相连,东北部连接楚拉克塔格山,向东南延伸为博卡雷克塔格山,形成了一个巨大的山结。

山峰顶部平面上有发育较大规模的现代冰川,有一冰川长达24.2km。冰川的快速运动形成冰塔、冰柱、冰馒头等犹如“魔鬼城”似的冰体造型地貌;冰川融水绕行其间,形成冰洞、冰岛,自然景色壮观、迷离多姿。

(二)柴达木荒漠昆仑文化旅游区人文景观

1. 中国盐湖城——格尔木

“格尔木”是蒙古语,意为“河流密集的地方”。格尔木地处柴达木盆地南缘中部,辖区城市总面积达12.45万km^2,其面积相当于3个丹麦,或者4个台湾地区,格尔木市是世界上辖区面积最大的城市。现有汉、藏、蒙古、回等26个民族,其中汉族人口占90.2%。由两个互不相连的地理单元组成,市区面积20km^2有余,居住着汉,蒙,回等民族的20多万人口,是一个多民族聚居的地方。格尔木属于典型的大陆性气候,海拔2800m,夏季短暂而凉爽,冬季漫长而寒冷,年日照时数在2859~3358h,年平均降水量38.8mm,日最高温度36℃,最低温度-31℃,是理想的旅游胜地。

格尔木市南毗昆仑山脉,位于柴达木盆地的南缘,其市区范围内有被誉为“大漠英雄树”的胡杨林保护区,有充满民族风情的蒙古族草原帐篷度假村,有温泉水库,有被世人誉为万山之祖,道教尊崇的圣境—昆仑山,有世界第二、中国第一大盐湖—察尔汗盐湖,盐湖上特有的“万丈盐桥”、“盐海玉波”等景观。其西北地区还有世界最大的雅丹风景地貌群,邻近大漠古城——敦煌,有高原野生动物乐园——神秘的可可西里无人区。

格尔木市坐落在柴达木盆地南缘的昆仑山下,是青藏铁路西格段和格拉段的交会点。这里河流众多是因为来自昆仑山的雪水和泉水纵横交织、分分合合,最后会聚成格尔木河流向盆地。而格尔木市就建在这条河的两岸,素有“中国盐湖城”、“昆仑明珠”、“柴达木明珠”、“时代明珠”等美誉,它向世人宣示着我国西部现代化城市的迷人风采。这座年轻的城市是1960年11月17日,由中华人民共和国国务院全体会议第105次会议批准设置的,隶属青海省海西蒙古藏族自治州管辖,为副地级市,于1992年设立省计划单列市。

格尔木市是一座新兴的工业交通城市,北接河西走廊,南连西藏,西至新疆,处于我国西部的中心位置。青藏铁路、青藏和柳(园)格(尔木)公路交汇点,全国支援西藏约80%以上的物资从这里运入西藏。格尔木机场开辟有至拉萨、西安、西宁、青岛的航班。至拉萨的输油管线,有力地支援了西藏建设,成为西藏物资供应的后方基地。格尔木已成为我国西部戈壁滩的一颗闪烁的明珠。

格尔木市地处我国西部,315国道、109国道交汇点,青藏铁路一期也通车至此。此外,世界屋脊汽车探险旅游线、马可·波罗旅游线、南丝绸之路旅游线等几条跨省精品旅游线也通过本市。

2. 道教圣境

相传昆仑山的仙主是"西王母",在众多古书中记载的"瑶池",便是距格尔木市250km,昆仑河源头的"黑海",这里湖水清澈,鸟禽成群,野驴、野羊及棕熊野生动物出没,气象万千。在昆仑河穿行的野牛沟,有珍贵的野牛沟岩画,距黑海不远处是《封神演义》中描写的姜太公修炼五行大道四十载之地。据有关专家考证,这里是明末道教混元派(也称昆仑派)道场的所在地。现在已有众多道教信徒来此寻祖朝圣和修炼。

3. 西王母瑶池

传说中的西王母瑶池有多处。因为"西王母虽以昆仑为宫,亦自有离宫别窟,游息之处,不专住一山也"(《山海经校注》)。西王母最大的瑶池——青海湖,西王母最古老的瑶池——德令哈市褡裢湖,西王母美丽神妙的瑶池——孟达天池,神秘而又海拔最高的西王母瑶池,便是昆仑河源头的黑海。这是一座天然高原平湖,东西长约12000m,南北宽约5000m,湖水最深达107m,湖水粼粼,碧绿如染,清澈透亮。水鸟云集,或翔于湖面,或戏于水中,湖畔水草丰美,珍禽相伴为戏,乐不可支。金风送爽,瑞气蒸腾,一派祥和景象,野牦牛、野驴、棕熊、黄羊、藏羚羊等野生动物出没,气象万千。

湖旁有一平台,传说每年到了农历三月初三、六月初六、八月初八,西王母专门在此设蟠桃盛会,各路神仙便来此向创世祖先西王母祝寿,热闹非凡。"穆王于昆仑侧瑶池上,解西王母《穆天子传》",而美猴王孙悟空则偷吃蟠桃,大闹天宫(《西游记》)均出于此。距黑海不远处是《封神演义》中描写的姜太公修炼五行大道四十载之地。神秘而又海拔最高的西王母瑶池,立有"西王母瑶池"纪念碑石。来自世界各地的炎黄子孙,特别是台湾和港澳同胞,到此朝拜寻根者甚众。触景生情,确实能感受到昆仑神话妙不可言的韵味。

4. 昆仑文化(见项目四)

5. 盆地明珠——德令哈

德令哈是海西蒙古族藏族自治州首府,是全州政治、文化、科技中心。"德令哈"是蒙古族语,意为"广阔的金色原野"。原来这里是只有几顶帐篷的蒙古族王公牧地,经过各族人民几十年的奋战,用自己的勤劳双手创建了这座绿洲新城,清澈明亮的巴音河从市区流过,在宽敞的街道两旁、高耸的楼房之间,绿树成荫,到处鲜花盛开。城郊一望无际的田野、草原、整整齐齐的林带形成了天然绿色长城,与周围的山地、草原、湖泊等自然风光融为一体,成为柴达木盆地最富饶的绿洲世界。

德令哈市西南40km处有克鲁克湖和托素湖,巴音河流入克鲁克湖,后经7km长的河道流入托素湖,这两个湖被称为柴达木盆地"姊妹湖"。巴音河先流入克鲁克湖,为外流淡水湖。克鲁克湖湖水而后再流入托素湖,流入托素湖的湖水不能外泄而大量蒸发,矿化度不断加大而最终成为咸水湖。

6. 瀚海绿洲——香日德

昔日的香日德是到处黄沙滚滚、满目荒凉的地方。20世纪50年代,一批拓荒者走进了这片荒原。一排排、一行行抵御狂风沙暴的防护林带——绿色长城,奇迹般地出现在这片沙土地上，治服了狂风沙暴的侵袭和肆虐，将一个干旱脆弱的生态环境改造成良性循环的农业人工生态系统。风速比原来降低了，气温上升了，相对湿度增加了，并依靠盆地光能资源丰富、昼夜温差大等气候优势，实现了农业大面积丰产的新纪录。1978 年在 3.91 亩实验田上，创造了小麦亩产 1013kg 的世界高产纪录，之后又有两次创小麦亩产全国最高纪录，自此柴达木绿洲农业载入了世界农业史册。

生态环境改观，瓜果、蔬菜生长良好。现苹果树蔚然成林；一个巴梨竟然重达 350g，成为香日德的特产；西瓜、白兰瓜、醉瓜、金蛋蛋相继在这里安家落户，萝卜、辣椒、白菜、葱蒜、茄子等蔬菜丰富了盆地人的菜篮子。一个萝卜重 0.65kg，一头大蒜重 0.5g，一亩大白菜居然收获 10000kg 有余。在这严酷的自然条件下创造出了一个又一个奇迹，而今的香日德绿洲农业，使众多的国内外游人惊叹不已。

7. 塔温搭里哈遗址

塔温搭里哈遗址位于柴达木盆地都兰县巴隆乡境内，是一处典型的代表诺木洪土著文化的遗址。诺木洪土著文化因首先在都兰县诺木洪发现而得名。该遗址遗物有陶器、毛织品和铜器三大类陶器中以夹沙红陶和灰陶出土数量居多。毛织品有毛布、毛带、毛绳 3 种，都是用毛制成。毛织品的出现，说明生活在这里的羌族掌握了一定的毛织和染色技术，是对我国古代纺织技术的贡献。在绳线上打有扣结，这可能是古人结绳记事在历史遗物上的表现。铜器有青铜刀、斧、钺等，还有少量冶铜工具残片及铜渣，属青铜器时代。该遗址延续时间较长，上限在西周时期，下限可能到战国、秦汉时期，是历史上我国西部地区羌族文化最典型的遗存，对研究东西方文化交流、我国西部草原文化羌族的发展变迁以及青藏高原自然地理环境的变化均有重要意义。

8. 都兰热水吐蕃墓葬群

被誉为“东方金字塔”的热水古墓葬群位于都兰县察汗乌苏东南约 10km 的热水乡热水沟的西岸，为我国唐代早期大型吐蕃墓葬群，共计 200 余座，其中最大的墓葬坐落在一座自然山丘上，墓冢背靠热水大山，面临察汗乌苏河，高出地面 30m 有余，远望犹如城阙一般雄伟壮观。这座墓葬高 11m，东西长 55m，南北宽 37m，墓堆上还有 3 层用泥石混合夯成的石砌围墙，每层高约 1m，宽 3m，其上是泥石混凝夯层，以及沙石夯层和夯土层组合而成的墓墙。墓冢从上而下，每隔 1m 左右便有一层排列接齐横穿冢丘的穿木，计有 9 层之多，一律为粗细一般的柏木，人称“九层妖楼”。这种封土堆构筑形式和风格，为我国以往考古发掘中所仅见。

墓冢从封土堆顶部往下约 6m 处，是一座长方形的动物陪葬墓，墓葬四周用石块圈砌而成，墓口以上棚有行大型柏木数根，墓内有动物骨架若干，计有牛、马、羊、狗、鹿等 70 多具动物尸体。约 9m 处，有一座十字形陪葬墓，陪葬墓南北长 21m，东西宽 18.5m，由墓门、照壁、东室、西室、中室、南室等组成，各室均有开门，并有回廊相连。中室为木棺室，其余各室均为石室。其中，东室葬有许多兽骨，西室储有大量兽骨，中室和南室出土有大量的毛、丝织物，以及各类木结构物品。在回廊中也挖出大量的木件，以及丝、毛残片，随葬品非常丰富。在众多的随葬品中，出土文物有皮靴、金饰品、木碗、木碟、木鸟兽、陶罐、古藏文木牍、彩绘木片等。还出土了一批绚丽多彩的丝绸织品，其丝绸质料良好、图案清晰、色彩鲜明，是不可多得的稀世珍品。丝绸品种有锦、绫、绢、刺绣等。图案中有珍禽异兽、花草树木、车马人物，其中的佛像、人物狩猎、西域人图像、织锦袜等为我国首次发现。

这一墓葬群的发掘，对研究吐蕃文明史、中西文化交流以及对藏族族源的探究均有重要价值。1982 ~ 1986 年，青海省文物考古研究所在此进行发掘与清理，大部分已被盗掘，1986 年公布为国家级文物保护单位。1983 年揭开了热水大墓的上层封堆，获得了大量的丝绸文物，被评为“全国六大考古新发现”。1996 年的发掘，被国家文物局评为“全国十大考古新发现”。

9. 万丈盐桥

“万丈盐桥”就架设在号称“盐湖之王”的察尔汗盐湖上，公路就像一座桥浮在卤水上面，全长 32km。

万丈盐桥是格尔木至敦煌的一段从达布逊湖上穿过的公路，厚达 15 ~ 18m 的盐盖构成天然的盐桥，因盐桥长达 32km，约合 10400 丈，故被人们称为万丈盐桥。半个多世纪以来，它承担着繁重的交通运输任务，为青海乃至西部各省、自治区的经济发展做出了突出贡献。

2006 年 7 月，青藏铁路西宁至格尔木段通车，“万丈盐桥”出现了铁路“姊妹桥”。铁路建设施工人员通过在盐盖上钻孔，将沙子灌进去，以提高沙桩密集度，加密地层的方式，在察尔汗盐湖中总共竖起 5.7 万根沙桩，建成了铁路“万丈盐桥”，而且铁路“万丈盐桥”的长度比公路“盐桥”更长，从其建造结构来讲，也更具有“桥”的意义。

现在，从公路“盐桥”上经过，遥望铁路“盐桥”，笔直的铁路“盐桥”具备了所有“桥”的特征：分别矗立于两端的达布逊火车站和察尔汗火车站就像是两座“桥头堡”，两边蜿蜒而去的路轨自然地形成了“引桥”；而从铁路“盐桥”上望去，整修一新的公路“盐桥”，则宛如一条漂浮在察尔汗盐湖川的深色玉带。

这个“盐桥”下竟无一座桥墩和一根梁柱，十多吨重的大卡车飞驰而过，十多节车厢的火车来回奔驰，成为世界交通史上的奇迹。

10. 多彩的蒙古族风情

柴达木盆地的蒙古族，来自内蒙古呼伦贝尔大草原。在青海高原数百年的生活过程中，除保留原有的一部分生活习俗外，大量地吸收了其他兄弟民族的文化成分，逐步形成了具有青海高原特色的蒙古族风情。

青海牧区的蒙古族，饮食以牛羊肉、奶制品、“郭日勒”（青稞炒面）面食为主。服装大都是用牛羊皮缝制的长袍，腰系丝绸腰带，足穿牛皮或绒做的靴子。妇女的发饰、装饰品特别考究，用珊瑚、松石、玛瑙串成的项链，银制护身佛龛，大耳坠，金、银、玉石质的手镯，显得美观大方，风度不凡。蒙古人非常注重礼节，宾客来到，全家出帐迎接，用“霍仁木”（全羊席）或上等食品盛情款待，就是素不相识的生人到来，也是热情招待。蒙古人尊重老人，每逢节日或喜庆日子，要向老人献“哈达”，磕头，祝福。蒙古人一生中有三大喜庆日子：第一是初生七天的洗头礼；第二是三岁的剃头礼；第三则是婚礼日。

蒙古族的节日主要有三个。第一个是春节，这是一年中最隆重的传统节日，男女老少身着节日盛装，敬神、祭天，全家团聚吃手抓羊肉、饮酒、吃饺子，互拜祝贺节日快乐；第二个节日是农历十月二十五的灯节，纪念黄教创始人宗喀巴涅槃（逝世）的宗教节日；第三个节日是祭“鄂博”，即“那达慕”盛会，约在农历七月。

“那达幕”是蒙古语，即“玩”的意思，主要内容是赛马。蒙古人一生几乎是在马背上度过，马是他们最宝贵的财富，除了生产、生活中有极为重要的作用外，就是文学创作、音乐、舞蹈、人们平日闲谈都离不开马。那达慕就是赛马、剪马鬃和马尾、给马打烙印后欢庆胜利。比赛场上，骑手们在疾驰的马背上表演一个个惊险动作，场外观众鼓掌喝彩，整个场面人欢马嘶。有的还举行赛骆驼摔跤、射箭等活动。

11. 诺木洪文化

位于柴达木盆地都兰县诺木洪，因首先发现于柴达木盆地都兰县诺木洪而得名。诺木洪时期，人们以定居生活为主，主要从事农牧业生产，饲养羊、牛、马、骆驼等。建筑中用土坯砌成矮墙，历经数千年仍保留下来，反映当时砌墙技术较高。房屋为木结构。手工业主要有冶铜、石器、骨器和陶器的加工。该时期冶铜技术比卡约文化有所进步。具有明显的地方特色（形状、修饰纹）。毛纺织业也颇具特色，除毛布外，还有毛带、毛线、毛绳等。在文化方面，诺木洪时期已开始结绳记事，还制作有骨笛、骨哨等乐器。诺木洪文化遗址由三个小沙丘组成，呈品字形，三个沙丘之间是一片天然林场。

该文化遗存相当于中原地区青铜器时代晚期文化，是青海高原特殊环境下的土著文化。诺木洪文化主要分布于柴达木盆地东南部的诺木洪、他里他里哈、巴隆他温陶亥、香日德下柴克、上柴克、察汉乌苏夏日哈、可儿沟等20余处。经发掘的只有他里他里哈（1959年）发掘有房屋11座，土坯坑9个，围栏一座，瓮棺葬墓3座，出土了一批陶器、石器、骨器、铜器等文化遗物。数量近数千件，该文化对我国羌族、吐谷浑文化的研究有着重要价值。他里他里哈为省级重点文物保护单位。

12. 风火山“科学城”

风火山地处昆仑山楚玛尔河畔的群峰中，山巅被终年积雪覆盖，山体泥土是褐红色，石头是褐色，海拔5100m有余。风火山并不是一座“风”山，也不是一座“火”山，而是一座名副其实的冰山。这里地处昆仑山南麓的多年冻土区，风火山顶峰是典型的冰川，由于在造山运动中，这里地壳运动强烈，升隆起来的山体土石呈褐色。加上冰川作用，山石奇形怪状，形成光怪陆离的“石林碑海”。风火山地质构造独特，人迹罕至，是研究地壳运动和冰川冻土的良好原生地带。

自20世纪70年代以来，中国科学院地理研究所、高原生物研究所、冰川冻土沙漠研究所、铁路研究所、高原大气物理研究所等几十个科学研究单位的专家学者从四面八方云集在风火山下，建起了一座举世闻名的既没有高楼大厦，又没有规模宏大的现代化实验室，而是由一顶顶白色帐篷组成的天然试验场。风火山“科学城”近些年成了科学家们研究冻土力学、冻土融化、热辐射、高原物理、高原大气、高原疾病、江源水文等的“科学站”。由铁道部第一设计院、铁路研究院西北研究所等攻关的高原冻土层对铁路建设意义重大，举世瞩目，这座得天独厚的“科学城”受到中外专家、学者和旅游者的青睐。

13. 一步天险——昆仑桥

昆仑桥位于格尔木市西南50km处，是格尔木到拉萨千里青藏线上的第一桥。该桥架于“一步天险”之上，全长只有4m，从格尔木至昆仑山口北麓，有一段达数十公里的断裂型峡谷地带，由昆仑山的雪水和泉水汇合而成的格尔木河，从海拔4000m有余的高山奔流而下，河水凭借高达1100m有余的巨大落差，携沙带石，将坚硬的岩浆岩下切成一条深达四十多米的石峡险谷。石峡河道长十多千米，宽只有几公尺，最狭窄处仅一步之距，深涧幽幽，行人可以跨步而越，故名“一步天险”，两岸地势平展，桥头建有一座小石屋，立有“昆仑桥”石碑。

14. 卢莽沟岩画

卢莽沟位居天峻江河乡的南山北麓，由西北向东延伸，长约20km，宽约56km，海拔4000m，卢莽沟岩画是6～7世纪的创作，即北朝后期和隋唐时代。岩画制作技法精致，绘制风格独特，表现内容广泛，包括动物、人物、狩猎、放牧、植物、舞蹈以及性爱等方面的内容。画面上的动物神态灵活，生动逼真，有飞禽，有走兽，更多的是马、牛、羊等家畜。射猎图栩栩如生，活灵活现地刻画了古代先民的狩猎生活。分布广泛的盆地岩画，生动地反映了古老的柴达木文化。

卢莽沟岩画不仅有很高的艺术价值，也有极高的学术意义，它弥补了游牧民族居无定所而造成的文物、文献史料不足的缺陷，丰富了我国古代文化宝库，留下了灿烂多彩的艺术画廊。

15. 青藏铁路

青藏铁路的建设，是几代中国人梦寐以求的事情，是党和政府做出的关乎西部经济社会发展全局的重大决策。作为西部大开发战略的标志性工程，青藏铁路是藏族同胞与全国各族人民的连心路，是雪域高原迈向现代化的腾飞路，也是勤劳智慧的中国人民不断创造非凡业绩的奋斗路。一条青藏线，穿越历史和未来；一条通天路，寄托梦想与期待。

青藏铁路由青海省西宁市至西藏自治区拉萨市，全长1956km。其中，西宁至格尔木段长814km，1979年建成铺通，1984年投入运营。格尔木至拉萨段，自青海省格尔木市起，沿青藏铁路南行至西藏自治区首府拉萨市，全长1142km，其中新建1110km，格尔木至南山口既有线改造32km。

青藏铁路建设面临着多年冻土、高寒缺氧、生态脆弱“三大难题”的严峻挑战，工程艰巨，要求高，难度大。青藏铁路是目前世界上海拔最高的铁路，沿线常年平均气温在0℃以下，空气中的含氧量仅为平原地区的一半。中国人建成了世界上最高的铁路——青藏铁路。同时，青藏铁路的建成还刷新了一系列世界铁路的历史纪录：一是青藏铁路是世界海拔最高的高原铁路，铁路穿越海拔4000m以上地段达960km，最高点为海拔5072m；二是青藏铁路也是世界最长的高原铁路，青藏铁路格尔木至拉萨段，穿越戈壁荒漠、沼泽湿地和雪山草原，全线总里程达1142km；三是青藏铁路还是世界上穿越冻土里程最长的高原铁路，铁路穿越多年连续冻土里程达550km；四是海拔5068m的唐古拉山车站，是世界海拔最高的铁路车站；五是海拔4905m的风火山隧道，是世界海拔最高的冻土隧道；六是全长1686m的昆仑山隧道，是世界最长的高原冻土隧道；七是海拔4704m的安多铺架基地，是世界海拔最高的铺架基地；八是全长11.7km的清水河特大桥，是世界最长的高原冻土铁路桥；九是建成后的青藏铁路冻土地段时速将达到100km，非冻土地段达到120km，这是目前火车在世界高原冻土铁路上的最高时速。

青藏铁路建设者经过4年的不断努力，破解了高寒缺氧、多年冻土、生态脆弱三大世界性难题。

青藏铁路沿线被誉为“世界顶级旅行线路”。对每一位爱好旅游的人来说，沿青藏铁路饱览拥有美丽自然景色、特殊风土人情神秘而奇特的青藏高原是他们梦寐以求的“处女地”。青藏铁路串联起9处世界级旅游资源、10处国家级自然保护区、23处国家级旅游景观、193处普通级旅游去处。青藏铁路被誉为“天路”，它的全线贯通还将丝绸之路和西藏这两个“中国文化”的瑰宝连为一体，“天路之旅”必将成为享誉世界的顶级旅游线路。

16.“西王母的故乡”——天峻

神话传说，盘古天王和太元玉女结合生西王母，降生之地就在今青海省海西蒙古族藏族自治州天峻县关角石洞内。据传，太元玉女将要降生西王母时，盘古天王用剑将这座山的顶部削下来，放置在关角田吉沟脑，在这山上用剑挖了一个洞，让怀有身孕的太元玉女住在洞里，生下了龙头人身的东王公(玄龙大帝)和西王母。他们兄妹长大后成婚，玄龙大帝便到东方碧海治理东方，后当上了玉皇大帝。西王母仍居此石室，先任西王母国女国王，治理西方，后成为天仙大圣，住持天上政务和管理世界东方。西王母故乡天峻山脚下莽莽草原上，不仅存有西王母石室，还有其建造过的千里城遗址，有瓦当、古砖残块，还意外地发现了西王母石锤。

西王母居住的“石室”，位于天峻县关角山，洞口面朝西，背后有条小河。洞门高为3m，宽2m，主洞长12m，宽6m左右，最高处有18m，另有三个偏洞，合计面积100m^{2}有余。传说西王母曾在这里接待来宾和发号施令。后来传说二郎神与孙悟空作战时,二郎神因败曾在这洞里藏身,因此得名“二郎洞”。典籍《铸鼎余闻》卷三记载:“西北至塞外,有西王母石室。由汉水出塞外,东迁西王母圣母石室。”

西王母石室对面,即关角田吉沟脑有一处古建筑遗址,经考证认为是汉代人们为纪念西王母而建的汉宫式神祠,东西长 80m,南北宽 2m,其规模当时可以说是雄伟壮观。历代名人秀士常来此朝觐,成为后人纪念、朝觐西王母最古老、最有知名度的圣地。

据记载,西王圣母的“龙窝”是刚察。西王圣母龙窝位于海北藏族自治州刚察县境内的一座高山顶上,有一个面积约 $3km^2$ 的水池,周围有众多清泉水流入池内,因而池水清澈见底。池南则是俊秀石山,四面屹立着一些似虎又似龙的巨石悬崖,北面是山谷。当地人说:传说西王圣母每天骑或者坐着九条龙拉着的车子去巡游,这些龙就是在这里养的,这个龙潭与西海连通,大龙在青海湖长成后,就从这里出来供西王圣母使役,所以此龙潭叫龙窝,也叫龙门、龙洞,当地群众经常来这里拜祭,一则祭西王圣母降吉祥、保平安,二则祭龙求雨。

17. 香日德寺

香日德寺坐落在巍峨的昆仑山下,悠悠的柴达木河畔都兰县香日德镇境内。寺院三面环山,一面临水,风景十分优美。该寺始建于清乾隆四十四年(1779 年),是一位名叫德钦拉仁文的蒙古族喇嘛化缘修建的。1924 年九世班禅曲吉尼玛从西藏派来堪布,对被洪水冲坏了的寺院进行了全面的整修。寺院占地 50 余亩,是一组间字形的建筑群。沿内墙建有 180 多间僧舍、斋房、经楼,高低错落,布局井然。中间是雄伟的大经堂,分上下两层,嵌有藏式大窗 30 扇。红褐色的高墙上饰以深咖啡色的金露梅茎秆,显得深沉庄严、古色古香。经堂门是斗拱排檐的汉式结构,雕梁画栋,精巧玲珑。经堂面积 $1300m^2$ 有余,可供近千人诵经。堂内有 32 根云纹托基的朱漆巨柱。上方正中设有班禅大师讲经的莲花宝座。两边阶梯式的供奉着 270 尊菩萨、罗汉护法、金刚,姿态各异,栩栩如生。数百部古版的《甘珠尔》、《丹珠尔》等经典,陈列在两壁的巨大书橱中。在天花藻井下,还悬挂着很多名贵的“堆秀”、“唐卡”。经堂第二层为雕花板隔开的大小套间,分客厅、卧室、经室等,一色明黄,陈设雅致,是班禅大师莅临时的下榻处。经堂内外墙壁共有 40 多幅精美的壁画,画功高超,意境不凡,据说壁画是出自西藏绘画大师朱古·曲央嘉错门人之手,其画线条洗练流畅,设色奇特。

香日德寺虽不算宏大,但它在高原各族信教群众中享有很高的声誉,这是由于地处柴达木盆地的都兰县香口德地理位置重要,是历史上西藏政教领袖往来于内地的主要驻锡地❶。

工作任务完成

(1)认真学习完成本任务的必备知识,学习关于柴达木荒漠昆仑文化旅游区的相关知识,挖掘柴达木荒漠昆仑文化旅游区相关景点的特色。

(2)收集相关资料,以小组为单位描述柴达木荒漠昆仑文化旅游区相关景点的特色,能针对游客需求设计出特色旅游线路。

巩固和提高

(1)根据上面提出的任务,请小组成员分别扮演前台接待员、顾客,分组准备资料,以小组为单位,通过资讯—决策—计划—实施—检查—评估教学实施活动六步法,完成此次任务。

---

❶驻锡地:即僧人住的地方。“驻锡”,僧人出行,以锡杖自随,因此称僧人住址为驻锡。

(2)组织学生以团队(小组)形式,到旅行社企业、旅游集散中心进行实地调研受消费者欢迎的旅游产品,形成调研报告。制作成 PPT,进行分组交流。

任务五　三江源生态旅游区认知

工作任务描述

卓玛是寰宇旅行社的一名营销,接待了一个有 30 人组成的来自陕西自驾游旅游团。卓玛按照他们的需求,为他们设计"唐蕃古道"的自由行旅游线路。在地图上标出本区各主要旅游资源(或景区)的大概位置,然后以一名旅行社营销的身份对它们的类型、特征(内涵)、成因(或形成过程)进行简要的解说。请以旅行社营销的身份,帮助卓玛完成本次旅游服务工作。

任务分析

客人需求的内容确定了,请你依据本区各主要旅游资源(或景区),为 30 人陕西自驾游旅游团设计"唐蕃古道"自由行旅游线路。利用下面提供的相关知识,完成此次任务。

完成任务必备知识

一、三江源生态旅游区之概况

三江源区位于青海南部,北纬 31°39′~36°12′,东经 89°45′~102°23′,该区包括除尖扎、贵德、青海湖盆地及龙羊峡地区以外的果洛、玉树、黄南、海南四个藏族自治州及海西蒙古族藏族自治州格尔木唐木拉山乡"飞地",面积 $37 \times 10^4 km^2$,占全省总面积的 51.4%,人口约 54.63 万,占青海省的 9.97%。本区是长江、黄河、澜沧江水系的发源地,生态地位十分重要。

第三纪末以来强烈的地壳运动,使其平均海拔 4200m 以上,成为地球上形成年代新、上升速度快、高度大的特殊地理区域。在这广袤的高原面上,耸立着昆仑山及其支脉布尔汉布达山、可可西里山、巴颜喀拉山、阿尼玛卿山和唐古拉山等高大山脉,海拔多在 6000m 以上,表现为形态和缓的山原地貌形态。

三江源地区自然条件十分恶劣,境内平均海拔 4000m 以上,河流、湖泊、沼泽、雪山、冰川、草原生态类型多样,黄河水系、长江水系、澜沧江水系各自都有大小支流会聚,形成羽状和树枝状的水系,是青海省独一无二的大面积高海拔湿地生态系统,是我国乃至整个亚洲最重要的生态功能区之一,同时也是我国生态系统最敏感最脆弱的区域。"三江源文化"的称谓与"三江源自然保护区"紧密联系着,三江源自然保护区是我国最大的自然保护区,也是影响最大、作用最大的生态功能区。从人文历史的角度来看,三江源地区从古至今主要与羌人文化、吐蕃文化、藏族文化等紧密联系。因自然条件严酷,在青海省内各地域中,这里一直是人口密度最小的地区。藏族群众世居在这块原始纯真、神秘美丽的地方,藏传佛教对整个藏区社会、政治、经济、文化影响之深刻,佛寺之多,信教群众之广泛,僧侣之多,广大藏胞对佛教信仰之虔诚,花费之巨大,是世界上任何地区、任何民族中不多见的。宗教气息浓烈,成为三江源地区最显著的一大人文景观。藏族文化是三江源地区代表性的文化。

据考古工作者研究,在三江源地区中西部采集到的旧石器打制石器,证明迄今已有两三万年人类发展史,海南州同德县宗日遗址,出土文物了又一件更加美观大方的舞蹈纹彩陶盆,被视为稀世珍宝,国宝之冠。宗日遗址还出土了一件原始社会餐具——骨叉,全长25.7cm,说明了数千年前宗日文化时期的人们就已经学会使用刀、叉一类的餐具了。贵南齐家文化尕马台遗址,出土一枚保存较完好的铜镜,直径9cm,厚0.4cm,平面光滑,背面有钮,并饰有七角形几何图案,经科学方法分析鉴定,其铜和锡的比例为1:0.096,属青铜器,这是我国迄今发现最早的一面青铜镜。这充分证实了自远古以来,人类就在这世界屋脊上繁衍生息,用勤劳的双手、聪明的智慧创造了灿烂的文化,为中华民族的文明做出了贡献。

二、三江源生态旅游区经典景区(点)

(一)黄南佛教文化

黄南藏族自治州位于青海省东南部,地处黄河自岷山西折经川、甘边境,逆时针绕行复回青海的大弯曲部。地理坐标为东经100°34′~102°28′,北纬34°04′~36°10′。南北长235.30km,东西宽175km,面积18770.5km²,占总面积的2.6%。东与甘肃甘南藏族自治州夏河县接壤,南与青海果洛藏族自治州玛沁县、甘肃省甘南藏族自治州碌曲县、玛曲县为邻,西与青海海南藏族自治州同德、贵南、贵德3县毗连,东北端与循化撒拉族自治县毗邻,北与青海化隆回族自治县隔黄河相望。

黄南旅游区位于青南高原东北部,黄河从北部和南过。地貌以中低山、丘陵、盆地、河谷为主,北部为尖扎南山,为黄南山地,南部西倾山,其间分别为同仁盆地和河南一泽库盆地,平均海拔2500~3700m,山地大都不超过4000m,是青南高原地势最低地区。年均气温-2.4~5.2℃,年降水量350~600mm。北部河谷或地势较低地区,气温较高,种植春小麦、青稞、马铃薯、油菜等农作物,成为青海省农业区向牧业过渡地带,历史悠久,佛教文化荟萃,同仁为我国历史文化名城。南部泽库、河南二县,几乎是纯牧业区。境内有大小河流60余条,主要有隆务河、泽曲等,为黄河的重要支流,水量充足,落差大,小水电得到发展,同仁县已成为首批全国电气化试点县。居住有藏、蒙古、汉、回、土等民族,藏族人口占总人口的64%左右。

1.“龙鼓舞”

“龙鼓舞”藏语称为“勒什则”,是青海省黄南藏族自治州新挖掘的原始祭祀舞蹈,每年于6月跳神会时祭祀神灵、禳灾驱邪、保佑村民人寿年丰。在舞蹈表演中,青壮年男子手持单面鼓在神师的引领下边击鼓边跳,以雄健粗犷的跳跃击鼓动作,表现了请神、敬神、送神、降魔以及模仿雄鹰、骏马、海螺、太极等形象,无论从动作的发展、队形的变化或情绪的渲染,都使这古老的舞种得以新生。

2.和日石经墙

自佛教传入青海高原,一代代信徒在石块上用梵、藏两种文字刻写的“六字真言”、经文、佛像等,称之为“嘛呢石”,在藏区比比皆是,随处可见,形成了巨石文化景观。其中,和日寺石经墙、玉树新寨嘛呢石城、天峻石经墙等颇有名气。

和日石经位于黄南州泽库县西北部和日寺内,该寺后面山上有4堵大型石经墙,俗称和日石经,是迄今发现的我国规模最大的石经。石经墙最大的一堵是在大经堂的右面,长165m,所刻经文为世界著名佛教经典《甘珠尔》大藏经。该经墙东头有长9m、宽9m、高10m的经墩,所刻经文是世界著名的佛教经典《丹珠尔》大藏经。经墩东面又有一堵石经墙,所刻经文为《塔多》,刻了108遍。最大石经墙西面又有一长15m、宽1.30~1.58m、高1.2m的石经墙,所刻经文有17种。和日石经墙是用厚1~5cm大小不等的石板,两面凿刻经文后,按一定顺序垒叠而成的。这些石经经过艺人工匠加工28年之久,所刻字约1.5亿个,石料达3万多块。如此宏大规模,堪称华夏一奇,实为世界石书奇观。

石经刻字清晰工整,字体清秀大方,笔画流畅,苍劲有力。石刻图画及各种人物构图准确,比例适当,雕刻线条自然,精美舒展。石刻内容主要是佛、菩萨、弟子、供养人等。石刻在造型艺术上具有明显的佛教特点,技法上简拙古朴,人物神态各异,充分展示了藏族人民的聪明才智和艺术才华,不仅有很高的观赏价值,而且对研究藏族书法艺术和藏传佛教史等方面都具有重要研究价值,为青海省重点文物保护单位。和日石经墙是迄今发现的全国最大的石经群,内容完整,雕刻技艺精湛,被誉为"石经史上的一奇"。是中华文化宝库中的一颗明珠,1988 年被介绍编入"五省区藏文协作教材初中汉语文"课本中,影响深远。麦秀林场群峰碧翠,高原森林公园是避暑、休闲、登山探险的佳境,九曲黄河第一弯的大峡谷奇岩绝壁,有许多天然的和人工的岩洞,流传着神秘的传说,峡谷水流湍急,气势磅礴。另外,河南尕海滩上还有一神奇的"圣湖",其附近的仙女洞为西北五省第一大溶洞。

3. 瓜什则寺

该寺位于同仁县城东 40km 处,据传建于明代。寺名由拉卜楞寺第二世嘉木样活佛晋美旺布(1728~1791)命名,采用郭莽扎仓的学经教程,正月、四月、十月法会及四季学经期会等一切佛事活动均效仿拉卜楞寺。在历史上瓜什则寺及其香火部落曾显赫一时,成为甘肃、青海两省很有影响的寺院之一。

4. 圣湖仙女洞

河南蒙古族自治县是黄南州最南端的一个县,也是省内蒙古族集中分布的又一个地区。距县城西南约 50km 处的西倾山吉冈山麓乌尔哈期沟,有一处在青海高原上不可多见的喀斯特地貌自然景观——圣湖仙女洞。

这里是一片面积约 5000m^2 的沼泽洼地,中间有三眼泉,泉水不停喷涌,泉水晶莹透亮,清澈如玉,四周绿草如茵,当地蒙古族群众把这里称之为"圣湖",藏语称"喇措"。在圣湖西北面的尼康沟里,有一处天然的大溶洞,此洞幽深奇特,神秘莫测,有与有着美丽传说的"圣湖"紧相毗连,故称"仙女洞"。这一湖一洞合称"圣湖仙女洞",藏语叫"喇措尼康"。早在清康熙四十八年(1709 年),著名活佛嘉木样一世经此地,与迎接他的僧众诵经祈祷,使宗教色彩更加浓重。

仙女洞洞中有洞、洞洞相连、上下交错、景物各异、幽深无尽,已探明深度 1000m 有余。进洞 20m 有余,便有一处可容纳数百人的大洞,周围有三处旁洞,其中两处互相连通,长约百余米,洞内有洞,大洞套小洞,洞洞有景致。沿蜿蜒曲折的小道而上,约数百米处有一宏大洞室,可容纳四五百人,洞室内流水潺潺,地上长满茵茵绿草。洞内峭壁迂回,怪石嶙峋,从洞顶下垂的一簇簇钟乳石,像是吊挂的宫灯,拔地而起的石笋犹如华丽的摆设,或如天神与地魔对战,这些表面晶莹光亮、色泽艳丽的石柱,支撑着这些石洞。在仙女洞中最奇妙的莫过于被称为"仙女舞厅"的洞室,面积 20m^2 有余,洞室的顶部及四壁都是晶体形的方解石,光滑明亮,洞底很平,人在上面来回踱步,发出美妙的声响,人们唱歌,会发出悦耳动听的合唱,故称作"仙女舞厅"。"舞厅"旁有一洞穴,其自然景色更为绚丽壮观,许多恰似翠竹一般的石柱,亭亭玉立,粗的直径在 10cm 左右,细的直径 2cm。石柱色彩斑斓,有的呈乳白色,有的呈橙黄色,表面晶莹光滑,色彩艳丽,确如仙境一般美妙。据统计,洞中石柱不多不少 80 根,故有"八十根金柱洞"之称。

如此典型的喀斯特洞穴地貌在黄南州境内发现多处,因与藏传佛教的发展过程有关系而闻名于安多藏区。同时,在青海高原原并不多见的喀斯符地貌,对研究青藏高原自然地理环境的演变过程及古地理环境，有十分重要的科学价值。

（二）探索者的天堂、探险者的乐园——果洛

果洛藏族自治州地处青藏高原腹地，黄河源头，位于青海省的东南部。地理坐标为东经97°54′~102°50′，北纬32°31′~35°40′，州府驻地大武距省会西宁440km。东临甘肃省甘南藏族自治州，南接四川省阿坝藏族羌族自治州和甘孜藏族自治州，西与青海省玉树藏族自治州毗连。北和青海省海西蒙古族藏族自治州、海南、黄南藏族自治州相依。总面积7.8万km^2有余，占青海省总面积的10%，是青海省的重要牧业生产基地之一。是一个面积大、人口少、地势高、草原广、资源富的民族自治州。

果洛州共辖玛沁县、玛多县、甘德县、达日县、班玛县、久治县。果洛州州府驻地——大武镇。"大武"又名"科格滩"，藏语意为"丢了马的地方"。果洛是青海省极具特色的生态旅游区，黄河源和阿尼玛卿神山是最具代表性的旅游形象标志。

果洛州地形奇异，风光优美，有无限风光的扎陵湖和鄂陵湖，雄伟壮丽的阿尼玛卿雪峰，神秘瑰丽的年保玉则，北国江南的班玛仁玉，还有神秘莫测的藏传佛教等。特殊的地理环境，孕育了丰富的旅游资源。

鄂陵湖和扎陵湖、阿尼玛卿雪山、托索湖、莫格德哇遗址、年保玉则、白玉寺、格萨尔大王狮龙宫殿、玛玉文化中心、唐蕃古道、玛柯河原始森林等自然人文景观独特、新奇，而且具有原始、粗犷、雄浑的世界屋脊自然风光。

1.果洛的由来

果洛藏语意为"反败为胜的头人"。据传，约在千年以前，在今西藏东部，青海囊谦县南部，四川西部有个"智龙阿"沟，居住着智部落的智·拉加本家族。因内部纠葛，智·拉加本之子智·阿本带领五十多户人家迁徙至多绕吉贡当保和给吉麻毛席多等地居住。当地人称他们为"格龙巴"（藏语音译，意为居住在格沟里的人）。土著部落年则、夸热、哇来看到"格龙巴"越来越强大，商议联合征服"格龙巴"。可是"格龙巴"提前得到消息，打败了年则、夸热、哇来，成为统治者。

本想取"格龙巴"的头，反而被"格龙巴"打败，成为"反败为胜的头人"。随着诸部族的繁衍生息，在明清之际，出现"郭罗克松"（即"三果洛"）的名称。清代汉文史籍通译为"郭罗克"，分为昂欠本、班玛本、阿什姜本（即上、中、下三大部落）。清末，又译名"俄洛"。民国以后，通常又译作"果洛"，沿用至今。

果洛域内其他县的名称也有特定的含义，玛沁是因阿尼玛卿雪山在其境内而得名，意为黄河源头最雄伟高大的山；玛多意为黄河源头；甘德是喜悦安宁之意；达日为兴旺发达之意；班玛是莲花之意；久治是团结统一之意。

2.唐蕃古道（见项目四）

青海省内原唐蕃古道线路大部分已修成214国道，古道两旁的藏族风情、高原风光、古老的传说将尽展世人面前。

3.阿尼玛卿山

阿尼玛卿山，又称玛积雪山或玛卿岗日，是由平均海拔5900m以上的13座山峰组成。雄踞在果洛藏族自治州北部，绵延400km有余，主峰在玛沁县，海拔约6282m，是青海东南部一座有名的大山。主峰阿尼玛卿峰是一座巍峨峥嵘的雪峰，山顶终年白雪皑皑，冰川闪亮，半山中是美丽的高原草甸草场，山脚下是大片的乔灌木、云杉、松柏、桦树等，生存着野生动物，还出产名贵药材，是我国对外开放的八大山峰之一。阿尼玛卿山是二十一座神雪山之一，排行第

四，是藏乡的救护者。

阿尼玛卿山神被认为是安多藏区最大的保护神，是沃德巩甲山神的第四个儿子。传说沃德巩甲为了拯救藏区百姓，使他们解脱灾难，能过上安居乐业的日子，派老四到安多消灭妖魔，降伏猛兽，惩办坏人，使百姓过上幸福祥和的日子，后来老四与其父沃德巩甲相会时，修建的九层白玉琼楼变成了阿尼玛卿雪山，沃德巩甲的四儿子也就成了阿尼玛卿山神。为求其佑护，安多藏区百姓至今还对其虔心供奉，顶礼膜拜。“格萨尔王传”史诗称阿尼玛卿山神是“战神大王”，说他是史诗主人公格萨尔所在岭国的神山。在搜集到的一个文本《英雄诞生》中还说：格萨尔是阿尼玛卿山神与龙女果萨拉姆梦合而生。与藏族英雄史诗《格萨尔王传》也有较为密切的关系，阿尼玛卿一词，在安多藏语中有“先祖、老翁”之意，足见其在当地藏族心目中的分量。安多藏族人民每两年举办一次绕山朝拜，一般绕山一周需时 7 日。夏季 6 ~ 7 月，许多国内外游客、朝山者和登山健儿纷纷来到这里，或游览观光，或朝山拜佛。

4. 巴颜喀拉山

巴颜喀拉山藏语叫“职权玛尼木占木松”，即祖山的意思，它位于黄河源头与通天河之间，属于昆仑山脉中支东端。该山地势高耸，群山起伏，雄岭连绵，景象恢宏。大部分地区海拔均在 4500 ~ 6000m，巴颜喀拉山属于大陆性寒冷气候，空气稀薄，气候酷寒，一年之中竟有八九个月时间飞雪不断，冬季最低温度可达 -35℃左右，因而许多 5000m 左右的雪山有经年不融的皑皑积雪和终年不化的冻土层。而温暖季节则比较短暂，一般只有三个多月时间，而且气温较低，即使是盛夏季节，最高气温也不过 10℃左右。由于海拔较高，加之地域辽阔，这里的山峰显得并不险峻，比较平缓。山峰浑圆粗犷，有的山峰远看像山，近看像川，山岭之间犹如平原一般广袤平坦。

我国古代称该山为“昆山”，又称“昆仑丘”或“小昆仑”。著名古籍《山海经》曾有记载；“昆仑山在西北，河水出其东北隅”，“出其东北隅，实惟河源”。可见，从我国远古时代，人们就已认定巴颜喀拉山为黄河的发源地。

巴颜喀拉山是青海境内一座有名的大山。虽地势高寒，气候复杂，但雨量充沛，是青海南部重要的草原牧场。这里盛产被人们称为“高原之舟”的牦牛和举世闻名的藏系绵羊，故有“牦牛的故乡”之称。

5. 班玛

班玛位于果洛州东南部，面积为 6343km^2，境内多高山峡谷，最低海拔 3147m，最高海拔 5039m，自然资源丰富，玛柯河、多柯河两大姊妹河平行纵贯其境，夏秋季的班玛青山绿水，花草迷人，林木蔚然。班玛草场面积为 817.8 万 hm^2，牧草以高山草甸植被为主。耕地 1.8 万 hm^2，分布在玛柯河下游沿岸。森林面积 12624hm^2，野生动物种类繁多，药材资源丰富，有 1000 余种。多柯河、玛柯河河床均有砂金，在 135m 的多柯河河床上，砂金储量有 7t 多。玛柯河自然景观幽美，森林密布，沿河有羌式建筑和众多的藏族祭祀经幡，遍布河岸山冈，十分壮观，显示了浓郁的藏传佛教文化特色。班玛的历史可追溯到 900 年前，是三果洛——班玛本、阿什羌本、昂欠本的发祥地，是果洛藏族人民的“老家”。一些藏族农民在灯塔地区垦荒，到了 600 余年前，在亚尔堂地区开始有人居住，随着人口的繁衍和生产活动的变化，小块农业区的农民沿玛柯河自南向北迁徙，专门从事牧业，并逐渐遍布班玛和果洛全境。境内的玛柯河、多柯河属长江上游大渡河支流。红军长征曾经过班玛。班玛被称为果洛草原上的“小江南”。

(1)玛柯河原始森林景观

玛柯河原始森林区，位于青海省最东南端班玛县南部，大渡河上源的玛柯河从北向南流淌而过，河水强烈下切形成幽深峡谷。这里海拔较低、降水量较多，河谷两侧山坡上是茫茫的林海松涛，玛柯河穿行于百里林海之中。

该区森林植被属寒温性针叶林，以紫果云杉林、鳞皮冷杉林为主，还有鳞皮云杉林、紫果冷杉林、红杉林、川西云杉林、方枝柏林等。紫果云杉常以大面积纯林出现，树干圆满通直，单位蓄积量高；鳞皮冷杉林、红杉林是青海省的唯一分布区。寒温性针叶林向上，是高寒山地灌木林带，海拔可达4000m以上；再向上为高寒草甸带；林区下面是以柳类占优势的河滩灌木林，形成了极具层次的森林景观。

(2)"班玛仁玉"及红军遗迹

玛柯河林区自然风光秀美，相传这里是果洛藏族的发祥地，被人们称之为"班玛仁玉"。这里气候温和，可种植青稞、豌豆、马铃薯、油菜等农作物，还可种植白菜、萝卜等蔬菜，是果洛州的重要河谷农业区和半农半牧区。建在半山腰上的碉楼住房，依山势高低错有致落，颇为奇特的建筑风格，似有南国风光的气息。

1936年7月，中国工农红军第二方面军的"安庆部"经过这里，进行整休、筹措粮草，受到当地藏族同胞的爱戴和拥护。当年红军书写的标语至今仍清晰醒目；红军曾走过的桥、沟，现定名为"红军桥""红军沟"；红军曾设立的哨所命名为"红军哨所"，均作为珍贵文物加以保护，以此缅怀先辈们的丰功伟绩。

6. 年保玉则

藏族的果洛部落居住在年保玉则山和阿尼玛卿山的周围，在900多年前即被定居于此的果洛部落奉为他们的山神，所以至今还有不少果洛藏族人自称是年保玉则山神的后裔。据说这位山神居住在山上一座大宫殿里，周围有铁山环绕，铁山外面还有六位动物形态的神灵守卫着，如"那耶尕吾"意为白色的神牛，"加什达尕吾"意为红色的神虎，实际都是以这些峰的天然山势形态而得名。年保玉则峰位于果洛藏族自治州久治县境，毗邻四川阿坝州。北侧属黄河水系，南侧为长江水系。传说该山神是红色神灵，曾以白牦牛的化身出现过，他的儿子则是以一条白蛇的化身出现的。当印度佛教传入藏区以后，这位原始山神也同雅拉香波山神一样，没有逃脱莲花生大师的佛法，被收服为藏传佛教的护法神。山下有白唇鹿等高原野生动物和贝母、大黄、黄芪、冬虫夏草等珍贵药材。年保页什则山神是安多藏区仅次于阿尼玛卿的山神，在藏族古老的传说中，年保什则山神是一位红色的神灵。

7. 玛沁的拉加寺

拉加寺位于玛沁县东北部黄河北岸的阿尼群贡山下，奇险、壮美的丹霞地貌给寺院增添了几分神秘色彩。

拉加寺又称"嘉祥寺"，是青海省内黄河沿岸最著名的格鲁派寺院。于清乾隆三十四年(1769年)，由名僧阿柔格西受七世达赖指令建成。他亲自主持寺务24年，六世班禅授予他"额尔德尼墨尔根堪布"名号。清乾隆五十八年(1793年)后，历辈香萨活佛(宗喀巴大师母亲转世)成为拉加寺寺主。清光绪年间，清廷授予他"香萨班智达"名号；民国初年又封为"普剂法师"，成为省内颇有影响的活佛。现寺内珍藏有班禅大师和章嘉国师赐给香萨活佛的锦幛。

20世纪50年代初，拉加寺占地面积466620m^2多，殿堂12座150间，囊谦(活佛院)、僧舍等千余间，还建有班禅行宫一处。

该寺历史上有一批高僧大德，且多有著述传世。如高僧斜合佐郁桑热于公元1827年完成的《历算概要》和香萨的《证理论》《因理论释》以及《赛康哇全集》等在我国藏区颇有影响。该寺香萨印经院，是国内藏区著名印经院之一，曾藏有《甘珠尔》等木刻经版5万余件。该寺原供释迦、弥勒佛像及金字《甘珠尔》等亦负盛名。20世纪50年代末和60年代中期以来的两次毁灭性破坏，使主要建筑及珍贵文物皆被毁，但因该寺在佛教发展历离史中有过功绩，至今在佛教界享有较高盛誉。

8. 龙恩寺——"格萨尔玛域文化中心"

在果洛集中展示了格萨尔文化的中心就是被誉为"格萨尔玛域文化中心"的龙恩寺，藏语称"龙恩图丹群科林"。龙恩寺位于果洛藏族自治州甘德县东南部，下贡麻乡境内东柯曲河对面的隆什加，寺址在一土台上，靠山面河，开阔向阳，占地约133320m^2。龙恩寺是果洛藏族自治州甘德县规模最大的一所宁玛派寺院，母寺为四川省德格的佐钦寺。100年前，佐钦寺的东查喇嘛更登扎西来此传教，此后传教者不断，但一直未形成寺院。1958年，哇秀喇嘛始建帐房寺，故称之为"哇秀喇嘛曲噶尔"。该寺于1985年开放，现新建两层的大经堂1座100间，昂欠3座13间，佛塔1座，僧舍57座107间。现任寺主兼寺管会主任的班玛登保（全名称哇秀喇嘛班玛旦达尔若贝多杰），为人豪爽，治寺有方，且热心于文化艺术事业，在他的带领下，该寺僧人颇注重藏族医学和传统文化艺术的学习，寺内建有藏医门诊1所，有藏医7名（女藏医1名），各种医疗器械齐备。1982年创建为玛域文化中心，配有45人的藏戏团，现发展到80余人。他们的服务工作和文化活动很受群众欢迎。

9. 达日——格萨尔的住地格萨尔大王狮龙宫殿

格萨尔是藏族人民心目中富有神奇力量的人物，他是降妖伏魔、抑强扶弱、造福百姓的英雄使者。时至今日，我国藏区将他信奉为消灾灭殃的象征。

史学家及藏学家研究认为，果洛是格萨尔的故乡，果洛人民是格萨尔的后世子孙，达日是格萨尔的住地。据有关记载、民间神话传说及地望分析，达日县城溯黄河向上15km处黄河南岸的一块平台，有格萨尔古岭国国都——狮龙宫殿的遗址。公元1044年，格萨尔年仅7岁时，运用法力召引神、龙、念为友修建了狮龙宫殿；12岁那年格萨尔赛马会上获胜，登上了岭国国王的宝座，被称为"雄狮大王格萨尔诺布扎堆"，他来到狮龙宫殿，从此名扬世界。

为了拯救、发扬藏族优秀文化遗产，丰富广大草原牧民文化生活，查朗寺土登协珠·旦白尼玛活佛自筹资金，在各级政府和广大牧民支持下，修建了"格萨尔大王狮龙宫殿"。十世班禅生前按照藏族的文化传统和宗教仪规，亲自为"格萨尔大王狮龙宫殿"撰写了题为《格萨尔祈祷吉祥河右旋》的祈祷文，全国政协副主席、中国佛教协会会长赵朴初为宫殿题名。

该宫殿占地约1.5hm^2，雄伟古朴的藏式建筑风格的大门，褚红色围墙无华朴实，大型藏式宫殿装饰富丽堂皇。正中是格萨尔大王巨型塑像，他骑在神变的骏马上，威震四方，以巨大威力制伏三界；另有格萨尔30位英雄兄弟塑像，各自手执兵器，神态各异，显得威武雄壮；进门左边是白度母化身噶嘉洛·森姜珠牡，右边是绿度母化身邬乐吉杰乃琼，俩人笑容满面、神采奕奕地向雄狮大王献茶。楼上制伏三界殿内主供桑耶寺的自现度母；格萨尔寝宫日光殿内有三尊一体格萨尔王镀金铜质佛像，左右两侧分别是二尊狮面空行母和勇猛上师益喜热巴的塑像。楼下制伏三界殿内，主供佛是莲花生大师。

还设有"玛玉格萨尔文物展览馆"，展出了岭国30位英雄画像、镇寺海螺诺布泽昂、克什米尔长缨大刀、《嘛呢全集》、宝箱等数十件珍贵文物。

10. 阿什姜贾贡巴寺

阿什姜贾贡巴寺是目前青海省境内规模较大、社会影响较广的一座觉囊派寺院。觉囊派是藏传佛教古老派系之一，始于宋代，形成于元初，曾盛极一时。明初该派所持的"他空见"观点受到其他教派非议而一度衰败。明万历年间曾一度再次兴旺，由西藏向川西、果洛地区扩展。清初,格鲁派迅猛发展,觉囊派寺院及所持的“他空见”观点基本衰绝。阿什姜贾贡巴寺是现存觉囊派少数寺院之一,被当地群众称为“三果洛”的发祥地。

11. 白玉寺

白玉寺位于久治县西南部白玉乡达日塘,背靠灌木丛生的大山,寺前为马柯河支流俄科河,风光秀丽,建筑面积达千余亩。该寺系四川白玉县白玉寺子寺,1857 年由拉智到此创建,至今有百余年的历史,目前已成为青海、四川、甘肃边界地区规模宏大、影响很广的宁玛派寺院。现有经堂 7 座,大经堂可容纳 2000 多僧众同时诵经;还有小经堂以及专门用于讲经、静闭修炼、辩经、历算、医学等经堂。佛殿 3 座,其中桑智华日供奉莲花生大师,体现热贡艺人高超精湛技艺的壁画,展示了莲花生大师的生平事迹;贡康,供奉贡保、阿尼玛卿、年保玉则等神仙,并且是信徒们祈祷的地方;塞日东拉康,有灵塔 3 座,白玉乔智活佛灵塔高 5m,底方 3m,灵塔主体由铜片构成,四周镶白银贴金,饰有珊瑚、玛瑙,嵌右旋白螺 1 枚,灵塔上方一银制佛龛内藏佛牙 1 枚,装饰极其华丽;另两个是高僧阿贡堪保、东玉堪保灵塔。大型转经房 8 座。讲经院有驻美藏胞所赠美国印刷的《甘珠尔》和《丹珠尔》大藏经各 1 套,印制十分精美。

该寺僧人逾千人,每年佛事活动 8 次。其中藏历 3 月 1 日 ~3 月 10 日的“白玉十日”,规模最大也最热闹,有晒大佛、跳欠、演藏戏等活动。来自青海省、川西、甘南藏区等地的群众及游客达数万人,场面异常热烈而隆重。

12. 措哇尕什则多卡寺

鄂陵湖西畔、措哇尕什则山脚下宽阔草地上建有措哇尕什则多卡寺,该寺是一座以宁玛派为主兼有格鲁派僧侣的寺院。有长达数百米的嘛呢石经墙排列有序,其间有数座形态各异、高耸入云的用嘛呢石叠成的石佛塔,引人注目。石佛塔之间用绚丽多彩的经幡相连接,同蔚蓝色的鄂陵湖水与措哇尕什则山交相辉映,显得格外雄伟壮观。

(三)江河之源、名山之宗、牦牛之境、歌舞之乡——玉树

从青海省省会西宁出发,沿青藏公路在日月山西麓的倒淌河镇分路,又沿着青康公路,经海南州首府恰卜恰镇,青南交通枢纽花石峡,玛多县城黄河沿,直达玉树藏族自治州首府结古镇,全长 800km 有余。

玉树州位于青海省的西南部,面积 19.8 万 km^2,占全省面积的 27.5%,人口中近 97% 是藏族,占全省藏族人口的近 1/4,是省内藏族分布最集中的地区。州境内山河壮丽,巍峨的东昆仑山及其支脉巴颜喀拉山屹立在北部,可可西里山、祖尔屏障于西部,唐古拉山绵延于境南。海拔 5000m 以上的山达 2000 余座,平均海拔 4000 ~5000m。长江,黄河,澜沧均发源于此。据众多古文化遗存和文献记载,在这片广袤的草原上约 4000 多年前就有人类的活动,主要为西羌地。隋朝为苏毗和多弥国一部分,唐时为吐蕃所属。草原辽阔,牧草肥美,是青海省的主要畜牧业基地之一。加上它处于青海北部和西藏、四川之间重要的交通位置,为三省(区)商业贸易的重要集散地。

自治州首府驻玉树县结古镇少数民族以藏族为主,人口 24.01 万,占全州人口的 95%,为全国少数民族人口比例最高的自治州。玉树州共辖:玉树县、称多县、囊谦县、杂多县、治多县、曲麻莱县。

玉树有辽阔的土地,广袤的草原,独特奇妙的世界屋脊雪域景观,古老的宗教文化和神奇迷离的民俗风情,神秘的唐蕃古道,多姿多彩的玉树歌舞给人以古、美、奇、特、纯的感受。玉树是长江、黄河、澜沧江三江源头,可可西里是世界野生动物王国,玉树因区位和历史原因,保存了原始的纯朴的藏族风情,玉树康巴歌舞以及玉树赛马节享有盛誉,在世界上也是独一无二

的。这里有隆宝滩黑颈鹤国家自然保护区、长江源冰塔林世界、囊谦原始森林公园、文成公主庙、新寨嘛呢石城、莱巴沟、唐蕃古道是旅游的好去处。玉树藏传佛教寺院众多，寺院的建筑、宗教文物、宗教跳神以及宗教节庆，都是十分诱人的。通天河两岸有独具特色的自然村落，藏式雕楼，手工作坊显示了民间工艺和藏民族的风土人情。玉树是一片天然美丽富饶的草原，而更使人难以忘怀的是玉树草原上上雄壮有力、粗犷豪放的歌舞盛况，人称玉树草原是“歌舞的海洋”、“歌舞的家乡”。

1. 青南重镇——结古

结古，是玉树藏族自治州首府，是玉树草原20万藏族人民政治、经济、文化的中心，自古以来是进藏的门户。

结古镇四周群山环抱，山体海拔5000m以上，雄伟挺拔，其间扎曲由西流下，巴塘河由南流来，二河横穿镇区，交汇于镇中后东流约30km汇入通天河，真可谓“莽莽万重山，孤城河谷间”。结古镇海拔较低(3700m左右)，又得到西南暖湿气流尾间的影响，年均温2.9℃，7月份12.4℃，1月份-7.9℃，年降水量487mm，近80%集中于夏季。因而气候温和，湿度适宜，群山翠郁，牧草茂盛，牛羊遍地，可种植青稞、油菜、马铃薯等农作物。

“结古”是藏语，意为货物集散之地。很早以前，结古已成为青海西宁、四川康定、西藏拉萨三地之间的重要贸易集散地。历史记载，川西雅州每年要发9万驮茶叶到结古，然后由结古发5万驮茶叶到西藏拉萨，其余的4万驮在青海南部各蒙藏族聚居区销售。民国初年，玉树商业最兴旺时，结古的商户就达200多家。有山西、陕西、甘肃、四川等地的商人，也有来自西康及玉树本地的藏族商人。经营的货物不下百种，甚至还有从印度经过拉萨进口的英、德、日、印和尼泊尔的货物。1937年抗日战争爆发后，一些羊毛、皮张等畜产品，也多经玉树转拉萨，经印度出口，远销到欧亚各国。

近40多年来，结古镇得到翻天覆地的变化，沿河谷修建的丁字形大街平展开阔，东西长8km，南北长3km，镇区面积由原来不足1km^2扩展到20km^2，人口由原来不到2000人，现已发展到2万人左右。能容纳千余人的结古影剧院在丁字大街最中央，显得格外醒目，机关办公大楼、医院、学校、银行、商场、饭店、邮电大楼、广播电视塔、文化馆、体育场等在街道两旁排列有序。肉联厂，发电厂，农牧机械修造厂，皮毛、虫草、肠衣等加工厂在草原土拔地建起。同州内的称多、囊谦、杂多、治多、曲麻莱县都有油路相通，通过青康公路可与川藏公路相连。交通条件大为改观。

2. 通天河

位于通天河下游的玉树藏族自治州与四川、西藏紧相毗邻的直门达峡谷，是唐蕃古道上一座有名的古老渡口，以险要至极而闻名于世。直门达是一条幽深奇伟的高山峡谷，地势险要，两岸风光十分绮丽。山上山下长满了高山柳、杜鹃花、金露梅等植物，生长着白唇鹿、羚羊、野牛等野生动物。在花木扶疏的灌丛中，可以看到雪鸡、蓝马鸡等珍禽飞来飞去，称得上是一个天然的动植物园。险峻奇绝的直门达，自古以来就是西宁通往玉树、青海通往西藏的必经之路，也是通天河上游的一大天堑。1963年，当地政府在此架起了第一座七孔钢筋水泥大桥，通天河这亘古天堑，从此变为浩浩坦途。

通天河自西北向东南流淌在玉树草原上，横贯近千公里，哺育了玉树草原的文明。藏族同胞称通天河为“珠曲”，意为“奶牛的水”。相传古时候，玉树草原牧草肥美，鲜花盛开，牛羊遍地，人们过着幸福美满的生活。突然有一天，被天上的玉皇大帝发现人间还有如此美妙的地方，便令一条神牛犊降到这里，欲使这里成为草不能长、鸟不能飞，人不能生的不毛之地，美丽的景色和藏族人民的热情款待把它给迷住下。一天，神牛犊登上一座很高的山峰，大吼三声，从鼻孔里喷出两股清香的奶水，撒满了草原，绿了牧草，肥了牛羊，从此，玉树草原变得更加美丽富饶。玉皇大帝得知后更加气急败坏，愤然指牛为石，神牛犊便变成了石头俯卧在玉树草原上。不久从石缝里喷出飘逸着奶香气味、清澈纯洁的晶莹泉水，日夜不断，万年不息，众多溪流最后汇成了今日的通天河。河水中有一状如牛犊的青石，传说是神牛犊的化身。从此以后，通天河源远流长，波澜壮阔，成为玉树人民的骄傲。

自古以来，通天河便是中原、青海北部通往青南、西藏的天堑，昔日频频来往的汉藏使者、传经布道的僧侣、求神拜佛的信民、买卖运输的商贾过往于通天河，冬天靠冰桥，夏天靠牛皮筏子，但都很危险，人们便选择比较安全的渡口过河。称多县拉布乡东村兰达渡口是通天河上的一个古老渡口，如今在河两岸尚存有昔日用石头砌成的古码头遗址。相传，文成公主一行历经艰辛，来到兰达渡河，看到水深流急，惊涛拍岸，乱石穿空，文成公主便命随行的唐朝工匠和当地百姓齐心协力，在此建造码头和船，东岸专为公主修建一所住房，即今日的“却吉尕布”。因船太小，大批人马和物品一时不能全部过河，在公主万分焦急之时，突然发现河面上漂浮着许多大葫芦，公主一行以葫芦为舟顺利过河，原来这是释迦佛显灵的结果。

通天河流至玉树巴塘河口附近的直门达，便走完了它在青海境内的全部路程，直门达是继兰达渡口后的又一个古老渡口。直门达地势险要。相传，当年唐僧一行赴西天取经路过这里，因水深流急，不能过去。这时通天河畔的千年老龟，想托唐僧一行到西天佛祖那里打听一下自己的生寿，唐僧也满口答应了，老龟便驮唐僧师徒过了河。一等十多年过去了，唐僧一行取经返回，老龟十分高兴地驮唐僧师徒过河，到了河中心时，老龟问到它的生寿一事打听得如何，唐僧支支吾吾说不出来，老龟一气之下，摇身一晃，唐僧师徒连人带马都掉进河水中，悟空、八戒、沙僧一边救唐僧，一边捞经卷，可惜那经卷一部分被水冲走，有的被水浸湿，唐僧只好把这些浸湿的经卷放到岸边一块大石头上晾晒。谁知那经卷上的字都印在了石头上，至今字迹犹存，清晰可辨。后来，人们把这块石头称为“晒经台”，当地藏族同胞在“晒经台”周围挂起经幡，垒起煨桑台，经常敬佛祭河。这一传说故事，被伟大的文学家吴承恩写进我国古代名著《西游记》中，为世人所传颂。如今，在晒经台边架起了一座七孔钢筋水泥大桥，像一条美丽的彩虹。通天河这亘古天堑变为坦途，一辆辆满载着建设物资和旅客的汽车，南来北往，从大桥上奔驰而过。

3. 晒经台

晒经台位于通天河大桥南岸。这是一块巨大的岩石，上面平坦光滑，旁边有一古松，树上挂满经布，因传说唐僧当年在此晒经而得名。当地藏族牧民还在晒经台周围，挂起经幡，垒起桑台，经常在此敬佛祭河。

4. 隆宝滩自然保护区——黑颈鹤的故乡(见项目三)

隆宝滩自然保护区位于玉树自治州，是一长约25km、宽约4km的狭长沟谷地带，海拔4200m有余，属于典型的沼泽草甸和高山草甸区。每年春夏之际，许多珍贵的候鸟，如黑颈鹤、斑头雁、棕头鸥等纷纷飞到这里繁衍后代。尤其是被列为我国一级保护动物的黑颈鹤，每年都成群成批地飞到隆宝滩栖息。据统计，我国仅有的千余只黑颈鹤中就有40多只集中在隆宝滩。为了保护珍禽黑颈鹤，国家已把隆宝滩列为国家级自然保护区。

5. 文成公主庙

位于玉树县巴塘乡西北约4km处的欠沟，距结古镇20km，途经巴塘滩。又名“大日如来佛堂”，藏语称“南巴囊则拉康”。属藏传佛教直贡噶举派。殿堂内酥油灯长明，有净水、五谷。

供奉9尊佛像，中间为大日如来佛，身着汉圆满报身佛的服饰，双手结印，端坐于莲花狮座上，身后陪衬菩提树、宝伞、幡幢。左右各侍立四尊菩萨，分上下两层，右上为普贤、金刚手，右下为文殊、除盖障，左上为弥勒、虚空藏，左下为地藏、观世音。八大佛于足蹬莲花，手持不同法器，吹不同法式，按汉式姿势侍立于主佛两侧，佛殿门旁刻石记载："为了祝愿，万民众生，赤德祖赞父子幸福平安，佛教昌盛，依照原刻佛像再加工精雕细刻，修盖此殿"。此石为金成公主所立。庙宇左右崖壁上刻有小佛塔、经文还有文成公主亲笔汉字楷书颂词16行。该庙坐北朝南，背山面水，隔水望山，风景幽静。相传唐贞观十五年(641年)文成公主进藏时在此休息了一个月，令随从比丘大泽师智敏主持，工匠比仁囊泽、杰桑、化旦在悬崖峭壁上雕刻了九尊佛像。唐中宗景龙四年(710年)，唐蕃二次联姻，金成公主进藏逗留此地，见文成公主刻的佛像被风雨剥蚀，令随从盖一殿堂，730年又派人摹刻佛像、修饰、加固殿堂。后称"大日如来佛雕像和它的庙宇"，即"文成公主庙"。该庙是汉藏友好往来的象征，属省级重点文物保护单位，庙内香火旺盛，朝拜、观光的人络绎不绝。

6. 结古寺

位于玉树结古镇东结古山上，藏语称"结古顿珠楞"，意为"结古义成洲"，为萨迦派在青海省内的主寺，主要建筑有：经堂2座，僧舍220间。主体建筑"都文舟嘉措"可容纳100名喇嘛诵经。讲经院、大昭殿、弥勒殿、嘉那和文保活佛院都各具特色。这里有"世间第一大嘛呢堆"，嘛尼堆由刻有六字箴言"啊嘛呢叭咪哞"的嘛呢石垒成，有的嘛呢石还刻有经文或佛像，无数"嘛呢石"排在一起构成一列经墙。目前已有2.6亿块嘛呢石，形成了一座嘛呢石城。石墙、门巷皆挂印有经文、佛像的彩色经幡，石城中央竖立一红色神塔。寺院依山而建，殿堂僧舍错落。历史上一直是玉树北部地区萨迦派主寺，1937年藏历十二月一日，九世班禅却吉尼玛圆寂于此。嘉那佛是最大活佛，与内地关系非常密切，故称"嘉那朱族古"(汉语活佛之意)，嘉那佛独创了称为"多顶求卓"的100多种舞蹈，从而使玉树成为歌舞之乡。该寺现为省级重点文物保护单位。

7. 嘉那嘛呢堆

藏族人民在一块块白石头上刻写《六字箴言经》、《大藏经》，还有各种佛像和吉祥图案，并饰以五彩，人称嘛呢石。嘛呢是梵文佛经《六字箴言经》的简称，汉文音译作"啊嘛呢叭咪哞"。藏传佛教认为《六字箴言经》是一切佛经的根本，要常念不辍，方可真悟。千余年来多少善男信女将六字箴言诵不绝口，以寄托他们胸中的殷切期待，而难以计数的嘛呢石便是他们殷切期待的记录。一般富有者以购置供献嘛呢石为功德，而贫穷者以转经为功德，久而久之，一块块嘛呢石垒叠起来，成了"嘛呢堆"、"嘛呢墙"、"嘛呢城"。

"嘛呢堆"藏语称"多崩"，意为"10万经石"，在藏族聚居区最大的嘛呢堆要数位于青海省玉树藏族自治州结古镇的"嘉那嘛呢堆"，又称"新寨嘛呢堆"。嘉那嘛呢堆现存有嘛呢石2.6亿多块，堪称"世间第一大嘛呢堆"。其长超过百米，宽超过50m，高约2m的嘛呢石墙逶迤连绵，形成了一座占地面积如一个足球场大小的嘛呢嘛呢石城，其城中还有几处"门巷"可供人们进出。由第一代嘉那活佛宗求帕文倡导创建的新寨加纳嘛呢石堆，历经300多年的日积月累，现有嘛呢石上刻的经文有近200亿字，堪称"世界第一石刻图书馆"，是藏传佛教的一大珍品，2005年入选《吉尼斯世界纪录》。

8. 赛巴寺

赛巴寺的藏语全称叫"太庆大吉楞"，意为"大乘昌隆洲"。赛巴寺早期信奉藏族最原始的宗教苯教，到1269年，由藏传佛教萨迦派创始人之一的萨迦法王八思巴(曾任元朝的帝师)将赛巴寺改宗为藏传佛教萨迦教派。赛巴寺曾建在"麻莱沟"(赛巴寺的上面山沟里),由于一段时间盗匪侵扰逐渐衰落,1465 年,寺院被迫从"麻莱沟"迁到"象额山"(指寺院上面的山梁遗址),寺院开始兴旺起来。1958 年寺院被关闭,"文革"中被毁。1983 年寺院开放时从"象额山"迁到现在的下赛巴村,赛巴寺的寺名由此而得。

赛巴寺从 1983 年开始,在十四世活佛昂旺贡嘎协培曲吉尼玛(简称赛巴活佛)的住持下修建了僧舍、佛塔、护法殿、大经堂、莲华生佛堂、展览厅等建筑,寺院才得以兴旺昌盛。现在我们看见的赛巴寺护法殿(进入护法殿),身着华丽服装、浑身珠光宝气的中间这位女神是赛巴寺护法神,她的名字叫"玛庆"。

9. 尕朵觉吾神山

尕朵觉丹神山(嘎觉吾神山)为藏族聚居区四大名山之一,位于世界屋脊——青藏高原,三江源自然保护区——玉树藏族自治州称多县境内,它以独特的自然景观、浓郁的佛教色彩和源远流长的历史古韵,蜚声雪域、享誉八方,其影响力可与我国境内的佛教名山——四川的峨眉山、浙江的普陀山、山西的五台山等相媲美。

尕朵觉丹神山,藏语又称"觉吾夏尕",其意是"白容圣",被誉为"世界财富之山"。位于称多县境内,距称多县城约有 140km,距尕朵乡人民政府所在地约有 15km。神山海拔 5393m,整个山势以"奇、高、陡、险"而著称。其主峰终年积雪、千古未化,即使在夏日酷暑时节,冰雪依然晶莹透亮未有融化之势,就因这晶莹的白色,成为尕朵觉吾神山纯洁和神圣的永恒象征。每当晴空万里、旭日东升之时,人们可有幸目睹其雪山主峰顶上缓缓冒起的缕缕青烟,故而披上了一层神秘的色彩,也因此留下了许多美丽的民间故事传说。主峰四周有序地环绕着 28 座山峰,又形象地称其为尕朵觉吾神山的 28 个将才,因为尕朵觉吾不仅有得道成佛的历史迹象,同时具有护卫八方的英雄气概,这 28 个将才分别是 7 个战将、7 个神医、7 个铸造师和 7 个裁缝师。同时,这些高大的山峰外形峻异,据传说它们分别是"尕朵觉吾"的奶奶、妃子以及子女,还有他所使用过的小宝库、酥油箱、战刀和帽子等。

10. 三江源自然保护区纪念碑

三江源自然保护区包括青海省南部的广大区域,面积 36.3 万 km^2,平均海拔 3500 ~ 4800m,山地海拔在 5500m 以上,三江源特指黄河、长江、澜沧江(湄公河)的发源地。由于地势高亢,年均气温大都在 -2℃以下,广大的西部地区在 -4℃以下;植被以高寒荒漠及高寒草甸草原为主。丰富的冰川积雪融水汇成了哺育中华民族、中南半岛人民繁衍生息的长江、黄河、澜沧江,使这里成为我国乃至亚洲的重要水源,素有"中华水塔"的美称。三江源自然保护区是我国目前最大的自然保护区,是我国海拔最高的天然湿地,是世界高海拔地区生物多样性最集中的地区,也是生态环境最为敏感的地区。

为纪念我国面积最大、号称"中华水塔"的自然保护区成立,由江泽民主席题写碑文的"三江源自然保护区",以青灰色花岗岩镌刻金字的大型纪念碑,在玉树县通天河大桥畔,于 2000 年 8 月 19 日 11 时 09 分正式揭幕,这标志着我国自然保护跨入了新阶段。三江源自然保护区纪念碑矗立在玉树县通天河大桥畔,奔腾的通天河穿流而过,214 国道在碑后跨过通天河。碑基在一个相对高差十多米的小丘上,由数十级台阶拾级而上,全用石料砌筑。碑前辟一小广场,其下由一溪流注入通天河,广场右侧为山岭,左侧系通天河。

纪念碑碑体高 6.621m,象征三江中最长的长江正源发源地格拉丹冬雪峰高度为 6621m;纪念碑基座面积 363m^2,象征三江源自然保护区面积 36.3 万 km^2;基座高 4.2m,象征三江源保护区平均海拔 4200m;碑体由 56 块花岗岩组成,象征着我国 56 个民族;碑体上方两只巨形手,象征着人类双手保护三江源。

11. 藏娘佛塔及桑周寺

藏娘佛塔及桑周寺位于青海南部玉树县仲达乡,通天河南岸。前身是一座苯教古刹,名为"仁真敖赛寺"现存最早的古建筑为"藏娘佛塔·盛德山",于北宋天圣七年(公元1030年)建成。藏传佛教界公认藏娘佛塔是藏传佛教佛塔的精华,它与尼泊尔的巴耶塔、西藏的白居塔为世界著名的三座藏传佛教佛塔。

明宣宗宣德四年(公元1430年)将藏娘周围的苯教仁真敖赛寺、巴钦班觉寺、巴格达宗寺合三为一,在藏娘佛塔脚下创建了桑周寺,有殿堂、佛堂、佛塔、僧舍等建筑物数十座。现存有大、小经堂及护法殿、僧舍等古建筑物,墙面涂有竖向黑白相间条带,这显然是萨迦派寺院的象征物。

藏娘佛塔及桑周寺有很高的古建筑文物价值,而且保存和收藏有一批非常珍贵的宗教、历史文物。有从苯教寺院传下来的宋代以前的铜铃、银碗、鼓号等;有元朝皇帝封为国师的巴思八亲临寺院赠送的"吉祥天母"泥塑造像及部分法器;有历代僧人和信徒供放的数以千万计的泥制小佛像;有藏娘佛塔及桑周寺创建人孟德嘉纳大师的僧衣、靴子、经文及经卷、唐卡等;有宋至清代的寺志,高僧大师的颂文,官府文件等文献资料;有数千件历代宗教法器、供器、佛像,还有为数极多的历代石刻佛、护法、人物像及嘛呢石等;佛塔回廊墙面上有宋代壁画50m^{2}有余,至今仍鲜艳夺目。

藏娘佛塔及桑周寺以其悠久的历史、丰富的文物、独具特色的古建筑闻名,为国务院第五批全国重点文物保护单位。

12. 囊谦猕猴自然繁殖区

囊谦县位于青海省最南端,这里海拔较低,气候较温和,降雨量相对丰沛,因而植被茂盛,分布有原始森林,人烟稀少,为高原野生动物的繁衍栖息创造了理想的生存环境。主要的野生动物有野牦牛、野驴、白唇鹿、雪豹、猕猴、藏羚羊、盘羊等兽类,以及天鹅、斑头雁、黑颈鹤、白马鸡、黑鹳、蓝马鸡、鹰、雕等鸟禽,成为青海省重要的猕猴自然繁殖区。

13. 禅古寺(也称创古寺)

禅古寺(也称创古寺)位于玉树州府结古镇南3000m的禅古村。禅古寺历史久远,从该寺的文成公主庙算起,距今有1300多年的佛教传承史,或者从觉巴·义敦贡布时期的1160年前后算起,亦有800多年的历史,极盛时僧伽达万余之众,故有"万僧之寺"的美名,后来在世事演变中渐趋衰微。历史文化遗存迄今留下的尚有"吉然红塔"遗址和"吉然白头白塔"等镇寺法宝。

禅古寺不仅历史悠久,而且是"殊胜"的佛门圣地。相传是阿弥陀佛、龙树菩萨化现加持过的人间净土,曾有化境再现的自然遗存和口碑传说,以及建在半山腰上的闭关中心,被高僧大德誉为胜乐金刚的净土,有胜乐金刚的伏藏坛城。宁玛派大师全知麦彭仁波切把此地称为"胜乐金刚之殊胜宫殿",并多次闭关修行,研究著书,所证成就殊胜无比。除此之外,还有大宝法王,直贡噶举开派大师觉哇居登桑贡、班禅大师、蒋贡康楚仁波切、泰锡度仁波切等不同传承的著名大师在此闭关修行,传教弘法,所赐加持不胜枚举,无量功德无以言表。

14. 玉树赛马节

盛夏的玉树草原,从村到乡,从乡到县普遍开展规模不等的赛马等文化体育活动。规模最大的要数位于青海省玉树藏族自治州结古镇举办的赛马节。每年7月25日由州人民政府主办的为期一周的赛马节,以马会友、以马扬名。赛马场设在位于结古镇西北部的扎西沟宽阔的草原上，这里依山傍水、绿草如茵、树木成林、地势开阔，与结古镇相距3000m，来回十分方便。

玉树赛马节闻名国内外，享有特殊声誉，是一次继承和弘扬优秀民族传统文化的盛会，更集中展示了浓郁的康巴藏族风情。玉树赛马节形成了让人叹为观止的三大奇观，即由上千顶帐篷组成的五彩缤纷的帐篷城、康巴藏族潇洒漂亮的民族传统服饰表演和驰名中外的玉树歌舞。

（四）三江源旅游区

长江、黄河是世界上著名的河流之一，也是中华民族的母亲河。长江、黄河发源于青海境内。长江源头绵亘几十里的冰塔林，犹如座座水晶峰峦，千姿百态，景色绮丽；黄河源头湖泊、小溪星罗棋布，水草丰美，甚为壮观。

青海位于青藏高原的东北部，地形划分为高山、丘陵、盆地三个阶梯，整个高原西高东低。全境为莽莽昆仑山所盘踞，它的三大支系——祁连山、巴颜喀拉山、唐古拉山，群山错落、遥相呼应。长江、黄河、澜沧江三大水系，就发源在这群山环抱之中，尤其是长江源头诸水组成奇异的扇形水系，形成世界罕见的高原流域三角洲，在青藏高原腹地自成一个自然区域，具有独特的自然风貌和奇特景观。

由于长江源区海拔高，气候严寒，年平均气温 -4.1（沱沱河沿）~ -6.7℃（格拉丹冬），全年无四季之分，只有冷暖季差别。冷季漫长（长达8个月以上），最冷月平均温度 -26.3℃以下，极端最高温度可达23.4℃，但夜间仍在零度以下，几乎每天都有冰冻发生。全年无绝对无霜期，空气中含氧量仅为海平面的50%~60%。年降水量在282~500mm，全年降水量在75%都集中在6~8月，并且都为固体降水。年蒸发量达1646mm以上，年日照时间达2870h。常年多西北风和偏北风，平均风速3.4~4m/s，最大风速达40m/s，全年大风天气130天左右。雪灾频繁，年均积雪62天，最多达186天。万里长江源于世界第三极青藏高原核心部位的唐古拉山北麓与可可西里山之间。唐古拉山脉主峰格拉丹东终年冰雪覆盖，有众多的山谷冰川，成为长江和澜沧江源头持久永续的巨大固体水库。长江源河流中流域面积最大、流程最长、径流量较大的是沱沱河，被确定为长江的正源。长江源区的气候特点是天气寒冷、多变、空气稀薄，日照强，日温差和年温差大，风大，风雪频繁，只有耐寒性的高原动植物生长栖息，可作为科学考察与探险旅游地。

长江源区植物绝大部分是青藏高原特有种和青藏高原至喜马拉雅或青藏高原至克什米尔或中亚高山分布的类型。其中青藏高原特有种有72种之多。长江源区的植物一般非常低矮，呈莲座状、匍匐状、垫状或丛生，高1~10cm，叶面具蜡质层、角质层或毛被等附属物。这种形态和构造都有利于对高寒、干旱和强辐射等不利生态环境的适应。长江源区70%以上的植物都是多年生地面芽植物，植物生长期短，土壤冻结期长，因此，大量地面芽植物是对该地区严酷生态环境最好的适应。源区有植物200多种，海拔在5000m左右，由于长江源区严酷的气候条件和生长期短，许多植物不能正常结子或结子时灾害性天气频繁，种子成熟度和生命力都比较差，加之有霜冻出现的寒冷天气，使其受到很大威胁。长江源区海拔在5000m左右，生态环境严酷而且极不稳定。

1. 长江源头

发源于青海省南部的唐古拉山脉主峰格拉丹冬冰峰西南侧的姜根迪如冰川。格拉丹冬，藏语意为“高高尖尖的山峰”，海拔6620m，姜根迪如海拔6548m，有南北两条呈半弧形的大冰川，南支冰川长12.5km，宽1.6km，冰川尾部有两公里的冰塔林。这高耸入云的冰雪山体和晶莹皎洁的大冰川，是万里长江的源泉。

长江从这里流出，自西向东，流经青海、西藏、四川、云南、湖北、湖南、江西、江苏、上海等省区，注入东海，全长6380km，为世界第三条大河。

长江源头冰塔林千姿百态，银雕玉砌，似水晶宫里亭亭玉立的少女，赛九重云霄外的琼楼玉宇，其冰川融水欢啸而下，成为万里长江第一河——沱沱河的源流。长江源头还蕴藏着丰富的资源，用来铺设华丽宫殿的长达数尺的大块水晶石，就产于格拉丹东冰峰附近海拔6000m以上的地带。在尕卡迪如雪山北麓的玛尔肯湖中，有着品位极高的磁铁矿藏和铅锌矿藏。景色迷人的祖尔肯湖中，盛产肥美的无鳞鱼——高原裸鲤。终年白雪皑皑的崔英山上，栖息着成群的雪鸡，山坡和山脚下则是一望无垠的大草原，草原上生长着各种各样的奇花异草，还有野生的雪豹、白唇鹿、藏羚羊、盘羊、藏野驴、野牦牛等。

1999年6月5日，由国家环境保护总局、中国科学院、国家测绘局、青海省人民政府、四川省人民政府在长江源立下了环保纪念碑，高1.5m多，用花岗岩制成，正面有江泽民总书记书写的“长江源”三字。长江源是国家级生态环境保护区。长江源环保纪念碑是中国政府及全体中国人民保护人类共同家园的美好愿望和坚实决心的一个象征。中央电视台对立碑经过，落成仪式等在1999年6月5日世界环境日进行了《为了绿色家园》专题播放。

闻名于世的长江，古时称“江”，汉、魏、六朝以后始称大江或长江，人们从它的名字的含义，已经领略到长江既“大”又“长”，而且长江流域是中华民族五千年文明的发祥地。因此，很早以来人们一直寻觅长江的源头。在我国著名的古书《尚书·禹贡》中就有“岷山导江”、“江源于岷”的记载，把发源于岷山的嘉陵江、岷江作为长江的源头。明代，我国著名地理学家徐霞客于公元1641年溯金沙江而上，在川、滇等地进行实地考察，认为金沙江是长江的上源。清代，朝廷“屡遣使臣，往穷河源，测量地度，绘入舆图”。清圣祖玄烨在制作《皇舆全览图》的过程中，于康熙五十六年（公元1717年）又派楚儿沁藏布、兰木占巴、胜住三人“往绘西海（青海）西藏舆图……使臣测量地形，逾河源，涉万里，如履阶闼，一山一水，悉入图志”。人们对长江上源的山系有了认识，当时实地勘查绘制的地图中已绘出了通天河、木鲁乌苏河等河流，但对江源的认识还是不清楚。只见巴颜喀拉山南麓河流众多，密如蛛网，无法肯定哪一条河流是长江正源，故有“江源如帚，分散甚阔”的说法了。

一些外国探险家曾探查长江源头，但一无所获。1956年8月，由长江水利委员会组织人员到长江源头的曲麻莱等地实地查勘，发现长江有两个源头：南源为木鲁乌苏河，发源于唐古拉山北麓；北源为楚玛尔河，发源于可可西里山南麓，但真正发源地还是没有找到。1977年，由长江流域规划办公室等单位组织的江源考察队，经过一个多月实地考察，发现长江的真正源头在唐古拉山北麓的各拉丹冬冰峰下，正源是沱沱河。这是有史以来第一次查明长江的真正源头。

（1）长江源头概况及壮观的冰塔林世界

按照地理学讲，长江源头是一个比较宽阔的自然地理区域。长江源流楚玛尔河、沱沱河和当曲的流域范围应视为长江源头所包括的地域，东西长约400km，南北宽约300km，面积约10万km^2。这里地形起伏和缓，平均海拔4400～4700m，高原面上低山海拔5000～5500m。年均温－4～－5℃，7月份气温5～7℃，1月份多在－20℃以下，年降水量200～400mm，因而冻土层分布广泛，冰川冻土地貌广为发育。河流因地形平缓，又因冻土层，河床宽浅，多漫流、曲流、岔流，成为游荡型河床。气温很低，植被稀疏，为高寒草原。动物种类组成贫乏，多为高原特有种，如国家一类保护动物黑颈鹤、野驴、白唇鹿、野牦牛；二类保护动物雪豹、藏羚、盘羊；三类保护动物西藏雪鸡、兔狲、猞猁、岩羊；属于国际保护对象的有胡兀鹫、棕头鸥、棕熊、狼等。长江源头地区动物具有很高的经济意义和科学研究价值。

楚玛尔河是长江源头的北支源流，藏语意为"红水河"。流域内年降水150～300mm，故流量小，甚至夏季出现断流。全长515km。当曲是长江源头的南支源流，藏语意为"沼泽河"，蒙古语称"阿克达木河"，意为"宽阔"。上游有大片沼泽，在囊极巴陇与沱沱河汇合，始称通天河，支流多，流量大，长度比包括源头长12.5km冰川在内的沱沱河只短1km，其一级支流布曲，又称"牦牛河"、"拜渡河"，长234.5km。布曲支流尕尔曲，曾称木鲁乌苏河，长167km，皆因水量充沛而引人注目。沱沱河是长江源头的中支源流，现被定为长江正源，藏语称"玛尔曲"，意为"红色的河"，蒙古语称"托克托乃乌兰木伦"，意为"平静的河"。

各拉丹冬，藏语意为"高高尖尖的山峰"，海拔6621m。在南北长50km、东西宽15～20km的区域内，有30余座海拔6000m以上的冰峰，冰雪覆盖面积达790km^2，发育有130多条现代冰川。登上海拔5800m的姜根迪如山南北两条冰川的山脊上，只见姜根迪如山南北两条冰川，就像两条银白色的巨龙，由东而西，静卧在山谷之中，在太阳光照射下，银光闪烁，千姿百态，引人入胜。

表面看来似乎平静的冰川，其实并不平静，在它本身重力和气候等外力作用下，巨大的冰川像流动的河水一样，每年以数米或者数十米甚至更快的速度向山下滑动，大多因速度太慢不被人发现。向下滑动的冰川到了雪线以下，由于气温不断增高，冰川下缘开始融化，其末尾称为冰舌。由于冰川的移动，断裂和昼融夜冻，在冰舌部分形成神奇壮观的冰塔林世界。姜根迪如南支冰川，长12.8km，宽1.6km，尾部有5km长的冰塔林，这里是万里长江正源沱沱河的发源地；北支冰川长10.1km，宽1.3km，尾部有2km长的冰塔林。

冰塔林的自然景色，宛如水晶雕刻的工艺品，万笏朝天，银光闪闪。冰塔林之间有冰川湖，冰塔影在湖水中婀娜婆娑，小巧玲珑的冰桥、冰芽、冰针、冰蘑菇和冰钟乳，组成了一座美丽的"冰晶园林"。一位科学家在此考察后十分赞叹地写道："一进冰塔林，像进了水晶宫。那冰的世界，有的洁净如玉，玲珑剔透，光泽闪熠，彩影变幻；有的像罩了一层面纱，如乳似胶，奇丽神秘，景色万千。"在金色阳光下，衍射出宝石般的奇异光彩，它那千姿百态的地貌，更是绚丽纷纭，婀娜动人……座座冰肌玉骨，个个晶莹夺目，艳而不妖，真是大自然中鬼斧神工的艺术品。"在这里，使你仿佛置身于大自然裸露的怀抱中，可尽情品尝领略大自然的原始、粗犷、古朴的美感。

(2)长江正源——沱沱河

沱沱河发源于各拉丹冬雪山群姜根迪如冰川的西南侧，源头叫纳钦曲，是由冰川融水汇成的一股小溪流，水面宽3m，深0.2m左右，由南向北在谷地中流淌，经30km与切苏美曲汇合，始称沱沱河。继续北流，切穿祖尔肯乌拉山，形成长数千米的峡谷，河岸陡峭如壁，高出数十米。至葫芦湖东南，接纳江塔曲后折向东流。沱沱河流经沱沱河沿时，河床宽阔，流速平缓，多散流、漫流、岔流，河心滩面积广，属宽谷游荡型河流，最大水深约3m，宽20～60m，测得多年平均流量29.1m^3/s，最大流量可达750m^3/s。向东流至囊极巴陇与当曲汇合，始称通天河，汇合处海拔4470m。至此，沱沱河长375km，流域面积1.76万km^2。

沱沱河是长江的正源，1986年由香港探险家黄效文所发现。它发源于海拔6620m的格拉丹冬(藏语意为高高尖尖的山峰)的冰川末端，全长375km，在接纳当曲、布曲、尕尔曲的河水汇流而成通天河。沱沱河沿为万里长江第一镇，又称唐古拉乡。其海拔4700m。原来这里荒无人烟，甚至连顶固定帐篷也没有。1954年青藏公路建成通车，来往车辆和旅客不断增多，现为唐古拉山乡驻地，青藏线上的要冲。建有乡政府、学校、医院、银行、商店、饭馆、加工厂、兵站、运输站、养路道班等几十个单位，常住人口千余人。1987 年 10 月新建成的沱沱河大桥为长 324m、宽 11m 的钢筋混凝土 T 形梁新桥，称之为万里长江第一桥。沱沱河兵站服务设施良好，是过往国内外游客温暖的下榻之处。

沱沱河沿系长江源头的第一镇，地势高，冬季严寒，盛夏亦常有六月雪、冰雹等，生活条件艰苦，环境恶劣。沱沱河沿为青藏公路上的重要驿站，系由青海进入藏北的必经之地。

2. 黄河源头

黄河，是我国第二大河，是青海境内流程最长、流域面积最大的一条河流。

唐代大诗人李白有诗曰："君不见黄河之水天上来，奔流到海不复回"。黄河发源于青海省南部的巴颜喀拉山北麓的约古宗列盆地西南隅的玛曲，海拔 4600 ~ 4800m。玛曲，藏语意为"孔雀河"，因盆地众多的泉眼如孔雀开屏而得名，藏族人民把它视为吉祥之水。玛曲最初的河道只是一条宽约 1m 多，深不及 1m 的溪流，渐渐汇入南纳长日曲、北纳扎曲等主要支流，变成一条宽约 10m、深 1m 多的河流。这些汩汩泉水，潺潺溪流，劈千山，斩万壑，九曲十八弯，飞流直下，经青海、四川、甘肃、宁夏、内蒙古、山西、陕西、河南、山东九省区，经鲁北平原注入渤海，流程为 5464km。

对黄河源头的大规模考察是近几十年的事。1952 年经黄河河源查勘队实地考察，认为约古宗列曲是黄河的正源，雅合拉达合泽山是它的源头，鄂陵湖在上，扎陵湖在下。这个结果与前人考察成果不吻合，为此曾引起学术界的争论和混乱。1978 年 7 月，青海省邀请中央和地方有关单位的地理、历史、测绘、地名等科研专业人员，再次对黄河源头和扎陵、鄂陵二湖的名称位置进行实地考察，获得了大量第一手资料，确定黄河正源是卡日曲，明确了扎陵湖在上，鄂陵湖在下的正确位置。

从地理学的角度讲，黄河源头是一个由多股水流汇合而成的集水区域，这个区域四周分水岭，西部有雅合拉达合泽山，东界阿尼玛卿山西北部，北为布尔汗布达山—布青山，南为长江与黄河两大水系分水岭的巴颜喀拉山。地势西北高，东南低，总的地貌特征是一系列近于平行的低山与宽谷，河湖盆地相间排列，低山多属褶皱断块山，相对高度一般在 300m 左右，在超过 5000m 的山峰上可见古冰川地貌，如冰斗、角峰等。大都海拔在 4300 ~ 4600m，在这些低缓丘陵、低山的顶部，山坡上广泛发育各种类型的冰缘地貌。

黄河源地区气候为典型高原大陆性高寒山地气候。寒冷季节长，温差大，气候变化激烈，多风雪，多年平均温约 -4℃，极端低温创 -48.1℃的记录。年均降水量 300mm 左右，其中固体降水（降雪和冰霰）约占 2/3，降水集中于 7、8、9 这三个月。风大，且多为西北风、西风，最大风力为 30m/s。植被类型以干旱半干旱草甸化草原为主。野生动物有黄羊、藏羚羊、原羚、野驴、野牦牛、沙狐、高原兔、旱獭、藏马熊以及玉带海雕、鸬鹚、斑头雁、棕头鸥、黑颈鹤等多种鸟类。在湖水中鱼类资源也十分丰富，经初步考察已发现有 8 种，成为青海省的渔业基地之一。

（1）黄河正源卡日曲

从历史文献记载及实地考察，黄河上源有三个源头，即扎曲、约古宗列曲和卡日曲。扎曲位于最北部，发源于查哈西拉山，河道长 70km，河道窄，支流少，水量有限，一年中大部分时间断流。约古宗列曲位于星宿海西，在三条上源中居中位置，发源于约古宗列盆地西南隅，海拔 4750m，泉水量甚小，为宽 1 ~ 1.5m，深 10 ~ 20cm 的小溪，到下游山前冲积扇时，河水下渗而断流；南部的叫卡日曲，发源于巴颜喀拉山支脉各姿各雅山的北麓，海拔 4800m，有 5 处泉水从山谷中涌出，汇成宽约 3m、深 30 ~ 50cm、流速约 3m/s 的一条小河。就是在大旱之年，流水哗哗，清澈见底，游鱼成群，从未发现河道断流现象。对上述三条河源做一分析比较：

河流长度:根据十万分之一航测地图量测,卡日曲比约古列宗曲长25km。

流量:在卡日曲和约古宗列曲汇合处附近实测两河流量,卡日曲为6.3m/s,约古宗列曲为2.5m/s。

流域面积:卡日曲为3126km^2,约古宗列曲2372km^2。地貌发育历史,卡日曲发育于第三纪红色盆地内,卡日曲藏语意为河水呈铜红色的河,河谷内有两级阶地,证实河流至少在中更新世或这以前已存在。约古宗列曲所流经的主要是第四纪的冲积湖积平原,河谷形态不显著,也无阶地,证实河流的形成远远晚于卡日曲。历史上卡日曲河谷为入藏大道,而且元、清两代三次勘察河源也多以卡日曲为黄河正源。

从上述事实,确定卡日曲为黄河正源是完全正确的,也符合当地藏族同胞的意愿。因此,计量黄河的长度应从卡日曲算起,黄河全长应该是5489km,卡日曲源地海拔4830m,这与流入渤海处海拔相比,真是名副其实的"黄河之水天上来"东部平原低地。仰望青南高原黄河源头,黄河之水从数千米的高度飞流而下,如似一座巨大的天然水塔,又如一处壮观无比的浩大瀑布,令人惊叹。

(2)神奇的星宿海

黄河源头的三条支流扎曲、约古宗列曲、卡日曲,分别从北、西、西南三个方向汇集后称之为玛曲,河宽水浅,流速缓慢,多形成岔流,散乱流,形成大片沼泽草滩和众多水泊,两岸牧草肥茂,景色迷人,犹如孔雀开屏之势,故当地藏族同胞叫孔雀河,是这一地带自然面貌的生动写照。孔雀河向东流淌16km长的河谷,流入具有神秘色彩的星宿海。

星宿海是一个狭长盆地,东西长30km,南北宽10km,底部地势平坦,玛曲向东流入充满神秘色彩的星宿海盆地,这里难以计数的海子和水泊密密麻麻,河水漫流,散流,分不清哪里是主河道,在地势稍低洼处积水形成大小不等形状各异的海子和水泊,大的有几百平方米,小的仅有几平方米。随着玛曲河水的涨落,经常有很大的变化,但海子和水泊总是密密麻麻,星罗棋布,确实难以计数,远看好似无数晶莹闪亮的珍珠宝石镶嵌在翡翠般的玉盘上。当晴空万里时,一个连着一个的无数海子、水泊熠熠发光,这里难以计数的海子和水泊密密麻麻,宛如天上繁星降落到这里,故人们形象地称之为星宿海。300年前清朝拉锡、舒兰来此考察后在文章中写道"小泉亿万不可胜数,如天上列星"。水泊海子四周是如茵的草原,是藏族同胞放牧的优良牧场。星宿海是一处充满神奇色彩的旅游胜地。

黄河流出星宿海,流入黄河上游两个最大的淡水湖扎陵湖和鄂陵湖。两湖之间的措哇尕什则山,海拔4610m,山顶端建有河源牛头铜碑一座,碑身高3m,碑座高2m。上有胡耀邦和十世班禅大师分别用汉文和藏文题写的"黄河源头"四个大字,均用铜板铸模镶嵌。碑式别致,字体雄浑,象征着中华民族历经沧桑的悠久历史和勤劳朴实的品格。

(3)姊妹湖——扎陵湖和鄂陵湖

黄河沿,是果洛州玛多县所在地,为万里黄河源头第一镇,历史上曾是唐蕃大道上的一个重要古渡口,因此取名黄河沿。这里原来是一片荒草滩,是野兽出没的地方。20世纪50年代末置县,建有黄河源头第一桥,成为通往玉树的咽喉。

位于玛多县境内西北部,是黄河源头两个最大的高原淡水湖泊,素有"黄河源头姊妹湖"之称。黄河从巴颜喀拉山北麓发源后,经星宿海和玛曲河,首先注入扎陵湖。扎陵湖面积526km^2,平均水深约9m,蓄水量为46亿m^3。黄河(玛曲)从湖的西南隅携带泥沙入湖,远远望去恰似在湖面上飘落着一条银白色丝带,故扎陵湖又称"白色的长湖"。扎陵湖水色碧蓝发亮,湖心偏南是黄河的主流线。在湖的西南角有3个面积1~2km^{2}的小岛,栖息着大量水鸟,又称“鸟岛”，每年春天，数以万计的大雁、鱼鸥等鸟类从印度半岛飞来繁衍生息。鄂陵湖面积 628km^2，蓄水量 107 亿 m^3，为省内最大淡水湖。鄂陵湖，藏语意为“蓝色的长湖”，两湖海拔 4300m 有余，是名副其实的高原湖泊。这里地势高寒，潮湿，地域辽阔，牧草丰美，自然景观奇妙，是难得的生态旅游胜地。

扎陵湖湖面比鄂陵湖面高 22m，两湖相距 20km。从两湖之间的措哇尕什则山眺望四周，但见鄂陵湖、扎陵湖在群山环抱之中，犹如镶嵌在高原上的两颗璀璨明珠，像是一对难分难舍的情侣，又像是手拉手、肩并肩伫立在黄河源头的姊妹，人们称这两座湖为黄河源头姊妹湖。

扎陵湖和鄂陵湖区，是古代我国西部游牧民族繁衍生息之地。秦汉之际，我国西部最大少数民族之一的羌族，在这一带从事游牧生活。唐代，作为唐蕃古道的重要通道，贞观十五年（641 年），唐宗室文成公主赴藏和亲，松赞干布率兵迎亲于柏海，并在扎陵湖湖水出口处西岸一小山包上设帐扎寨，与文成公主会面，李道宗以皇叔身份为松赞干布和文成公主主持了婚礼。当时草原的夜晚灯火通明，歌声飞扬，舞影婆娑，十分隆重而热烈。

扎陵湖和鄂陵湖内盛产花斑裸鲤等高原冷水性鱼类，还发现多处鸟岛，成为继青海湖鸟岛之后，在青海高原上又一个鸟的王国。褐背地鸭在两湖地区最为常见，它经常出没于旱獭和鼠兔等废弃的洞中，适应高原特殊环境的本领使其成为留鸟，是青藏高原鸟类中的土著居民，这种现象叫作“鸟兽同穴”。

（4）曲麻莱约古宗列曲

约古宗列曲为藏语，意为“炒青稞的锅”，它东西长 40km，南北宽 60km，呈椭圆形盆地，四周山岭环抱，盆地内有 100 多个小水泊，犹如无数晶莹闪亮的珍珠，镶嵌在盆地之中。水泊之间为天然牧场，绿草如茵。盆地西南端距拉达泽山 30km 处，有一面积 3 ~ 4km^2 的流泉，清澈的泉水不时喷涌，汩汩有声，泉水流出后，汇纳盆地的涓涓细流，逐渐形成宽约 10m，深不足 1m 的潺潺溪流。约古宗列曲与卡日曲汇合后，形成黄河最初的河道——玛曲，藏族人民又称为孔雀河。历史上约古宗列曲曾被认为是黄河的正源。因其居于三河之中央，但河长、流面和流量均不及卡日曲，以源远流长论，则不属正源，现已有学者称其为黄河北源。约古宗列曲作为科学探险地曾于 1978 年组织多学科专家考察，专家认为它比卡日曲河短 25km，流域面积小，只有 700km^2 有余，水量也只有其 50%，故卡日曲为黄河正源。

3. 澜沧江

澜沧江是亚洲第六大河湄公河的上游，澜沧江的正源是扎曲，发源于青海省玉树藏族自治州杂多县的唐古拉山北麓的群果扎西滩。这里地形复杂，沼泽遍地，是珍奇异兽的欢聚之地，景致万千，分外迷人。澜沧江全长 4500km，在我国境内流长 1612km，出境后叫湄公河，是东南亚人民共同的母亲河。澜沧江流经中国、缅甸、老挝、泰国、柬埔寨、越南六个国家。澜沧江曲折南流，经青海、四川、入印度洋，在青海境内流程约 180km。

三、旅游资源总体特征与优势定位

（一）总体特征

1. 类型丰，组合好

三江源具有大美的自然生态旅游资源，也有丰富独特的文化生态旅游资源，有高山大川、冰川峡谷等自然地貌资源，又有高原湿地、高寒草甸、高山草原、原始森林等多样的生态系统，以及大量的珍稀动植物。三江源区历史文化积淀深厚，是“唐蕃古道”的重要组成部分，藏（康巴、安多）族民俗文化地域特色鲜明，藏传佛教文化丰富厚重。

三江源区的很多自然生态旅游资源,被赋予了神圣的藏区独特文化。如年保玉则为国家地质公园,属于古代冰山遗迹,还有大量美丽的湖泊、湿地、草地,同时又是藏族人民心中的神山,虔诚的信徒常常绕山瞻拜。

三江源区文化生态旅游资源则多与自然环境背景相融合,合为一体。青藏高原是三江源地区所有文化生态旅游资源产生、发展的源泉与背景。例如"唐蕃古道"对三江源的衬托,玉树藏族歌舞和格萨尔英雄故事与雄伟的"世界屋脊"的搭配。

2. 有特色,高垄断

青藏高原号称地球"第三极",而三江源区是其典型代表,成为地球上令人向往的神秘之地。三江源区是孕育中华文明的大河长江、黄河的发源地,是"中华水塔",在我国大地上是独一无二的。国际河流澜沧江流入东南亚后被称为湄公河,作为其发源地三江源区对于东南亚人们具有很强的吸引力。此外,三江源区是野生生物王国,拥有丰富的珍稀野生动植物资源,如藏羚羊、野牦牛、雪豹、红景天、雪莲、冬虫夏草等。可可西里已经成了我国生态保护的标志地,是我国环保的一面旗帜。

同时,三江源地区是最具藏区特色的原生态文化保留地,"流淌着文字的沟"——勒巴沟、世界第一大嘛呢石经城——新寨嘉那嘛呢石经城、被誉为"当今世界唯一活着的最长的史诗"和"东方的伊利亚特"——《格萨尔王传》等均为极具藏区特色的原生态文化典型代表,具有独特的文化景观和极强的文化遗产价值。三江源区也是"唐蕃古道"历史文化遗存地,如"唐蕃古道"历史遗迹勒巴沟文成公主庙、迎亲滩等,在国内外具有很强的垄断性。由此可见,三江源区具有明显的优势,其在国际国内的垄断性决定了其旅游资源的重要地位。

3. 总量多,体量大

三江源区各类旅游资源单体数总量多达630处,这在青海省乃至整个青藏高原都占有一定的分量。与此同时,许多自然类单体的体量巨大,如可可西里、年保玉则、昆仑山、阿尼玛卿雪山、扎陵湖—鄂陵湖等,具备大河流、大湿地、大雪山、大湖泊、大草原体量超大的自然景观特征,而文化景观类的物质实体景观体量也同样巨大,新寨嘉那嘛呢石经城被上海世界迪尼斯记录评为世界上最大的嘛呢石经城,由25亿块玛尼石刻组成;玉树歌舞场面恢宏更是人人知晓。总量多、体量大的自然与文化旅游资源,正是体现"大美青海"青海省旅游形象的有机组成部分。

4. 原生态,纯自然

三江源自然保护区地处偏僻,地域广阔,人口稀少,辽远荒寂,因而,此地的自然景观具有纯粹的自然性,没有任何人工雕琢的痕迹。一望无际的草原上常遇万蹄奔腾,飞鸟翱翔,四野清幽,浩原无极,雪山洁白,森林碧绿,天空、湖水幽蓝,偶见帐篷点点,给游客以浑然天成之感。观赏到珍稀特有的自然、人文景观,往往给游客留下深刻的印象,旅游资源的珍稀、特有性对任何旅游目的地都具有重要意义。三江源自然保护区由于受特殊地理区位、地质构造的影响,气候独特,地形高拔,有着世界上其他地方无法替代的风貌,加之野生动物资源极为丰富,藏羚羊、藏野驴等均属青藏高原特有种。三江源区的原生态文化旅游资源与青藏高原、三江源大的原生态自然环境是密不可分的,玉树歌舞、藏传佛教寺院无不与三江源的地文水域有着密切联系,具有极强的纯自然原生态性。

5. 大分散,小集中

三江源区优良级生态旅游资源数量较多,在每个县均有分布,但由于三江源地域辽阔、面积大,生态旅游资源空间分布呈现大分散、小集中的格局。众多的生态旅游资源均分布在区域行政中心、交通道路与河流周边地区,呈现串珠状。结古镇、香达镇、称文镇及其周边旅游资源分布均很集中,如结古镇周边的结古寺、新寨嘉那嘛呢石经城、勒巴沟、文成公主庙、禅古寺等,香达镇周围的巴麦寺、让直寺、拉毛寺等,称文镇周围的东城镇、先宗寺、尕藏寺等。沿长江干流通天河段,澜沧江干流扎曲、支流子曲、吉曲景观资源分布较集中。例如通天河流经玉树藏族自治州4县和格尔木市代管区,沿线旅游资源分布密集,资源组合度好,主要有长江源、桑周寺、白塔渡口、勒巴沟、当托寺、东仲林场等。

(二)优势定位

(1)拥有三条世界大江大河的源头,三条大江河源头如此密集地汇集在一个区域,在世界上绝无仅有。三条江河的冰雪乳汁哺育了我国近80%的人口和湄公河流域的众多人口,是这些人们心灵深处的精神家园。

(2)地处号称"地球第三极"的青藏高原腹地,自然与人文生态旅游资源在青藏高原具有一定的典型性和代表性,而且与南极和北冰洋相比,可进入性良好,是"极"地观光、探险的佳境。

(3)三江源境内的唐古拉山、昆仑山、巴颜喀拉山等山脉在国内外具有较高的知名度,其中唐古拉山口、昆仑山口、巴颜喀拉山已成为我国国道线上的重要地理标志,阿尼玛卿雪山、尕朵觉吾神山等还位列藏区四大神山之中。

(4)三江源是世界级的高原天然湿地密集区,是世界上湿地海拔最高、面积最大和分布最集中的地区。有河流、湖泊、沼泽等多种湿地类型,区域内许多湿地为世界和中国所知名,仅列入我国重要湿地名录的湿地就有扎陵湖、鄂陵湖、玛多湖、黄河源区岗纳格玛措、依然措、多尔改措等,其中扎陵湖、鄂陵湖还被列国际重要湿地名录。

(5)三江源是世界上高海拔地区生物多样性最集中的地区,可可西里地区是我国大陆上野生保护动物最密集的区域之一。不少世界稀有动物,如藏羚羊、野牦牛、雪豹等,在世界范围内均具有较高的知名度;拥有众多野生鸟类栖息地,如隆宝滩国家自然保护区的黑颈鹤。

(6)三江源的原生态人文旅游资源丰富,拥有丰富的藏族历史文化(安多、康巴)和藏传佛教文化的旅游资源,民族文化悠久,宗教文化浓厚,历史遗存多,如新寨嘉那嘛呢石城、格萨尔王文化、结古寺、达那寺等。

(7)三江源是"唐蕃古道"的途经地,具有较丰富的文化内涵。"唐蕃古道"经三江源的海南兴海、果洛玛多,进入玉树境内,再进入西藏昌都地区,"唐蕃古道"在三江源留下了大量的历史文化古迹,如文成公主庙、勒巴沟、迎亲滩等。

(8)三江源具有丰富独特的原生态民俗风情旅游资源。三江源属于藏族地区,藏族人民的民俗风情丰富而独特,如玉树歌舞、赛马会、康巴艺术节等,基于民俗风情旅游资源,开展节事旅游,极大地增强了游客与社区居民的参与性,促进三江源的旅游发展。

工作任务完成

(1)认真学习完成本任务的必备知识,认真学习关于三江源生态旅游区的相关知识,挖掘三江源生态旅游区相关景点的特色。

(2)收集相关资料,以小组为单位描述三江源生态旅游区相关景点的特色,能针对游客需求设计出特色旅游线路。

巩固和提高

(1)根据上面提出的任务,请小组成员分别扮演前台接待员、顾客,分组准备资料,以小组为单位,通过资讯—决策—计划—实施—检查—评估教学实施活动六步法,完成此次任务。

(2)组织学生以团队(小组)形式,到旅行社企业、旅游集散中心进行实地调研受消费者欢迎的旅游产品,形成调研报告。制作成PPT,进行分组交流。

任务六　金色之源、东方瑞士——门源祁连旅游区认知

工作任务描述

风情旅行社接待了一个有20人组成的摄影旅游团。摄影旅游团想一睹金色之源、东方瑞士的美景,请你为他们设计金色之源、东方瑞士的摄影旅游线路。请以前台接待的身份,完成本次旅游服务工作。

任务分析

客人需求的内容确定了,依据本区各主要旅游资源(或景区),为摄影旅游团设计摄影旅游线路。利用下面提供的相关知识,完成此次任务。

完成任务必备知识

一、金色之源门源

门源回族自治县就处在一千二百里大祁连山的东部精华地段。北、东部依次与甘肃河西走廊的山丹、永吕、肃南、天祝县接壤,西、南与本省的祁连、海晏、大通、互助相连。县境东西长156.24km,南北宽103.99km,总面积6902.6km^2,地理坐标处在东经100°55′28″~102°41′26″,北纬37°03′11″~37°59′28″间。青海省北大门上的门源县是隆起在河西走廊和河湟谷地之间的一块金盆地,养育这两块土地的众水之源。因为横贯东西全境的浩门河,就有了门源这个县名。

1. 百里油菜花海

门源地形由东到西不断提升,从寺沟口2886m的海拔到岗什卡5254.5m的山峰,造就了错落有致的峡谷林区、盆地农区、丘陵高山草原、冰川冻土,形成了以农为主,农牧林兼具的自然经济环境,使门源成为北方小油菜生产基地、中国蜂产品基地、藏区青稞制种基地。50万亩油菜花聚成的百里花海是全中国最大的油菜花海,花开满地,香溢蓝天的美景,2008年被评为国家级AAAA景区。门源人利用独一无二的大地艺术和避暑胜地,办起了一年一度的油菜花旅游节。

2. 岗什卡雪峰

岗什卡雪峰被誉为“夏都第一峰”,是环西宁众山中的第一峰。岗什卡雪峰地处青海省海北藏族自治州门源县西部,距县城浩门镇36km,海拔5254.5m,在神话传说中是西王母的琼瑶宫邸。此山为典型的古冰川发育地,山头冰塔林立,冰雪亘古不化,而山下却是众多温泉喷吐,会聚成了一挂彩色的瀑布,是登山探险科考的处女地。岗什卡雪峰被誉为“中国的阿尔卑斯”,其独特的冰雪旅游资源,成为开展高山滑雪的又一好去处。

3. 风水宝地照壁山

与浩门镇相对的是两座形似仙桃的青山,一座是大照壁山,一座是小照壁山,大照壁山方

圆 3km，海拔 3068m，高大雄伟，傲立乾坤；小照壁山方圆 2km，海拔 2995m，文静秀气，玲珑可爱，附在大照壁山旁，是一副小鸟依人样儿，大小照壁山正面向北，呈三角形，对着浩门古城的南门，很像旧时庭院门前常见的照壁，故称两山为大小照壁山。

4. 藏金峡

藏金峡，也称宁缠峡。走向为东南西北方向，距离门源县城近 90km。从仙米乡讨拉大峡谷往北，翻越海拔 3500m 多的宁缠掌，即可进入藏金峡，藏金峡长近 40km，宁缠河由南向北流入甘肃省境内，在骆驼河汇合处以北流入甘肃省境内。骆驼河汇合处以北则为甘肃裕固族自治县（肃南县）。藏金峡水资源仁富，宁缠河源于门源的冷龙岭北麓，是甘肃省肃南县主要涵养性水源。

藏金峡可谓名副其实的藏金峡，在峡口处有门源县最大、青海省重要的无烟煤基地，无烟煤被称为“黑金子”。

5. 花海鸳鸯

皇城盘坡垭口附近绿茵茵的草地上聚居着一潭清粼粼的泉水，文人墨客称之为“花海鸳鸯”，而当地牧人却叫它“乱海子”。

花海，讲的是湖泊与周围山体内外相映相衬的天然构图。远望，在皇城大草原上有四围莲花瓣似山包簇拥着花蕊样的湖斗，整体上呈现出一朵盛开的八瓣莲花，仿佛是神仙界的千丈碧莲偶然飘坠一朵于尘世；近观，碧蓝的湖水清澈见底，片片涵石中，一注注泉水从地低喷涌而出，形成立体花柱，而在湖的表面除了微风和鸳鸯荡起的涟漪，平时看不出泉涌的迹象。草原的湖美妙而奇异，像是朴素自然、贞静自守的处子，而文静的表面下，却蕴含着澎湃的青春。当地人叫“乱海子”，指的是它由百十处猛泼乱涌的泉水汇集而成，它的周围，星星般密布着亮晶晶的水汪，数也数不清，当地人只能以一个“乱”字形容和概括，恰好与周围“浅草才可没马蹄，乱花渐欲迷人眼”的草原形成映照。生活在这片花海湿地就是独有的藏鸳鸯，与此相伴的还有丹顶鹤、黑颈鹤等珍禽。

6. 珠固寺

珠固寺是门源古老的藏传佛教寺院之一。珠固寺，全称珠固尕旦曲科林，意为珠固具喜法轮州，位于距浩门镇 72km 的寺沟村，南距浩门河 7km。清顺治元年（1644 年）原西藏哲蚌寺郭芒扎仓主持赞布 · 端知嘉措，受四世达赖喇嘛云丹嘉措指派，召集当地分散修行的仙米尼丹巴、多隆贡巴等僧人，在现寺北侧的那扎部口建成了珠固寺，从西藏邀请著名高僧柔阇梨设立了显宗和密宗学院。珠固寺建成后的第十年，赞布又主持修建了大通东峡的广惠寺，所以历史上有珠固寺为广惠寺之母的说法。

珠固寺依山就势、高低错落地修筑在月牙形山坡上，前面是一座白底金顶的塔，塔后对称排列着大经堂、切拉院、护法殿、抓卡山神庙、茶房、探花佛及其余几处活佛府邸。重檐歇山式大经堂是全寺的主体建筑，占地二亩余，高达四层，全部木质结构，雕刻精细，绘画生动，与松多塘的美景融为一体。

7. 仙米寺

仙米寺处在距县城 50km 有余的仙米国家森林公园中。仙米寺在藏语里称“噶丹达杰林”，意为“具喜兴旺洲”，是门源地区最著名的藏传佛教寺院。该寺建于明天启年间（1623 年），原寺址在今甘肃天祝县先明峡内，清雍正二年（1724 年）被清军焚毁。后来，四川提督岳钟琪指定该寺迁往门源加多地区。1725 年，由四世阿群佛旦增成勒尖木措主持选择了森林茂密、依山傍水的仙米讨拉沟重建仙米寺，现为县级文物保护单位。

仙米寺由大经堂、小经堂、佛殿、僧舍等组成，坐落在冷龙雪峰下仙米大山的怀抱里，靠山临水，环境十分幽静，整个寺院依山而建，由低到高，依次而上，从下仰望，高低错落，犹如多层楼台亭阁，极为壮观。

二、东方瑞士——祁连之旅

祁连县位于青海省东北部，海北藏族自治州西北部，东与门源回族自治县相邻，南与刚察县、海晏县相连，西南与海西蒙古族藏族自治州天峻县为邻，北及西北与甘肃省酒泉市、肃南裕固族自治县、民乐和山丹县为界。祁连县是青海北部的天然屏障，是通西域之要道，丝绸之路南线经于此，故有“青海北大门”之称，也是青海省重要的自然风光旅游区。“祁连”是古匈奴语，意为“天山”，其历史悠久、境域辽阔，因其山清水秀、景色宜人，素有“天景祁连”、“牧区江南”之美称，因其物产丰富、宝藏甚多，被誉为中国的“天然聚宝盆”。距省会西宁286km，东距门源县170km，至甘肃张掖210km。县域总面积13886km^2，占全省土地总面积的2.05%。平均海拔3169m(县城2787m)，年均气温1℃，年均降水量406.7mm。全县辖5乡3镇(八宝镇、峨堡镇、默勒镇，及扎麻什乡、野牛沟乡、柯柯里乡、阿柔乡、央隆乡)44个行政村，总人口4.94万人，有汉、藏、回、蒙古、撒拉等15个民族，其中少数民族占总人口的78%。祁连县因地处祁连山南麓腹地而得名，境内草原辽阔、森林茂盛、矿藏众多，称为“八宝”之地和“中国的乌拉尔”，是青海省的资源开发重点县之一，悠久的历史、辽阔的草原、秀丽的山川、众多的胜迹，独特浓郁的民族风情，构成了祁连县“美、奇、特、神、名、纯、用”七大特点的丰富的旅游资源。

1. 八宝镇

八宝镇是祁连政治、经济和文化中心，县城所在地，位于县境中部的河谷地带，南倚阿眯东索，北望祁连山，南北雪山遥遥相映，八宝河水奔流其间。

“八宝”系藏语意译，指藏族吉祥八宝，即吉祥结、妙莲、宝伞、宝瓶、海螺、金轮、胜利幢和金鱼等。八宝镇位于祁连县政府所在地，地处八宝河下游峡谷中的断陷盆地，南与默勒镇接壤，东与阿柔乡毗邻，西与扎麻什乡相连。阿咪东索神山四周的岩石具备藏族的吉祥八宝之相，过去骑马转山一周，就能看见吉祥八宝之相，故名，这种说法与裕固族对阿咪东索的称呼完全一致。裕固族称阿咪东索为“乃曼额尔德尼”，即八宝山。另外还有一种说法，即是八宝镇所在地形似一朵莲花，故名。还有一说，即祁连是一个资源县，素以“八宝”鹿茸、麝香、蘑菇、大黄、金、银、铜、铁闻名。遍布全县的石棉、煤炭、黄金和有色金属以及非金属矿产，以“中国的乌拉尔”而名扬天下。

2. 牛心山景区

藏区神山—牛心山，藏语称为“阿咪东索”，意为“众山之神、镇山之山”，位于县城东南2km处，巍峨高耸，一山尽览四季之景。海拔4667m，与县城八宝镇的相对高差达到1880m。牛心山对于旅游者来讲更有一绝，那就是：一山尽览四季美景，此色唯独天上有的佳境；山头底部麦浪翻滚，油菜花香，一派高原河谷农业的农家景象，春意盎然；向上绿草如茵是优良的牧场，有“祁连山下好牧场”之美称，夏意融融；中部或稍向上的广阔区域灌木丛生，俨然一派林海风光，秋意瑟瑟；再向上从稀疏植被逐渐过渡到石山，峰顶常年积雪不化，冬意怆然，作为祁连的象征，牛心山有许多的神话传说和典故：格萨尔王的传说、拱北的传说以及成吉思汗西征的历史事实。

3. 祁连石林景区

祁连石林位于牛心山的西北部，距祁连县城约10km，当地人称佛爷崖，成土母质主要由花岗岩和花斑岩组成。盛夏时节，观赏石林，妙趣无穷，奇山怪石，青松云海，使人恍惚至于仙境，成群的石像在阳光的衬托下，姿态万千，惟妙惟肖。

祁连石林也叫"砾岩石林"，是由于砾岩山体在雨水等外力的作用下产生滑坡后，砾岩中的粘浆物将砾岩连接在一起形成的奇异地貌景观，在石林景区大家可以深深体会到大自然的鬼斧神工。据当地的藏族群众讲，祁连石林是108座佛，虔诚的佛教徒在这里还可以看到108个佛像，这个与藏族手中的念珠的数字是一样的，牧民路过石林总要下马叩头、跪拜一番，献上哈达等祭品，乞求神灵的保佑。

4. 卓尔山景区

赤壁丹霞的卓尔山以红砂岩为面，绿茵当顶，背披青松，坐落于县城八宝河北岸，前面是滔滔八宝河和巍巍牛心山。牛心山与卓尔山犹如一对兄妹，又似一对深情意重的情侣，默默守候在八宝河两岸，成两山夹一河之势，卓尔山虽没有牛心山的雄伟险峻，但却有峨眉山的清灵秀气。每年夏季，山顶绿草如茵，山花烂漫，松柏遍坡，群群牛羊犹如白云朵朵点缀其间。

5. 拉洞峡景区

拉洞峡位于祁连县八宝镇境内，长约10km，海拔在2750m以上，经八宝镇两村与八宝河交汇。拉洞峡内矿产资源极为丰富，且储藏量大，埋藏浅、易开采，现已探明的有铜、铅、锌、煤等。谷内林区保护完好，且物种丰富，不但有青海云杉、祁连圆柏、金露梅、雪莲、冬虫夏草等，还栖息着一些珍稀濒危的野生动物，如狍鹿、白唇鹿、雪豹、盘羊、岩羊、棕熊、蓝马鸡、雪鸡等。谷内有许多迷人的旅游景点，供游客参观、游玩，主要有：海洋古生物化石遗址、边墙梁、古传说等。

跌水崖位于边墙梁上游约2km处，长期以来，由于水流的冲刷及侵蚀造成6m的落差，宽约8m，每当雨季来临洪水暴冲之时，这里就形成壮观的瀑布；枯水季节，水流似断线的珍珠漂流而下，形成水帘，阳光照射下形成美丽的彩虹，蔚为壮观。

6. 油葫芦野生动物自然保护区

油葫芦野生动物自然保护区地处祁连山中南坡祁连野牛沟乡境内，油葫芦山高水深，四周雪峰林立，河谷狭窄，形似葫芦。加之沟内资源丰富，宝藏众多，而得名"油葫芦"，沟内野生动物资源丰富，且原始状态保存完好，为省级野生动物保护区。野生动物有：白唇鹿、雪豹、野牦牛、玉带海雕、马鹿、盘羊、岩羊、棕熊、蓝马鸡等。

7. 亚洲最大的半野生鹿驯养基地——祁连鹿场景区

祁连县养鹿场位于祁连县城40km的黑河南岸油葫芦沟口，初建于1958年，位于黑河南岸的油葫芦草原，占地面积1800 hm^2，平均海拔3180m（鹿场所在地海拔2800m）。海拔从北部的黑河谷地3200m，向南逐次升高，最南端的托勒山平均海拔在4200m以上。背依牛心山、面临黑河，半山腰青海云杉原始森林连绵不断；向上则基本为石质石地，其上覆盖着终年不化的积雪冰川，是养鹿不可多得的好地方。鹿场建设初期，饲养的鹿群，全是由鹿场工人组织起来到祁连山上捕捉到的。至于捕捉野鹿的活动，则是趣味横生，对于各个鹿场来说，这也是一件经营性的工作，因为野鹿是很有灵性的动物，捕鹿工人往往要爬冰涉水，好几天卧伏在雪山草地上。捕捉回来的野鹿，大多放在铁丝围着的人造鹿圈里；至于捕捉到的鹿羔，经过一段时间驯养后，才由鹿工们像放羊一样进行走圈放牧。鹿禀天地之阳气，全身脏器均为宝，具有促进人体新陈代谢等功效，它的茸、血、肾鞭等都是贵重的药材，肉是上等野味，皮是工艺皮革。祁连鹿场出产的鹿茸以质好量多而闻名，其采取"活鹿锯茸"的方式，既能保护鹿资源，又可大量获取珍贵的药材资源，其中以白唇鹿鹿茸最具价值，用法主要有泡酒、砘汤、泡茶、煲汤。其中泡酒用量每一斤酒泡入10g鹿茸，具有强筋健骨的作用，对于耳鸣目眩、腰酸背痛、固腰益肾有很好的疗效,深受广大消费者的青睐,赢得了市场的信赖。到鹿场你可以与驯化过的鹿合影、品尝鹿血酒,还可以体验一下驰马祁连山、牧鹿雪山下的西域牧人的独特情怀。

独特的地理位置造就了祁连县养鹿场特有的雪域风情。当你驱车前往时,热情的鹿场主人手捧洁白的哈达将你迎接,醇香的奶茶和酥油糌粑将洗去你一路风尘。雪山下鹿群点缀着绿草如茵的草原,形成一道亮丽的高原风景。马鹿身健体壮,奔跑如飞;白唇鹿机警灵敏,欢腾跳跃;梅花鹿小巧灵活,憨态可掬;而远处山坡上的那些警惕性很高的公鹿犹如哨兵般神圣不可侵犯。如你劳顿、困倦了还可倚在帐房宾馆的草地上尽情品尝一顿手抓羊肉大餐,听一曲美妙的藏族乐曲,还可品尝到主人为你敬献的鹿茸血酒,它可有促进新陈代谢、扶危救羸之功效。独有的雪域情怀可使你乐不思蜀,流连再三,独享来自雪域高原的关怀。

8. 神秘的黑河大峡谷景区

黑河是中国第二大内陆河,流经青海、甘肃、内蒙古三省区,祁连山内陆水系的黑河与八宝河在八宝镇合二为一,拦腰折断祁连山峰,开凿出姿态万千、气势不凡的黑河大峡谷。神秘的黑河大峡谷是世界第三大峡谷,全长866km,平均深4200m,其中70km是无人区。黑河又是甘肃省河西走廊人民的母亲河,峡谷中的主峰科拉山海拔4000m。黑河自海拔2500m的宝瓶河向北激流95km有余,从海拔仅有1800m的加木沟口奔腾而出,流遍了河西走廊广袤的原野,峡谷内千壑氤氲,万仞峥嵘,怪石嶙峋,景致独特而不雷同。时而狭窄河急,峭壁裸露,如至绝境;时而豁然开朗,坡缓滩阔,别有洞天。气候变化多端,动植物资源丰富。才听雷鸣过银峰,又见艳阳照清泉,奇花异草密布,珍禽异兽出现,人迹罕至,宛如仙境,的确是旅游探险和科学考察的好去处。

黑河大峡谷内有省级文物保护单位——拉洞元山遗址。青铜器时期的扎麻什寺沟遗址及卡约文化时期的铜矿山,下塘台、黄藏寺、郭米寺遗址,还有宋代的古方城、三角城、元代的峨堡古城等。可见,早在5000年以前,我们的先民就在这片古老的土地上繁衍生息,用双手和智慧创造了博大精深的高原文化。

9. 峨堡古方城

峨堡古方城位于祁连县峨堡镇至八宝公路18km处北侧,峨堡古方城在其侧100m处,城呈梯形,东西长150m,中部宽120m,城墙高残高5m,夯土筑,南北城墙各有5个马面,西城墙有两个马面,马面宽7m,长12m,内有建筑基址5处,据考证为汉代所筑。

10. 峨堡古城

峨堡古城位于峨堡镇政府所在地。城东西宽200m,南北长300m,城墙残高6m,宽6m,北城墙正中及城四角各有一个马面,有东、北、南3门,门宽1m,均有瓮城。《西宁府志·古迹》载:“(峨堡古城)在卫治西北、永安城西140里,元时筑,今遗亘尚存。”

11. 阿柔大寺

阿柔大寺位于县城东21km的阿柔乡政府东侧,坐北朝南,前临八宝河,后靠贡白加隆山,藏语称“阿柔具喜宏法洲”,是祁连地区规模最大、影响最大的藏传佛教寺院。藏传佛教寺院所在地的总体布局是多功能的,是政教合一的,寺院内部建筑组成,有殿堂、佛寺、扎仓(学院)、喇嘛塔、吉哇(办公处)、扎康(一般喇嘛住居)、仓库、粮仓、马厩、杂院等,占地面积270km^2,僧舍45间,拥有草场99990m^2,耕地13332m^2。1822年,阿柔部落北迁祁连后,初无固定寺院,随部落搬迁后在现址建成帐房寺院,有帐篷70余顶及少量蒙古包,僧侣200余人。20世纪40年代,在千户南木卡才项和百户阿多的支持下,寺院发展很快,成为县境最大的格鲁派寺院。

12. 鸣钟诵经清真寺

上庄清真大寺于民国8年6月破土动砖木结构，组木垒堆绣托云塔高13层，棚顶阴阳瓦，斗篷衬檐，甚为壮观。大殿正门12扇，雕有桂花套“八宝”花纹，两侧壁墙水磨青砖镶边，山门顶端八角唤醒楼高8.9m，大殿前走道全用三色石子铺成花卉图案，南北厢房各5间。整座建筑融东方民族特色与阿拉伯古老建筑为一体。

13. 中国人民解放军一兵团二军纪念苑

1949年8月26日，人民解放军在解放兰州之后，二军在一兵团司令员王震的率领下，挥戈西进，解放青海。9月底突进高寒缺氧、人迹罕至的祁连景阳岭，胜利到达峨堡，受到了彭德怀总司令的通电嘉奖。战斗中，二军的158名指战员在景阳岭壮烈牺牲，他们用生命和鲜血换来了人民的幸福，谱写了一曲彪炳史册的英雄史诗。

祁连各族人民为纪念解放青海的中国人民解放军西北野战军一兵团二军英勇牺牲的革命英烈，在森林公园建立纪念苑，缅怀烈士的英雄事迹，教育后人永远铭记二军指战员和先烈们的光辉业绩。

工作任务完成

(1)认真学习完成本任务的必备知识，认真学习关于金色之源、东方瑞士——门源祁连旅游区的相关知识，挖掘金色之源、东方瑞士——门源祁连旅游区相关景点的特色。

(2)收集相关资料，以小组为单位描述金色之源、东方瑞士——门源祁连旅游区相关景点的特色，能针对游客需求设计出特色旅游线路。

巩固和提高

(1)根据上面提出的任务，请小组成员分别扮演前台接待员、顾客，分组准备资料，以小组为单位，通过资讯—决策—计划—实施—检查—评估教学实施活动六步法，完成此次任务。

(2)组织学生以团队(小组)形式，到旅行社企业、旅游集散中心进行实地调研受消费者欢迎的旅游产品，形成调研报告。制作成PPT，进行分组交流。

附录一　青海旅游区划方案解读

工作任务描述

制作青海旅游资源分区示意图,在空白青海地图上描出各旅游资源区范围,填上旅游资源区的名称,填上所包括的青海主要景点的名称,在地图上用不同的颜色描绘出各旅游资源区的范围。

任务分析

青海的自然风光、民族风情和宗教文化与其他地区有很大的差异,对游客具有很强的吸引力。通过灵活运用各方面的知识和方法,对青海旅游资源进行区划,以便能深入挖掘青海旅游资源分区的特色。

完成任务必备知识

一、旅游资源区与旅游资源分区相关知识

(一)旅游资源区与旅游资源分区

1. 旅游资源区

旅游资源区是客观存在的自然—人文地域综合体,是在旅游景观上具有相对一致性和共同联系的地域单元。

2. 旅游资源分区

旅游资源分区是对客观存在的旅游资源区(区域)进行的划分,它是根据旅游资源形成条件、区域特色、数量种类、景观质量、开发方向等的相似性和差异性程度,对地域进行的逐级划分和归并。

(二)旅游资源分区意义

青海地域广阔,旅游资源丰富,青海各地的旅游资源各不相同。为了揭示旅游资源的地域分布规律,以利于合理组织不同区域的旅游活动,确定旅游区的发展方向,为旅游资源的开发、保护及制定发展战略提供科学依据,必须对青海旅游资源进行科学的分区。旅游资源分区的目的在于为青海和青海各地区发展旅游业打下科学的基础,以便因地制宜地开发利用旅游资源,发展旅游业,合理地组织既统一完整、又分工协作的全国旅游体系和网络,以便取得良好的经济、社会、生态效益。

(三)旅游资源分区方法

1. 认识旅游资源的区域性

旅游资源的分布具有明显的区域性特征,即不同的旅游资源具有其存在的特殊条件和相应的地理环境,区域性成为旅游资源最本质的特征之一,它是旅游资源分区的基础和依据。要

想准确地对旅游资源进行分区,必须真正、科学、完整地认识旅游资源的区域性。我国地域辽阔,自然环境复杂多样,各地社会文化背景均具鲜明的特性,形成的旅游资源也具区域色彩。正是由于不同区域的旅游资源之间存在差异性,才形成了旅游者的空间流动,也正是由于一个区域的自然景观或人文风情具有强烈吸引异地旅游者的功能,这些自然景观或人文风情才能成为旅游资源。

2. 选取分区指标

旅游资源分区的指标是划分各级区划单位所采用的质量和数量的定性、定量标志,是分区原则和依据的具体体现,也是区域单位之间确定界限的根据。由于旅游资源的特殊性,目前国内外学者还未能建立一套完整的旅游资源分区指标体系,仅仅是列出了一些定性指标。但值得指出的是,从旅游资源的类型、密度、数量、等级特征的相关程度、旅游交通网络的协调程度等方面考虑建立旅游资源分区定量指标体系,应是旅游资源分区的崭新发展方向。

3. 划分等级系统

根据青海地域辽阔,自然条件、人文条件的复杂性和旅游的多样性,旅游资源分区地域结构系统必然是多级的。根据旅游资源分区的原则和依据,考虑到旅游资源分区应便利旅游资源开发、利用、保护和管理,其级数不宜太多,层次概念应通俗化。

二、青海旅游地理区划主要方案简介

(一)"两圈、两带和一区" 旅游区划方案

青海省政府于2005年4月19日召开的青海省旅游发展大会上明确提出了"两圈、两带和一区" 旅游区划方案。

即发展旅游要着眼长远,富有创意,突出特色,精心培育旅游品牌,着力打造环青海湖民族文化体育旅游圈、环西宁"中国夏都"旅游经济圈、黄河上游水上明珠旅游带、青藏铁路世界顶级旅游带和"三江源"生态旅游区,即"两圈、两带和一区"。

1. 打造环青海湖民族文化体育旅游圈

以我国最美的湖——青海湖及著名的鸟岛、沙岛景观为支撑点,结合"环青海湖国际公路自行车赛"品牌和当地民族文化,积极发展特种旅游、体育旅游和冰雪旅游,开发一批具有鲜明地域特色、民族特色和观赏性、娱乐性的民族文化、体育健身活动项目,将青海湖建成以湖光山色、草原风情和体育健身为特色的青海旅游形象品牌。

2. 构建环西宁"中国夏都"旅游经济圈

进一步完善西宁市的城市旅游功能,提高城市文化品位,发展观光、度假、避暑、商务、朝觐、购物旅游,打造"中国夏都"品牌,使西宁市成为全省旅游中心和"青藏线"旅游者的主要集散地。同时整合西宁周边区域旅游资源,重点推出塔尔寺、日月山、热贡艺术、柳湾彩陶、互助土族风情、海晏原子城、金银滩草原等自然和人文景观,构建西宁旅游的"后花园",扩展"中国夏都"的旅游范围。

3. 开发黄河上游水上明珠旅游带

以贵德为核心,以"清清黄河"为主线,加快开发黄河沿岸的自然风光、撒拉族风情、温泉疗养、宗教文化等旅游产品,形成黄河文化旅游带;开发连接龙羊峡、公伯峡、李家峡等梯级电站的黄河明珠工业旅游线,发展工业旅游,遗传青海省水电资源开发的成就。

4. 构建青藏铁路世界顶级旅游带

国内外高度关注的青藏铁路于2006年7月试运行,2007年7月1日正式开通,青藏线将

作为世界顶级旅游带必将带动青藏两地旅游业有一个质的飞跃。在青藏铁路沿线地带有许多尚未开发的极品旅游资源,如柴达木盆地、昆仑山、可可西里、唐古拉山等。青海省将加强与西藏自治区的协作,全面规划西宁至拉萨旅游线,充分展现青藏高原独特的历史文化、雄浑的山河、丰富的高原生态、浓郁的民族风情和神秘的宗教文化。近期,重点开发盐湖旅游资源,着力推出我国盐湖城工业旅游品牌,挖掘整理昆仑文化,开发昆仑山、西王母瑶池等景点,建设完善玉珠峰登山基地。

5. 培育"三江源"生态旅游区

探索极限生态环境下的旅游开发和保护相结合的有效方式和途径,在保护好"三江派"生态环境的前提下,深挖高原奇特的自然景观和特色文化,积极推进"三江源"世界文化遗产和玉树嘛呢文化景观的申报工作,开发观光、生态、科考、猎奇、探险、登山等旅游项目,把"三江源"培育成青海旅游的重要增长点。

(二)青海旅游业"十二五"规划旅游区划方案

以邓小平理论、"三个代表"重要思想为指导,深入贯彻落实科学发展观,按照青海"四个发展"的总体要求,以全力打造推广"大美青海"品牌为引领,以"一圈三线"为骨干框架,以推进青藏旅游一体化和区域合作为依托,以建设特色旅游产品和产业为核心,以基础设施建设和人才开发先行,突出地方特色、民族特色、文化特色,坚持高起点规划、高层次招商、高品位建设、高水平经营,充分利用自然风光、历史文化和民族风情资源,突出高原旅游、生态旅游、健康旅游,促进旅游产业从低水平、粗放型向高层次、集约型转变,努力把青海建设成为全国高原旅游名省,闯出一条欠发达地区旅游业实现跨越式发展的成功之路。

"一圈三线"既是青海旅游业的基本框架,也是发展重点。"十二五"期间,要着力推进"一圈三线"的产品化建设。一是要从规划进一步落实到各项具体的建设,对道路,沿线景区景点、厕所,沿线乡村旅游点,特色旅游城镇建设等进行详细规划和分步投资建设;二是要加快环西宁旅游圈建设,形成有竞争力的旅游目的地;三是要加强"三线"基础设施和配套设施建设,形成精品线路。

1. 加快环西宁旅游圈建设,形成有竞争力的旅游目的地

加快旅游圈中旅游景区点、服务基地、连接公路、集散中心等建设,形成两小时串联整个区域、交通顺畅、服务配套的在全国有竞争力的旅游目的地。

(1)建设一批旅游公路

加强各重点景区、城镇之间连接线建设,提升西宁至圈内重点景区公路等级,实现西宁至重点景区连接公路的高速化;将城市公交服务网络逐步延伸到周边主要景区和乡村旅游点,公路服务区要拓展旅游服务功能;强化其他中心城镇与主要景区点以及景区点之间道路连接的通达性;提高取达海南州—贵德的公路等级,修建康杨—阿岱的旅游快速路;加快完善贵德—李家峡水库的水上航运交通;进一步完善自驾车风景道及自驾车旅游服务体系。

(2)建设一批精品骨干景区

按照国家4A和5A级景区标准要求,整合打造以青海湖、塔尔寺、藏医药文化博物馆、金银滩–原子城、贵德黄河旅游文化度假区、热贡文化旅游区、北山国家森林公园等为代表的龙头精品旅游区。按照建设国家旅游度假区的标准,加快建设青海湖、贵德黄河生态文化、互助土族彩虹故乡休闲等旅游度假区。建设环青海湖及海北全州高原生态旅游示范区。

(3)加快旅游产品整合形成线路

加快资源整合,合理布局游线,组织引导旅行社,共推环西宁旅游圈多日游线路产品。丰

富西宁旅游功能,增加旅游产品供给,将西宁打造成旅游目的地;整合西宁塔尔寺,老爷山、娘娘山、鹞子沟、察汗河国家森林公园,野生动物园、湟水森林公园、浦宁之珠以及丹噶尔古城等旅游资源,推出西宁—青海湖的2~3日游项目。完善青海湖、河湟谷地、祁连山、黄河文化四个旅游区的交通连接,形成交通合理、组合多样的多日游项目。

(4)建设一批旅游小镇,形成旅游服务基地

海晏县、互助、循化、乐都、贵德等建设一批功能复合的旅游集散中心。鲁沙尔镇、威远镇、西海镇、青海湖主体景区依托地及贵德河阴镇等规划建设成为各具特色的旅游城镇。

(5)完善配套的旅游住宿、餐饮、娱乐、购物等要素

加快发展、提升西宁、贵德等城市星级酒店;加快推进西宁经济型酒店建设及连锁化经营;加快发展以循化撒拉族、互助土族等民俗风情浓郁的民族特色旅馆、客栈;加快发展民和、互助等乡村旅馆;加快发展湟中宗教文化主题酒店、贵德休闲度假酒店等;在鸟岛宾馆区域、西海民族风情园、坎布拉国家地质公园、孟达天池附近选址建设汽车旅馆、汽车营地、露营地等新型住宿业态;加快开发有浓郁地域特色、民族特色和文化特色的餐饮、文化娱乐节目和旅游商品,并规划建设相应场所设施。

2. 加强"三线"基础设施和配套设施建设,形成精品线路

(1)青藏线(中线)

建设西宁、格尔木站旅游集散中心;开通"邮轮式"青藏铁路高原观光列车,依托沿线各主要停靠站建设服务基地。改扩建不冻泉—玉树公路,联动青藏线与玉树、三江源地区旅游发展。完善西宁、格尔木及沿线主要城镇旅游基础设施和配套服务设施;大力加强柴达木和可可西里景区的旅游基础设施和配套服务设施建设。建设青藏线至沿线精品景区的文化景观廊道。最终形成以青藏铁路为纽带,以西宁、格尔木为主要旅游集散地,以沿线其他旅游城镇为配套,以包括西宁多民族文化旅游区、青海湖观光度假旅游区、塔尔寺宗教文化旅游区、柴达木昆仑文化旅游区、三江源生态文化旅游区等在内的若干旅游组团为支撑的高端旅游目的地。

(2)三江源(唐蕃古道——南线)

依据国家《玉树地震灾后恢复重建总体规划》和《玉树地震灾后恢复重建生产力布局与产业调整专项规划》,利用震后重建机遇,加快结古镇旅游服务基地和集散中心建设;加快称多县、治多县、杂多县及12个重点景区游客服务中心建设;加快国道214线共和至多普玛段建设,恢复重建"一纵一横"以及"联一、联二"公路,提升三江源地区内部及对外的交通连接及公路建设等级;加快12个重点景区恢复重建,重点是基础设施和旅游配套服务设施。最终形成以玉树结古镇为中心,以唐蕃古道、高原湿地草原、康巴民俗风情和宗教文化旅游带为支撑的,集人文景观、自然景观、民俗风情为一体的具有高原特色的旅游目的地。

(3)祁连——门源之旅(北线)

建设门源旅游中心城市、集散中心、八宝等旅游小镇、浩门镇等旅游集散中心;完善自驾车旅游风景廊道建设,配套完成德仙湖国际自驾车营地及配套服务体系建设;建设峡浪口冬季滑雪中心、高原户外运动训练基地和野外拓展训练基地及其他旅游区基础设施和配套服务设施建设。最终形成以高原生态、民族文化体验、自驾车旅游与观光、休闲度假、摄影、探险等为一体的中高端旅游目的地。

(三)本教材对青海旅游资源的分区方案

我国许多学者从教学与科研的需要,对青海旅游资源进行了分区的探索,提出了多种分区方案。

1. 郭来喜分区方案

2002 年,郭来喜根据旅游资源的相似性,行政区划体系的完整性和运输便捷性,管理方便性等原则,采用区域名称或文化景观主导因子综合命名方法,将青海分成 5 个旅游区,即大西宁枢纽旅游区、河湟旅游区、青海湖旅游区、青南旅游区和格尔木旅游区,整个结构体系分成三大层次。

2. 刘锋分区方案

刘锋根据旅游资源产业的相对一致性,自然环境和社会经济环境的近似性原则,采用地域名称与自然或文化景观复合命名方法,将青海分成四大旅游区,即大西宁旅游区、青海湖旅游区、三江源旅游区和昆仑文化旅游区。

3. 张忠孝分区方案

张忠孝根据旅游资源产业的相对一致性,依据旅游资源形成的共同性、形态的类似性,找出各旅游区占主导地位的因素、采用地域方位名称及旅游资源主导因子命名方法,将青海分为四个旅游区,即青海东部河湟谷地旅游区、祁连山地青海湖盆地旅游区、青海西部柴达木盆地旅游区和青海南部旅游区。

4. 本教材分区方案

本教材根据旅游资源区划的原则,在考虑了各区的自然地理景观和区域文化历史的基础上,兼顾行政区划的完整性,将我国分为六个旅游资源区,即"中国夏都——清凉西宁"环西宁旅游区、青海东部河湟谷地旅游区、青海湖生态旅游区、柴达木荒漠盐湖昆仑文化旅游区、青南雪域高原三江源生态旅游区、祁连—门源森林草原旅游区。

工作任务完成

(1)认真学习完成任务所需要的知识,明确本教材对青海旅游资源区划分的方法,认真学习青海旅游资源区划的相关知识。

(2)收集相关资料,以小组为单位在地图上描画出"两圈、两带和一区"和"一圈三线"旅游区化方案,并比较其差异。

巩固和提高

(1)在青海空白地图上用铅笔描出青海各旅游资源区范围(按"两圈、两带和一区"和"一圈三线"旅游区化以及本教材方案)。

(2)在地图上写出青海各旅游资源区的名称,在青海各旅游资源区均匀填上不同的颜色。向同学展示自己描绘的青海旅游资源区划地图。

附录二　青海省 A 级旅游景区名录(2012 年)

青海省 A 级景区名录(2012)

序　号	景区名称	星　标	地　址
1	青海湖景区	AAAAA	青海省青藏公路距西宁 151 公里处
2	塔尔寺旅游区	AAAAA	西宁市湟中县鲁沙尔镇
3	格尔木昆仑旅游区	AAAA	青海省格尔木市八一中路 60 号
4	互助土族故土园旅游区	AAAA	海东地区互助县威远镇北大街 1 号
5	青海省博物馆	AAAA	西宁市西关大街新宁广场
6	循化撒拉族绿色家园	AAAA	海东地区循化县积石镇
7	马步芳公馆景区	AAAA	西宁市为民巷 13 号
8	青海金银滩景区	AAAA	海北州西海镇
9	青海藏医药文化博物馆	AAAA	西宁市生物园区
10	门源百里油菜花海景区	AAAA	海北州门源县东街
11	祁连风光旅游景区	AAAA	海北州祁连县祁连广场
12	热贡国家级历史文化名城旅游区	AAAA	黄南州同仁县
13	久治县年保玉则景区	AAAA	果洛州久治县智青松多镇
14	贵德高原养生休闲度假区	AAAA	海南州贵德县
15	玉树称多拉布民俗村	AAAA	玉树州称多县拉布村
16	湟源丹噶尔古城	AAAA	西宁市湟源县县城
17	大通老爷山风景名胜区	AAAA	西宁市大通县桥头镇
18	西宁市青海藏文化馆	AAAA	西宁市湟中县鲁沙尔镇
19	西宁市青藏高原野生动物园	AAAA	西宁市城西区行知路 9 号
20	平安峡宗寺森林公园	AAA	海东地区平安县国有林场
21	西宁市人民公园	AAA	西宁市胜利路
22	青海省藏毯展览中心	AAA	西宁市城南新区
23	西宁市东关清真大寺	AAA	西宁市东关大街
24	西宁市南山旅游风景区	AAA	西宁市南山公园
25	青海赞普林卡旅游景区	AAA	西宁市湟源县县城入口处
26	青海日月山旅游景区	AAA	西宁市湟源县
27	贵德黄河奇石苑	AAA	海南州贵德县河西镇
28	龙羊峡旅游景区	AAA	海南州共和县龙羊峡库区
29	青海茶卡盐湖旅游景区	AAA	海西州乌兰县茶卡镇
30	可鲁克湖—托素湖高原生态旅游景区	AAA	海西州德令哈市

续上表

序号	景区名称	星标	地址
31	玛多黄河源旅游区	AAA	果洛州玛多县
32	玉树新寨嘉那嘛呢景区	AAA	玉树州玉树县结古镇
33	勒巴沟—文成公主庙景区	AAA	玉树州玉树县结古镇
34	玉树当卡寺旅游景区	AAA	玉树州玉树县结古镇
35	玉树结古寺旅游景区	AAA	玉树州玉树县结古镇
36	民和药泉山旅游景区	AAA	海东地区民和县
37	西宁市麒麟湾	AAA	西宁市黄河路29号
38	浦宁之珠(高原明珠)	AAA	西宁市西山一巷7号
39	北山土楼观	AAA	西宁市北禅路48号
40	乐都柳湾彩陶旅游景区	AAA	海东地区乐都县高庙镇柳湾村
41	化隆县夏琼寺	AAA	海东地区化隆县查甫乡
42	民和县七里寺景区	AAA	海东地区民和县古鄯镇七里寺
43	民和县桃花园乡村休闲度假区	AAA	海东地区民和县马场垣高速公路出口
44	民和县金三川民俗风情游览区	AAA	海东地区民和县官亭镇
45	民和县本康滩自然风景区	AAA	海东地区民和县官亭镇
46	乌兰县金子海风景区	AAA	海西州乌兰县
47	都兰国际狩猎旅游景区(含吐谷浑古墓群和班禅行辕)	AAA	海西州都兰县和平街21号
48	囊谦县尕尔寺大峡谷生态旅游景区	AAA	玉树州囊谦县
49	囊谦县达那河谷生态旅游景区	AAA	玉树州囊谦县
50	称多县尕朵觉悟神山旅游景区	AAA	玉树州称多县
51	玉树隆宝滩旅游景区	AAA	玉树州玉树县结古镇
52	玛柯河原始森林生态旅游景区	AAA	果洛州班玛县
53	天峻县神湖之源旅游风景区	AAA	海西州天峻县
54	狮龙宫殿旅游景区	AAA	果洛州达日县
55	格萨尔林卡旅游景区	AAA	果洛州达日县
56	查朗寺旅游景区	AAA	果洛州达日县
57	星星海生态旅游景区	AAA	果洛州玛多县
58	东格措钠湖生态旅游区	AAA	果洛州玛多县
59	白扎寺旅游景区	AAA	果洛州班玛县
60	多尕麻格萨尔王莲花圣殿旅游景区	AAA	果洛州班玛县
61	官仓峡旅游景区	AAA	果洛州甘德县
62	龙恩寺—德尔文格萨尔文化史诗村旅游景区	AAA	果洛州甘德县
63	阿尼玛卿雪山旅游景区	AAA	果洛州玛沁县
64	拉加寺旅游景区	AAA	果洛州玛沁县
65	治多县贡萨寺旅游景区	AAA	玉树州治多县
66	大通国家森林公园察汗河景区	AAA	西宁市大通县宝库乡油坊卡村224号

续上表

序　号	景区名称	星　标	地　　址
67	西宁乡趣农耕文化生态园	AAA	西宁市城北区大堡子镇陶北村口
68	兴海赛宗寺文化旅游区	AAA	海南州兴海县南38公里处
69	玉树称多赛巴寺旅游景区	AA	玉树州称多拉布村
70	同德石藏文化旅游区	AA	海南州同德县河北乡西久公路330公里处
71	乐都县瞿昙寺旅游景区	AA	海东地区乐都县瞿昙镇
72	甘德县直尕尔风景区	AA	果洛州甘德县
73	民和县天井峡－松山原始森林风景区	AA	海东地区民和县官亭镇

参考文献

[1] 卓玛错.青海地理[M].北京:北京师范大学出版社,2010.

[2] 申元村.青海自然地理[M].北京:海洋出版社,1991.

[3] 青海省统计局.青海统计年鉴(2009)[M].北京:中国统计出版社,2009.

[4] 青海省统计局.青海统计年鉴(2010)[M].北京:中国统计出版社,2010.

[5] 青海省统计局.青海统计年鉴(2011)[M].北京:中国统计出版社,2011.

[6] 青海省统计局.青海统计年鉴(2012)[M].北京:中国统计出版社,2012.

[7] 青海省综合农业区划编写组.青海省综合农业区划[M].西宁:青海人民出版社,1985.

[8] 施雅风.中国冰川与环境——现在、过去和来来[M].北京:科学出版社,2000.

[9] 孙鸿烈,郑度.青藏高原形成演化与发展[M].广州:广东科技出版社,1998.

[10] 孙延贵,方洪宾,张琨,等.共和盆地层状地貌系统与青藏高原隆升及黄河发育[J].中国地质,2007,34(6):1141-1147.

[11] 华智海,边世平.青海民俗文化与旅游资源开发[M].北京:旅游教育出版社,2012.

[12] 王小梅.中国十万个为什么——青海[M].北京:中国旅游出版社,2009.

[13] 王小梅,王锋.青海导游词[M].北京:中国旅游出版社,2011.

[14] 王予波.大美青海[M].西宁:青海人民出版社,2010.

[15] 王昱.青海历史文化与旅游开发[M].西宁:青海人民出版社,2008.

[16] (清)杨应琚.西宁府新志[M].西宁:青海人民出版社,1988.

[17] (清)邓承伟等.西宁府续志[M].西宁:青海人民出版社,1985.

[18] 崔永红,张得祖,杜常顺.青海通史[M].西宁:青海人民出版社,1999.

[19] 李文实.西陲古地与羌藏文化[M].西宁:青海人民出版社,2003.

[20] 王昱,聪哲.青海简史[M].西宁:青海人民出版社,1992.

[21] 青海省志编纂委员会.青海历史纪要[M].西宁:青海人民出版社,1987.

[22] 张忠孝.青海旅游资源[M].西宁:青海人民出版社,1992.

[23] 张忠孝.青海旅游指南[M].西宁:青海人民出版社,2001.

[24] 郭来喜.青海省旅游业发展与布局总体规划[M].西宁:青海人民出版社,2003.

[25] 王文章.非物质文化遗产概论[M].北京:文化艺术出版社,2006.

[26] 马建设.青藏民族工艺美术[M].西宁:青海人民出版社,1999.

[27] 青海省艺术研究所编.青海民间文化[M].西宁:青海人民出版社,2004.

[28] 刘峰.中国西部旅游发展战略研究[M].北京:中国旅游出版社,2001.

[29] 傅丽宁.青海——神奇的世界[M].西宁:青海人民出版社,2002.

[30] 张忠孝.世界屋脊——青海游[M].西宁:青海人民出版社,2000.

[31] 张忠孝.青海旅游线路精选[M].北京:中国旅游出版社,2003.

[32] 张忠孝.青海地理[M].西宁:青海人民出版社,2004.

[33] 马成俊.神秘的热贡文化[M].北京:文化艺术出版社,2003.

[34] 藏传佛教文化圈[M].西宁:青海人民出版社,2007.

[35] 芈一之.西宁历史与文化[M].沈阳:辽宁民族出版社,2005.

[36] 蒲文成.青海佛教史[M].西宁:青海人民出版社,2001.

[37] 芈一之.青海蒙古族历史简编[M].西宁:青海人民出版社,1993.

[38] 伍光和,等.柴达木盆地[M].兰州:兰州大学出版社,1990.

[39] 谢佐,星全成.土族风情[M].西宁:青海人民出版社,2001.

[40] 谢佐,刘得庆.青海风俗[M].西宁:青海人民出版社,2001.
[41] 谢佐,程启骏.柴达木[M].西宁:青海人民出版社,2001.
[42] 谢佐,马季.藏族风情[M].西宁:青海人民出版社,2001.
[43] 谢佐.青海湖[M].西宁:青海人民出版社,2001.
[44] 怡学文.风味小吃[M].西宁:青海人民出版社,2001.
[45] 谢佐,丁柏峰.青海山川[M].西宁:青海人民出版社,2001.
[46] 杨贵明.塔尔寺[M].西宁:青海人民出版社,2001.
[47] 轩西明.漫步贵德[M].西宁:青海人民出版社,2001.
[48] 谢佐,马建设.工艺美术[M].西宁:青海人民出版社,2001.
[49] 杨贵明.青海名胜[M].西宁:青海人民出版社,2001.
[50] 角巴东主.格萨尔风物遗迹传说[M].西宁:青海人民出版社,2001.
[51] 李选生.青海旅游实用指南[M].西安:西安地图出版社,2001.
[52] 青海风物志编写组.青海风物志[M].西宁:青海人民出版社,2005.
[53] 陈亚艳,等.黄教圣地——塔尔寺[M].西安:三秦出版社,2003.
[54] 董绍宣.青海史话——河湟掌故[M].西宁:青海人民出版社,2005.
[55] 朱时奎.古海史话——西海古今谈[M].西宁:青海人民出版社,2005.
[56] 李泰年.青海史话——走进花儿[M].西宁:青海人民出版社,2005.
[57] 米海萍.青海史话——民族迁徙[M].西宁:青海人民出版社,2005.
[58] 许新同.青海史话——史前时期的青海[M].西宁:青海人民出版社,2005.
[59] 赵宗福.青海史话——昆仑神话[M].西宁:青海人民出版社,2005.
[60] 姚正武,谢康民.盐湖奇葩[M].西宁:青海人民出版社,2006.
[61] 金河清,马有义.河清海晏[M].北京:中国文联出版社,2007.
[62] 金河清,马有义.天境祁连[M].北京:中国文联出版社,2007.
[63] 金河清,马有义.金色之源[M].北京:中国文联出版社,2007.
[64] 金河清,马有义.神湖鸟语[M].北京:中国文联出版社,2007.
[65] 张忠孝.世界屋脊——青海游[M].西宁:青海人民出版社,2008.
[66] 姚艳.非物质文化遗产的法律保护[J].贵州民族学院学报:哲学社会科学版,2007(1).
[67] 谢佐.博物馆:青海地域文化与非物质文化遗产保护[J].攀登,2006(5).
[68] 李红.论青海非物质文化遗产的保护[J].攀登,2007(2).
[69] 刘真.浅谈青海省非物质文化遗产及保护问题[J].青海师范大学学报,2010(7).
[70] 李勇,戴鹏."中国热贡文化"产业发展战略构想[J].青海社会科学,2007.
[71] 张强,龙鳞.对民族文化产业评价指标体系的构建[J].经济问题探索,2005.
[72] 袁明旭.论民族地区文化产业政策创新[J].经济问题探索,2008(8).
[73] 桑杰端智,旦正加.利用格萨尔文化资源打造青海民族文化品牌[J].青海社会科学,2009(6).
[74] 刘振礼,王兵.中国旅游地理[M].天津:南开大学出版社,2001.
[75] 甘枝茂,马耀峰.旅游资源与开发[M].天津:南开大学出版社,2000.
[76] 杨载田.中国旅游地理[M].北京:科学出版社,2000.
[77] 李涛.中国地理[M].长春:东北师范大学出版社,1998.
[78] 巴兆祥.中国民俗旅游[M].福州:福建人民出版社,2002.
[79] 白光润.生态旅游[M].福州:福建人民出版社,2002.